Arbeitsrechtliche Streitbeilegung in Australien

Schriften zum Arbeitsrecht und Wirtschaftsrecht

Herausgegeben von Abbo Junker

Band 108

PETER LANG

Christina Meyer

Arbeitsrechtliche Streitbeilegung in Australien

PETER LANG

Bibliografische Information der Deutschen Nationalbibliothek
Die Deutsche Nationalbibliothek verzeichnet diese Publikation in der Deutschen Nationalbibliografie; detaillierte bibliografische Daten sind im Internet über http://dnb.d-nb.de abrufbar.

Zugl.: München, Univ., Diss., 2019

D 19
ISSN 1433-4666
ISBN 978-3-631-81022-4 (Print)
E-ISBN 978-3-631-82269-2 (E-Book)
E-ISBN 978-3-631-82270-8 (EPDF)
E-ISBN 978-3-631-82271-5 (MOBI)
DOI 10.3726/b16994

Peter Lang – Berlin · Bern · Bruxelles · New York · Oxford · Warszawa · Wien

Diese Publikation wurde begutachtet.

www.peterlang.com

Vorwort

Diese Arbeit wurde von der Juristischen Fakultät der Ludwig-Maximilians-Universität München im Wintersemester 2019/2020 als Dissertation angenommen. Gesetzgebung, Rechtsprechung und Literatur sind bis Juli 2019 berücksichtigt.

Mein ganz besonderer Dank gilt meinem Doktorvater, Herrn Professor Dr. *Abbo Junker*, für die hervorragende Betreuung dieser Arbeit. Er hat mein Dissertationsvorhaben von der Idee bis zum Abschluss entscheidend gefördert. Außerdem danke ich ihm für die schönen und lehrreichen Jahre als Mitarbeiterin an seinem Lehrstuhl für (Internationales) Arbeitsrecht, Arbeitsrechtsvergleichung und Bürgerliches Recht mit optimalen Forschungsbedingungen am Zentrum für Arbeitsbeziehungen und Arbeitsrecht (ZAAR).

Herzlich danke ich Herrn Professor Dr. *Richard Giesen* für die zügige Erstellung des Zweitgutachtens.

Zudem gebührt Herrn Hon. Justice *Mordecai Bromberg* (Federal Court, Melbourne), Frau Hon. Justice *Lucy McCallum* (Supreme Court of New South Wales, Court of Appeal, Sydney) und Herrn Vice President of the Fair Work Commission (Sydney) *Joseph Catanzariti* AM Dank für ihre Unterstützung und Förderung. Sie gewährten mir als Gastwissenschaftlerin in Melbourne und Sydney Einblick in die Praxis arbeitsrechtlicher Streitbeilegung. Für hilfreiche Denkanstöße in Fachgesprächen bedanke ich mich außerdem herzlich bei Herrn Emeritus Professor *Ron McCallum* AO (The University of Sydney) und Herrn Professor Dr. Dr. h.c. *Wolfgang Babeck* (Bond University). Besonders danke ich Herrn Barrister *Jim Hartley* (Victorian Bar) für zahlreiche Anregungen und seine fortwährende Hilfsbereitschaft.

Allen Kollegen und Freunden am ZAAR danke ich für ihre Unterstützung und die schöne gemeinsame Zeit. Ausdrücklich zu erwähnen ist die Hilfsbereitschaft von Herrn PD Dr. *Clemens Latzel*. Für die mühevolle Arbeit des Korrekturlesens, ihre konstruktive Kritik und ihre stete Unterstützung danke ich besonders Frau Dr. *Felisa Frey* und Herrn *Tobias Grzeski*.

Meine Familie gab mir in jeder Phase der Arbeit Rückhalt. Dafür bedanke ich mich von Herzen.

München, Januar 2020
Christina Meyer

Inhaltsübersicht

Inhaltsverzeichnis

Abkürzungsverzeichnis

ABCC	Australian Building and Construction Commission
AC	Appeal Cases
AcP	Archiv für die civilistische Praxis
ACTR	Australian Capital Territory Reports
AILR	Australian Industrial Law Review
AIPC	Australian Intellectual Property Cases
AIRC	Australian Industrial Relations Commission
AIRCFB	Australian Industrial Relations Commission Full Bench
ALJ	Australian Law Journal
ALJR	Australian Law Journal Reports
All ER	All England Reports
ALR	Australian Law Reports
ALRC	Australian Law Reform Commission
ALRCRefJl	Australian Law Reform Commission Reform Journal
AMMA	Australian Mines and Metals Association
AnwBl	Anwaltsblatt
AO	Abgabenordnung in der Fassung der Bekanntmachung vom 1. Oktober 2002 (BGBl. I S. 3866; 2003 I S. 61), die zuletzt durch Artikel 15 des Gesetzes vom 18. Dezember 2018 (BGBl. I S. 2639) geändert worden ist
ArbGG	Arbeitsgerichtsgesetz in der Fassung der Bekanntmachung vom 2. Juli 1979 (BGBl. I S. 853, 1036), das zuletzt durch Artikel 5 Absatz 1 des Gesetzes vom 21. Juni 2019 (BGBl. I S. 846) geändert worden ist
ArbR	Arbeitsrecht
AU$	Australische Dollar (Stand 1.7.2019: 1 AU$ ≙ 0,617 €)
BAG	Bundesarbeitsgericht
BB	Betriebs-Berater
Bd.	Band
BetrVG	Betriebsverfassungsgesetz in der Fassung der Bekanntmachung vom 25. September 2001 (BGBl. I S. 2518), das zuletzt durch Artikel 4e des Gesetzes vom 18. Dezember 2018 (BGBl. I S. 2651) geändert worden ist
BFH	Bundesfinanzhof

BGB	Bürgerliches Gesetzbuch in der Fassung der Bekanntmachung vom 2. Januar 2002 (BGBl. I S. 42, 2909; 2003 I S. 738), das zuletzt durch Artikel 7 des Gesetzes vom 31. Januar 2019 (BGBl. I S. 54) geändert worden ist
BGH	Bundesgerichtshof
BMAS	Bundesministerium für Arbeit und Soziales
BT-Drs.	Deutscher Bundestag Drucksache
Ch	Chancery Division
CLR	Commonwealth Law Report
Comp. Lab. L. & Pol'y J	Comparative Labor Law & Policy Journal
Comp. Lab. L.J	Comparative Labor Law Journal
Cth	Commonwealth
DeakinLawRw	Deakin Law Review
depa	Development and Environmental Professionals' Association
ders.	derselbe
dies.	dieselbe
DRiG	Deutsches Richtergesetz in der Fassung der Bekanntmachung vom 19. April 1972 (BGBl. I S. 713), das zuletzt durch Artikel 9 des Gesetzes vom 8. Juni 2017 (BGBl. I S. 1570) geändert worden ist
Ed.	Editor
EL	Ergänzungslieferung
ELRRev	The Economic and Labour Relations Review
EMRK	Europäische Konvention zum Schutz der Menschenrechte und Grundfreiheiten
et al.	et alii / et aliae (lateinisch: und andere)
et seq., et seqq.	et sequens, et sequentes (lateinisch: folgende)
f., ff.	folgende
FAZ	Frankfurter Allgemeine Zeitung
FCA	Federal Court of Australia
FCAFC	Federal Court of Australia Full Court
FCCA	Federal Circuit Court of Australia
FCR	Federal Court Reports
FedJSchol	Federal Judicial Scholarship
FJLR	Flinders Journal of Law Reforms

FLR	Federal Law Reports
FLRev	Federal Law Review
Fn., fn.	Fußnote / footnote
FS	Festschrift
FW Act	Fair Work Act
FWA	Fair Work Australia
FWAFB	Fair Work Australia Full Bench
FWC	Fair Work Commission
FWC Rules	Fair Work Commission Rules
FWCFB	Fair Work Commission Full Bench
FWO	Fair Work Ombudsman
gem.	gemäß
GG	Grundgesetz für die Bundesrepublik Deutschland in der im Bundesgesetzblatt Teil III, Gliederungsnummer 100-1, veröffentlichten bereinigten Fassung, das zuletzt durch Artikel 1 des Gesetzes vom 28. März 2019 (BGBl. I S. 404) geändert worden ist
GK-ArbGG	Gemeinschaftskommentar zum Arbeitsgerichtsgesetz
GKG	Gerichtskostengesetz in der Fassung der Bekanntmachung vom 27. Februar 2014 (BGBl. I S. 154), das zuletzt durch Artikel 4 des Gesetzes vom 18. April 2019 (BGBl. I S. 466) geändert worden ist
h.M.	herrschende Meinung
HCA	High Court of Australia
Hdb	Handbuch
HREOC	Human Rights and Equal Opportunity Commission
Hrsg.	Herausgeber
Hs.	Halbsatz
i.S.v.	im Sinne von
i.V.m.	in Verbindung mit
IJES	International Journal of Employment Studies
ILO	International Labour Organization
Indus. L.J	Industrial Law Journal
IR	Industrial Reports
IRCA	Industrial Relations Court of Appeal
IRCNSW	Industrial Relations Commission of New South Wales
JJA	Journal of Judicial Administration
JZ	Juristenzeitung

KSchG	Kündigungsschutzgesetz in der Fassung der Bekanntmachung vom 25. August 1969 (BGBl. I S. 1317), das zuletzt durch Artikel 4 des Gesetzes vom 17. Juli 2017 (BGBl. I S. 2509) geändert worden ist
LPartG	Lebenspartnerschaftsgesetz vom 16. Februar 2001 (BGBl. I S. 266), das zuletzt durch Artikel 3 des Gesetzes vom 18. Dezember 2018 (BGBl. I S. 2639) geändert worden ist
Ltd	Limited (Company)
m.w.N.	mit weiteren Nachweisen
m.W.v.	mit Wirkung vom
MiLoG	Mindestlohngesetz vom 11. August 2014 (BGBl. I S. 1348), das zuletzt durch Artikel 2 Absatz 4 des Gesetzes vom 18. Juli 2017 (BGBl. I S. 2739) geändert worden ist
MüHdb	Münchener Handbuch
No.	Number
NSW	New South Wales
NSWCA	New South Wales Court of Appeal
NSWLR	New South Wales Law Reports
NSWR	New South Wales Report
NZA	Neue Zeitschrift für Arbeitsrecht
o.V.	ohne Verfasser
oHG	offene Handelsgesellschaft
p.	page
para	paragraph
Pty Ltd	Proprietary Limited (Company)
QBD	Queen's Bench Division
QCA	Queensland Court of Appeal
Qd R	Queensland Reports
QIRC	Queensland Industrial Relations Commission
Qld	Queensland
QUTLJJ	Queensland University of Technology Law and Justice Journal
r	rule
R	Rex / Regina (lateinisch: König / Königin)
RA	Rechtsanwalt
Re	Ablativ von res (lateinisch: in der Sache)
reg	regulation

RGBl.	Reichsgesetzblatt
Rn.	Randnummer / Randnummern
ROC	Registered Organisations Commission
rr	rules
RVG	Rechtsanwaltsvergütungsgesetz vom 5. Mai 2004 (BGBl. I S. 718, 788), das zuletzt durch Artikel 6 des Gesetzes vom 19. Juni 2019 (BGBl. I S. 840) geändert worden ist
s	section
S.	Seite
SA	South Australia
SAET	South Australian Employment Tribunal
SASR	South Australian State Reports
ss	sections
SydLawRw	Sydney Law Review
t/a; T/A; t/as	trading as
Tas	Tasmania
TASSC	Supreme Court of Tasmania
The Constitution	Commonwealth of Australia Constitution Act
TIC	Tasmanian Industrial Commission
TVG	Tarifvertragsgesetz in der Fassung der Bekanntmachung vom 25. August 1969 (BGBl. I S. 1323), das zuletzt durch Artikel 4f des Gesetzes vom 18. Dezember 2018 (BGBl. I S. 2651) geändert worden ist
UK	United Kingdom
UNSWLawJl	University of New South Wales Law Journal
USA	United States of America
v	versus (lateinisch: gegen)
Vic	Victoria
Vic IRT	Victorian Industrial Relations Taskforce
VLR	Victorian Law Reports
Vol.	Volume
VR	Victorian Reports
VuR	Verbraucher und Recht
VwGO	Verwaltungsgerichtsordnung in der Fassung der Bekanntmachung vom 19. März 1991 (BGBl. I S. 686), die zuletzt durch Artikel 5 Absatz 24 des Gesetzes vom 21. Juni 2019 (BGBl. I S. 846) geändert worden ist
WA	Western Australia
WAIRC	Western Australian Industrial Relations Commission

WLR	Weekly Law Reports
WN	Weekly Notes
ZAAR	Zentrum für Arbeitsbeziehungen und Arbeitsrecht
ZfA	Zeitschrift für Arbeitsrecht
ZJS	Zeitschrift für das Juristische Studium
ZRP	Zeitschrift für Rechtspolitik
ZZP	Zeitschrift für Zivilprozess

Im Übrigen wird verwiesen auf:
Kirchner, Abkürzungsverzeichnis der Rechtssprache, 9. Auflage 2018
Melbourne University Law Review Association Inc. / Melbourne Journal of International Law In., Australian guide to legal citation, 4th edition 2018

Entscheidungsverzeichnis[1]

Abigroup Contractors Pty Ltd v Mr John Crema, Mr Paul Edwards, Ms Christine Comley and Mr Ray Allan [2012] FWAFB 8453
Ainsworth v Redd (1990) 19 NSWLR 78
Akins v National Australia Bank (1994) 34 NSWLR 155
Alexander M Pty Ltd v Lloyd; McDonald Murholme Solicitors [2013] FWC 8795
Alexander v Cambridge Credit Corporation Ltd (1985) 2 NSWLR 685
Allesch v Maunz (2000) 203 CLR 172 = [2000] HCA 40
Anlaby v Praetorius (1888) 20 QBD 76
Aon Risk Services Australia Limited v Australian National University [2009] HCA 27 = (2009) 239 CLR 175
Arrowcrest Group Pty Ltd v Gill (1993) 46 FCR 90
Attorney-General (Qld) v Riordan (1997) 192 CLR 1
Attorney-General v Wentworth (1988) 14 NSWLR 481
Aurel Forras Pty Ltd v Graham Karp Developments Pty Ltd [1975] VR 202
Austotel Management Pty Ltd v Jamieson (1995) 57 FCR 411
Australasian Meat Industry Employees' Union v Dardanup Butchering Company Pty Ltd (2011) 209 IR 1 = [2011] FWAFB 3847
Australian and International Pilots Association v Fair Work Australia (2012) 222 IR 316 = [2012] FCAFC 65
Australian Boot Trade Employés' Federation v Whybrow & Co. (1910) 11 CLR 311
Australian Competition and Consumer Commission v Australia and New Zealand Banking Group Ltd [2010] FCA 230
Australian Nursing Federation v Victorian Hospitals' Industrial Association [2011] FWA 8756
Australian Railways Union; Ex parte Public Transport Corporation (1993) 51 IR 22 = (1993) 117 ALR 17
Australian Railways Union v Victorian Railways Commissioners (1930) 44 CLR 319
Australian Tramway and Motor Omnibus Employees' Association v Commissioner for Road Transport and Tramways (NSW) (1938) 58 CLR 436
Australian Workers Union v Leighton Contractors Pty Limited (No 2) (2013) 232 FCR 428 = [2013] FCAFC 23
Ayub v NSW Trains [2016] FWCFB 5500 = (2016) 262 IR 60

1 Australische und englische Entscheidungen.

Azzopardi v Tasman UEB Industries Ltd (1985) 4 NSWLR 139
B & L Linings Pty Ltd & Anor v Chief Commissioner of State Revenue (2008) 74 NSWLR 481 = [2008] NSWCA 187
Baker v KVD Resort Management Group P/L ATF Connolly Family Trust T/A Great Eastern Motor Inn [2014] FWC 6374
Baker v Salver Resources Pty Ltd [2012] FWAFB 4014
Barolo v Centra Hotel Melbourne Dec 1486/98 M Print Q9605, AIRC, 10 December 1998
Boswell v Fletcher Construction Australia Ltd [2006] TASSC 34
Boyar v The House of Life [2011] FWA 7953
Brodie-Hanns v MTV Publishing Ltd (1995) 67 IR 298
Burton v Bairnsdale Shire [1908] HCA 57 = (1908) 7 CLR 76
Byrne and Frew v Australian Airlines Ltd (1995) 131 ALR 422
Calderbank v Calderbank [1975] 3 All ER 333 = [1975] 3 WLR 586
Carter v The Hanna Group Pty Ltd [2011] FWA 31
CDJV Construction Pty Ltd v Errol McCarthy and Gabriel McCarthy [2014] FWCFB 5726
Church of Scientology v Woodward [1982] HCA 78 = (1982) 154 CLR 25
Church v Eastern Health (2014) 240 IR 377 = [2014] FWCFB 810
Clark v Ringwood Private Hospital (1997) 74 IR 413
Clarke v Service to Youth Council Incorporated [2013] FCA 1018
Coal & Allied Mining Services Pty Ltd v Lawler and others (2011) 192 FCR 78 = [2011] FCAFC 54
Coal and Allied v AIRC (2000) 203 CLR 194 = [2000] HCA 47
Commonwealth of Australia v Construction, Forestry, Mining and Energy Union (2000) 98 FCR 31 = [2000] FCA 453
Commonwealth v Tasmania (1983) 57 ALJR 450
Communications, Electrical, Electronic, Energy, Information, Postal, Plumbing and Allied Services Union of Australia – Electrical, Energy and Services Division – Queensland Divisional Branch; „Automotive, Food, Metals, Engineering, Printing and Kindred Industries Union“ known as the Australian Manufacturing Workers' Union (AMWU)-Queensland Branch v Main People Pty Ltd [2014] FWCFB 8429
Communications, Electrical, Electronic, Energy, Information, Postal, Plumbing and Allied Services Union of Australia v UGL Resources Pty Limited (Project Aurora) [2012] FWA 2966
Communications, Electrical, Electronic, Energy, Information, Postal, Plumbing and Allied Services Union v Abigroup Contractors Pty Ltd [2013] FCAFC 148

Communications, Electrical, Electronic, Energy, Information, Postal, Plumbing and Allied Services Union v Queensland Rail [2015] HCA 11

Construction, Forestry, Mining & Energy Union & Ors v The Full Bench of the Australian Industrial Relations Comm & Ors [1998] FCA 1404 = (1998) 84 IR 314

Construction, Forestry, Mining and Energy Union v Eco Recyclers Pty Ltd [2013] FCA 24

Cook v DA Manufacturing Co Pty Ltd [2004] QCA 52

Cooper v Brisbane Bus Lines Pty Ltd [2011] FWA 1400

Cremona (formerly trading as Frooty Fresh) v Lane (2011) 213 IR 151

CSR Ltd v Della Maddalena (2006) 80 ALJR 458 = [2006] HCA 1

Curtis v Darwin City Council (2012) 224 IR 174 = [2012] FWAFB 8021

Damevski v Guidice (2003) 133 FCR 438 = [2003] FCAFC 252

Dando v Anastassiou [1951] VLR 235

Davies v Eli Lilly & Co [1987] 1 All ER 801 = [1987] 1 WLR 428

Dempster v Comrie (2000) 96 FCR 570 = (2000) 170 ALR 386

Department of Education and Early Childhood Development v A Whole New Approach Pty Ltd [2011] FWA 8040

Deputy Commissioner of Patents v Board of Control of Michigan Technological University [1979] FCA 131 = (1979) 28 ALR 551 = (1979) 43 FLR 9

Dickason v Dickason (1913) 17 CLR 50

Director of the Fair Work Building Industry Inspectorate v Bragdon (No 2) [2015] FCA 998

Djula v Centurion Transport Co. Pty Ltd [2015] FWCFB 2371

Eastman v R (2000) 203 CLR 1 = [2000] HCA 29

Energy Australia Yallourn Pty Ltd v Automotive, Food, Metal, Engineering, Printing and Kindred Industries Union [2018] FCAFC 146

Etemi v Canterbury Child Care Centre [2011] FWA 5936

Expense Reduction Analysts Group Pty Ltd v Armstrong Strategic Management and Marketing Pty Limited (2013) 250 CLR 303 = [2013] HCA 46

Fair Work Ombudsman v Austrend International Pty Ltd (2018) 273 IR 439 = [2018] FCA 171

Fair Work Ombudsman v Grouped Property Services Pty Ltd (No 2) [2017] FCA 557

Fair Work Ombudsman v Mai Pty Ltd & Anor [2016] FCCA 1481

Federated Municipal and Shire Council Employees' Union of Australia v Melbourne Corporation (1919) 26 CLR 508

Federated Storemen and Packers Union of Australia; Ex parte Wooldumpers (1989) 166 CLR 311

Field v The Returned & Services League (Mount Gambier Sub-Branch & Memorial Club) Inc T/A Mount Gambier Community RSL [2011] FWA 5930
Fitzpatrick v Mt Arthur Coal Pty Limited [2015] FWC 2343
Florance v Andrew [1985] FCA 49 = (1985) 58 ALR 377
Fodare Pty Limited v Official Trustee in Bankruptcy [2000] FCA 1721
Ford v Vita Group Limited [2010] FWA 4630
Fortress Credit Corporation (Australia) II Pty Ltd v Fletcher (2011) 281 ALR 38 = [2011] FCAFC 89
General Steel Industries Inc v Commissioner for Railways (1964) 112 CLR 125
GlaxoSmithKline Australia Pty Ltd v Makin [2010] FWAFB 5343 = (2010) 197 IR 266
Goffett v Recruitment National Pty Ltd (2009) 187 IR 262
Green v Rozen [1955] 1 WLR 741
Grimshaw v Dunbar (1953) 1 All ER 350
Grollo v Palmer [1995] HCA 26 = (1995)184 CLR 348
Gutzeit v Liquorland (Qld) Pty Ltd T/A Spirit Hotels Liquorland (South East Queensland) [2015] FWCFB 1257
Hammond v Australian Red Cross Blood Service - Sydney [2011] FWA 1346
Harvey v Australian Injecting & Illicit Drug Users' League (2007) 161 IR 362 = [2007] AIRCFB 230
Ho v Grigor (2006) 151 FCR 236 = [2006] FCAFC 72
Ho v Professional Services Review Committee No 295 [2007] FCA 388
Hogan v Hinch (2011) 243 CLR 506 = [2011] HCA 4
Holland v Nude Pty Ltd (t/as Nude Delicafe) (2012) 224 IR 16
House v The King [1936] HCA 40 = (1936) 55 CLR 499
Humphreys v The Trustee for the Chunys Trust T/A Home Giraffe [2017] FWC 3850
Ioannou v Northern Belting Services Pty Ltd (2014) 245 IR 279 = [2014] FWCFB 6660
Jamie Winters, Justin Winters and Peter Jeffrey Winters v Aussie Junk Pty Ltd [2008] AIRC 863
J.J. Richards & Sons Pty Ltd v Transport Workers' Union of Australia [2010] FWAFB 9963
John v Rees [1970] Ch 345 = [1969] 2 All ER 274
Johnson v Joy Manufacturing Co Pty Ltd t/as Joy Mining Machinery [2010] FWA 1394
Jumbunna Coal Mine v The Victorian Coal Miners' Association (1908) 6 CLR 309
Kable v Director of Public Prosecutions (NSW) [1996] HCA 24 = (1996) 189 CLR 51
Khammaneechan v Nanakhon Pty Ltd ATF Nanakhon Trading Trust T/A Banana Tree Cafe [2011] FWA 651

Kioa v West [1985] HCA 81 = (1985) 159 CLR 550
Kirk v Industrial Relations Commission of New South Wales [2010] HCA 1 = (2010) 239 CLR 531
Kostas v HIA Insurance Services Pty Limited (2010) 241 CLR 390 = [2010] HCA 32
Kowalski v MMAL Staff Superannuation Fund Pty Ltd [2009] FCAFC 117 = (2009) 178 FCR 401
Lai-Ha v McCusker [2000] FCA 493
Lam v Gulic (1979) 25 ACTR 46
Lawrence v Coal & Allied Mining Services Pty Ltd T/A Mt Thorley Operations/ Warkworth [2010] FWA 6750
Lunt v Qube Ports Pty Ltd T/A Qube Ports [2013] FWC 9315
MacDonald v Australian Securities Commission (No 2) (1994) 48 FCR 210
Maher v Mulgowie Fresh Pty Ltd [2010] FCA 439 = (2010) 197 IR 64
Martech International Pty Ltd (ACN 009 022 799) v Energy World Corporation Limited (ACN 009 124 994) [2004] FCA 1470
Masters v Cameron [1954] HCA 72 = (1954) 91 CLR 353
McCarthy and Others v Patrick Stevedores Holdings Pty Ltd [2016] FWC 2039
McConnell v A & PM Fornataro T/A Tony's Plumbing Service (2011) 202 IR 59
McGowan v Middleton (1883) 11 QBD 464
McKenzie v Meran Rise Pty Ltd t/as Nu Force Security Services Dec 375/00 M Print S4692, AIRCFB, 7 April 2000
Meadley v Sort Worx Pty Ltd [2013] FCA 1012
Meffert v Paperlinx Australia Pty Ltd T/A Spicers Paper [2010] FWA 8144
Melbourne Stadiums Ltd v Sautner [2015] FCAFC 20 = (2015) 229 FCR 221
Mijaljica v Venture DMG Pty Ltd [2012] FWA 2800
Miller Attractions Pty Ltd v Actors' and Announcers' Equity Association of Australia (1970) 1 NSWR 614
Miller v Australian Industrial Relations Commission (2001) 108 FCR 192 = [2001] FCA 486
Minister for Immigration & Multicultural Affairs v Yusuf [2001] HCA 30 = (2001) 206 CLR 323
Minister for Immigration v Jia Legeng (2001) 205 CLR 507 = [2001] HCA 17
Monroe Schneider Associates (Inc) v No 1 Raberem Pty Ltd [1992] FCA 548 = (1992) 109 ALR 137
Morris v R [1987] HCA 50 = (1987) 163 CLR 454
Moti v The Queen (2011) 245 CLR 456 = [2011] HCA 50
MTCT Services Pty Ltd v Australian Workers' Union [2018] FCA 1648
Muir McMeeken v Action Industrial Catering Pty Ltd [2012] FWAFB 5933
Munjona v Salvation Army (NSW) Property Trust [2013] FWC 3337

Murdaca v Accounts Control Management Services Pty Ltd [2007] FCA 577
M.Y. Distributors Pty Ltd v Omaq Pty Ltd & anor [1992] FCA 491
MZWVH v Minister for Immigration & Multicultural & Indigenous Affairs [2006] FCA 1016
Narayan v MW Engineers Pty Ltd (2013) 231 IR 89 = [2013] FWCFB 2530
New South Wales Bar Association v Brett McAuliffe; Commonwealth of Australia represented by the Australian Taxation Office (2014) 241 IR 177 = [2014] FWCFB 1663
New South Wales v Commonwealth (1990) 169 CLR 482
New South Wales v Commonwealth of Australia; Western Australia v Commonwealth of Australia [2006] HCA 52 = (2006) 229 CLR 1
Nguyen v Vietnamese Community in Australia t/a Vietnamese Community Ethnic School South Australia Chapter [2014] FWCFB 7198
Nilsen v Loyal Orange Trust (1997) 76 IR 180
Nugawela v Deputy Commissioner of Taxation [2016] FCA 578
Nyoni v Murphy (No 2) [2017] FCA 1479
Oshlack v Richmond River Council (1998) 193 CLR 72
Oswal v Burrup Fertilisers Pty Ltd (Receivers and Managers Appointed) [2011] FCA 536
Ovenden v Fortezza Pty Ltd T/A High Country Automotive Group [2010] FWA 3863
P Dawson Nominees Pty Ltd v Australian Securities and Investments Commission (No 2) (2009) 255 ALR 466 = [2009] FCA 413
Palmer v RCR Engineering Pty Ltd [2009] FWA 1431
ParkTrent Properties Group Pty Ltd t/as Parktrent Properties v Marylou George [2014] FWC 935
Petreski v Cargill (1987) 18 FCR 68
Plaintiff S157/2002 v Commonwealth (2003) 211 CLR 476 = [2003] HCA 2
Plaksa v Rail Corporation NSW [2007] AIRC 333
Przybyszewski v Diabetes Australia Victoria [2011] FWA 4213
Public Service Association and Professional Officers' Association Amalgamated of NSW v Director of Public Employment (2012) 250 CLR 343 = [2012] HCA 58
Queensland Nurses' Union of Employees v Healthscope Limited T/A Allamanda Private Hospital [2011] FWA 4121
R v Cohen; Ex parte Attorney-General (Qld) (1981) 157 CLR 331
R v Coldham; Ex parte Australian Social Welfare Union (1983) 153 CLR 297
R v Commonwealth Court of Conciliation and Arbitration and the Australian Builders' Labourers' Federation; Ex parte GP Jones; Ex parte W. Cooper (1914) 18 CLR 224

R v Commonwealth Court of Conciliation and Arbitration and the Boot Trade Employés' Federation; Ex parte Whybrow & Co. (1910) 11 CLR 1
R v Federal Court of Australia; Ex parte WA National Football League (1979) 143 CLR 190
R v Gough; Ex parte BP Refinery (Westernport) Pty Ltd (1966) 114 CLR 384
R v Kelly [2000] QB 198
R v Kirby; Ex parte Boilermakers' Society of Australia (1956) 94 CLR 254
R v Ludeke; Ex parte Queensland Electricity Commission (1985) 159 CLR 178
R v Moore; Ex Parte Federated Miscellaneous Workers' Union of Australia (1978) 140 CLR 470
Rahman v Storm International Pty Ltd T/A Storm International Property Maintenance [2011] FWA 7583
Rainshield Roofing Pty Ltd T/A Rainshield Roofing and Anor v Paerau [2014] FWC 3777
Ramsay Health Care Australia Pty Ltd v Compton (No 2) [2016] FCA 691
Re Australian Industry Group (2010) 196 IR 125 = [2010] FWAFB 4337
Re Estate Agents Co-Operative Clerical, Pre-Press and Information Technology Employees Collective Agreement 2010 [2010] FWA 8937
Re Justin Corfield [2014] FWC 4887
Re Kellogg Brown and Root, Bass Strait (Esso) Onshore/Offshore Facilities Certified Agreement 2000 (2005) 139 IR 34
Re Media, Entertainment and Arts Alliance; Ex parte Hoyts Corporation Pty Ltd (1993) 67 ALJR 389 = (1993) 112 ALR 193
Re Printing and Kindred Industries Union; Ex parte Vista Paper Products Pty Ltd (1993) 67 ALJR 704
Re State Public Services Federation; Ex parte Attorney-General (WA) (1993) 178 CLR 249
Re Wakim; Ex parte McNally [1999] HCA 27 = (1999) 198 CLR 511
Re Watsiana Pty Ltd T/A Austin Earthmoving [2011] FWA 1753
Rebecca Tomas v Symbion Health [2011] FWA 5458
Reeve v Ramsay Health Care Australia Pty Ltd (2012) 213 FCR 563 = [2012] FCA 1294
Regie National des Usines Renault SA v Zhang (2002) 210 CLR 491 = [2002] HCA 10
Regional Express Holdings Ltd T/A Rex Airlines v Richards (2010) 206 IR 17 = [2010] FWAFB 8753
Reihana v Mastercare Highrise Cleaning Services Pty Ltd [2013] FWCFB 4960
Rinehart v Welker (2011) 93 NSWLR 311 = [2011] NSWCA 403
Riverwood International Australia Pty Ltd v McCormick (2000) 177 ALR 193

Rochfort v Trade Practices Commission [1982] HCA 66 = (1982) 153 CLR 134
Rosing v Ben Shemesh [1960] VR 173
Ryan v Primesafe (2015) 323 ALR 107 = [2015] FCA 8
SAAP v Minister for Immigration and Multicultural and Indigenous Affairs (2005) 215 ALR 162 = [2005] HCA 24
Sayed v Construction, Forestry, Mining and Energy Union [2016] FCAFC 4 = (2016) 239 FCR 336
Scott v Scott [1913] AC 417
Selcuk v Maddison & Associates Pty Ltd [2015] FWC 4390
Seven Network Limited v News Limited [2007] FCA 1062
Siagian v Sanel Pty Limited [1994] IRCA 1 = (1994) 122 ALR 333
Skilled Engineering Limited v Automotive, Food, Metals, Engineering, Printing and Kindred Industries Union [2001] FCA 1397 = (2001) 108 IR 116
Smith v Barwon Regional Water Authority [2009] AIRCFB 769
Sobey v Nicol and Davies, in the Matter of Guiseppe Antonio Mercorella (2007) 245 ALR 389 = [2007] FCAFC 136
SPC Ardmona Operations Ltd v Esam and Organ PR957497 = (2005) 141 IR 338
Speedo Holdings B.V. v Evans (No 2) [2011] FCA 1227
Stanley v QBE Management Services Pty Limited T/A QBE [2012] FWA 10164
Stead v State Government Insurance Commission (1986) 161 CLR 141 = [1986] HCA 54
Steven Day v Drake Trailers Pty Ltd [2015] FWCFB 3997
Surfers Paradise International Convention Centre Pty Ltd v National Mutual Life Association of Australasia Ltd [1984] 2 Qd R 447
Suzlon Energy Ltd v Bangad (No 3) [2012] FCA 123
SZRPT v Minister for Immigration and Border Protection [2014] FCA 24
Tabro Meat Pty Ltd v Heffernan [2011] FWAFB 1080 = (2011) 208 IR 101
Timmins v Compass Security t/a Compass Integrated Security Solutions (2012) 219 IR 5 = [2012] FWAFB 1093
Tokoda v Westpac Banking Corporation (2012) 221 IR 153 = [2012] FWAFB 3995
Town v Austral Telecommunications and Anor [1983] FCA 54 = (1983) 67 FLR 48
Toy, L.C.A. v. Registrar of Companies for the Northern Territory [1985] FCA 291 = (1985) 10 FCR 280
Tweed Valley Fruit Processors Pty Ltd v Ross and others (1996) 137 ALR 70
Venn v The Salvation Army T/A Barrington Lodge [2010] FWA 912
Visscher v The Honourable President Justice Giudice [2009] HCA 34
W & A McArthur Ltd v Queensland [1920] HCA 77 = (1920) 28 CLR 530
Walker v Mittagong Sands Pty Limited T/A Cowra Quartz (2011) 210 IR 370 = [2011] FWA 2225

Warrell v Fair Work Australia (2012) 64 AILR 101 – 561 = [2012] FCA 267
Warrell v Walton (2013) 233 IR 335 = [2013] FCA 291
Waterside Workers Federation of Australia v J. W. Alexander Ltd (1918) 25 CLR 434
Whittle v Redi Milk Australia Pty Ltd [2016] FWC 3773
Winterfield v Bradnum (1878) 3 QBD 324
Wodonga Rural City Council v Lewis (2005) 142 IR 188
Wollongong Corporation v Cowan [1955] HCA 16 = (1955) 93 CLR 435
Woolley v Dunford (1972) 3 SASR 243
Yeo v Damos Earthmoving Pty Ltd, in the matter of Beachwood Developments Pty Ltd (in liq) [2011] FCA 1129
Young v Balustrade Installations Pty Ltd [2013] FWC 4032
Yousif v Commonwealth Bank of Australia (2010) 193 IR 212 = [2010] FCAFC 8
Yum! Restaurants Australia Pty Ltd v Full Bench of Fair Work Australia (No 2) [2012] FCA 419 = (2012) 203 FCR 550

Einleitung

Multiterritorial, multikulturell, multiethnisch – dies beschreibt Australien seit jeher und auch die australische Arbeitsgerichtsbarkeit kann mit einem Wort dieser Kategorie umschrieben werden: multi-institutionell. Anders als in Deutschland gibt es keine eigenständige Arbeitsgerichtsbarkeit. Die Ausgangsfrage dieser Arbeit lässt sich deshalb wie folgt formulieren: Wie werden arbeitsrechtliche Streitigkeiten in Australien durch staatliche Institutionen beigelegt?

Auf Bundesebene existiert ein dualistisches Streitbeilegungssystem von *tribunal* und ordentlicher Gerichtsbarkeit mit integrierten Arbeitsrechtskammern. Das *tribunal* in Form der *Fair Work Commission* ist trotz seiner Ursprünge im englischen *Common Law* anders als das englische *Employment Tribunal*[2] nicht der Judikative zuzuordnen und somit zwangsläufig mit anderen Kompetenzen ausgestattet. Zudem sind sowohl das Arbeitsrecht als auch die Streitbeilegung in Australien von Verfassungs wegen stark föderalistisch organisiert. Erst mit dem *Fair Work Act 2009*[3] wurde das lange ersehnte Ziel eines Bundesarbeitsrechtssystems weitgehend, aber noch nicht vollständig erreicht. So gibt es weiterhin bundesstaatliche Institutionen zur Beilegung arbeitsrechtlicher Streitigkeiten, diese spielen jedoch überwiegend nur noch für den öffentlichen Dienst (*public sector*) eine Rolle.[4] Der Schwerpunkt der Arbeit liegt daher auf Bundesinstitutionen und Bundesrecht, wobei ein kurzer Abriss der bundesstaatlichen Institutionen und deren Verhältnis zum Bund erfolgt (dazu § 4).

Die Besonderheiten des australischen Bundessystems lassen sich am besten verstehen, wenn man sich zunächst seine historische Entwicklung verdeutlicht (dazu § 1). Wie sich dabei bereits andeutet, ist das heutige australische Arbeitsrecht, ungewöhnlich für eine *Common Law*-Rechtsordnung, weitgehend abstrakten Gesetzen zu entnehmen. Die staatliche Streitbeilegung hat sich nach rechtsstaatlichen Grundsätzen innerhalb dieser Grenzen zu bewegen. Um die Grenzen und Möglichkeiten der Streitbeilegung erfassen zu können, muss man die Rechtsquellen des australischen Bundesarbeitsrechts kennen (dazu § 2). Institutionell obliegt die arbeitsrechtliche Streitbeilegung auf Bundesebene zwar wie in Deutschland auch Gerichten (*Federal Court of Australia* und *Federal Circuit Court of Australia*), in der Praxis spielt jedoch vor allem die *Fair Work*

---

2 Das *Employment Tribunal* ist ein „*inferior court*“: *Morgenweck*, Die Arbeitsgerichtsbarkeit in England, S. 9; vgl. GMP/*Prütting*, Einleitung Rn. 330.

3 *Fair Work Act 2009* – Act No. 28, 2009 – Compilation No. 35, 2018.

4 *Stewart et al.*, Labour Law, para [3.72].

Commission eine herausragende Rolle[5]: Nach den Jahresberichten wurden 2017 bis 2018 bei der *Fair Work Commission* 31.554 neue Anträge gestellt[6], wohingegen an den Bundesgerichten zusammen lediglich ca. 1.600 Anträge bezüglich arbeitsrechtlicher Streitigkeiten eingingen.[7] Deshalb ist neben der gerichtlichen Streitbeilegung gerade auch auf dieses arbeitsgerichtsähnliche *tribunal* näher einzugehen. Bevor die Verfahren erster Instanz in rechtsvergleichender Sicht herausgearbeitet werden (dazu § 5 und § 6), sind Rechtsnatur und Funktionalität der Institutionen zu analysieren (dazu § 3). Ein abschließender Blick auf den Instanzenzug lässt schließlich die Verwobenheit von *tribunal* und *court* erkennen (dazu § 7).

Ausgangspunkt jedes Paragraphen ist ein Länderbericht, der es ermöglicht, die Funktionalität des Systems zu hinterfragen.[8] Das deutsche Verfahren wird nicht umfassend gegenübergestellt, sondern pointiert verglichen und zusammenfassend gewürdigt. Die Analyse eines anderen Streitbeilegungssystems soll vor allem den kritischen Blick auf das eigene System schärfen und den Vorrat an Lösungsmöglichkeiten erweitern.[9] Als Quellen fungieren neben Originalquellen in englischer Sprache persönliche Beobachtungen am *Federal Court of Australia* in *Melbourne* und *Sydney*, an der *Fair Work Commission* in *Sydney*, an der *Industrial Relations Commission of New South Wales* in *Sydney* und am *Supreme Court* in *Sydney* sowie Rechtsgespräche mit australischen Juristen.[10]

5 *Pittard/Naughton*, Labour and Employment Law, para [3.2]; zur Bedeutung der Vorgängerinstitutionen: *Vranken*, Death of Labour Law, p. 132.

6 *FWC*, Annual Report 2017–18, p. 18, Operational performance.

7 *FCA*, Annual Report 2017–18, p. 150, Appendix 5: Workload Statistics, Figure A5.9.4; *FCCA*, Annual Report 2017–2018, p. 63, Figure 3.10.

8 Zum methodischen Grundprinzip der vergleichenden Rechtswissenschaft vgl. *Junker*, Rechtsvergleichung als Grundlagenfach, JZ 1994, 921 (922); *Junker*, FS Canaris, 2007, S. 705 ff.; *Zweigert/Kötz*, Einführung in die Rechtsvergleichung, S. 4, 6.

9 *Zweigert/Kötz*, Einführung in die Rechtsvergleichung, S. 14.

10 Dank gebührt insbesondere *Professor Dr. Dr. h.c. Wolfgang Babeck, Justice Mordecai Bromberg, Vice President of the Fair Work Commission Joseph Catanzariti, Barrister Jim Hartley, Commissioner Leigh Johns, Justice Lucy McCallum, Professor Ron McCallum, Commissioner Peter Newall, Justice Michael Walton.*

§ 1 Entwicklung der Bundesarbeitsgerichtsbarkeit in Australien

Das arbeitsrechtliche Streitbeilegungssystem im Jahr 2019 ist das Ergebnis einer Entwicklung, die mitunter historisch bedingt vor allem mit der Frage nach der Regelungshoheit im Arbeitsrecht verknüpft ist. Arbeitsrechtliche Streitigkeiten werden nicht durch eine umfassend zuständige Arbeitsgerichtsbarkeit gelöst, sondern im Zusammenspiel verschiedener Institutionen. Die Geschichte der Bundesarbeitsgerichtsbarkeit ist eng mit der Fortbildung des materiellen Rechts verknüpft und durch vier Meilensteine unterschiedlicher Arbeitsgesetze geprägt.

I. Von Kolonien zum Commonwealth of Australia

1. Historische Entwicklung

Bevor Australien von Europäern entdeckt wurde prägten die Ureinwohner, die „*indigenous people*"[11], den Kontinent. Spanier, Portugiesen, Niederländer und andere hatten den Kontinent bereits im 16. und 17. Jahrhundert gesichtet und zum Teil kartografiert. Für viele Australier europäischer Abstammung gilt allerdings der englische Seefahrer *James Cook* als Entdecker des Kontinents, indem er im Jahr 1770 den östlichen Teil Australiens im Namen der britischen Krone in Besitz nahm.[12] Von nun an diente Australien, vorwiegend *New South Wales*, als Sträflingskolonie. Am 26. Januar 1788 landete die erste Flotte mit Gefangenen, die zum Teil euphemistisch bezeichnete „*First Fleet*", unter Kapitän *Phillip Arthur* in der *Botany Bay, New South Wales*. Als er am Ankerplatz die britische Flagge hisste gab er dem Ort den Namen *Sydney* zu Ehren des damaligen britischen Innenministers *Lord Sydney*. Der 26. Januar wird von manchen als „*Australia Day*" jährlich zelebriert und ist nunmehr Staatsfeiertag, von anderen als „*Invasion Day*" zum Anlass von Protesten genutzt.[13] Kurz nach der „Entdeckung" begann zudem die Kolonialisierung.

Australien bestand zunächst aus voneinander unabhängigen britischen Kolonien. Gegen Ende des 19. Jahrhunderts entstanden aufgrund von

---

11 Zum Teil wird noch die Bezeichnung „*Aborigines*" verwendet. Diese gilt jedoch als abwertend.

12 *Edelmayer* in: Mückler/Weichart/Edelmayer (Hrsg.), Geschichte Australiens, S. 15 ff.

13 *Edelmayer* in: Mückler/Weichart/Edelmayer (Hrsg.), Geschichte Australiens, S. 59 ff.

Goldfunden zahlreiche Goldgräberstädte und Australien florierte, sodass der Kontinent nicht mehr als unattraktiv genug für Sträflingskolonien galt.[14] Als britisches Gesetz für den australischen Bund wurde der *Commonwealth of Australia Constitution Act 1900 (UK)* verabschiedet, der zum Zusammenschluss der Kolonien Australiens unter britischer Krone führte. Am 1. Januar 1901 wurde der australische Bund, das *Commonwealth of Australia*, ausgerufen und die Verfassung[15] trat in Kraft.[16] Erste Unabhängigkeit vom britischen Parlament erlangte der australische Bund durch das *Statute of Westminster (1931)*: Das australische Parlament durfte unabhängig vom britischen Parlament Gesetze erlassen. Vollständige Souveränität gewann der australische Bund erst durch den *Australia Act 1986*.[17]

2. Staatsrecht und Rechtssystem

Das *Commonwealth of Australia* ist eine parlamentarische konstitutionelle Monarchie mit föderaler Struktur. Es besteht aus sechs Bundesstaaten[18] und zehn Territorien, wovon drei kontinentale Territorien[19] sind. Bei den weiteren sieben Territorien[20] handelt es sich um Außengebiete, also Inseln bzw. Inselgruppen. Wie in Deutschland[21] obliegt die Staatsgewalt den Bundesstaaten und ist in Teilen auf den Bund übertragen.[22] Die Bundesstaaten haben jeweils ein eigenes Parlament als Legislativorgan und eine eigene Verfassung.[23] Dagegen unterstehen

---

14 *Edelmayer* in: Mückler/Weichart/Edelmayer (Hrsg.), Geschichte Australiens, S. 76.

15 *Commonwealth of Australia Constitution Act* - Compilation, 2013.

16 *Leitner*, Geschichte Australiens, S. 141.

17 *Australia Act 1986* - Act No. 142, 1985.

18 *New South Wales, Queensland, South Australia, Tasmania, Victoria, Western Australia.*

19 *Australian Capital Territory, Jervis Bay Territory, Northern Territory.*

20 *Ashmore and Cartier Island, Australian Antarctic Territory, Christmas Island, Cocos (Keeling) Islands, Coral Sea Islands, Norfolk Island, Territory of Heard Island and McDonald Islands.*

21 Die Ausübung staatlicher Gewalt, das heißt auch der Rechtsprechung, ist grundsätzlich Ländersache (Art. 30 GG) und nur begrenzt auf den Bund übertragen (Art. 92, 95 GG), hierzu *Degenhart* in: Isensee/Kirchhof (Hrsg.), Hdb StaatsR, § 114 Rn. 14.

22 Zur Verfassung des *Commonwealth of Australia* aus deutscher Sicht *Doerkes-Boppard*, Verfassungsgeschichte der Australischen Kolonien, S. 238 ff. In vergleichender Sicht zur Residualkompetenz der Gesetzgebung Maunz-Dürig/*Uhle*, 86. EL Jan. 2019, Art. 70 GG Rn. 164.

23 *Williams*, Labour Law and the Constitution, p. 3; *Zweigert/Kötz*, Einführung in die Rechtsvergleichung, S. 217.

die Territorien grundsätzlich dem Bund. Das Bundesparlament setzt sich gemäß der Verfassung Australiens aus dem Repräsentantenhaus (*House of Representatives)* und dem Senat *(Senate)* sowie dem britischen Monarchen zusammen.[24] Der Monarch wird in der Praxis durch den australischen Generalgouverneur vertreten. Die australische Bevölkerung lehnte 1999 in einem Referendum ab, dass Australien zur Republik werden sollte. Für die Rechtsprechungsgewalt gilt: Bundesgerichte üben die Staatsgewalt des Bundes aus, Bundesstaatsgerichte die Staatsgewalt der Bundesstaaten.[25] Auch die Rechtsprechungsgewalt liegt bei den Bundesstaaten, die Verfassung erklärt den Bund lediglich vereinzelt für zuständig (s[26] 75 *Commonwealth of Australia Constitution Act (The Constitution)*[27]), z.B. wenn eine Institution des *Commonwealth* Partei eines Rechtsstreits ist. Darüber hinaus kann der Bundesgesetzgeber durch Gesetz Bundesrechtsprechungsgewalt begründen, da seine Gerichte für alle Streitigkeiten über Bundesgesetze zuständig sein können („*any matter arising under any laws made by the Parliament*", s 76(2)[28] *The Constitution*).

Australien gehört wie das Mutterland Großbritannien zum Rechtskreis des *Common Law* und ist von Präzedenzfällen geprägt. Das in Deutschland geltende Rechtssystem des *Civil Law* strebt dagegen nach einer abstrakten Kodifikation von Rechtssätzen. Da in Australien immer mehr Gesetze im Bereich des Arbeitsrechts und der Arbeitsgerichtsbarkeit verabschiedet werden[29], wird die Abgrenzung der beiden Rechtssysteme zunehmend marginal. In der gesetzlichen Normenhierarchie ist die Verfassung Australiens das höchste geltende Recht. Hüter der Verfassung ist der *High Court of Australia.*[30]

---

24 Im Jahr 2019 der britischen Monarchin Königin Elisabeth II. Soweit im Folgenden Berufs-, Gruppen- oder Personenbezeichnungen verwendet werden, so ist auch stets die jeweils weibliche Form gemeint. Es wird von einer genderneutralen Ausdrucksweise abgesehen.

25 *Allsop*, [2007] FedJSchol 15.

26 S steht für „section", im Deutschen einem Artikel entsprechend.

27 Im Weiteren wird der *Commonwealth of Australia Constitution Act (The Constitution)* mit dem Kurztitel *The Constitution* bzw. auf deutsch als Verfassung Australiens bezeichnet.

28 Die subsections werden im Originaltext der Verfassung mit römischen Zahlen bezeichnet. Zur einfacheren Lesbarkeit werden im Folgenden arabische Zahlen verwendet.

29 Zur weitreichenden Kodifizierung *Babeck*, Einführung in das australische Recht, § 1 Rn. 1, Fn. 2.

30 Der *High Court of Australia* ist zum einen das letztinstanzliche Revisionsgericht in Zivil- und Strafsachen und zum anderen das Verfassungsgericht. Im Weiteren wird grundsätzlich auf den Zusatz „*of Australia*" verzichtet.

II. Gesetzgebungskompetenzen für das Arbeitsrecht

Den rechtlichen Grundstein des australischen Arbeitsrechtssystems bildet die Verfassung des *Commonwealth of Australia*. Ihre Vorgaben zur föderalen Struktur des *Commonwealth* begrenzen die Möglichkeiten des Bundes, durch Bundesrecht ein bundesweit einheitliches Arbeitsrechtssystem zu schaffen.

1. Föderalistische Organisation

Die föderalistische Struktur des *Commonwealth of Australia* ist ähnlich wie in Deutschland derart ausgeprägt, dass die Gesetzgebungskompetenz sowohl dem Bund als auch den Bundesstaaten obliegt.[31] Lediglich die Territorien unterstehen dem Bund (s 122 *The Constitution)* und besitzen grundsätzlich[32] keine Gesetzgebungskompetenz.[33] Kollidieren Bundes- und Bundesstaatsrecht gilt: Bundesrecht bricht Bundesstaatsrecht[34] (s 109 *The Constitution*).

Vergleichbar zum System des deutschen Grundgesetzes differenziert die Verfassung Australiens zwischen ausschließlicher und konkurrierender Gesetzgebungskompetenz des Bundes.[35] In Deutschland obliegt das gesamte Arbeitsrecht, d.h. „alle Vorschriften, die sich mit in abhängiger Tätigkeit geleisteter Arbeit befassen"[36], einschließlich der Vorschriften zur Arbeitsgerichtsbarkeit[37] der konkurrierenden Gesetzgebungskompetenz des Bundes (Art. 74 Abs. 1 Nr. 12 GG). Der Bundesgesetzgeber in Deutschland hat von dieser Kompetenz

---

31 *Williams*, Labour Law and the Constitution, p. 3; *Babeck,* Einführung in das australische Recht, § 4 Rn. 41, 43.

32 Eine Ausnahme hiervon bilden das *Australian Capital Territory, Northern Territory* und die *Norfolk Island*. Sie stehen unter Selbstverwaltung, d.h. sie haben ein eigenes Parlament und können Gesetze erlassen, welche vom *Commonwealth* jedoch überstimmt werden können.

33 *Stewart*, Employment Law, p. 43, para [2.30]; *Williams*, Labour Law and the Constitution, p. 3; *Zweigert/Kötz*, Einführung in die Rechtsvergleichung, S. 217.

34 Vergleichbar Art. 31 GG: „Bundesrecht bricht Landesrecht".

35 *Babeck,* Einführung in das australische Recht, § 4 Rn. 42.

36 BeckOK-GG/*Seiler*, Art. 74 GG Rn. 47.

37 Umstritten ist, ob die Arbeitsgerichtsbarkeit Art. 74 Abs. 1 Nr. 12 GG (Arbeitsrecht) oder Art. 74 Abs. 1 Nr. 1 GG (gerichtliches Verfahren) unterfällt. Die h.M. zieht Art. 74 Abs. 1 Nr. 12 GG (i.V.m. Art. 95 Abs. 1 GG) als Gesetzgebungskompetenz für das Arbeitsgerichtsgesetz heran: statt aller v. Mangoldt/Klein/Stark/*Oeter*, Art. 74 GG Rn. 101 m.w.N. zum Streitstand in Fn. 594.

weitestgehend Gebrauch gemacht.[38] Die australische Verfassung hingegen enthält keine umfassende Bundeskompetenz für das Arbeitsrecht. Als Folge dieser Kompetenzverteilung ist das australische Arbeitsrecht von einer Koexistenz von Bundes- und Bundesstaatsgesetzen und von Bundes- und Bundesstaatsinstitutionen geprägt. Zum Teil auftretende bundesweite Vereinheitlichungstendenzen und die Divergenz zwischen Bundes- und Bundesstaatsrecht führten zu einem Kampf um die Rechtssetzung. Damit einher ging die Frage der Auslegung einzelner verfassungsrechtlicher Kompetenznormen.

2. Section 51(35) The Constitution als Grundlage im Arbeitsrecht

Die Entwicklung des Bundesarbeitsrechtssystems begann auf Grundlage der konkurrierenden Gesetzgebungskompetenz s 51(35) *The Constitution*:

> „*The Parliament shall […] have power to make laws […] with respect to: (35) conciliation and arbitration for the prevention and settlement of industrial disputes extending beyond the limits of any one State*".
>
> (Etwa[39]: „Das Parlament hat […] die Befugnis, Gesetze zu erlassen […] hinsichtlich: (35) Schlichtung und streitigem Verfahren zur Verhinderung und Beilegung von Arbeitskonflikten, die über die Grenzen eines Bundesstaates hinausgehen".)

Im Bereich des Arbeitsrechts ist s 51(35) *The Constitution* die einzige ausdrückliche Gesetzgebungskompetenz des Bundes, ermöglicht dem Parlament aber nur sehr limitiert arbeitsrechtliche bzw. arbeitsgerichtliche Gesetze zu erlassen. Hierfür maßgeblich sind vier Tatbestandsmerkmale:

- *conciliation and arbitration* (Schlichtungsverfahren),
- *for the prevention and settlement* (zur Verhinderung und Beilegung),
- *extending beyond the limits of any one State* (Bundesstaatsgrenzen überschreitend),
- *industrial disputes* (Arbeitskonflikte).

---

38 MüHdb ArbR/*Fischinger*, § 6 Rn. 1.

39 Soweit im Folgenden Begriffe bzw. Textpassagen übersetzt werden, handelt es sich lediglich um sinngemäße Annäherungen. Die Verwendung deutscher juristischer Termini wird dabei vermieden, um keine bedeutungsgleiche Entsprechung zu suggerieren.

a) „Conciliation and arbitration“

Das *Commonwealth* darf lediglich eine arbeitsgerichtliche Institution, die im Rahmen der *„conciliation and arbitration“*, also durch ein verpflichtendes Schlichtungsverfahren, tätig wird, ins Leben rufen und deren Verfahren regeln[40], nicht aber materiell-rechtliche Arbeitsgesetze erlassen.[41] Durch das erste auf s 51(35) *The Constitution* basierende Gesetz, den *Conciliation and Arbitration Act 1904,* wurde ein Arbeitsgericht, der *Court of Conciliation and Arbitration*, etabliert.

Die Begriffe der *conciliation* und *arbitration* stellen für die weitere Arbeit Schlüsselbegriffe dar.[42] Beide Verfahren meinen die Schlichtung durch einen Dritten. Der *High Court* hat beide Begriffe zum ersten Mal in *Australian Railways Union v Victorian Railways Commissioners* (1930)[43] definiert. Dabei legte er die Definition der *„Royal Commission of Inquiry“*[44] aus dem Jahr 1894 zugrunde: Die *conciliation*[45] ist demnach „ein Zusammentreffen der Parteien zur Diskussion von Konfliktfragen mit dem Ziel der gütlichen Streitbeilegung“[46] mit Hilfe eines Dritten. Die *arbitration* ist „die Streitbeilegung mit Hilfe eines oder mehrerer mutmaßlich unparteiischer Dritter nach Scheitern eines vorangegangenen Schlichtungsversuches“[47]. Das Verfahren der *arbitration* ist ein formaleres Verfahren und soll der *conciliation* zeitlich nachfolgen.[48]

---

40 *Stewart et al.,* Labour Law, para [3.40].

41 *Sappideen et al.,* Macken's Law of Employment, para [1.20]; *Wheelwright,* Labour Law, para [7.15].

42 Zur *arbitration* ausführlicher § 1 III. 3. b) aa), S. 55, zur *conciliation* § 5 III. 2. a), S. 151.

43 *Australian Railways Union v Victorian Railways Commissioners* (1930) 44 CLR 319 (358); *Desch,* Arbeitsrecht in Australien, S. 67.

44 Die *„Royal Commission of Inquiry“* ist ein von der Regierung bestellter Untersuchungsausschuss zu einem Thema öffentlichen Interesses.

45 Zur Abgrenzung *conciliation* und *mediation* siehe § 5 III. 2. a), S. 151.

46 *Australian Railways Union v Victorian Railways Commissioners* (1930) 44 CLR 319 (358): *„the coming together of the parties for the discussion of questions with a view to amicable settlement“.*

47 *Australian Railways Union v Victorian Railways Commissioners* (1930) 44 CLR 319 (358): *„the settlement by one or more presumably impartial persons of an issue on which the parties have failed to degree“.*

48 *Stewart et al.,* Labour Law, para [5.06].

b) „Prevention and settlement"

Das aufgrund von s 51(35) *The Constitution* etablierte Verfahren muss der Verhinderung (*prevention*) oder Beilegung (*settlement*) von Konflikten dienen. Praktisch relevanter ist die Konfliktbeilegungsfunktion (*settlement*). Die Ermächtigung Konflikte beizulegen, findet ihre Grenzen in den Anträgen der Parteien. Richter können nur ermächtigt werden, innerhalb des durch die Parteianträge gesteckten Rahmens zu entscheiden[49]: sog. „*doctrine of ambit*".[50] Fordert z.B. eine Partei einen Jahresurlaub von 30 Arbeitstagen, die andere bietet dagegen 15 Arbeitstage, muss sich die Entscheidung des Richters zwischen 15 und 30 Arbeitstagen bewegen. In der Regel wurde daher versucht, den Rahmen der Forderungen weit zu stecken. Um rechtsmissbräuchlichen Tendenzen zu begegnen, erkennen Gerichte nur ernsthafte und realistische Forderungen an. Oft ist es eine Gratwanderung, ob eine Forderung gerade noch als äußerstes Limit angesehen oder als überzogen und damit unzulässig abgelehnt wird.[51]

Umstritten ist die praktische Relevanz der gesetzlichen Ermächtigung zur Verhinderung (*prevention*) von Konflikten im Rahmen eines Schlichtungsverfahrens.[52] Nach einer Ansicht widersprächen sich die Verhinderung eines Konfliktes und das Verfahren der Schlichtung, denn welchen Inhalt gelte es zu schlichten, wenn kein Disput vorläge.[53] Dennoch ist die präventive Funktion des Schlichtungsverfahrens nach herrschender Ansicht anerkannt: In *Federated Storemen and Packers Union of Australia; Ex parte Wooldumpers* (1989) entschied der *High Court*, dass eine arbeitsgerichtliche Institution ermächtigt werden kann, über einen Streit zu entscheiden bevor dieser tatsächlich ausbricht oder bevor sich ein innerbundesstaatlicher Disput über Bundesstaatsgrenzen hinaus ausdehnt.[54]

49 *R v Commonwealth Court of Conciliation and Arbitration and the Boot Trade Employés' Federation; Ex parte Whybrow & Co.* (1910) 11 CLR 1 (61–62).

50 *Stewart et al.*, Labour Law, para [5.07]; *Williams*, Labour Law and the Constitution, p. 63.

51 *Williams*, Labour Law and the Constitution, p. 66.

52 *Williams*, Labour Law and the Constitution, p. 66.

53 *Australian Boot Trade Employés' Federation v Whybrow & Co.* (1910) 11 CLR 311 (324).

54 *Federated Storemen and Packers Union of Australia; Ex parte Wooldumpers* (1989) 166 CLR 311 (327); *Williams*, Labour Law and the Constitution, p. 48.

c) „Extending beyond the limits of any one State"

Ein nach s 51(35) *The Constitution* verabschiedetes Verfahren darf außerdem nur Konflikte schlichten, die über die Grenze eines Bundesstaates hinausgehen (*extending beyond the limits of any one State).* Dieses Tatbestandsmerkmal wird jedoch sehr großzügig ausgelegt. Bereits sog. „*paper disputes*" können als bundesstaatsübergreifende Sachverhalte akzeptiert werden. „*Paper disputes*" sind ein vor allem historisch gewachsenes Mittel, um die Zuständigkeit eines Bundesgerichts[55] zu begründen. Zum Teil auftretende Bestrebungen nach einem einheitlichen nationalen Bundessystem und die Divergenz zwischen Bundes- und Bundesstaatsrecht sorgten dafür, dass Gewerkschaften Klagen präferiert vor ein Bundesgericht bringen wollten.[56] Gewerkschaften sendeten deshalb Arbeitgebern in unterschiedlichen Bundesstaaten *log of claims*, Listen mit zum Teil überzogenen Forderungen, mit dem Ziel, dass ein Teil der Forderungen abgelehnt wurde.[57] Die Ablehnung führte, jedenfalls auf dem Papier, zum gewünschten grenzüberschreitenden Konflikt. Der *High Court* ließ die Schlichtung derartiger, partiell fingierter Streitigkeiten zu.[58] Dies aber nur unter der Prämisse, dass der Konflikt „*real and genuine*"[59] war, also eine tatsächlich zu klärende Rechtsfrage zugrunde lag. Ein Scheinprozess mit abstrusen Forderungen ist unzulässig.[60] Als Präzedenzfall der Überschreitung des genuinen Maßstabes dient der sog. „*SPSF*"-Fall[61]: Die Forderung von 7.500 AU$ Arbeitsentgelt pro Woche, unabhängig von der Qualifikation und dem Aufgabenbereich des Arbeitnehmers, wurde als nicht ernst gemeint beurteilt.

---

55 Historisch bedingt wird hier noch von „(Arbeits-)Gericht" gesprochen, auch wenn es sich mittlerweile um ein *tribunal* und nicht mehr um einen *court* handelt. Zur Unterscheidung § 1 VII. 2. b), S. 74.

56 *McCallum*, (2005) 10 (2) DeakinLawRw, 460 (463).

57 *Stewart et al.*, Labour Law, para [5.07]; *Williams*, Labour Law and the Constitution, p. 56.

58 *R v Commonwealth Court of Conciliation and Arbitration and the Australian Builders' Labourers' Federation; Ex parte GP Jones; Ex parte W. Cooper* (1914) 18 CLR 224; *R v Cohen; Ex parte Attorney-General (Qld)* (1981) 157 CLR 331 (337); *Attorney-General (Qld) v Riordan* (1997) 192 CLR 1.

59 *Australian Tramway and Motor Omnibus Employees' Association v Commissioner for Road Transport and Tramways (NSW)* (1938) 58 CLR 436 (442); *R v Ludeke; Ex parte Queensland Electricity Commission* (1985) 159 CLR 178 (183–184).

60 *R v Gough; Ex parte BP Refinery (Westernport) Pty Ltd* (1966) 114 CLR 384 (387); *Re Printing and Kindred Industries Union; Ex parte Vista Paper Products Pty Ltd* (1993) 67 ALJR 704.

61 *Re State Public Services Federation; Ex parte Attorney-General (WA)* (1993) 178 CLR 249.

d) „Industrial disputes“

Eine durch s 51(35) *The Constitution* geschaffene Institution darf außerdem nur *„industrial disputes“*, Arbeitskonflikte, schlichten. Der deutsche Leser mag beim Begriff *„industrial“* zunächst eine Verbindung zum Industriesektor unterstellen. Zwischenzeitlich wurde der Begriff auch in diesem Sinne restriktiv ausgelegt und Industrie wurde als „Zusammenwirken von Kapital und Arbeit, um den menschlichen Bedürfnissen gerecht zu werden“[62] definiert. Beispielsweise waren Klagen von Lehrern, Verwaltungsangestellten oder Feuerwehrleuten vor einem Bundesarbeitsgericht unzulässig.[63]

Im *„Social Welfare Union“*-Fall[64] kehrte der *High Court* jedoch 1983 zur anfänglichen weiten Auslegung des Begriffs *„industrial dispute“* des *„Jumbunna“*-Falls[65] zurück, die bis heute im Jahr 2019 herrschende Ansicht ist: *„Industrial disputes“* umfassen „alle Streitigkeiten zwischen einem Arbeitgeber und einem Arbeitnehmer hinsichtlich des Anstellungsverhältnisses und der Arbeitsbedingungen und sind nicht auf die produzierende Industrie und andere gewinnorientierte Gewerbe beschränkt“[66]. Es müssen demnach lediglich ein Arbeitgeber bzw. ein Arbeitgeberverband und ein Arbeitnehmer bzw. eine Gewerkschaft (*„industrial relationship“*[67]) über eine arbeitsrechtliche Angelegenheit (*„industrial matter“*, *„industrial in character“*[68]) streiten.

Die Bezeichnung *„industrial“* wird im gesamten australischen Arbeitsrecht verwendet. Zum Teil wird von *„Industrial Law“* gesprochen, zum Teil werden bundesstaatliche Arbeitsgerichte als *„industrial tribunal“* bezeichnet. Unter Berücksichtigung des soeben zur Kompetenznorm s 51(35) *The Constitution* Gesagten gilt auch hierfür, dass *„industrial“* nicht mehr als industriell zu verstehen ist, sondern mit „arbeitsrechtlich“ gleichzusetzen ist.

---

62 *Federated Municipal and Shire Council Employees' Union of Australia v Melbourne Corporation* (1919) 26 CLR 508 (554): *„operations in which capital and labour are contributed in co-operation for the satisfaction human wants or desires“*.

63 *Wheelwright,* Labour Law, para [7.18]; *McCallum,* (2005) 10(2) DeakinLawRw 460 (462).

64 *R v Coldham; Ex parte Australian Social Welfare Union* (1983) 153 CLR 297.

65 *Jumbunna Coal Mine v The Victorian Coal Miners' Association* (1908) 6 CLR 309.

66 *R v Coldham; Ex parte Australian Social Welfare Union* (1983) 153 CLR 297 (297): *„all disputes between employees and employers about terms of employment and conditions of work, and is not confined to disputes in productive industry and organized business carried on for the purpose of profit“*.

67 *Williams,* Labour Law and the Constitution, p. 68.

68 *Wheelwright,* Labour Law, para [7.24].

3. Rückgriff auf weitere Kompetenznormen

Zwar ist s 51(35) *The Constitution* die einzige, sich ausdrücklich auf das Arbeitsrecht beziehende Kompetenznorm des Bundes. Der Bundesgesetzgeber wollte jedoch über die Einschränkungen der s 51(35) *The Constitution* hinaus einheitliche Arbeitsbedingungen durch Gesetz regeln, also materiell-rechtliche Arbeitsgesetze erlassen. Entsprechend suchten Regierungen nach auslegungsfähigen Kompetenznormen in der Verfassung und weitere Befugnisnormen gewannen in der Entwicklung der Arbeitsgerichtsbarkeit an Bedeutung. Dies führte zu politisch kontroversen Diskussionen und einer umfangreichen Rechtsprechung des *High Court*. Auf welche Gesetzgebungskompetenz neue arbeitsrechtliche Gesetze gestützt wurden, hing überwiegend von der jeweiligen Regierung ab. Vor allem zwei Parteien prägten die Entwicklung: auf der einen Seite die eher konservative *Liberal Party of Australia*, auf der anderen Seite die *Australian Labor Party*. Es wurde insbesondere auf drei weitere Kompetenznormen zurückgegriffen: s 51(20) *The Constitution* zur Regelung von Gesellschaften („*corporations power*"), s 51(29) für auswärtige Angelegenheiten („*external affairs*") und s 51(1) im Handel und Wirtschaftsverkehr („*trade and commerce*").

a) Kompetenz bezüglich „corporations", s 51(20) The Constitution

Die Befugnisnorm s 51(20) *The Constitution* erlaubt dem Bundesparlament Gesetze zu erlassen hinsichtlich „*foreign corporations, and trading or financial corporations formed within the limits of the Commonwealth*". (Etwa: hinsichtlich „ausländischer Gesellschaften[69] und Handels- oder Finanzgesellschaften, die innerhalb des *Commonwealth* entstanden sind".) In der vom *High Court* anerkannten und weitesten Auslegung ermächtigt s 51(20) *The Constitution* den Bund, arbeitsrechtliche Vorschriften zu erlassen, welche im bloßen Zusammenhang mit dem Gesellschaftstyp einer „*corporation*" stehen. Im Arbeitsrecht ermöglicht dies weitreichende Regelungen, da Arbeitgeber oftmals in Form einer „*corporation*" organisiert sind.

Die Auslegung des Begriffs „*corporation*" ist umstritten und durch Einzelfallentscheidungen des *High Court* geprägt. Eine „*corporation*" ist eine Körperschaft mit dem Status einer juristischen Person.[70] In *CEPU v Queensland Rail*[71] wird der Begriff der „*corporation*" als künstlich vom Gesetzgeber geschaffener

69 Im Folgenden wird zur Vereinfachung die Übersetzung „Gesellschaft" verwendet.

70 *Born*, Die Körperschaftssteuer in Australien und Deutschland, S. 60.

71 *Communications, Electrical, Electronic, Energy, Information, Postal, Plumbing and Allied Services Union v Queensland Rail* [2015] HCA 11 para [23].

Rechtsträger bezeichnet. Als Grundregel lässt sich festhalten, dass nach dem derzeit geltenden *Corporations Act 2001*[72] eingetragene Gesellschaften und gemeinnützige Vereinigungen, die aufgrund von Bundesstaatsgesetzen durch Eintragung denselben Status erlangen, *constitutional corporations* sind. Keine *constitutional corporations* sind dagegen Einzelunternehmen, Staatsregierungen, *partnerships* und *trusts*, sofern als *trustee*, also Verwalter bzw. Treuhänder, nicht selbst eine *corporation* fungiert.[73] *Partnerships* sind annähernd mit einer deutschen oHG vergleichbar, ein *trust* ist ein dem deutschen Recht fremdes Rechtsinstitut[74], welches systematische Ähnlichkeit mit der deutschen Stiftung[75] ohne Rechtsfähigkeit aufweist bzw. welches als Treuhandverhältnis bezeichnet werden kann[76].

Der Anwendungsbereich wird nach dem Wortlaut auf ausländische Gesellschaften und inländische Handels- oder Finanzgesellschaften beschränkt, sofern Regelungen für bereits existierende Gesellschaften getroffen werden. Gründungsvorschriften liegen wegen des Wortlauts „*formed*" (gegründet sind) außerhalb der Kompetenz.[77] Eine inländische Gesellschaft muss demnach als „*trading*" oder „*financial*" *corporation* charakterisiert werden können. Zur Einordnung wendet der *High Court* einen „*activities test*" an.[78] Ausschlaggebend ist unabhängig vom Gesellschaftsziel, ob eine wesentliche Betätigung im Handels- oder Finanzsektor vorliegt. Handelsaktivitäten sind solche, die Elemente des Kaufens und Verkaufens beinhalten und die für das Unternehmen Erträge abwerfen.[79] Schwierigkeiten bei der Einordnung ergeben sich insbesondere bei gemeinnützigen Einrichtungen.[80]

Gesetze aufgrund dieser Kompetenz sind insbesondere nicht mehr auf die Schlichtung staatsübergreifender Konflikte beschränkt. Durch den Rückgriff

72 *Corporations Act 2001* – Act No. 50, 2001– Compilation No. 94, 2019.
73 *Stewart*, Employment Law, para [2.23].
74 *V. Bernstorff*, Einführung in das englische Recht, S. 139, 145.
75 *Born*, Die Körperschaftssteuer in Australien und Deutschland, S. 60 ff.
76 *V. Bernstorff*, Einführung in das englische Recht, S. 139; Dietl/*Lorenz*, Wörterbuch Recht, Wirtschaft und Politik, „*trust*".
77 *New South Wales v Commonwealth* (1990) 169 CLR 482 (498).
78 *R v Federal Court of Australia; Ex parte WA National Football League* (1979) 143 CLR 190.
79 *Stewart*, Employment Law, para [2.24].
80 *Stewart*, Employment Law, para [2.25].

auf s 51(20) *The Constitution* ist der Bundesgesetzgeber außerdem legitimiert materiell-rechtliche Arbeitsgesetze zu erlassen, solange sie Bezug zu einer ausländischen Gesellschaft oder inländischen Handels- bzw. Finanz-*corporation* aufweisen.[81] Beispielsweise wurden so Mindeststandards für Arbeitsbedingungen festgelegt und die Klagemöglichkeit gegen eine *corporation* als Arbeitgeber wegen ungerechter Kündigung (*unfair dismissal claim*) eingeführt.[82]

b) Kompetenz für auswärtige Angelegenheiten, s 51(29) The Constitution

Am kontroversesten diskutiert, besonders bei Gegnern der *Australian Labor Party*, wurde die Kompetenznorm s 51(29) *The Constitution* für „*external affairs*". „Auswärtige Angelegenheiten" umfassen die Befugnis zur gesetzlichen Umsetzung internationaler Verträge bis hin zur Regelung sämtlicher Angelegenheiten mit Auslandsberührung. Da im Grunde beinahe alles durch ein internationales Abkommen geregelt[83] und anschließend in innerstaatliches Recht durch den Bund umgesetzt werden kann, besteht die Gefahr einer ausufernden Kompetenzerschleichung des Bundes.

Im Arbeitsrecht führte diese Kompetenz vorwiegend zur Umsetzung von Mindeststandards der *International Labour Organization* (*ILO*) in einfaches Recht. Folglich wurden beispielsweise Mindestlöhne, Vorschriften bezüglich der Beendigung von Arbeitsverhältnissen und Elternzeit durch den Bund geregelt.[84] Der *High Court* bestätigte in zahlreichen Einzelfällen, dass s 51(29) *The Constitution* den Bund derart umfassend ermächtigt, internationale Abkommen in nationales Recht umzusetzen, wenn das *Commonwealth of Australia* Partei des Abkommens ist.

c) Kompetenz im Handel und Wirtschaftsverkehr, s 51(1) The Constitution

Bedeutung erlangte darüber hinaus s 51(1) *The Constitution* hinsichtlich „*trade and commerce with other countries, and among the States*". Der „Handel und

---

81 *New South Wales v Commonwealth of Australia; Western Australia v Commonwealth of Australia* [2006] HCA 52 = (2006) 229 CLR 1; *Williams*, Inquiry into options for a New National Industrial Relations System, p. 6.

82 *McCallum*, (2005) 10(2) DeakinLawRw 460 (465).

83 *Commonwealth v Tasmania* (1983) 57 ALJR 450 (474).

84 *Pittard/Naughton*, Labour and Employment Law, para [10.2].

Wirtschaftsverkehr mit anderen Ländern und zwischen den Bundesstaaten" erfasst sämtliche Abläufe eines Geschäftsabschlusses: von ersten Verhandlungen über die Lieferung bis hin zur Abrechnung.[85] Jedoch wurde s 51(1) *The Constitution* im Arbeitsrecht nur selten als selbstständige Kompetenznorm verwendet, sondern insbesondere genutzt, um den beschränkten persönlichen Anwendungsbereich anderer Regelungen (z.B. Arbeitnehmer einer *corporation* i.S.v. s 51(20) *The Constitution*) auf den Handels- und Wirtschaftsverkehr auszudehnen. Dieser umfasst auch die Schifffahrt und den Eisenbahnbetrieb (s 98 *The Constitution*). Folglich wurden unter anderem Arbeitsbedingungen und Kündigungsvorschriften beispielsweise auch für Hafenarbeiter, Beschäftigte der Schifffahrt, Eisenbahnfahrer und Flugpersonal geregelt.[86]

d) Weitere Gesetzgebungskompetenzen

Als weitere Gesetzgebungskompetenzen zur Regelung bzw. Erweiterung arbeitsrechtlicher Aspekte wurden zudem unter anderem folgende Artikel (*sections*) der Verfassung herangezogen: s 51(2) für Steuern, s 51(6) für Verteidigung, s 51(23) und s 51(23A) für Sozialversicherung, s 52(2) für den öffentlichen Dienst.[87] Dem Bund können auch originäre Kompetenzen der Bundesstaaten übertragen werden (s 51(37) *The Constitution*). Der Bund ist aber nicht verpflichtet, die Übertragung zu nutzen und bestimmt das Ausmaß der hierauf gestützten Gesetze selbst.[88]

4. Zusammenspiel von Kompetenznormen

Die Kombination diverser Kompetenznormen erweitert die Gesetzgebungskompetenz des Bundes im Arbeitsrecht erheblich.[89] Der Großteil der Vorschriften des aktuell im Jahr 2019 geltenden *Fair Work Act 2009* basiert auf s 51(20) *The Constitution.*[90] Allerdings fußt das nach wie vor existierende traditionelle System der Streitbeilegung durch ein *tribunal*[91] – im Jahr 2019 der *Fair Work Commission* – auf s 51(35) *The Constitution.* Die Entwicklung der Bundesarbeitsgerichtsbarkeit

---

85 *W & A McArthur Ltd v Queensland* [1920] HCA 77 = (1920) 28 CLR 530 (547).
86 *Williams*, Labour Law and the Constitution, p. 140.
87 *Stewart et al.*, Labour Law, para [5.20] et seqq.
88 *Vic IRT*, Report & Recommendations, para [4.2]; *Stewart*, (2001) 14 AJLL 145 (149).
89 *Stewart et al.*, Labour Law, para [5.14].
90 *Pittard/Naughton*, Labour and Employment Law, para [9.15].
91 *Stewart et al.*, Labour Law, para [5.14].

ist eng mit der Entwicklung des materiellen Rechts verknüpft und durch vier Meilensteine unterschiedlicher Arbeitsgesetze, basierend auf der Kombination der dargestellten Kompetenznormen, geprägt: *Conciliation and Arbitration Act 1904*, *Industrial Relations Act 1988*, *Workplace Relations Act 1996* und *Fair Work Act 2009*.

III. Conciliation and Arbitration Act 1904

Den Weg für das erste bundesweite Arbeitsgesetz, den *Conciliation and Arbitration Act 1904*[92], ebnete s 51(35) *The Constitution*.

1. „Commonwealth Court of Conciliation and Arbitration"

Das Kernelement des *Conciliation and Arbitration Act 1904* war der gesetzliche Rahmen für das erste australische „Arbeitsgericht": der *Commonwealth Court of Conciliation and Arbitration*. Dieser war eine Institution, die arbeitsrechtliche Konflikte im Rahmen der *conciliation* und *arbitration* schlichten sollte. Ursprünglich war der *Commonwealth Court of Conciliation and Arbitration* nur mit einem Richter besetzt (*Justice*[93] *O'Connor*), der hauptberuflich Richter am *High Court* war. Die Auslastung des *Commonwealth Court of Conciliation and Arbitration* wurde bei seiner Konzeption jedoch maßgeblich unterschätzt, sodass bereits 1907 ein hauptberuflicher Gerichtspräsident nachfolgte: *Justice Higgins*.

Der bei Verabschiedung des *Conciliation and Arbitration Act 1904* amtierende Premierminister *Deakin* hoffte, mit dem *Commonwealth Court of Conciliation and Arbitration* und dem Prinzip der Schlichtung soziale Gerechtigkeit zu schaffen und Ungleichheiten zu beseitigen.[94] Wenn vom *Conciliation and Arbitration Act 1904* erfasste Streitigkeiten vorlagen, waren die Parteien verpflichtet, den *Commonwealth Court of Conciliation and Arbitration* um Schlichtung zu

---

92 *Conciliation and Arbitration Act 1904* – Act No. 13, 1904.

93 Als „*Justices*" werden Richter der *superior courts* (u.a. *High Court, Federal Court, Supreme Courts* der Bundesstaaten) betitelt, als „*Judges*" Richter der *inferior courts* (u.a. *Federal Circuit Court*).

94 *Cth*, Parliamentary Debates House of Representatives Official Hansard, No. 31, 30 July 1903, p. 2868, abrufbar unter: https://parlinfo.aph.gov.au/parlInfo/search/display/display.w3p;adv=yes;orderBy= fragment number,doc_daterev;query=Dataset%3Ahansardr,hansardr80%20Decade%3A%221900s%22%20Year%3A%221903%22%20Month%3A%2207%22;rec=1;resCount=Default [zuletzt abgerufen am 1.7.2019].

ersuchen.[95] Arbeitskampfmaßnahmen waren verboten.[96] Die Entscheidungen des *Court* waren für die Parteien bindend und vollstreckbar.[97] Gemäß ss 119 et seqq. *Conciliation and Arbitration Act 1904* konnten bei Missachtung der Entscheidung u.a. Bußgelder auferlegt werden.

2. Rolle der Gewerkschaften

Das System der *conciliation* und *arbitration* diente primär der Lösung kollektiver Streitigkeiten. Klagen eines einzelnen Arbeitnehmers waren nicht vorgesehen, es sei denn, es konnten kollektive Auswirkungen dargelegt werden.[98] Die Klage eines einzelnen Arbeitnehmers erfüllte zudem nur selten das Kriterium eines Bundesstaatsgrenzen überschreitenden Sachverhalts. Daher war die Beteiligung einer Gewerkschaft in der Regel essenziell. Gewerkschaften hatten die Möglichkeit, derartige Streitigkeiten durch die zuvor dargelegten *log of claims* partiell zu fingieren.[99]

Gewerkschaften und Arbeitgeberorganisationen waren nach der gesetzlich vorgeschriebenen Registrierung rechtsfähig. Registrierte Gewerkschaften konnten damit selbst klagen und verklagt werden, aber auch als Vertreter einzelner Arbeitnehmer agieren.[100] Folglich florierte einerseits die Gewerkschaftsbewegung und der Prozentsatz gewerkschaftlich organisierter Arbeitnehmer stieg von 6,1 Prozent im Jahr 1901 auf 53,3 Prozent im Jahr 1920.[101] Andererseits akzeptierten die Gewerkschaften im Austausch für ihre Anerkennung ein gesetzliches Streikverbot.[102] *Justice Higgins* beschrieb die *conciliation* und *arbitration* als neue Ordnung, die „den rücksichtslosen und barbarischen Prozess von Streiks und Aussperrungen" ablösen würde.[103]

3. Das „Boilermaker"-Urteil und seine Auswirkungen

Im Jahr 1956 führte das sog. „*Boilermaker*"-Urteil[104] des *High Court* zu grundlegenden strukturellen Veränderungen des australischen Arbeitsrechtssystems. Die Vorgaben dieses Urteils prägen die gerichtliche bzw. gerichtsähnliche

95 *Wallace-Bruce*, Outline of Employment Law, para [11].
96 *Owens/Riley/Murray*, The Law of Work, para [3.3.2.3].
97 *Stewart*, Employment Law, para [2.4].
98 *Owens/Riley/Murray*, The Law of Work, para [3.3.2.3].
99 Dazu bereits § 1 II. 2. c), S. 46.
100 *Creighton*, 2 FJLR 1997, 103 (111).
101 *Creighton*, 2 FJLR 1997, 103 (111).
102 *Owens/Riley/Murray*, The Law of Work, para [3.3.2.3].
103 *Higgins*, A new province for law and order, p. 2: „*rude and barbarous processes of strike and lock-out*".
104 *R v Kirby; Ex parte Boilermakers' Society of Australia* (1956) 94 CLR 254.

Struktur bis heute im Jahr 2019. Kernelemente des Urteils sind die Gewaltenteilung und die daraus resultierende Reichweite judikativer Kompetenz.

a) Sachverhalt und Hintergründe

Der Klage der Gewerkschaft *Boilermakers' Society* am *High Court* lag der *Metal Trades Award*[105] zugrunde, welcher mit Hilfe eines Kommissionsmitglieds des *Commonwealth Court of Conciliation and Arbitration* ausgehandelt wurde. Wesentlicher Inhalt war ein Verbot von Arbeitskampfmaßnahmen. Mitglieder der Gewerkschaft *Federated Ironworkers Association* streikten jedoch im Februar 1955 und die *Boilermakers' Society* unterstützte den Streik finanziell, wodurch sie gegen den *Metal Trades Award* verstieß. Der *Commonwealth Court of Conciliation and Arbitration* verpflichtete durch erste Gerichtsentscheidung die *Boilermakers' Society* zur Einhaltung des *Awards.* Aufgrund Missachtung der Entscheidung erging eine *order* des *Commonwealth Court of Conciliation and Arbitration*, wodurch der *Boilermakers' Society* ein Buß- sowie ein Ordnungsgeld auferlegt wurden.

Daraufhin stellte die *Boilermakers' Society* am *High Court* den Antrag, den *Commonwealth Court of Conciliation and Arbitration* für unzuständig zu erklären (*writ of prohibition*). Die *sections* des *Conciliation and Arbitration Act*, auf denen die Anordnung des Buß- und Ordnungsgeldes des *Commonwealth Court of Conciliation and Arbitration* basierten, seien unwirksam. Durch das Aushandeln von *awards* werde der *Commonwealth Court of Conciliation and Arbitration* nicht-judikativ tätig, durch die Durchsetzung derselben judikativ. Der Grundsatz der Gewaltenteilung verbiete, dass ein und dieselbe Institution zugleich nicht-judikative und judikative Befugnisse innehabe. Die rechtsprechende Gewalt sei auf Gerichte beschränkt, die den Anforderungen des Kapitels III der Verfassung Australiens („*The Judicature*") gerecht würden.[106] Diese Anforderungen erfülle der *Commonwealth Court of Conciliation and Arbitration* nicht. Er habe lediglich administrative Befugnisse im Rahmen der *arbitration,* dagegen keine judikativen.[107]

---

105 Der *Metal Trades Award* entspricht in etwa einem Tarifvertrag der Metallindustrie.

106 Kapitel III der Verfassung Australiens entspricht in etwa Abschnitt IX. des Grundgesetzes.

107 *R v Kirby; Ex parte Boilermakers' Society of Australia* (1956) 94 CLR 254; *Thomson,* [1958] SydLawRw 5, 480 (480).

b) Das Urteil und seine Auswirkungen

aa) Rechtliche Einordnung der „arbitration"

Da der Schwerpunkt der Tätigkeiten des *Commonwealth Court of Conciliation and Arbitration* auf der *arbitration* lag und die Durchsetzung der *awards* als judikative Aufgabe verstanden wurde, war für das Urteil vor allem entscheidend, ob im Rahmen der *arbitration* judikative Gewalt ausgeübt wird. Betrachtet man das Verfahren der *arbitration*, zeigt sich die Schwierigkeit der Zuordnung.[108] Das Verfahren erscheint einem streitigen Verfahren vergleichbar und wirkt wie ein Akt der Judikative. Häufig agieren die Parteien mit Rechtsbeistand, der Verfahrensablauf ähnelt dem gerichtlichen Zivilverfahren und die Beweiserhebung erfolgt unter anderem durch das im Zivilprozess geläufige Kreuzverhör (*cross-examination*) von Zeugen.[109]

Eine Gesamtbetrachtung mit Blick auf das Resultat der *arbitration* führt jedoch zur herrschenden Ansicht: Das Verfahren der *arbitration* endet nicht mit einer Entscheidung, was (bereits) Recht ist, sondern mit einer Vereinbarung, z.B. einem *award*. Ein *award* ist eine Vereinbarung zwischen einer Gewerkschaft und einem Arbeitgeberverband bzw. einem Arbeitgeber, welche Rechte und Pflichten der Parteien (z.B. Mindestlöhne), die das Verfahren eingeleitet haben, begründet.[110] Nach deutschem Verständnis[111] ist ein *award* im Ergebnis und hinsichtlich der Wirkung am ehesten mit einem Tarifvertrag vergleichbar.[112] Die *arbitration* ist somit kein Bestandteil der Judikative. Sie wird stattdessen als Nebengebiet der Legislative[113], als quasi-legislativ[114], als administrativ[115] oder exekutiv[116] bezeichnet.

---

108 *Thomson*, [1958] SydLawRw 5, 480 (492).

109 Persönliche Beobachtungen bei Verhandlungen der *Fair Work Commission* in Sydney im Februar/März 2017; *Brooks*, Labour Law in Australia, para [78].

110 *Brooks*, Labour Law in Australia, para [74].

111 Ausführlicher Rechtsvergleich unter § 2 II. 2. b), S. 81.

112 *Babeck*, Einführung in das australische Recht, § 16 Rn. 15.

113 *Waterside Workers Federation of Australia v J. W. Alexander Ltd* (1918) 25 CLR 434 (464); *Thomson*, [1958] SydLawRw 5, 480 (492).

114 *R v Kirby; Ex parte Boilermakers' Society of Australia* (1956) 94 CLR 254 (306); *Stewart*, Employment Law, para [9.3]; *Stewart et al.*, Labour Law, para [5.43]; *Kirby/Creighton*, The Law of Conciliation and Arbitration, in: Isaac/Macintyre (Ed.), The New Province For Law and Order, 2009, p. 131; *Vranken*, Death of Labour Law, p. 132.

115 *R v Kirby; Ex parte Boilermakers' Society of Australia* (1956) 94 CLR 254 (306); *Brooks*, Labour Law in Australia, para [74].

116 *R v Kirby; Ex parte Boilermakers' Society of Australia* (1956) 94 CLR 254 (341).

bb) Urteil

Mit Mehrheitsentscheidung gab der *High Court* dem Antrag der *Boilermakers' Society* vorläufig statt. Kapitel III der Verfassung verbiete die Ausübung richterlicher Gewalt durch eine Institution (*Commonwealth Court of Conciliation and Arbitration*), die zu anderen Zwecken und basierend auf einer anderen Gesetzesgrundlage (s 51(35) *The Constitution*) gegründet wurde. Dies gelte, auch wenn der *Commonwealth Court of Conciliation and Arbitration* als Gericht organisiert sei. Darüber hinaus sei eine Kombination von nicht-judikativer mit judikativer Funktion unzulässig, außer eine der Tätigkeiten wäre nebensächlich. Dies treffe jedoch nicht zu. Der *Commonwealth Court of Conciliation and Arbitration* sei ein *tribunal* mit der Befugnis zur *arbitration* und kein *court.* Ss 29(1)(b), (c) und 29A *Conciliation and Arbitration Act 1904–1952*, die Maßnahmen zur Durchsetzung der eigens erlassenen *awards* gestatten, seien unwirksam. Die Anwendung, Auslegung und Durchsetzung bestehenden Rechts müsse Aufgabe der Gerichte bleiben.[117] Der Abschluss von Vereinbarungen, das Aushandeln neuer Regelungen und die Schlichtung von Disputen obliege dagegen dem *tribunal.*

Im Kern zusammengefasst bedeutet dies:

- Nur Gerichte im Sinne des Kapitels III der Verfassung Australiens dürfen auf Bundesebene judikative Aufgaben erfüllen.[118]
- Gerichte im Sinne des Kapitels III der Verfassung Australiens sind nicht befugt zugleich nicht-judikativ tätig zu werden.[119]
- Die Anwendung, Auslegung und Durchsetzung bestehenden Rechts sind judikative Aufgaben. Diese Rechtsstreitigkeiten obliegen Gerichten, Regelungsstreitigkeiten *tribunals.*

cc) Trennung in „Commonwealth Industrial Court“ und „Commonwealth Conciliation and Arbitration Commission“

Aufgrund der Unvereinbarkeit judikativer und nicht-judikativer Kompetenz in einer Institution wurden zwei separate Institutionen gegründet: der *Commonwealth Industrial Court* und die *Commonwealth Conciliation and Arbitration Commission.* Der *Commonwealth Industrial Court* wurde als Gericht im Sinne

117 *R v Kirby; Ex parte Boilermakers' Society of Australia* (1956) 94 CLR 254 (281); *McCallum/Riley/Stewart*, (2013) 34 Comp. Lab. L. & Pol'y J 843 (854).

118 *Williams*, Labour Law and the Constitution, p. 32; *Shrubb*, The Boilermakers' case.

119 *Williams*, Labour Law and the Constitution, p. 32; *Shrubb*, The Boilermakers' case.

von Kapitel III der Verfassung Australiens etabliert und war fortan als Judikativorgan bei arbeitsrechtlichen Streitigkeiten insbesondere für die Auslegung, Feststellung und Durchsetzung von Rechten zuständig. Sämtliche nicht-judikative Funktionen wurden auf die *Commonwealth Conciliation and Arbitration Commission* übertragen, die als *tribunal* konstituiert wurde. Ihr wurden die Zuständigkeiten zur Beilegung von Disputen und zum Aushandeln von *awards* übertragen. Die Aufspaltung in *court* und *tribunal* (*commission*) besteht seither.

4. Eingliederung des „Commonwealth Industrial Court" in den „Federal Court of Australia" (1977)

Mit Erlass des *Federal Court of Australia Act 1976* wurde der *Federal Court of Australia*[120] gegründet, ein *superior* Bundesgericht der ordentlichen Gerichtsbarkeit, im Instanzenzug lediglich dem *High Court* untergeordnet. Der *Federal Court* wurde in zwei Kammern unterteilt: eine allgemeine Zivil- und Strafrechtskammer (*General Division*) und eine Arbeitsrechtskammer (*Industrial Division*). Der *Commonwealth Industrial Court* wurde aufgelöst und in den *Federal Court* als *Industrial Division* eingegliedert.[121] Die zuvor selbstständige Arbeitsgerichtsbarkeit wurde somit institutionell mit der ordentlichen Gerichtsbarkeit zusammengelegt.

IV. Industrial Relations Act 1988

1. Von der „Australian Conciliation and Arbitration Commission" zur „Australian Industrial Relations Commission"

Der Regierungswechsel 1983 führte zu Bestrebungen, das Arbeitsrechtssystem umfassend zu reformieren. Gewerkschaften und Arbeitgeberverbänden sollte mehr Freiraum zur Gestaltung der Arbeitsbedingungen gewährt werden. Allerdings blieb durch den *Industrial Relations Act 1988*[122] die radikale, materiellrechtliche Deregulierung aus. Sein Inhalt war eine Feinabstimmung eines über 80 Jahre bewährten Systems mit eher kosmetischen Änderungen.[123] Als wichtigste inhaltliche Neuerung wurden *Certified Agreements* eingeführt.[124] Erstmals

---

120 Im Weiteren wird auf den Zusatz „*of Australia*" verzichtet.

121 *Vranken*, Death of Labour Law, p. 133.

122 *Industrial Relations Act 1988* – Act No. 86, 1988.

123 *Creighton*, 2 FJLR 1997, 103 (117 seq.).

124 Ss 115 – 117 *Industrial Relations Act 1988*.

war es möglich, Vereinbarungen auf Unternehmensebene ohne Mitwirkung der *Commission* auszuhandeln und diese lediglich von ihr zertifizieren zu lassen. Es wurden weiter Rufe laut, die Parteiautonomie zu stärken und das zentralisierte System zu deregulieren.[125]

Die *Commonwealth Conciliation and Arbitration Commission*, deren Name 1973 in *Australian Conciliation and Arbitration Commission* geändert wurde, wurde durch die Reform nunmehr in *Australian Industrial Relations Commission* umbenannt, ohne dass dies zu funktionalen Veränderungen führte. Erste Versuche, ein bundeseinheitliches System zu etablieren, zeigten sich durch die Doppelfunktion einiger *Commissioners*: Sie konnten als Schlichter der Bundesinstitution (*Australian Industrial Relations Commission*) und zugleich einer Bundesstaatsinstitution (bundesstaatliches *tribunal*) ernannt werden.[126]

2. Industrial Relations Reform Act 1993

Der *Industrial Relations Reform Act 1993*[127] brachte die lang ersehnten Reformen und vollzog den ersten großen Schritt vom zentralisierten *award*-System zum dezentralisierten System kollektiver Vereinbarungen auf Unternehmensebene.[128] Dieser Systemwandel brachte neue Aufgaben für die staatlichen Streitbeilegungsinstitutionen.

a) Materielle Reformen

Reformbestrebungen mit der Intention die zentral durch die *Commission* festgesetzten *awards* durch Vereinbarungen innerhalb eines Unternehmens zu ersetzen, führten zu zwei Arten von Vereinbarungen[129]: *Certified Agreements* und *Enterprise Flexibility Agreements*. Die *Certified Agreements* waren bereits mit dem *Industrial Relations Act 1988* eingeführt worden und wurden nur geringfügig modifiziert. Als Rechtsgrundlage diente s 51(35) *The Constitution*, wobei der Fokus auf dem Element des Verhinderns (*prevention)* eines Streits und nicht mehr der Beilegung *(settlement)* lag. Wenn es um die Streitprävention ging,

125 *Creighton*, 2 FJLR 1997, 103 (118); *Pittard/Naughton*, Labour and Employment Law, para [9.10].

126 *AIRC*, Historical Overview, p. 6; *König*, Deregulierung des Arbeitsrechts in Australien, S. 39.

127 *Industrial Relations Reform Act 1993* – Act No. 98, 1993.

128 *McCallum/Moore/Edwards*, Workplaces, p. 34; *Stewart et al.*, (2014) 27 AJLL 258 (261).

129 Vgl. s 3(a) *Industrial Relations Reform Act 1993*.

reichte eine Sachlage im arbeitsrechtlichen Kontext aus.[130] Vertragspartner der *Certified Agreements* waren Arbeitgeber und Gewerkschaften. Während Verhandlungsphasen wurde erstmals in der Geschichte Australiens ein limitiertes Streik- und Aussperrungsrecht anerkannt.[131] In Folge verfassungsrechtlichen Umdenkens stützte sich der Gesetzgeber zudem auf die Kompetenz bezüglich Gesellschaften (s 51(20) *The Constitution*) und erlaubte für Arbeitgeber in Form einer *corporation*[132] gewerkschaftsunabhängige Vereinbarungen.[133] Diese *Enterprise Flexibility Agreements* konnten zwischen Arbeitgeber und Arbeitnehmer geschlossen werden. Mit *Enterprise Flexibility Agreements* durften allerdings nur Detailvereinbarungen zu *awards*, die als Rahmenvereinbarung dienten, getroffen werden.[134]

Außerdem wurden zur Umsetzung internationaler Konventionen der *ILO* erstmals durch den Gesetzgeber arbeitsrechtliche Mindeststandards, wie Mindestlohn, Lohngleichheit zwischen Frauen und Männern sowie Elternzeit eingeführt. Besonders hervorzuheben ist hierbei die gesetzliche Verankerung und Ausweitung der Kontrolle von ungerechten Kündigungen (*unfair dismissals*) durch die *Commission*. Erstmals war nunmehr unabhängig von den durch *awards* festgesetzten Mindeststandards eine individuelle Geltendmachung arbeitsrechtlicher Standards gestützt auf Parlamentsgesetze möglich.[135]

b) Institutionelle Entwicklung

Die Institutionen arbeitsrechtlicher Streitbeilegung wurden in zweifacher Hinsicht reformiert. Die *Australian Industrial Relations Commission* wurde in zwei Kammern unterteilt: eine *General Division* und eine *Bargaining Division*. Die neu gegründete *Bargaining Division* betreute und kontrollierte sämtliche, auf den Abschluss eines *Certified Agreement* oder eines *Enterprise Flexibility Agreement* gerichtete Verhandlungsprozesse.[136] Zu ihren Aufgaben zählten unter

---

130 *McCallum*, [1994] SydLwRw 16, 122 (125).

131 *Desch*, Arbeitsrecht in Australien, S. 273; *König*, Deregulierung des Arbeitsrechts in Australien, S. 65; *Stewart et al.*, Labour Law, para [26.03, 26.08, 26.10]; *Pittard/Naughton*, Labour and Employment Law, para [9.11].

132 Genauer siehe § 1 II. 3. a), S. 48.

133 *König*, Deregulierung des Arbeitsrechts in Australien, S. 49 ff., *McCallum*, [1994] SydLwRw 16, 122 (127).

134 S 170NC(1)(b) *Industrial Relations Reform Act 1993*.

135 *McCallum*, [1994] SydLwRw 16, 122 (128); *Pittard/Naughton*, Labour and Employment Law, para [9.11].

136 *McCallum*, [1994] SydLwRw 16, 122 (124).

anderem die Zertifizierung von Vereinbarungen, die Schlichtung auftretender Konflikte im Verhandlungszeitraum (*bargaining period*) und die Sicherstellung eines fairen Verfahrens (*good faith bargaining*).[137] Die *Industrial Division* des *Federal Court* wurde erneut von der ordentlichen Gerichtsbarkeit abgespalten und als selbstständiges Arbeitsgericht (*Industrial Relations Court of Australia*) konstituiert.[138]

V. Workplace Relations Act 1996

Der *Workplace Relations Act 1996*[139] knüpfte an die Reformbewegung des *Industrial Relations Reform Act 1993* an und perpetuierte die Abkehr vom zentralisierten *award*-System.[140] Die für die Verabschiedung des *Workplace Relations Act 1996* „entdeckte" Gesetzgebungskompetenz für das Recht der *corporations* ebnete außerdem den Weg für eine weitreichende Vereinheitlichung des Arbeitsrechts durch den Bund, die durch eine Anpassung des *Workplace Relations Act 1996* im Jahr 2005 zur (bis dahin) radikalsten Arbeitsrechtsreform führte.[141]

1. Wandel arbeitsrechtlicher Rechtsquellen

Neben dem individuellen Arbeitsvertrag, den *awards* und kollektiven Vereinbarungen in Form der *Certified Agreements* ermöglichte der *Workplace Relations Act 1996* eine neue Form von Individualvereinbarungen: Die *Australian Workplace Agreements* ersetzten die *Enterprise Flexibility Agreements*. Im Gegensatz zu den Parteien der *Enterprise Flexibility Agreements* waren die Parteien der *Australian Workplace Agreements* nicht mehr darauf beschränkt, nur Rahmenbedingungen eines *award* zu konkretisieren.[142] *Australian Workplace Agreements* konnten direkt zwischen einem Arbeitgeber und einem Arbeitnehmer oder einer Gruppe von Arbeitnehmern geschlossen werden. Damit wurde ein gewerkschaftsunabhängiges Regelungsinstrument geschaffen, das den Einfluss der Gewerkschaften minimierte.[143] Die *Australian Workplace Agreements* ähneln dem individuellen

137 S 170QB *Industrial Relations Reform Act 1993*; *König*, Deregulierung des Arbeitsrechts in Australien, S. 54 ff.

138 *Pittard/Naughton*, Labour and Employment Law, para [9.11].

139 *Workplace Relations Act 1996* – Act No. 86, 1988.

140 *König*, Deregulierung des Arbeitsrechts in Australien, S. 97; *Stewart et al.*, Labour Law, para [3.51].

141 *Ford*, (2006) 19 AJLL 144 (144, 150).

142 *McCallum*, (1997) 10 AJLL 50 (51).

143 *Pittard/Naughton*, Labour and Employment Law, para [9.12].

Arbeitsvertrag, sind jedoch einfacher[144] durchsetzbar.[145] Während das kollektivrechtliche Instrumentarium der *Certified Agreements* beinahe unverändert fortbestand, wurde der Regelungsbereich von *awards* stark eingeschränkt und damit auch der staatliche, zentralistische Einfluss.[146] Das Gesetz zählte fortan enumerativ die zulässigen Regelungsbereiche, bei Erlass 20 Bereiche (z.B. Urlaubsansprüche, Arbeitszeitregelungen und Abfindungen), auf.[147] Sämtliche Regelungen basierten vorwiegend auf der Kompetenz bezüglich Gesellschaften (s 51(20) *The Constitution*)[148] und galten somit nur für *corporations*.

2. Institutionelle Entwicklung

Die prägendste Veränderung arbeitsrechtlicher Institutionen durch den *Workplace Relations Act 1996* erlebte die *Australian Industrial Relations Commission*. Ihre Befugnisse wurden beschränkt und damit die staatliche Einflussnahme auf Arbeitsbedingungen reduziert. Da der Regelungsbereich für *awards* eingeschränkt wurde und Arbeitgeber mit Arbeitnehmern zunehmend *Australian Workplace Agreements* ohne Beteiligung der *Commission* schlossen, wurde die *Bargaining Division* aufgelöst und die Untergliederung der *Commission* in Kammern entfiel.[149] Zudem setzten sich die Gegner einer selbstständigen Arbeitsgerichtsbarkeit durch, das erst 1993 konstituierte Arbeitsgericht, der *Industrial Relations Court of Australia*, wurde wieder aufgelöst und die Zuständigkeit dem *Federal Court* zugewiesen.[150]

Durch den *Workplace Relations Act 1996* wurde außerdem eine überwiegend beratend tätige Bundesbehörde, das *Office of the Employment Advocate*, eingerichtet. Primär diente die Behörde Arbeitnehmern und Arbeitgebern als Anlaufstelle für sämtliche Fragen hinsichtlich ihrer Rechte und Pflichten, die im Zusammenhang mit dem neuen Gesetz auftraten. Zu den weiteren Aufgaben

144 *Australian Workplace Agreements* sind durch eine gesetzlich vorgesehene spezielle Klageart vereinfacht durchsetzbar („*enforceable under statute*": *Stewart et al.*, Labour Law, para [3.52]), wohingegen zur Durchsetzung eines Anspruchs aus Arbeitsvertrag eine *breach of contract claim*, eine allgemeine Klage aus dem *Common Law* wegen Vertragsbruchs, erhoben werden muss.

145 *Stewart et al.*, Labour Law, para [3.52].

146 *Ford*, (1997) 10 AJLL 1 (11); *Pittard/Naughton*, Labour and Employment Law, para [9.12].

147 S 89A(2) *Workplace Relations Act 1996*.

148 *Ford*, (1997) 10 AJLL 1 (1).

149 *König*, Deregulierung des Arbeitsrechts in Australien, S. 101.

150 *Stewart et al.*, Labour Law, para [3.52].

zählte auch die Beratung hinsichtlich *awards* und *Australian Workplace Agreements*, aber auch die Überprüfung und Genehmigung von *Australian Workplace Agreements*.[151] Auch wenn der *Employment Advocate* für Arbeitgeber und Arbeitnehmer Ansprechpartner war, so war die Unterstützung gesetzlich vorwiegend für Arbeitnehmer und Kleinbetriebe vorgesehen.[152] Die sozial Schwächeren sollten unterstützt werden, um das Arbeitsrecht unabhängig vom sozialen Stand zugänglich zu machen.

3. Victoria als Vorreiter auf dem Weg zum einheitlichen nationalen System

Den Erlass des *Workplace Relations Act 1996* auf Bundesebene nahm der Bundesstaat *Victoria* zum Anlass, sich direkt Bundesrecht unterzuordnen.[153] *Victoria* wollte so mit gutem Beispiel vorangehen, um ein einheitliches Bundesarbeitsrechtssystem zu etablieren. Auf Grundlage der Verweisungsbefugnis (s 51(37) *The Constitution*) übertrug *Victoria* hierfür durch den *Commonwealth Powers (Industrial Relations) Act 1996 (Vic)*[154] als erster Bundesstaat weitreichende arbeitsrechtliche Kompetenzen auf den Bund.[155] Durch den *Workplace Relations and Other Legislation Amendment Act (No 2) 1996 (Cth)*[156] nahm der Bund die Verweisung *Victorias* 1996 an.[157] Die übertragenen Kompetenzen beinhalteten insbesondere die Befugnis, ein Schlichtungsverfahren im Rahmen der *conciliation* und *arbitration* von Streitigkeiten innerhalb des Bundesstaates *Victoria* einzuführen. Dies führte dazu, dass Bundesinstitutionen für Streitigkeiten in *Victoria* auch ohne fingierte grenzüberschreitende Sachverhalte zuständig wurden. *Certified Agreements* und *awards* galten nunmehr einheitlich auf Bundes- und auf Bundesstaatsebene. Ziel war es, ein ökonomischeres System zu kreieren.[158] Ausgenommen von der Kompetenzübertragung waren dagegen sämtliche Beschäftigungsverhältnisse des öffentlichen Dienstes.[159]

---

151 *McCallum*, (1997) 10 AJLL 50 (60); s 83BB(1) *Workplace Relations Act 1996*.
152 S 83BB(1)(b) *Workplace Relations Act 1996*.
153 *Arditi*, Briefing Paper No 7/09, p. 12; *Kollmorgen*, (1997) 10 AJLL 158(160).
154 *Commonwealth Powers (Industrial Relations) Act 1996 (Vic)* – Act No. 59, 1996.
155 *Vic IRT*, Report & Recommendations, para [4.1]; *Stewart*, (2001) 14 AJLL 145 (149).
156 *Workplace Relations and Other Legislation Amendment Act (No 2) 1996 (Cth)* – Act No. 77, 1996.
157 *Arditi*, Briefing Paper No 7/09, p. 12; *Kollmorgen*, (1997) 10 AJLL 158 (164).
158 *Arditi*, Briefing Paper No 7/09, p. 13; *Vic IRT*, Report & Recommendations, para [4.3].
159 Vgl. *Dempster v Comrie* (2000) 96 FCR 570 = (2000) 170 ALR 386; *Vic IRT*, Report & Recommendations, para [4.5.1].

4. Workplace Relations Amendment (Work Choices) Act 2005

a) Gründungsversuch eines einheitlichen nationalen Systems

Die bis dahin größte und radikalste Reform auf dem Weg zu einem einheitlichen System sollte der *Workplace Relations Amendment (Work Choices) Act 2005*[160] werden. Die einzelnen Normen wurden beinahe ausschließlich auf die Kompetenz bezüglich *corporations* (s 51(20) *The Constitution*) gestützt.[161] Die Kompetenznorm eröffnete aus Sicht der Regierung weitere Möglichkeiten, um ein nahezu einheitliches nationales Arbeitsrechtssystem zu schaffen. Unabhängig von einem Bundesstaatsgrenzen überschreitenden Sachverhalt konnten Regelungen für alle Arbeitnehmer von *corporations* getroffen werden. Das *Work Choices* Gesetz war so auf 75% bis 85% aller Beschäftigten Australiens anwendbar.[162] Allerdings blieben daneben die Systeme aller Bundesstaaten bestehen und galten weiterhin für Einzelunternehmer, Personengesellschaften und Beschäftigte des öffentlichen Dienstes.[163]

Unter dem Kurztitel „*Work Choices*" wurden massive politische Werbekampagnen für das neue Gesetz durch die Regierung *Howards* gestartet, die berufliche Wahlmöglichkeiten und Freiheiten durch das Gesetz proklamierten. Das Vorhaben löste dennoch heftige Kritik und Proteste der Arbeitnehmer und Gewerkschaften aus, da die Realität in starkem Kontrast zu den Werbekampagnen stand.[164] Die *Australian Industrial Relations Commission* wurde weitestgehend entmachtet, der Einfluss der Gewerkschaften erheblich beschränkt[165] und der individuelle Arbeitnehmerschutz beschnitten.[166] Zum Beispiel wurde der „*no-disadvantage*"-Test (individuelle Regelungen des Arbeitsverhältnisses galten nur, wenn sie im Vergleich zu *awards* nicht benachteiligten[167]) abgeschafft und

160 *Workplace Relations Amendment (Work Choices) Act 2005* – Act No. 153, 2005.

161 *Ford*, (2006) 19 AJLL 144 (144); *Stewart*, Employment Law, para [2.13]; *Workplace Relations Amendment (Work Choices) Bill 2005: Explanatory Memorandum*, p. 1.

162 *Pittard/Naughton*, Labour and Employment Law, para [9.14]; *Stewart et al.*, Labour Law, para [3.59].

163 *Pittard/Naughton*, Labour and Employment Law, para [9.14].

164 *Stewart et al.*, Labour Law, para [3.58].

165 *Ford*, (2006) 19 AJLL 144 (144).

166 *Murray*, (2006) 35 Indus. L.J 343 (365).

167 *Stewart et al.*, Labour Law, para [3.57].

die *unfair dismissal application*[168] stand Arbeitnehmern nunmehr nur noch offen, wenn im jeweiligen Betrieb mehr als 100 Arbeitnehmer beschäftigt waren.[169]

Aufsehen erregend und geschichtsträchtig war der Versuch der Bundesstaaten, gemeinsam mit Gewerkschaften die *Work Choices* Gesetzgebung für verfassungswidrig erklären zu lassen, was vom *High Court* mit Stimmenmehrheit jedoch abgewiesen wurde.[170] Der *High Court* bestätigte, dass sämtliche Regelungen von der Kompetenznorm gedeckt wären, da alle Aspekte, die Bezug zu einer ausländischen oder inländischen Handels- oder Finanz-*corporation* aufwiesen, gestützt auf die *corporation-power* geregelt werden dürften.[171] Die Entscheidung stieß auf heftige Kritik in der Literatur.[172]

b) Entmachtung der Australian Industrial Relations Commission

Infolge der *Work Choices* Reformen verlor die *Australian Industrial Relations Commission* fast vollständig ihre Kompetenzen.[173] Sie war nicht mehr befugt, kollektive Vereinbarungen und *Australian Workplace Agreements* zu überprüfen. Vielmehr wurden die Vereinbarungen erst mit Einreichung beim *Office of the Employment Advocate*, das später in *Workplace Authority* umbenannt wurde, wirksam.[174] Auch die Abschaffung der *no-disadvantage*-Tests und die damit verbundene Verabschiedung der *Australian Fair Pay and Condition Standards* (fünf gesetzliche Mindeststandards) entzogen der *Commission* einen weiteren Aufgabenbereich.[175] Die neu gegründete *Australian Fair Pay Commission* sollte von nun an, losgelöst von der Methode der *conciliation* und *arbitration,* Löhne festlegen und für Lohngleichheit, beispielsweise zwischen Männern und Frauen, sorgen.[176] Auch im Rahmen der Schlichtung durch *conciliation* und *arbitration* bekam die *Commission* zunehmend Konkurrenz von privaten Schlichtern und

168 Genauer § 3 I. 1. a) bb), S. 92.

169 *Pittard,* (2006) 19 AJLL 225 (225); *Stewart et al.,* Labour Law, para [3.58].

170 *New South Wales v Commonwealth of Australia; Western Australia v Commonwealth of Australia* [2006] HCA 52 = (2006) 229 CLR 1.

171 *New South Wales v Commonwealth of Australia; Western Australia v Commonwealth of Australia* [2006] HCA 52 = (2006) 229 CLR 1; *Ford,* (2006) 19 AJLL 144 (150).

172 Statt vieler: *McCallum,* (2005) 10(2) DeakinLawRw 460 (469).

173 *Ford,* (2006) 19 AJLL 144 (144); *Stewart,* (2006) 16(2) ELRRev 25.

174 *Stewart et al.,* Labour Law, para [3.61].

175 *Pittard/Naughton,* Labour and Employment Law, para [9.13]; *Stewart et al.,* Labour Law, para [3.56].

176 *Owens,* (2006) 19 AJLL 161 (171 et seq.).

Mediatoren.[177] Im Jahr 2007 wurde aus der neben der *Workplace Authority* existierenden Behörde *Office of Workplace Services* der *Workplace Ombudsman*. Zu seinen Aufgaben zählte, die Rechte von Arbeitgebern und Arbeitnehmern zu schützen und durchzusetzen, indem er einerseits als Beschwerdestelle diente und befugt war, rechtliche Schritte einzuleiten und andererseits durch Rat, Informationen und Fortbildungen Streitigkeiten vorbeugte.[178]

VI. Fair Work Act 2009

Nur vier Jahre nach den *Work Choices* Reformen, aber nach einem Regierungswechsel unter dem neuen Premierminister *Kevin Rudd* (*Australian Labor Party*) wurde unter dem Slogan „*Forward with Fairness*“[179] ein neues Arbeitsgesetz erlassen: der *Fair Work Act 2009*[180]. Grundlegende Ziele der neuen Gesetzgebung waren, ein einheitliches nationales Bundesarbeitsrechtssystem zu schaffen und die Balance zwischen Fairness und Flexibilität zu finden.[181] Der *Fair Work Act 2009* sollte ein Gesetz für Jedermann sein, das allen Interessen gerecht wird: „Fair zu Arbeitnehmern, flexibel für die Wirtschaft und zur Förderung der Produktivität und des Wirtschaftswachstums“ (s 3(a) *Fair Work Act 2009*).[182] Zur Umsetzung dessen steckt der *Fair Work Act 2009* den Rahmen aller Rechte und Pflichten im Arbeitsrecht strukturiert ab, wobei der Gesetzgeber um einfache Wortwahl bemüht war.[183] Der *Act* besteht aus sechs Kapiteln, die mit wegweisenden Überschriften in Abschnitte untergliedert sind. Einzelne Artikel werden durch *Notes* erklärt und kommentiert; s 12 *Fair Work Act 2009* beinhaltet ein Wörterbuch, in dem alle relevanten Begriffe und Phrasen definiert werden. Ein Leitfaden leitet jeden Abschnitt ein. So sollen zusätzliche Kommentare überflüssig werden.[184]

1. Grundlegender Systemwandel

Bei Verabschiedung des *Fair Work Act 2009* konnte der Bund nunmehr weitreichend Bundesarbeitsrecht erlassen, da die Bundesstaaten *New South Wales*,

177 *Stewart et al.*, Labour Law, para [3.56].
178 *Workplace Ombudsman*, Annual Report 2008–09, 2009, p. vi, 6.
179 *Fair Work Bill 2008: Explanatory Memorandum*, para [r.4].
180 *Fair Work Act 2009* – Act No. 28, 2009 – Compilation No. 35, 2018.
181 *Stewart et al.*, Labour Law, para [3.65].
182 *McCallum/Moore/Edwards*, Workplaces, p. 46 et seq.
183 *Fair Work Bill 2008: Explanatory Memorandum*, para [r.4].
184 *Stewart*, Employment Law, para [2.16].

Queensland, South Australia und *Tasmania* dem Beispiel *Victorias* folgten und ihre Kompetenz weitestgehend auf den Bund übertrugen.[185] Dabei nahmen einige Bundesstaaten jedoch die Regelungskompetenz für die Angelegenheiten der Bundesstaats- und Kommunalverwaltung aus. *Western Australia* hingegen lehnte es vollständig ab, Kompetenzen zu übertragen.[186] Demnach kann Bundesarbeitsrecht, das auch in *Western Australia* gelten soll, nach wie vor hauptsächlich auf Grundlage der Bundeskompetenz für Gesellschaften (s 51(20) *The Constitution*) erlassen werden, sodass lediglich Arbeitnehmer von *constitutional corporations* erfasst sind.[187]

Das Ziel eines Bundesarbeitsrechtssystems wurde dennoch größtenteils erreicht. Faktisch fielen fortan ca. 96% der Arbeitnehmer in der Privatwirtschaft Australiens unter den Geltungsbereich des *Fair Work Act 2009*.[188] Man kann deshalb von einem weitgehend einheitlichem Bundesarbeitsrecht für die Privatwirtschaft[189] und damit von einem neuen System des Arbeitsrechts in Australien sprechen.[190]

2. Das System der „National System Employers“

Da das neue System nicht in seiner Gesamtheit auf eine Gesetzgebungskompetenz gestützt werden konnte, basiert es je nach Themengebiet auf einer anderen Kompetenz. Die verfassungsrechtlichen Möglichkeiten wurden, um eine maximale Ausdehnung des Systems zu erreichen, ausgereizt, sodass je nach Themenkomplex unterschiedliche Arbeitgeber und Arbeitnehmer betroffen sind. Um dem Ziel eines für jeden verständlichen Gesetzes dennoch gerecht zu werden, wird zu Beginn jeden Abschnitts der Geltungsbereich geregelt und zwar, ob die jeweiligen Artikel für „*national system employees / employers*“ (s 13 und s 14 *Fair Work Act 2009*) oder für „*ordinary meanings of employee and employer*“ (s 15 *Fair Work Act 2009*) gelten.

---

185 *Industrial Relations (Commonwealth Powers) Act 2009 (NSW); Fair Work (Commonwealth Powers) and Others Provisions Act 2009 (Qld); Fair Work (Commonwealth Powers) Act 2009 (SA); Industrial Relations (Commonwealth Powers) Act 2009 (Tas); Fair Work (Commonwealth Powers) Act 2009 (Vic)*; *Stewart et al.*, Labour Law, para [3.72].

186 *Pittard/Naughton*, Labour and Employment Law, para [9.15]; *Stewart*, Employment Law, para [2.15].

187 Genauer § 1 II. 3. a), S. 48.

188 *McCallum/Moore/Edwards*, Workplaces, p. 49.

189 *Stewart et al.*, Labour Law, para [3.72].

190 *Stewart*, (2009) 22 AJLL 3 (7).

Der *national system employer* stellt einen der Schlüsselbegriffe der gesamten Reform dar. Die meisten Normen betreffen Arbeitnehmer und Arbeitgeber im Sinne des nationalen Systems (*national system employees / employers*).[191] Gemäß s 14 *Fair Work Act 2009* sind unter *national system employers* zunächst *constitutional corporations*, der Bund und Arbeitgeber im Bereich der Luft- und Seefahrt zu verstehen. Da beinahe alle Bundesstaaten ihre Gesetzgebungskompetenz auf den Bund übertragen haben, konnten die Begriffe des Arbeitnehmers und des Arbeitgebers im nationalen Sinn auch auf sämtliche Arbeitnehmer von Arbeitgebern mit Sitz in den Bundesstaaten erweitert werden (für Arbeitnehmer: ss 30C, 30M *Fair Work Act 2009*; für Arbeitgeber: ss 30D, 30N *Fair Work Act 2009*). Häufig ist der öffentliche Dienst jedoch ausdrücklich hiervon ausgenommen, sodass sich auch die Bezeichnung *non-national system employer* etabliert hat.[192] Eine Rückausnahme bilden wiederum Versorgungswerke von Elektrizität, Gas und Wasser, Hafenbetreiber, Schienenverkehrsdienste und Universitäten, die vom Bundessystem nicht ausgenommen werden können (s 14(6), (7) *Fair Work Act 2009*).

Wenn von Arbeitnehmern nach der gewöhnlichen Begriffsbedeutung (*ordinary meanings of employee)* die Rede ist, erfasst dies je nach zugrundeliegender Gesetzgebungskompetenz einen unterschiedlichen Kreis von Arbeitnehmern.[193] Dient die Kompetenz für auswärtige Angelegenheiten (s 51(29) *The Constitution*) als Gesetzesgrundlage, so sind sämtliche Arbeitnehmer vom Geltungsbereich der Norm erfasst. Dies ist beispielsweise bei der Regelung der Elternzeit oder den Anforderungen an eine Kündigungserklärung[194] der Fall. Basiert ein Normkomplex dagegen auf der Befugnisnorm für Gesellschaften (s 51(20) *The Constitution*) wie bei Ansprüchen wegen Mobbing am Arbeitsplatz, sind lediglich Arbeitnehmer von *constitutional corporations* geschützt.[195]

3. Materiell-rechtliche Entwicklungen

Auch materiell-rechtlich wurde die Bestrebung fortgesetzt, ein ausgewogenes Verhältnis von Fairness und Flexibilität zu schaffen. Als Kernelement des Arbeitnehmerschutzes wurden zehn *National Employment Standards*, das heißt Mindestarbeitsbedingungen, eingeführt. Das *modern award*-System wurde

191 *ALRC*, Report 117, p. 387.

192 *Stewart*, Employment Law, para [2.28].

193 *Stewart*, (2009) 22 AJLL 3 (12).

194 Ss 742 et seqq. *Fair Work Act 2009*.

195 S 789FD (3) *Fair Work Act* 2009; *Stewart*, Employment Law, para [2.20].

überarbeitet, was unter anderem zu einer obligatorischen, vierjährlichen staatlichen Überprüfung von *awards* führte. Die *Australian Workplace Agreements* wurden abgeschafft und durch ein neues System von *Enterprise Bargaining Agreements*[196] ersetzt.[197] Mit der Abschaffung der *Australian Workplace Agreements* ging die Wiedereinführung des *no-disadvantage*-Tests einher; es sollten keine Vereinbarungen mehr geschlossen werden dürfen, die unterhalb des Schutzstandards von *awards* lagen.[198] Das neue System kollektiver Vereinbarungen war mit einer gesetzlichen Regelung zur Verhandlungspflicht nach den Maßstäben von Treu und Glauben (*good faith bargaining*) verbunden.[199] Die Rechte von Arbeitnehmern bei ungerechten Kündigungen (*unfair dismissal*) wurden wieder gestärkt, indem der durch den *Workplace Relations Amendment (Work Choices) Act 2005* eingeführte Schwellenwert von 100 Arbeitnehmern im Betrieb auf 15 Arbeitnehmer herabgesetzt wurde. Darüber hinaus führte der Gesetzgeber zum Schutz von Arbeitnehmern in Betrieben mit weniger als 15 Arbeitnehmern eine Kleinbetriebsklausel ein[200] und normierte erneut das Recht auf Durchführung von Arbeitskampfmaßnahmen. Die Veränderungen lassen sich als arbeitnehmerfreundlich bewerten.

4. Von der „Australian Industrial Relations Commission“ zu „Fair Work Australia“

Abseits vom Systemwandel des materiellen Arbeitsrechts sollte auch die Struktur der arbeitsrechtlichen Institutionen reformiert werden. Hierfür wurden zwei Behörden zur Beilegung arbeitsrechtlicher Streitigkeiten gegründet: *Fair Work Australia* und das *Office of the Fair Work Ombudsman.*[201] Ursprüngliche Intention war, eine zentrale Anlaufstelle zu schaffen: *Fair Work Australi*a als *„one-stop-shop“ tribunal.*[202] So ersetzte *Fair Work Australia* die *Australian Industrial Relations Commission*, die *Australian Fair Pay Commission* und die *Workplace Authority*. Anstelle der *Fair Pay Commission* fungierte ein *Minimum Wage Panel* innerhalb der *Fair Work Australia*. Die Funktion und Arbeit von

196 Zur Rechtsnatur von *Enterprise Bargaining Agreements* siehe § 2 II. 2. a), S. 80.
197 *Stewart et al.*, Labour Law, para [3.71].
198 *Stewart et al.*, Labour Law, para [3.63].
199 *Stewart*, Employment Law, para [2.15].
200 *FWC*, Unfair Dismissal, p. 54 et seq.
201 Zur Rechtsnatur der heutigen *FWC* § 3 I. 1. d), S. 98 und des *FWO* § 3 I. 2., S. 104.
202 *Catanzariti et al.*, Annotated FW Act, s 572 FW Act, [Com 75,020]; *Fair Work Bill 2008: Explanatory Memorandum*, para [r.5].

Fair Work Australia war somit vergleichbar mit der Arbeit der *Australian Industrial Relations Commission* vor der *Work-Choices*-Gesetzgebung. Der *Fair Work Ombudsman* hingegen löste den *Workplace Ombudsman* in seinem Zuständigkeitsbereich ab: Er berät im Hinblick auf Rechte und Pflichten am Arbeitsplatz und unterstützt Arbeitnehmer sowie Arbeitgeber bei der Durchsetzung ihrer Rechte.[203]

5. Die ordentliche Gerichtsbarkeit

Die rein judikativen Aufgaben obliegen seit Verabschiedung des *Fair Work Act 2009* auf Bundesebene Gerichten der ordentlichen Gerichtsbarkeit, dem *Federal Court of Australia* und *Federal Magistrates Court of Australia*, der 2013 in *Federal Circuit Court of Australia* umbenannt wurde. Statt ein spezialisiertes, selbstständiges Arbeitsgericht zu instituieren, wurden innerhalb der Gerichte Arbeitsrechtskammern (*Fair Work Divisions*) gebildet.[204] Seit Oktober 2016 gibt es am *Federal Court* zudem eine auf Arbeitsrecht spezialisierte Gerichtssparte, die *Employment and Industrial Relations National Practice Area*.[205] Im Grunde handelt es sich um ein System der Kammer in der Kammer: Eine allgemeine Arbeitsrechtskammer mit einer speziellen *Fair Work*-Kammer.[206]

6. Fair Work Amendment Acts: Von „Fair Work Australia“ zur „Fair Work Commission“

Zahlreiche Gesetzesänderungen prägten den *Fair Work Act 2009*, der dennoch weiterhin als *Fair Work Act 2009* bezeichnet wird. Als wichtigste Ergänzungen sind der *Fair Work (Transitional Provisions and Consequential Amendments) Act 2009*[207] *(TPCA Act)*, der *Fair Work (Registered Organisations) Act 2009*[208] sowie der *Fair Work (State Referral and Consequential and Other Amendments) Act 2009*[209] verbunden mit dem *Fair Work Amendment (State Referrals and Other*

203 *Stewart*, (2009) 22 AJLL 3 (14 et seq.); *Stewart et al.*, Labour Law, para [3.69].

204 *Stewart*, (2009) 22 AJLL 3 (15).

205 *Allsop*, CPN-1, para [3.1].

206 Genauer § 3 II. 1. b) bb), S. 108.

207 *Fair Work (Transitional Provisions and Consequential Amendments) Act 2009* - Act No. 55, 2009 - Compilation No. 10, 2018.

208 *Fair Work (Registered Organisations) Act 2009* - Act No. 86, 1988 - Compilation No. 80, 2017.

209 *Fair Work (State Referral and Consequential and Other Amendments) Act 2009* - Act No. 54, 2009.

Measures) Act 2009 zu nennen. Der *TPCA Act* regelte die Übergangszeit vom *Workplace Relations Act 1996* mitsamt seinen Gesetzesänderungen zum *Fair Work Act 2009*, insbesondere aber die Fortgeltung bestehender Vereinbarungen bis zum Ende ihrer Laufzeit oder bis diese durch neuere Vereinbarungen überholt waren. Der *TPCA Act* hob den *Workplace Relations Amendment (Work Choices) Act 2005* mit Ausnahme von zwei Anhängen, die in Form des neuen *Fair Work (Registered Organisations) Act 2009* fortgelten, auf. Das nunmehr eigenständige Gesetz enthält sämtliche Regelungen bezüglich Gewerkschaften und Arbeitgeberverbänden sowie deren Registrierung. Die *State Referral Acts* dienen dazu, die erweiterte Anwendung in jedem Bundesstaat, der die Gesetzgebungsbefugnisse an den Bund übertragen hatte, zu ermöglichen und den Vereinbarungen mit den Bundesstaaten Rechnung zu tragen.[210]

Nach einer Bewährungszeit des neuen Gesetzes gab die Regierung Ende 2011 eine Gesetzesrezension in Auftrag[211], deren Empfehlungen sie größtenteils durch den *Fair Work Amendment Act 2012*[212] umsetzte. Zur wichtigsten Neuerung zählte die Umbenennung des *tribunal* von *Fair Work Australia* zu *Fair Work Commission*.[213] Die scheinbar kosmetische Änderung von nur einem Wort wurde aufgrund ihrer Kosten in Höhe von rund 100.000 AU$ stark kritisiert[214], sollte jedoch Verwirrungen und Verwechslungen bei der Abgrenzung zum *Fair Work Ombudsman* vermeiden. Jedermann sollte zwischen der Rechtsnatur und der Funktion des *Office of the Fair Work Ombudsman* und dem *tribunal (commission)* unterscheiden können.[215] Das *tribunal* wurde als *Fair Work Commission* und nicht als *Fair Work Tribunal* betitelt, da zahlreiche Vorgängerinstitutionen den Namen *Commission* trugen, wie die ursprüngliche nach dem „*Boilermaker*"-Urteil gegründete *Commonwealth Conciliation and Arbitration Commission* und die zuletzt existierende *Australian Industrial Relations Commission*. Die Bezeichnung als *Commission* wurde als der Allgemeinheit vertrauter erachtet.[216]

Die zweite Reformwelle erfuhr der *Fair Work Act 2009* durch den *Fair Work Amendment Act 2013*[217]: Neben Gesetzesänderungen im Rahmen der *National*

210 *Stewart*, Employment Law, para [2.17].

211 *McCallum/Moore/Edwards*, Workplaces.

212 *Fair Work Amendment Act 2012* – Act No. 174, 2012.

213 *Stewart et al.*, Labour Law, para [3.74 et seq.].

214 *Hurst*, The Sydney Morning Herald of 13.2.2013.

215 Zur Funktion der *FWC* § 3 I. 1. d), S. 98 und des *Office of the Fair Work Ombudsman* § 3 I. 2., S. 104.

216 *McCallum/Moore/Edwards*, Workplaces, p. 249 et seq.

217 *Fair Work Amendment Act 2013* – Act No. 73, 2013.

Employment Standards wurde die Befugnis der *Fair Work Commission* u.a. um Anträge wegen Mobbing am Arbeitsplatz erweitert.[218] Der *Fair Work Amendment Act 2015* änderte u.a. Aspekte des Streikrechts und verlängerte die unbezahlte Elternzeit; verfahrensrechtliche Novellierungen blieben aus.[219]

Zwei Gesetzesänderungen führten 2016 / 2017 zur Gründung der *Australian Building and Construction Commission*[220] und der *Registered Organisations Commission*[221]. Die *Australian Building and Construction Commission* ist eine Regierungsbehörde, die dafür verantwortlich ist, dass die Arbeitsbedingungen in der Baubranche fair und effizient ausgestaltet werden. Hierfür berät sie die Beteiligten bei der Ausgestaltung der Arbeitsbedingungen, trägt zur Überwachung und Durchsetzung der Vereinbarungen bei und hilft, Verstöße zu ahnden.[222] Die *Registered Organisations Commission* ist eine unabhängige Behörde, die eingetragene Gewerkschaften und Arbeitgeberverbände unterstützt. Während sich die *Registered Organisations Commission* mit Fragen der Jahres- und Finanzberichterstattung, interner Organisation und der Einhaltung von Vorschriften befasst, ist die *Fair Work Commission* für die Registrierung, Löschung und Verschmelzung von Organisationen sowie die Beilegung von Regelungsstreitigkeiten zuständig.[223] Die neuesten Gesetzesänderungen brachten keine wesentlichen institutionellen Reformen mit sich.[224]

---

218 *Stewart et al.*, Labour Law, para [3.75].

219 *Fair Work Amendment Act 2015* – Act No. 156, 2015.

220 *Building and Construction Industry (Improving Productivity) Act 2016* – Act No. 87, 2016.

221 *Fair Work (Registered Organisations) Amendment Act 2016* – Act No. 79, 2016.

222 *ABCC*, Overview, https://www.abcc.gov.au/about/who-we-are/overview, [zuletzt abgerufen am 1.7.2019].

223 *FWC*, Registered Organisations, https://www.fwc.gov.au/registered-organisations [zuletzt abgerufen am 1.7.2019]; *ROC*, Our role, http://www.roc.gov.au/about-us/our-role [zuletzt abgerufen am 1.7.2019].

224 *FWC*, Legislation & regulations, https://www.fwc.gov.au/about-us/legislation-regulations-0 [zuletzt abgerufen am 1.7.2019].

VII. Zusammenfassung in rechtsvergleichender Sicht

1. Entwicklung der Institutionen im Überblick

Die **Übersicht 1** veranschaulicht die Entwicklung der Bundesinstitutionen arbeitsrechtlicher Streitbeilegung in Australien:

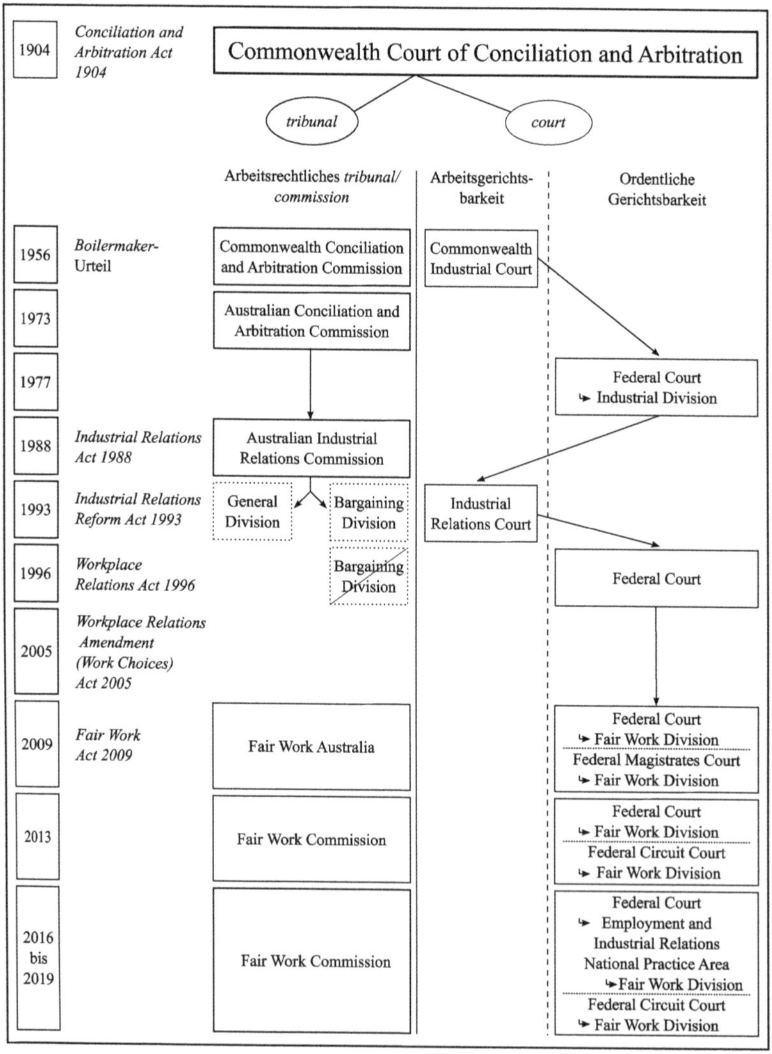

Übersicht 1: Entwicklung der Bundesinstitutionen

2. Rechtsvergleichende Zusammenfassung

Die *Commission* mit dem Verfahren der *conciliation* und *arbitration* war und ist Charakteristikum der australischen Institutionen arbeitsrechtlicher Streitbeilegung. Mit dem Wandel des australischen Arbeitsrechts vom zentralisierten *award*-System hin zu gesetzlich vorgegebenen Mindestarbeitsbedingungen und dezentraler Möglichkeiten, auf Unternehmensebene nahezu autonom kollektive Vereinbarungen treffen zu können, wandelte sich aber auch ihre Aufgabe und Bedeutung für das arbeitsrechtliche System.

a) Zwangsschlichtung versus Tarifautonomie

Insbesondere durch *awards* prägten zunächst der *Commonwealth Court of Conciliation and Arbitration* bis 1956 und anschließend die *Commonwealth Conciliation and Arbitration Commission* das arbeitsrechtliche Gefüge in Australien. Aspekte wie Mindestlohn und Urlaubsansprüche wurden so durch eine staatliche Institution geregelt. Bis 1993 galt ein gesetzliches Streikverbot.[225] Die *Commission* sorgte zum Ausgleich für faire Arbeitsbedingungen und Löhne. Dieses System glich einer Zwangsschlichtung nach deutschem Verständnis,[226] weil der Schlichterspruch auch gegen den Willen einer oder beider Parteien verbindlich war.[227]

Im Gegensatz dazu gilt in Deutschland bereits lange der Grundsatz der Tarifautonomie, die ihre Grundlage in der Koalitionsfreiheit hat (Art. 9 Abs. 3 GG).[228] Der Inhalt von Tarifverträgen, mit welchen die australischen *awards* hinsichtlich ihrer Wirkung am ehesten vergleichbar sind[229], ist verfassungsrechtlich frei von staatlicher Einflussnahme. Um Tarifautonomie und Koalitionsfreiheit wirksam ausüben zu können, umfasst der grundrechtliche Schutz auch Arbeitskampfmaßnahmen.[230] Die Zwangsschlichtung kraft Gesetzes, also die staatliche Zwangsschlichtung, ist aufgrund Art. 9 Abs. 3 GG grundsätzlich unzulässig.[231]

---

225 *Desch*, Arbeitsrecht in Australien, S. 273; *König*, Deregulierung des Arbeitsrechts in Australien, S. 65; *Pittard/Naughton*, Labour and Employment Law, para [9.11]; *Stewart et al.*, Labour Law, para [26.03, 26.08, 26.10].

226 Detailliert *Desch*, Arbeitsrecht in Australien, u.a. S. 19, 26; *Franzen/Thüsing/Waldhoff*, Arbeitskampf in der Daseinsvorsorge, S. 18.

227 Zur Definition der Zwangsschlichtung: *Leinenweber*, Landesschlichtungsgesetze?, S. 30; *Rumler* in: Löwisch (Hrsg.), Arbeitskampf- und Schlichtungsrecht, 170.11 Rn. 8.

228 *Junker*, Grundkurs Arbeitsrecht, Rn. 479; ErfK/*Linsenmaier*, Art. 9 GG Rn. 51.

229 § 2 II. 2. b), S. 81.

230 BVerfG 26.6.1991 – 1 BvR 779/85, NZA 1991, 809; *Junker*, Grundkurs Arbeitsrecht, Rn. 590.

231 *Junker*, Grundkurs Arbeitsrecht, Rn. 639.

Um Regelungen für Arbeitgeber und Arbeitnehmer zufriedenstellend auszuhandeln, erscheint keine Variante zwingend vorzugswürdig. Beim australischen System ist ausschlaggebend, dass die *Commission* Neutralität wahrt und als neutrale Stelle akzeptiert wird. Im Laufe der Zeit wurden die Schlichtungsaufgaben der *Commission* dennoch faktisch reduziert, indem immer mehr Möglichkeiten zur individuellen Gestaltung von Arbeitsbedingungen geschaffen wurden.

b) Abgrenzung von „court" und „commission"

Auch wenn die *Commission* als *tribunal* auf den ersten Blick den Gerichten im eigentlichen Sinne (*courts*) ähnelt („*court-like*"[232]), ist diese streng von den Bundesgerichten[233] zu differenzieren. Die durch das „*Boilermaker*"-Urteil 1956 vorgegebene Ordnung gilt bis heute im Jahr 2019: Die *Fair Work Commission* ist keine Institution der Judikative und separiert von den Arbeitsgerichtskammern der ordentlichen Gerichtsbarkeit.

Eine einheitliche Definition der Institution „*tribunal*" existiert nicht. Es herrscht lediglich Einigkeit darüber, dass *tribunals* keine *courts* sind und nicht der Judikative zuzuordnen sind.[234] *Tribunals* sollen vor allem Schwächen des *court*-Systems ausbessern. Sie lassen sich deshalb am besten mit dem Grundsatz dieser Intention beschreiben: „*to resolve disputes fairly, informally, efficiently, quickly and cheaply*".[235] Durch einen informelleren Prozess basierend auf den Grundsätzen des Parteiprozesses wird das Verfahren vor einem *tribunal* beschleunigt und Kosten werden gesenkt.[236] Dies erleichtert, insbesondere Arbeitnehmern, den Zugang zu „Gericht" und erhöht die Effektivität des Rechtsschutzes.[237]

Entscheidender Unterschied ist jedoch, dass ausschließlich *courts* mit der Auslegung und Beurteilung des Rechts betraut und zur Ausfertigung von vollstreckbaren Titeln befugt sind.[238] Zur Durchsetzung einer Entscheidung des *tribunal* muss ein Antrag auf Durchsetzung bei einem *court* gestellt werden. Einen

---

232 *Garner*, Black's Law Dictionary, „tribunal".

233 *High Court of Australia, Federal Court of Australia, Family Court of Australia, Federal Circuit Court of Australia.*

234 *Downes*, [2004] ALRCRefJl 2, 7 (7); *Forbes*, Justice in tribunals, para [1.1].

235 *Downes*, [2004] ALRCRefJl 2, 7 (8); vgl. *Creyke*, (2002) 2(1) QUTLJJ 64 (68); *Stewart*, Employment Law, para [1.14].

236 *Giudice*, (2008) 21 AJLL 237 (241).

237 *McCallum/Riley/Stewart*, (2013) 34 Comp. Lab. L. & Pol'y J 843 (856); Rechtsgespräch mit *Professor McCallum*, University of Sydney, 7. März 2017.

238 *Pittard/Naughton*, Labour and Employment Law, para [3.17].

vollstreckbaren Titel zu erlangen, führt zu Kosten und kann den Ausgang des Verfahrens erheblich verzögern.

c) Die Ursprünge im Rechtsvergleich

In Australien prägten zunächst nicht individualrechtliche Streitigkeiten die Entwicklung der „Arbeitsgerichtsbarkeit", sondern kollektivrechtliche. Vor allem die Tätigkeit der *Commission* ist in ihren Ursprüngen vielmehr mit den Ursprüngen des deutschen Beschlussverfahrens vergleichbar, das für kollektivrechtliche Rechtsstreitigkeiten konzipiert wurde. Mit dem ArbGG von 1926[239] sollte die auch in Deutschland damals bestehende Zersplitterung der Arbeitsgerichtsbarkeit in verschiedene Einrichtungen beendet werden. Das ArbGG sah das Urteilsverfahren für Entscheidungen bürgerlicher Rechtsstreitigkeiten vor, das Beschlussverfahren für bestimmte kollektivrechtliche Fälle.

Das Beschlussverfahren wurde als eine Art freiwillige Gerichtsbarkeit in Arbeitssachen angesehen, die als eine Art richterlicher Verwaltung dem richterlichen Ermessen weitgehend Raum ließ.[240] Das Beschlussverfahren entstammte dem Schlichtungswesen[241] und sollte einfach und formlos sein.[242] Dies erinnert an den Grundsatz der *Fair Work Commission „to resolve disputes informally"*[243] per *conciliation* bzw. *arbitration* und die Zuweisung als Institution der Staatsverwaltung. In Deutschland wurde das Beschlussverfahren jedoch immer mehr dem Urteilsverfahren angenähert und als kontradiktorisches Verfahren verstanden.[244] Die gestaltende „Verwaltungsfunktion" entwickelte sich zurück und das heutige Beschlussverfahren der Gerichte für Arbeitssachen ist trotz seiner gestaltenden und regelnden Elemente als Gerichtsverfahren eigener Art anerkannt und geregelt.[245] Arbeitsbedingungen werden in Deutschland frei von staatlicher Einflussnahme vereinbart, die Parteien sind lediglich an zwingende gesetzliche Vorgaben gebunden. Aufgabe der Arbeitsgerichtsbarkeit ist die Entscheidung von Rechtsstreitigkeiten, grundsätzlich aber nicht von Regelungsstreitigkeiten.[246]

---

239 Arbeitsgerichtsgesetz vom 23.12.1926, RGBl. I 1926, 507.

240 *Weth*, Das arbeitsgerichtliche Beschlußverfahren, S. 5 f.

241 GMP/*Prütting*, Einleitung Rn. 16.

242 *Weth*, Das arbeitsgerichtliche Beschlußverfahren, S. 5 f.

243 *Downes*, [2004] ALRCRefJl 2, 7 (8); vgl. *Creyke*, (2002) 2(1) QUTLJJ 64 (68); *Stewart*, Employment Law, para [1.14].

244 *Weth*, Das arbeitsgerichtliche Beschlußverfahren, S. 14.

245 GMP/*Spinner*, § 80 ArbGG Rn. 4 f.

246 *Junker*, Grundkurs Arbeitsrecht, Rn. 842.

Die australische Verfassung kennt kein Art. 9 Abs. 3 GG vergleichbares Grundrecht auf Tarifautonomie, sodass die *Commission* auch weiterhin Einfluss auf die Regelung von Arbeitsbedingungen nimmt. Diese gestaltende Funktion wurde deshalb nicht einem gerichtlichen Verfahren angenähert, sondern infolge des Gewaltenteilungsgrundsatzes die *Commission* von der Gerichtsbarkeit getrennt. Die Unterscheidung von *Commission* und *court* kann deshalb letztlich nicht mit der Unterteilung in Urteils- und Beschlussverfahren verglichen werden, da nicht die Trennung bürgerlicher und kollektivrechtlicher Streitigkeiten, sondern die funktionale Trennung von Rechtsprechung mit der Frage, was Recht ist (*court*) und der Gestaltung, was zukünftig Recht sein soll (*Commission*) ausschlaggebend ist. Bei der Gestaltung, was Recht sein soll, verlagerte sich der Schwerpunkt von Kollektiv- auf Individualstreitigkeiten.

§ 2 Rechtsquellen des australischen Bundesarbeitsrechts

Das australische Arbeitsrecht ist diversen Rechtsquellen zu entnehmen, die auf unterschiedlichen Ebenen das Arbeitsverhältnis gestalten: Auf oberster Stufe steht die Verfassung Australiens. Darunter regeln einfache Gesetze, die dem *Common Law* als Rechtsquelle vorgehen, sowie kollektive und individuelle Vereinbarungen die Arbeitsbedingungen. Mitunter auch abhängig von der Quelle materiellen Rechts regelt das australische Recht unterschiedliche Verfahren zur Rechtsdurchsetzung und -gestaltung.

I. Common Law versus kodifiziertes Recht

1. Bedeutungsverlust des Richterrechts

Australiens Rechtsordnung ist dem *Common Law*, im Gegensatz zum deutschen bzw. kontinentaleuropäischen *Civil Law*, zuzuordnen. Die Bezeichnung *Common Law* meint in der Mehrzahl der begrifflichen Verwendungen aber nicht nur das Rechtssystem per se, sondern auch die Rechtsquelle in Abgrenzung zum kodifizierten Recht.[247] Als solche umfasst es das ungeschriebene Gewohnheitsrecht mit Ausnahme des Billigkeitsrechts (*equity*). Der Begriff wird zudem häufig synonym für die präzisere Bezeichnung *Case Law* (Fallrecht) verwendet.

Das Rechtssystem des *Common Law* basierte ursprünglich auf Fallrecht und kodifiziertes Recht war ihm fremd. Mittlerweile ist das australische Arbeitsrecht aber sowohl materiell-rechtlich als auch verfahrensrechtlich größtenteils kodifiziert. Zwar dient *Case Law* nach wie vor als Rechtsquelle, allerdings gilt kodifiziertes Recht vorrangig[248], sodass nur noch selten auf einen Präzedenzfall zurückgegriffen werden muss. Das australische und das deutsche Arbeitsrecht haben sich somit jeweils gegenläufig zum ursprünglichen Systemgedanken entwickelt: Im australischen Arbeitsrecht begann alles mit Fallrecht, wohingegen heute das kodifizierte Recht überwiegt. Das deutsche System fußt zwar auf Gesetzen, jedoch ist häufig vom „BAG als Ersatzgesetzgeber" oder vom „gesetzesvertretenden Richterrecht" die Rede[249] oder wie *Gamillscheg* sagte:

---

247 Zum *Common Law* als Rechtsquelle: *Taylor/Emir*, Employment Law, S. 8; *Richards/Mollica*, English Law and Terminology.

248 *Babeck*, Einführung in das australische Recht, § 2 Rn. 3 ff.

249 *Junker*, Grundkurs Arbeitsrecht, Rn. 66; *Otto*, Arbeitsrecht, Rn. 150.

„Der Richter ist der eigentliche Herr des Arbeitsrechts.“[250] „Daß wir insbesondere im Arbeitsrecht längst ein Fallrecht haben, sollte nicht mehr geleugnet werden.“[251]

2. Das Arbeitsgesetzbuch: Fair Work Act 2009

Bezeichnet man aus deutscher Sicht die Ausgestaltung eines umfassenden Arbeitsgesetzbuches als schwierig, weil dieser Rechtsbereich besonders von vielfältigen menschlichen Beziehungen geprägt ist und sich äußerst dynamisch entwickelt[252] und nimmt deshalb hin, dass in Deutschland auch heute noch eine „Fülle von Einzelgesetzen“[253] das Arbeitsrecht normieren, dann scheint Australien das beinahe Unmögliche möglich gemacht zu haben: die ansatzweise „lückenlose Durchgestaltung der vielfältigen menschlichen Beziehungen“[254] in einem Arbeitsgesetzbuch, dem *Fair Work Act 2009*. Der *Fair Work Act 2009* regelt weitreichend materielles Recht und Verfahrensrecht im Arbeitsrecht.

Die Kapitel zwei und drei des *Fair Work Act 2009* enthalten überwiegend materiell-rechtliche Regelungen. Besonders hervorzuheben sind die *National Employment Standards*[255], die als zwingendes Recht Mindestbedingungen für das Arbeitsverhältnis festlegen, von denen nicht negativ durch den Arbeitsvertrag abgewichen werden darf.[256] Weitere Vorschriften im *Fair Work Act 2009* ähneln deutschen Sondergesetzen, wie Vorschriften zum Kündigungsschutz bei ungerechter Kündigung *(unfair dismissal)* oder über Mindestlöhne.[257]

Der *Fair Work Act 2009* bildet darüber hinaus die Grundlage für kollektive Vereinbarungen: *Enterprise Bargaining Agreements* und *Modern Awards*.[258] Die Tatsache außer Acht gelassen, dass das australische Arbeitsrecht keine Betriebsräte kennt, ähneln der Gesetzeszweck und der zugrundeliegende Regelungsgedanke insoweit dem BetrVG und TVG.

Die verfahrensrechtlich relevanten Vorschriften sind im vierten Kapitel „*4 – Compliance and enforcement*“ des *Fair Work Act 2009* und im fünften Kapitel „*5 – Administration*“ enthalten und partiell mit dem deutschen ArbGG

---

250 *Gamillscheg*, AcP 164 (1964), 385 (388).
251 *Gamillscheg*, FS Schmitz, 1967, S. 68 (80).
252 *Gamillscheg*, FS Schmitz, 1967, S. 68 (80).
253 *Junker*, Grundkurs Arbeitsrecht, Rn. 62.
254 *Gamillscheg*, FS Schmitz, 1967, S. 68 (80).
255 Genauer § 2 II. 1. a), S. 79.
256 *Babeck*, Einführung in das australische Recht, § 16 Rn. 7.
257 Vgl. im deutschen Recht KSchG und MiLoG.
258 Hierzu § 2 II. 2. a), S. 80 und § 2 II. 2. b), S. 81.

vergleichbar. Kapitel vier regelt die Zuständigkeit der Gerichte *(courts)*, wohingegen Kapitel fünf („Verwaltung“) vorwiegend die Funktion und Zuständigkeit des *tribunal*, der *Fair Work Commission,* normiert.

II. Materielles Recht

Das materielle Arbeitsrecht wird vor allem durch Gesetze, kollektive Vereinbarungen und den individuellen Arbeitsvertrag gestaltet.

1. Gesetzliche Bestimmungen

a) National Employment Standards

Das Arbeitsgesetzbuch, der *Fair Work Act 2009*, stellt die Hauptrechtsquelle des materiellen Arbeitsrechts dar. Kernelement sind die zehn *National Employment Standards*, unabdingbare Mindestbedingungen, die den Sockel jedes Arbeitsverhältnisses bilden.[259] Sie umfassen unter anderem die maximale wöchentliche Arbeitszeit (38 Stunden bei Beschäftigung in Vollzeit[260]), den bezahlten Mindesturlaub von vier Wochen[261] und Regelungen zur Elternzeit.[262]

Außerdem wird die *Fair Work Commission* ermächtigt, mit der *national minimum wage order* einen Mindestlohn für alle vom *Fair Work Act 2009* erfassten Arbeitsverhältnisse zu bestimmen (ss 293 et seqq. *Fair Work Act 2009*). Dieser Mindestlohn muss jährlich auf seine Angemessenheit überprüft und gegebenenfalls angepasst werden (ss 285 et seqq. *Fair Work Act 2009).* Seit 1. Juli 2019 liegt dieser Mindestlohn bei 19,49 AU$ pro Stunde.[263]

b) Weitere Bundesgesetze

Neben dem *Fair Work Act 2009* existieren nur wenige arbeitsrechtliche Sondergesetze. Beispielsweise ist der Arbeitsschutz im *Work Health and Safety Act 2011*[264] geregelt. Rechte von Selbstständigen werden durch den *Independent Contractors*

---

259 S 61(1)(a) *Fair Work Act 2009*; *Catanzariti/Byrnes*, Fair Work: A user-friendly guide, p. 23.

260 S 62(1) *Fair Work Act 2009.*

261 S 87(1) *Fair Work Act 2009.*

262 Ausführlich *Babeck,* Einführung in das australische Recht, § 16 Rn. 7 ff.

263 *FWC*, Order, Annual Wage Review 2018–19, C2019/1, 4.1., https://www.fwc.gov.au/documents/wage-reviews/2018-19/decisions/c20191-order.pdf [zuletzt abgerufen am 1.7.2019].

264 *Work Health and Safety Act 2011* – Act No. 137, 2011 – Compilation No. 9, 2018.

Act 2006[265] und Rechte Beschäftigter des öffentlichen Dienstes durch den *Public Service Act 1999*[266] geschützt.

2. Kollektive Vereinbarungen

Dem kodifizierten Gesetzesrecht untergeordnet finden sich *enterprise bargaining agreements* und *modern awards*, die als kollektive Vereinbarungen zusammengefasst werden können. Auch diese sind hierarchisiert.

a) Enterprise Bargaining Agreements

Auf der höchsten Ebene kollektiver Vereinbarungen stehen die *(approved) enterprise bargaining agreements.* Ausschließlich *approved agreements*, das heißt von der *Fair Work Commission* genehmigte und registrierte Vereinbarungen, entfalten zwingende Wirkung.[267] Individualvertragliche Abweichungen zulasten des Arbeitnehmers können dann nur auf Grundlage eines „*flexibility term*" vereinbart werden.

Enterprise bargaining agreements (Kurzform: *enterprise agreements*) sind Vereinbarungen von einem oder mehreren Arbeitgebern mit einer Gruppe von mindestens zwei Arbeitnehmern oder ausnahmsweise mit einer Gewerkschaft (s 172(2), (3), (6) *Fair Work Act 2009*). Man unterscheidet „*single-enterprise agreements*" und „*multi-enterprise agreements*": Erstere werden mit einem oder mehreren Arbeitgebern abgeschlossen, die ein einziges, gemeinsames Interesse *(single interest)*, wie z.B. bei einem Joint-Venture oder bei Franchising-Unternehmen[268], verfolgen. Letztere werden mit Arbeitgebern geschlossen, die nicht nur ein einziges, gemeinsames Interesse verfolgen. Vereinbarungen mit einer Gewerkschaft sind gesetzlich lediglich für den Fall der Neugründung eines Unternehmens als „*greenfields agreement*" vorgesehen, wenn es noch keine Arbeitnehmer als Ansprechpartner gibt (s 172(4) *Fair Work Act 2009*). Der Begriff „*enterprise*" ist in s 12 *Fair Work Act 2009* definiert als „*business, activity, project or undertaking*". Damit können *enterprise agreements* auf Unternehmens- und Betriebsebene und auch lediglich projektbezogen vereinbart werden. Inhaltlich können sie sämtliche Arbeitsbedingungen umfassen, von Arbeitszeitregelungen bis zur Festlegung von Urlaubsgeld.[269]

---

265 *Independent Contractors Act 2006* – Act No. 162, 2006 – Compilation No. 8, 2018.

266 *Public Service Act 1999* – Act No. 147, 1999 – Compilation No. 20, 2018.

267 *Pittard/Naughton*, Labour and Employment Law, para [2.11].

268 *Stewart et al.*, Labour Law, para [14.24 et seqq.].

269 *Babeck*, Einführung in das australische Recht, § 16 Rn. 17.

Enterprise agreements können als kollektive Vereinbarungen bezeichnet werden. Der Grundgedanke, Vereinbarungen spezifisch auf Arbeitgeber zuzuschneiden, und die inhaltlichen Möglichkeiten der *enterprise agreements* bedingen eine Ähnlichkeit zu deutschen Betriebsvereinbarungen, die nach der Rechtsprechung des BAG auch freiwillige Regelungen außerhalb der Mitbestimmungstatbestände des BetrVG über Arbeitsbedingungen zulassen[270]. Eine Übersetzung als Betriebsvereinbarung wäre jedoch irreführend[271], da eine Betriebsvereinbarung die Existenz eines Betriebsrates impliziert, den das australische System nicht kennt.[272] Da keine exakte Entsprechung im deutschen System existiert, wird in den weiteren Ausführungen der Begriff *enterprise agreement* beibehalten.

b) Modern Awards

Eine weitere bedeutende Rechtsquelle sind die *modern awards* (ss 132 et seqq. *Fair Work Act 2009*). Dabei handelt es sich um Verträge zwischen der Arbeitgeber- und der Arbeitnehmerseite, die unter staatlicher Mitwirkung der *Fair Work Commission* entstehen und von dieser laufend kontrolliert werden. *Modern awards* regeln beispielsweise Mindestlöhne, Arbeitszeiten, Überstundensätze, Kündigungsfristen und Streitbeilegungsmechanismen (ss 139 et seqq. *Fair Work Act 2009*).[273] Zusammen mit den *National Employment Standards* bilden sie ein „Sicherheitsnetz" im Arbeitsverhältnis.[274] Sie gelten teils für ganze Industriezweige (z.B. *Mining Industry Award 2010*), teils für Berufssparten (z.B. *Nurses Award 2010*). Die Anzahl an *awards* wurde im Rahmen eines Modernisierungsprozesses auf 122 reduziert.[275]

Modern awards können zwischen Arbeitgebern oder Arbeitgeberverbänden und Arbeitnehmern oder Gewerkschaften geschlossen werden (s 158 *Fair Work Act 2009*). Der Abschluss muss vor der *Fair Work Commission* erfolgen, sodass das Resultat oftmals weniger als Vertrag, sondern vielmehr als eine von der *Fair*

---

270 BAG 12.12.2006 - 1 AZR 96/06, BAGE 120, 308 = NZA 2007, 453 Rn. 13; *Junker*, Grundkurs Arbeitsrecht, Rn. 723.

271 *Babeck* spricht lediglich von „Vereinbarungen, die den deutschen Betriebsvereinbarungen ähnlich sind", übersetzt diese jedoch nicht als Betriebsvereinbarung: *Ders.*, Einführung in das australische Recht, § 16 Rn. 16.

272 *Stewart et al.*, Labour Law, para [7.88].

273 *Babeck*, Einführung in das australische Recht, § 16 Rn. 15; *Brooks*, Labour Law in Australia, para [74].

274 *Pittard/Naughton*, Labour and Employment Law, para [11.16].

275 *Pittard/Naughton*, Labour and Employment Law, para [2.5].

Work Commission erlassene Regelung empfunden wird.[276] Die *awards* unterliegen einer alle vier Jahre stattfindenden Überprüfung durch die *Fair Work Commission* (s 156A(1) *Fair Work Act 2009*). Wird in *awards* ein Mindestlohn vereinbart, wird dieser sogar jährlich von der *Fair Work Commission* überprüft und gegebenenfalls angepasst (s 285(2)(a)(i) *Fair Work Act* 2009). Eine Überprüfung, Änderung oder ein Antrag auf einen neuen *award* ist außerhalb des Turnus zulässig, wenn dies erforderlich erscheint, um faire und sachdienliche Bedingungen zu erreichen.[277]

Im Ergebnis und hinsichtlich der Wirkung sind *modern awards* mit deutschen Tarifverträgen vergleichbar[278]: „Der Tarifvertrag regelt die Rechte und Pflichten der Tarifvertragsparteien und enthält Rechtsnormen, die den Inhalt, den Abschluß und die Beendigung von Arbeitsverhältnissen sowie betriebliche […] Fragen ordnen können" (§ 1 Abs. 1 TVG). *Modern awards* umfassen vergleichbare Regelungen und gelten ebenso unmittelbar und zwingend. Eine Öffnungsklausel existiert aufgrund der zum deutschen Rechtssystem gegenläufigen Hierarchie vorrangiger *enterprise agreements* nur hinsichtlich arbeitsvertraglicher Vereinbarungen: Auf Grundlage eines obligatorischen *„flexibility term"* (s 144(1) *Fair Work Act 2009*) darf durch vertragliche Vereinbarung negativ von einem *award* abgewichen werden, solange der Arbeitnehmer insgesamt im Ergebnis bessergestellt wird (*„better of overall test"*, s 144(4)(c) *Fair Work Act 2009*). Eine positive Abweichung ist wegen des ebenfalls geltenden Günstigkeitsprinzips von vorneherein zulässig. In Australien ist der Kreis der „Tarifvertragsparteien" auf Arbeitnehmerseite allerdings nicht auf Gewerkschaften limitiert, sondern jeder Arbeitnehmer kann einen Antrag auf Abschluss eines *modern award* bei der *Fair Work Commission* stellen (s 158(1) Item 7 *Fair Work Act 2009*). *High income employees* mit einem Jahresgehalt ab 148.700 AU$[279] sind von allen *awards* ausgeschlossen.[280]

Modern award kann dennoch nicht mit Tarifvertrag übersetzt werden, da der Inhalt von Tarifverträgen im deutschen Recht frei von staatlicher Einflussnahme ist. Beim Abschluss eines award spielt hingegen die *Fair Work Commission* als staatliches *tribunal* eine tragende Rolle, Tarifautonomie kennt die australische

---

276 *Babeck*, Einführung in das australische Recht, § 16 Rn. 15; *Stewart et al.*, Labour Law, para [3.75].

277 Ss 157, 134(1) *Fair Work Act 2009*.

278 Ebenso *Babeck*, Einführung in das australische Recht, § 16 Rn. 15.

279 Stand 1.7.2019: *FWO*, Award & agreement free wages & conditions, https://www.fairwork.gov.au/awards-and-agreements/award-and-agreement-free-wages-and-conditions [zuletzt abgerufen am 1.7.2019].

280 Ss 47(2), 329 *Fair Work Act 2009*.

Verfassung nicht. Im deutschen System lassen sich Verbandstarifverträge (teils Branchentarifverträge) und Firmentarifverträge (Haustarifverträge) unterscheiden.[281] Das Pendant zu Branchentarifverträgen bilden in Australien *modern awards* für einen Industriezweig. Firmentarifverträge finden ihre Entsprechung in Australien lediglich in der übergangsweisen Fortgeltung ehemaliger, *enterprise*-bezogener *awards* als *modern enterprise awards*, welche nicht mehr neu abgeschlossen werden dürfen.[282] In einem Unternehmen müssen in Australien oftmals mehrere *awards* angewendet werden. Tarifpluralität entsteht in Australien wie in Deutschland vorwiegend aufgrund des Aufeinandertreffens des Branchen- und des Berufsgruppenprinzips.[283] Alles in allem wird nachfolgend der Begriff *award* (Langform: *modern award*) beibehalten, da keine absolute Entsprechung im deutschen Recht existiert. Um die Einordnung bestimmter Rechtsinstitute zu erleichtern, wird trotzdem von einer Vergleichbarkeit der Wirkung mit deutschen Tarifverträgen gesprochen.

3. Arbeitsvertragliche Regelung

Neben den gesetzlichen Bestimmungen und kollektiven Vereinbarungen bildet die Grundlage eines jeden Arbeitsverhältnisses der individuelle Arbeitsvertrag, dessen Zustandekommen sich nach allgemeinem Vertragsrecht des *Common Law* richtet. Dies erfordert zunächst ein Angebot und eine Annahme. Anders als im deutschen Recht bestehen Ansprüche aus einem Vertrag jedoch nur, wenn die Parteien eine Gegenleistung, die sog. „*consideration*"[284], erbringen oder sich zu einer solchen verpflichten, d.h. für den Arbeitsvertrag: Das Versprechen des Arbeitgebers dem Arbeitnehmer Lohn zu zahlen und das Versprechen des Arbeitnehmers Arbeit zu leisten.[285] Der Arbeitsvertrag kann schriftlich oder mündlich geschlossen werden und darf nicht negativ von den *National Employment*

281 *Junker*, Grundkurs Arbeitsrecht, Rn. 505.

282 S 169C(1), Note *Fair Work Act 2009*; *Stewart et al.*, Labour Law, para [13.22].

283 *Babeck*, Einführung in das australische Recht, § 16 Rn. 15; zu Deutschland: *Junker*, Grundkurs Arbeitsrecht, Rn. 571.

284 *Dietl/Lorenz*, Wörterbuch Recht, Wirtschaft und Politik, „*consideration*": „Das aus dem *Common Law* stammende Rechtsinstitut ist eine Besonderheit des englischen Vertragsrechts. Danach ist ein Vertrag, wenn er formlos abgeschlossen ist, nur klagbar, wenn sich der Kläger zu einer *consideration* verpflichtet hat (*executory consideration*) oder die *consideration* gegeben hat (*executed consideration*), die allerdings nicht angemessen zu sein braucht".

285 *Irving*, The Contract of Employment, para [1.1]; *Owens/Riley/Murray*, The Law of Work, para [5.2]; *Pittard/Naughton*, Labour and Employment Law, para [5.1].

Standards, approved enterprise agreements und *awards* abweichen.[286] Auch kollektive Vereinbarungen können Vertragsbestandteil werden; ob dies der Fall ist und welche Aspekte konkludent vereinbart wurden, beurteilt sich nach allgemeinen Auslegungsgrundsätzen.[287]

4. Common Law als Rechtsquelle

Richterliche Entscheidungen, das Fallrecht *(Common Law / Case Law)*, dienen nach wie vor als Rechtsquelle und tragen zur Rechtsfortbildung bei. Das Fallrecht spielt aber eine eher untergeordnete Rolle und übernimmt vielmehr eine ergänzende und lückenfüllende Funktion. Es ist in der Regel als Unterfall einzelner Rechtsgebiete anzusehen. Das *Common Law* dient auch als Rechtsquelle für konkludente, vertragliche Verpflichtungen: Soweit die Parteien eines Arbeitsvertrags nicht auf eine bestimmte Angelegenheit Bezug genommen und ausdrücklich etwas anderes bestimmt haben, kann das *Common Law* eine Klausel für diese Angelegenheit implizieren, vorausgesetzt, dass diese nicht im Widerspruch zu höherrangigem Recht steht.[288]

5. Hierarchie der Rechtsquellen

Auf oberster Stufe der arbeitsrechtlichen Rechtsquellen steht die Verfassung Australiens. Auf der Stufe darunter befindet sich das zwingende, einfache Gesetz, auf dessen Ebene im Arbeitsrecht der *Fair Work Act 2009* dominiert. Durch arbeitsvertragliche Regelung darf ein Arbeitnehmer nicht schlechter gestellt werden als durch vorrangigen *award*[289] bzw. ein von der *Fair Work Commission* genehmigtes *enterprise agreement*[290]. Mit einer in der Hierarchie darüberstehenden Rechtsquelle kann dagegen wirksam von einer unteren Stufe negativ abgewichen werden. Das bedeutet, dass sich z.B. in einem *approved enterprise agreement* auf weniger Urlaubstage als in einem anwendbaren *award* verständigt werden darf, dafür jedoch in der Regel als Ausgleich eine geringere wöchentliche Arbeitszeit vereinbart wird.[291] Zu beachten ist, dass lediglich *approved enterprise agreements* vorrangig sind. Nicht genehmigte *enterprise agreements* können lediglich Vertragsbestandteil des Arbeitsvertrages werden, wenn sie durch eine Klausel in diesen einbezogen

286 *Babeck*, Einführung in das australische Recht, § 16 Rn. 18.
287 *Pittard/Naughton*, Labour and Employment Law, para [5.1].
288 *Stewart et al.*, Labour Law, para [11.40].
289 *Byrne and Frew v Australian Airlines Ltd* (1995) 131 ALR 422 (446); *Pittard/Naughton*, Labour and Employment Law, para [2.7, 2.38C].
290 *Visscher v The Honourable President Justice Giudice* [2009] HCA 34 [71].
291 Vgl. *Pittard/Naughton*, Labour and Employment Law, para [2.7].

werden.[292] Das *Common Law* als Rechtsquelle hat nur ergänzende und lückenfüllende Funktion und ist nachrangig anzuwenden.[293] Im Falle des Konflikts von Billigkeitsrecht (*Equity*) und *Common Law* geht das Billigkeitsrecht vor.[294]

Bemerkenswert erscheint das hierarchische Verhältnis der *approved enterprise agreements* und der darunter stehenden *awards* im Rechtsvergleich. Das australische System hat sich im Laufe der Zeit vom *award*-System zum vorrangingen *enterprise bargaining* entwickelt mit dem Ziel, primär Regelungen auf Unternehmens- bzw. Betriebsebene mit individuellerem Gestaltungsspielraum zu treffen. Unter der Prämisse, dass man *awards* im Ergebnis und hinsichtlich der Wirkung vergleichbar zu deutschen Tarifverträgen ansieht und *enterprise agreements* vom Grundgedanken mit deutschen Betriebsvereinbarungen vergleicht, zeigt sich eine konträre Hierarchie. Im deutschen System gilt zum Schutz der Tarifautonomie[295], die dem australischen Recht fremd ist, der Tarifvorbehalt (§ 77 Abs. 3 Satz 1 BertrVG).

Die **Übersicht 2** zeigt die Hierarchie der Rechtsquellen im Arbeitsverhältnis:

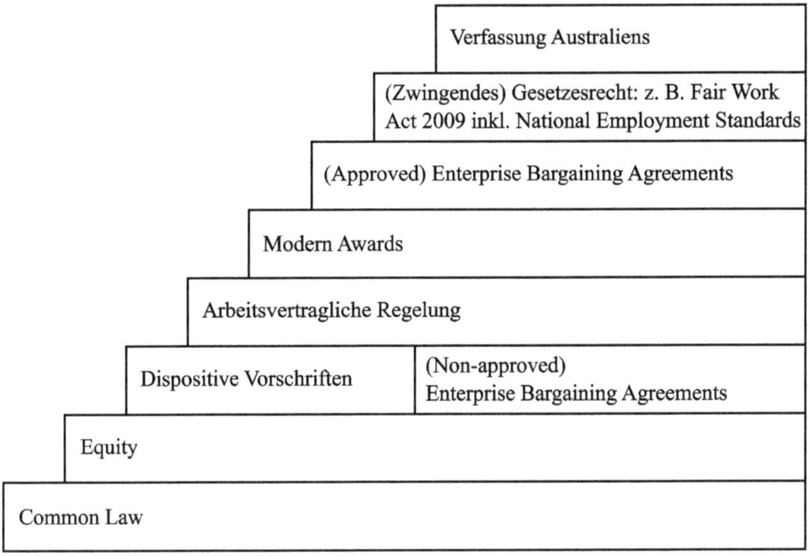

Übersicht 2: Rechtsquellen im Arbeitsverhältnis

292 *Riverwood International Australia Pty Ltd v McCormick* (2000) 177 ALR 193.
293 *Pittard/Naughton*, Labour and Employment Law, para [2.17].
294 *Babeck*, Einführung in das australische Recht, § 2 Rn. 10.
295 *Junker*, Grundkurs Arbeitsrecht, Rn. 725.

III. Verfahrensrecht

Der *Fair Work Act 2009* dient auch verfahrensrechtlich in den meisten Fällen als Ausgangspunkt, enthält teilweise aber keine verfahrensrechtlichen Detailregelungen. Diese Details sind gerichtseigenen Gesetzen und deren Ausführungsverordnungen sowie den jeweiligen Verfahrensordnungen zu entnehmen. Zudem bildet der *Judiciary Act 1903*[296] die Grundlage des australischen Gerichtssystems, indem er dessen Struktur festlegt und den *High Court* zum obersten Bundesgericht bestimmt.

1. Fair Work Act 2009

Der *Fair Work Act 2009* normiert primär die Zuständigkeiten der Gerichte, der *Fair Work Commission* und der weiteren Verwaltungsbehörden. Im vierten Kapitel (*Compliance and enforcement)* sind die Zuständigkeit und die Befugnisse des *Federal Court*, des *Federal Circuit Court* und bundesstaatlicher Gerichte im Zusammenhang mit Rechtsansprüchen, die sich aus dem *Fair Work Act 2009* ergeben, sowie die Kostentragung geregelt. Das fünfte Kapitel *(Administration)* reglementiert nicht nur die Zuständigkeit der *Fair Work Commission* und des *Office of the Fair Work Ombudsman* sowie die Kostentragung bei Verfahren vor der *Commission*, sondern auch den Aufbau und die interne Organisation der Institutionen, das erstinstanzliche Verfahren und den möglichen Rechtsweg nach einer Entscheidung der *Fair Work Commission*.

2. Fair Work Regulations 2009

Die *Fair Work Regulations 2009*[297] sind eine Ausführungsverordnung zum *Fair Work Act 2009*. Sie erläutern und ergänzen einzelne Vorschriften des *Fair Work Act 2009*. Im Anhang der *Fair Work Regulations 2009* befinden sich Formblätter z.B. für bestimmte Klageanträge zur *Fair Work Commission*, die der Vereinfachung des Verfahrens dienen, und Muster z.B. zwingender Klauseln einer kollektiven Vereinbarung. Den *Fair Work Regulations 2009* ist darüber hinaus eine Gebührentabelle angehängt.

---

296 *Judiciary Act 1903* – Act No. 6, 1903 – Compilation No. 47, 2018.
297 *Fair Work Regulations 2009* – No. 112, 2009 – Compilation No. 27, 2018.

3. Gerichtskonstituierende Gesetze

Der *Federal Court of Australia Act 1976*[298] konstituiert den *Federal Court* mit zwei Kammern: einer allgemeinen Kammer und einer *Fair Work Division* für sämtliche Rechtsstreitigkeiten aus dem *Fair Work Act 2009*.[299] Der *Federal Circuit Court of Australia Act 1999*[300] regelt den Fortbestand des *Federal Magistrates Court* nunmehr unter dem Namen *Federal Circuit Court of Australia* ebenfalls mit einer gesonderten *Fair Work Division*.[301] Beide Gesetze enthalten partiell verfahrensrechtliche Regelungen und ermächtigen zum Erlass einer Ausführungsverordnung und von Verfahrensregeln.

4. Federal Court and Federal Circuit Court Regulations 2012

Als gemeinsame Ausführungsverordnung des *Federal Court* und des *Federal Circuit Court* wurden die *Federal Court and Federal Circuit Court Regulations 2012*[302] erlassen. Sie regeln insbesondere die Verfahrensgebühren, dazu z.B. die Zahlungsmethode, einen potentiellen Erlass und die Höhe der Gebühren.

5. Verfahrensordnungen

Für die ordentlichen Gerichte und die *Fair Work Commission* gelten jeweils eigene Verfahrensordnungen. Die Verfahrensordnung der *Fair Work Commission*, die *Fair Work Commission Rules 2013*[303], regelt das Verfahren von der Einleitung bis hin zur Berufung. Die *Federal Court Rules 2011*[304] und *Federal Circuit Court Rules 2001*[305] normieren das gerichtliche Verfahren von der Einleitung bis zur Vollstreckung. Sie reglementieren *Fair Work proceedings* (Division 34.1 *Federal Court Rules 2011*) bzw. das Verfahren vor der *Fair Work Division* (Chapter 7 *Federal Circuit Court Rules 2001*) gesondert.

---

298 *Federal Court of Australia Act 1976* – Act No. 156, 1976 – Compilation No. 54, 2018.
299 S 13 *Federal Court of Australia Act 1976*.
300 *Federal Circuit Court of Australia Act 1999* – Act No. 193, 1999 – Compilation No. 36, 2018.
301 S 10A *Federal Circuit Court of Australia Act 1999*.
302 *Federal Circuit Court Regulations 2012* – No. 280, 2012 – Compilation No. 6, 2018.
303 *Fair Work Commission Rules 2013* – Compilation No. 4, 2017.
304 *Federal Court Rules 2011* – No. 134, 2011 – Compilation No. 7, 2019.
305 *Federal Circuit Court Rules 2001* – No. 195, 2001 – Compilation No. 25, 2018.

§ 3 Bundesinstitutionen zur Beilegung arbeitsrechtlicher Streitigkeiten

Das australische System arbeitsrechtlicher Streitbeilegung basiert auf einer Parallelität von Bundes- und bundesstaatlichen Systemen.[306] Der *High Court* ist das oberste Gericht des Bundes und der Bundesstaaten und führt die Systeme zusammen.[307] Das „*Boilermaker*"-Urteil[308] des *High Court* im Jahr 1956 trennte die arbeitsrechtliche Streitbeilegung des Bundes in Verfahren vor spezialisierten Institutionen und Gerichten. Sie obliegt damit einerseits der *Fair Work Commission* (und dem *Office of the Fair Work Ombudsman*) sowie andererseits dem *Federal Court* und dem *Federal Circuit Court.*

I. Spezialisierte Institutionen

1. Fair Work Commission

Die *Fair Work Commission* ist das „*national workplace relations tribunal. It is an independent body with power to carry out a range of functions*"[309]. Sie ist eine spezialisierte Institution der Staatsverwaltung und als *tribunal* organisiert.[310] Die *Fair Work Commission* ist befugt, Streitigkeiten zu schlichten und für das zukünftige Verhältnis der streitenden Parteien Regelungen zu treffen. Um die Erreichbarkeit der *Fair Work Commission* zu gewährleisten, befindet sich in den Hauptstädten aller Bundesstaaten sowie des *Australian Capital Territory* und des *Northern Territory* je ein Amtssitz.

Auch wenn Australien eine Nation des *Commonwealth of Nations* ist, unterscheidet sich das System der Streitbeilegung im Arbeitsrecht von dem Englands. So entspricht das englische *Employment Tribunal* trotz vermeintlich ähnlicher Ausgestaltung als *tribunal* nicht der *Fair Work Commission.* Das englische *Employment Tribunal* ist als rechtsprechende Institution der Judikative zuzuordnen

---

306 Zum Verhältnis der Institutionen des Bundes und der Bundesstaaten § 4 II., S. 121.

307 *Babeck,* Einführung in das australische Recht, § 17 Rn. 1.

308 *R v Kirby; Ex parte Boilermakers' Society of Australia* (1956) 94 CLR 254; dazu § 1 III. 3., S. 53.

309 *FWC,* Fact sheets, guides & videos, Fact sheet, Our role, 2013, https://www.fwc.gov.au/documents/documents/factsheets/our_role.pdf [zuletzt abgerufen am 1.7.2019].

310 Zur Abgrenzung *court – tribunal* § 1 VII. 2. b), S. 74.

und kann als Arbeitsgericht bezeichnet werden.[311] Die *Fair Work Commission* ist eine schlichtende Institution, deren Verfahren in weiten Teilen zwar einem Gerichtsverfahren gleicht, die aber nicht Teil der Judikative ist.[312] Die Fallstatistik für die Jahre 2017 bis 2018[313] zeigt, welch herausragende Rolle die *Fair Work Commission* in der Praxis arbeitsrechtlicher Streitbeilegung spielt[314], weshalb auf dieses arbeitsgerichtsähnliche *tribunal* näher einzugehen ist.

a) Zuständigkeit

Die *Fair Work Commission* ist eine bundesweit zuständige Behörde mit mehreren Amtssitzen. Zur Einleitung eines Verfahrens genügt die Antragstellung an einem beliebigen Amtssitz bzw. über das Internetportal (r 13(2) *Fair Work Commission Rules 2013*).[315] Die interne Verteilung der Verfahren erfolgt nach Praktikabilitätsgesichtspunkten. Seit April 2019 gibt es hierfür einen räumlichen Verteilungsschlüssel, der drei Regionen[316] definiert. Grundsätzlich werden Fälle der Region zugeteilt, in der der zugrundeliegende Sachverhalt spielt bzw. in der die Parteien ihren Sitz haben. Die *Commission* behält sich jedoch vor, Fälle, die besondere Qualifikationen verlangen, an besonders qualifizierte Mitglieder zu vergeben, selbst wenn diese außerhalb der vom Streit betroffenen Region sitzen. Auf Antrag der Parteien können zudem „*major projects*", d.h. Projekte deren Wert eine Milliarde AU$ übersteigt oder die aufgrund anderer Umstände eine besondere Bedeutung haben, der auf „*major projects*" spezialisierten Einheit zugewiesen werden.[317]

---

311 GMP/*Prütting*, Einleitung Rn. 330; *Kilian*, NZA 1999, 1088 (1089); so zur Zuordnung von *tribunals* zur Judikative im Vereinigten Königreich: *Babeck*, Einführung in das australische Recht, § 23 Rn. 22. Allgemein zur Arbeitsgerichtsbarkeit in England: *Morgenweck*, Die Arbeitsgerichtsbarkeit in England.

312 So zur Einordnung des *tribunal* im Verwaltungsprozessrecht: *Babeck*, Einführung in das australische Recht, § 23 Rn. 22.

313 Zur Statistik siehe Einleitung, S. 37.

314 *Pittard/Naughton*, Labour and Employment Law, para [3.2]; *Vranken*, Death of Labour Law, p. 132.

315 *FWC*, Lodge an application, https://www.fwc.gov.au/disputes-at-work/how-the-commission-works/lodge-an-application [zuletzt abgerufen am 1.7.2019].

316 [1] bestehend aus *New South Wales, Queensland, Northern Territory, Australian Capital Territory*; [2] *South Australia, Western Australia*; [3] *Victoria, Tasmania*.

317 *FWC*, Case allocation system, https://www.fwc.gov.au/about-us/members-case-allocations/case-allocation-system [zuletzt abgerufen am 1.7.2019].

Sachlich ist die *Fair Work Commission* originär sowohl für die Streitbeilegung als auch für die Prävention zuständig (s 576 *Fair Work Act 2009*). Außerdem können der *Commission* Aufgaben durch andere Bundesgesetze übertragen werden (s 576(2)(d) *Fair Work Act 2009*). Die Befugnis der *Fair Work Commission* präventiv tätig zu werden, wird gesetzlich nicht näher ausgestaltet und umfasst alle dafür erforderlichen Maßnahmen (s 576(2)(aa) *Fair Work Act 2009*). In Folge dieser Befugnis wurde z.B. das „*New Approaches*" Programm ins Leben gerufen, ein Angebot von Schulungen und Trainingsprogrammen zum Konflikt- und Verhandlungsmanagement, das den Charakter als Verwaltungsinstitution verdeutlicht. S 576(1) *Fair Work Act 2009* bestimmt durch Aufzählung bestimmter Streitigkeitsarten zunächst abschließend, für welche Sachverhalte die *Commission* zuständig ist. Die wichtigsten Zuständigkeiten lassen sich in Fallgruppen zusammenfassen, wobei Kollektiv- und Individualstreitigkeiten zu differenzieren sind. Die *Fair Work Commission* ist für vier Verfahren über Kollektivsachverhalte zuständig:

- Festlegung von Mindestlöhnen *(minimum wages)*,
- Abschluss, Änderung und Auslegung von *awards*[318],
- Unterstützung beim Aushandeln von *enterprise agreements*[319] sowie deren Prüfung und Genehmigung,
- Regulierung von Arbeitskampfmaßnahmen (*industrial action)*.

Die Verfahren über Individualstreitigkeiten lassen sich unterteilen in Verfahren wegen:

- *unfair dismissal*,
- *general protections* (partiell),
- *anti-bullying*.

Im Rahmen der Zuständigkeit verwirklicht sich das wichtigste Element der nach dem „*Boilermaker*"-Urteil[320] geschaffenen Ordnung, die Trennung judikativer und administrativer Aufgaben, die auf die Trennung von Rechts- und Regelungsstreitigkeiten hinausläuft. Die Anwendung, Auslegung und Durchsetzung bestehenden Rechts soll den Gerichten verbleiben.[321] Die *Fair Work Commission*

---

318 Zu *awards* ausführlich § 2 II. 2. b), S. 81.

319 Zu *enterprise agreements* ausführlich § 2 II. 2. a), S. 80.

320 *R v Kirby; Ex parte Boilermakers' Society of Australia* (1956) 94 CLR 254; dazu § 1 III. 3., S. 53.

321 *R v Kirby; Ex parte Boilermakers' Society of Australia* (1956) 94 CLR 254 (281); *McCallum/Riley/Stewart*, (2013) 34 Comp. Lab. L. & Pol'y J 843 (854).

soll durch Verhandlungen Einigungen erzielen und neue Regelungen schaffen, auf deren Grundlage in Zukunft Rechte bestehen können.[322] Sie darf nicht Recht sprechen. Im Hinblick darauf werden die Fallgruppen der s 576(1) *Fair Work Act 2009*, die der Streitbeilegung dienen, im Folgenden analysiert.

aa) Verfahren über Kollektivsachverhalte

Am wenigsten umstritten sind die schon immer der *Commission* zugewiesenen Streitigkeiten im Rahmen von Kollektivsachverhalten. Sie sind das beste Beispiel für die gestaltende, d.h. vermittelnde und festsetzende Praxis der *Fair Work Commission*. Für den an autonome Rechtsfindung gewöhnten deutschen Juristen spielt die Zuständigkeit für Verfahren über Kollektivstreitigkeiten eine überraschend wichtige Rolle. Die australische Verfassung kennt keine Tarifautonomie und zur Lösung der im Rahmen der Zuständigkeit aufgezählten Streitigkeiten bedarf es deshalb regelmäßig der staatlichen Mitwirkung. *Modern awards* können nur von der *Commission* erlassen werden. Im Endeffekt handelt es sich um von der *Commission* aufgestellte Regelungen.[323]

bb) Verfahren über Individualstreitigkeiten

Die Zuständigkeit für Verfahren über Individualstreitigkeiten (*unfair dismissal, general protections, anti-bullying)* kann zunächst Verwunderung hervorrufen. Ausnahmsweise soll die *Commission* einen Sachverhalt beurteilen. Hierbei darf sie angesichts des „*Boilermaker*"-Urteils kein Recht sprechen. Deshalb gilt es, bei diesen Streitigkeiten einerseits für die *Commission* genau zu unterscheiden, welche Fälle sie anhand welcher Vorgaben prüfen darf und welche Anordnungen sie treffen darf. Andererseits haben die Parteien darauf zu achten, wie sie Sachverhalte darlegen. Dies reicht bis hin zum taktischen Vortrag, je nachdem, ob man ein Verfahren vor der *Fair Work Commission* oder dem *Federal Circuit Court / Federal Court* anstrebt.[324] Die vor der *Commission* zulässigen Verfahren sind von den vor den *courts* zulässigen Verfahren abzugrenzen. Im Einzelnen gilt für die Individualstreitigkeiten Folgendes:

Mit einer *unfair dismissal application* kann Rechtsschutz aufgrund einer „ungerechten Kündigung" (*unfair dismissal*) vor der *Fair Work Commission* erlangt werden. Die Kündigung ist ungerecht (*unfair)*, wenn sie „*harsh, unjust or unreasonable*" ist (s 385(b) *Fair Work Act 2009*). Die Entscheidung darüber ist eine Ermessensentscheidung und keine Beurteilung der Rechtslage.[325] Die *unfair*

322 *Vranken*, Death of Labour Law, p. 110.

323 *Babeck*, Einführung in das australische Recht, § 16 Rn. 15.

324 *McCallum/Riley/Stewart*, (2013) 34 Comp. Lab. L. & Pol'y J 843 (855).

325 *McCallum/Riley/Stewart*, (2013) 34 Comp. Lab. L. & Pol'y J 843 (853 et seq.).

dismissal application kann nur von einem begrenzten Arbeitnehmerkreis gestellt werden, den Arbeitnehmern eines *national system employer*[326] (darunter fallen in der Regel z.B. keine Regierungs- bzw. Verwaltungsangestellten).[327]

Die *unfair dismissal* als Ermessensfrage ist von der *unlawful termination* (*non-national system employer)* bzw. *dismissal in contravention of a general protection* und dem Institut der *wrongful dismissal*, die jeweils Rechtsfragen aufwerfen, abzugrenzen.[328] Die *wrongful dismissal*, d.h. eine „vertragswidrige Kündigung", ist ein Rechtsinstitut des *Common Law*. Wird z.B. die Kündigungsfrist nicht eingehalten, liegt eine *wrongful dismissal* vor.[329] Wegen einer *wrongful dismissal* kann eine *breach of contract claim*, also eine Klage wegen Vertragsbruchs, bei den ordentlichen Gerichten (*Federal Circuit Court / Federal Court)* eingereicht werden.[330]

Nach erfolgter *unlawful termination* bzw. *dismissal in contravention of a general protection* ist Rechtsschutz wegen „rechtswidriger Beendigung" des Arbeitsverhältnisses zu gewähren. Die beiden Institute entsprechen sich weitestgehend im Beendigungstatbestand. Eine Kündigung ist rechtswidrig, wenn sie z.B. wegen krankheitsbedingter Abwesenheit, Gewerkschaftszugehörigkeit oder der sexuellen Orientierung, des Alters oder der Religionszugehörigkeit erfolgt (ss 772, 365, 351(1) *Fair Work Act 2009)*. Das Institut der *unlawful termination* (s 772 *Fair Work Act 2009*) ist jedoch nur auf *non-national system employer* anzuwenden und dient als Auffangbecken, um sämtlichen Arbeitnehmern Rechtsschutz bei „rechtswidriger Beendigung" des Arbeitsverhältnisses zu gewähren.[331] Kann die Rechtswidrigkeit der Kündigung als Verstoß gegen die Vorschriften der *general protections* geltend gemacht werden, also unterfällt der Arbeitnehmer dem Anwendungsbereich der *general protections*, ist diese Antragsart vorrangig[332] (s 723 *Fair Work Act 2009*).[333] Der Beanstandung der Rechtswidrigkeit

---

326 Zu *national system employer* § 1 VI. 2., S. 66.

327 *FWC*, Unfair Dismissal, p. 25 et seq.

328 Vgl. zur ähnlichen Abgrenzung im britischen Recht *Junker*, FS Canaris, 2007, S. 705 (708).

329 *Stewart*, Employment Law, para [17.4].

330 *Stewart*, Employment Law, para [17.3 et seq.].

331 *Stewart*, Employment Law, para [17.26]; *Stewart et al.*, Labour Law, para [23.88].

332 *Maher v Mulgowie Fresh Pty* Ltd [2010] FCA 439 = (2010) 197 IR 64; *Stewart et al.*, Labour Law, para [23.88]; *Stewart*, Employment Law, para [17.26].

333 Das Verfahren nach einer *unlawful termination* ist entsprechend dem Verfahren der *dismissal in contravention of a general protection* ausgestaltet. Da das Institut der *unlawful termination* nur noch als Auffangbecken dient, wird die Darstellung auf die *dismissal in contravention of a general protection* beschränkt.

einer *dismissal in contravention of a general protection* dient ein *general protections* Antrag, der unter die zweite Fallgruppe der Individualschutzmöglichkeiten durch die *Fair Work Commission* fällt.

Mit einem *general protections* Antrag wird geltend gemacht, nachteiligen Maßnahmen (*adverse action*) am Arbeitsplatz ausgesetzt gewesen zu sein. Es soll Schutz vor Schikane am Arbeitsplatz erlangt werden. Da die Beurteilung auf der Grundlage von Rechtsnormen erfolgt, sind der *Federal Court* und der *Federal Circuit Court* zuständig. Verfahrensrechtlich wird nach dem Resultat der *adverse action* differenziert, je nachdem ob die Maßnahme in einer Kündigung des Arbeitnehmers mündet oder nicht. Ist das Resultat keine Kündigung, sind der *Federal Court* und der *Federal Circuit Court* zuständig. Erfolgt jedoch eine Kündigung (Fall der *dismissal in contravention of a general protection*) ist zunächst ein obligatorischer Antrag bei der *Fair Work Commission* zu stellen. Dieser dient dem Versuch der gütlichen Einigung. Dabei ist die *Commission* befugt, im Rahmen der *mediation* oder *conciliation* vermittelnd tätig zu werden oder eine Empfehlung auszusprechen (ss 368(1), 595(2) *Fair Work Act 2009*). Der Einigungsversuch muss von der *Fair Work Commission* zertifiziert werden. Nur mit dieser Bescheinigung darf im Falle einer Kündigung Klage vor den ordentlichen Gerichten erhoben werden (ss 370(a)(i), 368(3)(a) *Fair Work Act 2009*).[334] Der Versuch der Konfliktlösung vorab durch die *Fair Work Commission* soll die Gerichte entlasten und kostengünstigeren und weniger zeitintensiven Rechtsschutz gewähren.[335]

Die *Fair Work Commission* ist nicht befugt, im Falle eines *general protections* Antrags streitbeilegend im Rahmen der *arbitration* tätig zu werden, da eine rechtliche Bewertung von Nöten ist. Die Parteien können jedoch nach einem gescheiterten Versuch der gütlichen Einigung vereinbaren, das Verfahren der *private arbitration* vor der *Fair Work Commission* durchzuführen (s 369 *Fair Work Act 2009*).[336] Dann fungiert die *Fair Work Commission* als vereinbarte Schlichtungsinstitution. Es handelt sich insoweit um keine gesetzlich begründete Zuständigkeit zur rechtlichen Beurteilung, die ein Systembruch wäre.

Die dritte Fallgruppe betrifft die Lösung einer Individualstreitigkeit wegen Mobbing am Arbeitsplatz (*anti-bullying*). Die *Fair Work Commission* darf nur

334 *FWC*, General Protections, p. 169.
335 Vgl. *FWC*, General Protections, p. 190.
336 *FWC*, General Protections, p. 170; *McCallum/Riley/Stewart*, (2013) 34 Comp. Lab. L. & Pol'y J 843 (854), fn. 48.

präventive Anordnungen treffen, um Mobbing zu stoppen und in Zukunft zu verhindern. Die Anordnung von Schmerzensgeld und sonstigen Geldzahlungen bleibt der ordentlichen Gerichtsbarkeit vorbehalten.[337]

Zusammenfassend lässt sich festhalten: Die *Fair Work Commission* ist zuständig, Regelungsstreitigkeiten beizulegen und für das zukünftige Verhältnis der streitenden Parteien Regelungen zu treffen. Der Übergang von Rechts- zu Regelungsstreitigkeiten ist fließend und gewährt einen gesetzgeberischen Spielraum. Ob eine Abwägungsentscheidung als Ermessensentscheidung der Verwaltung oder als rechtliche Prüfung in Form einer Interessenabwägung einem Gericht zugewiesen wird, ist vor allem historisch, politisch und funktional bedingt.[338] Die Zuweisung der Zuständigkeiten an die *Fair Work Commission* orientiert sich dabei primär an dem Ziel, allen Bürgern Rechtsschutz (*access to justice*) zu gewähren.[339] Da das Verfahren vor der *Commission* kürzer, informeller und kostengünstiger ist[340], war der Gesetzgeber bemüht, eine möglichst weitreichende Zuständigkeit des *tribunal* zu generieren.

b) Aufbau und Besetzung

Die Organisation der *Fair Work Commission* ist in Teil 5-1 des *Fair Work Act 2009* geregelt. Da das Verfahren der *arbitration* dem Verfahren vor den ordentlichen Gerichten ähnelt, lohnt ein Blick auf die Person des *Commissioner* sowie dessen Qualifikation und die Besetzung der „Richterbank" (*Bench*).

aa) Arten von Kommissionsmitgliedern

Die Institution der *Fair Work Commission* besteht aus Kommissionsmitgliedern (primäre Kommissionsmitglieder und Experten) und dem Verwaltungsapparat. Wenn von der *Fair Work Commission* die Rede ist, stehen die primären Kommissionsmitglieder im Fokus: der Präsident (*President*), zwei Vizepräsidenten (*Vice Presidents*), eine unbestimmte Anzahl an stellvertretenden Präsidenten (*Deputy Presidents*) und eine unbestimmte Anzahl an *Commissioners* (s 575(2) *Fair Work Act 2009*). Zusätzlich gibt es sechs spezialisierte Experten (*Expert Panel Members*). Der Verwaltungsapparat wird vom *General Manager* geleitet. Er unterstützt den Präsidenten in formellen Angelegenheiten, wie der Finanzverwaltung.

---

337 *FWC*, Anti-bullying, p. 125.

338 *Jackson*, (2001) 24(3) UNSWLawJl 737 (743).

339 *McCallum/Riley/Stewart*, (2013) 34 Comp. Lab. L. & Pol'y J 843 (856); Rechtsgespräch mit *Professor McCallum*, University of Sydney, 7. März 2017.

340 *Downes*, [2004] ALRCRefJl 2, 7 (8); vgl. *Stewart*, Employment Law, para [1.14].

Weitere Mitarbeiter sind mit der Beratung und Assistenz betraut. Im Weiteren sind unter Mitglieder der *Fair Work Commission* nur die primären Kommissionsmitglieder zu verstehen.

bb) Befähigung der Mitglieder

Mitglieder der *Fair Work Commission* werden vom Generalgouverneur Australiens auf Vorschlag der Regierung ernannt, wenn sie die erforderliche Befähigung aufweisen (s 627 *Fair Work Act* 2009). Sie üben zum Teil eine „quasi-judikative“[341], zum Teil eine „quasi-legislative“[342] Funktion aus.

Präsident und Vizepräsidenten müssen vor Ernennung Richter eines Bundesgerichts (ausgenommen des *Federal Circuit Court*) sein oder gewesen sein oder aufgrund von Wissen und Erfahrung in einem der folgenden Bereiche qualifiziert sein: Arbeitsbeziehungen, Recht, Wirtschaft, Industrie oder Handel. Dabei sind die Bereiche alternativ zu verstehen. Der Wissens- und Erfahrungsschatz muss dem eines Richters eines Bundesgerichts vergleichbar sein. Der Präsident der *Fair Work Commission* hat den gleichen Status wie ein Richter am *Federal Court* und führt ebenso den Titel *„Justice“*.[343] Obwohl eine juristische Ausbildung nicht zwingend ist, wurden bisher ausschließlich Richter des *Federal Court* zum Präsidenten ernannt.[344]

Der *Deputy President* muss entweder Richter eines Bundes-, Bundesstaats- oder Territoriengerichts sein oder gewesen sein (mit Ausnahme des *Federal Circuit Court*) oder vergleichbar qualifiziert sein. Vergleichbar qualifiziert ist, wer einen hohen Erfahrungsschatz im Bereich der Arbeitsbeziehungen aufgrund rechtlicher Tätigkeit, Gewerkschafts- / Arbeitgeberverbandstätigkeit, als Regierungsangestellter oder aufgrund wissenschaftlicher Tätigkeit hat. Die *Deputy Presidents* entstammen bisher in der Regel juristischen Tätigkeitsbereichen.[345]

Um *Commissioner* zu werden, sind Wissen und Erfahrung in den Bereichen Arbeitsbeziehungen, Recht, Wirtschaft, Industrie oder Handel erforderlich. Eine juristische Ausbildung ist nicht von Nöten, obwohl z.B. über Individualverfahren wie die *unfair dismissal application* entschieden wird. Als *Commissioner* sind

---

341 *FWC*, Industrial Action, p. 2.

342 *Kirby/Creighton* in: Isaac/Macintyre (Ed.), The New Province For Law and Order, p. 98 (131); *Stewart*, Employment Law, para [9.3]; *Stewart et al.*, Labour Law, para [5.43].

343 Als *„Justices“* werden Richter der *superior courts* (u.a. *High Court, Federal Court, Supreme Courts* der Bundesstaaten) betitelt, als *„Judges“* Richter der *inferior courts* (u.a. *Federal Circuit Court*).

344 *McCallum/Riley/Stewart*, (2013) 34 Comp. Lab. L. & Pol'y J 843 (861 seq.).

345 Rechtsgespräch mit *Justice Walton* am 13. März 2017 am *Supreme Court of NSW*.

einige wenige Nichtjuristen tätig. Sie verfügen über einen hohen Erfahrungsschatz an Mediations- oder Schlichtungstätigkeit bzw. aus Gewerkschafts- oder Arbeitgeberverbandstätigkeit oder hatten eine Leitungsposition in einem Unternehmen und werden hauptsächlich im Rahmen der *conciliation* eingesetzt. Es ist ein Trend erkennbar, dass zunehmend auch ehemalige Regierungsmitarbeiter ernannt werden, die in der öffentlichen Verwaltung arbeitsrechtlich tätig waren.[346] *Commissioners* sollen so ausgewählt werden, dass ein ausgewogenes Verhältnis von arbeitgeber- und arbeitnehmerseitig geprägtem Hintergrund besteht. Es wurde oftmals Kritik laut, dass das Verhältnis je nach Regierung kippe.[347] Allerdings sind sämtliche Kommissionsmitglieder zu Unparteilichkeit, Unabhängigkeit und Integrität verpflichtet.[348] In ihrer Entscheidungskompetenz sind sie unabhängig und weisungsfrei.[349]

Ein *Expert Panel Member* muss auf einen Fachbereich spezialisiert sein, wobei die Rechtswissenschaft als Spezialgebiet ausgenommen ist. Seine Amtszeit ist anders als die unbefristete der Kommissionsmitglieder zeitlich auf fünf Jahre begrenzt.[350]

cc) Besetzung der „Richterbank" („Bench")

Grundsätzlich entscheidet ein *Commissioner* allein (s 612(1) *Fair Work Act 2009*). Berufungsverfahren werden dagegen von der *Full Bench* entschieden. Die *Full Bench* muss aus mindestens drei Mitgliedern bestehen, wovon eines *Deputy President, Vice President* oder *President* sein muss. Sie kann bei bedeutenden Entscheidungen auch mit fünf bzw. sieben Mitgliedern besetzt sein, wobei drei Mitglieder die Regel bilden. Entscheidungen werden mit Stimmenmehrheit getroffen. Kann eine solche nicht erzielt werden, ist die Stimme des ranghöchsten *Commissioner* ausschlaggebend.[351]

Der Präsident kann eine *Full Bench* berufen, wenn beispielsweise das öffentliche Interesse dies gebietet. Darüber hinaus gibt es bestimmte Angelegenheiten, die von einer *Full Bench* entschieden werden müssen: Dazu zählen der Antrag auf Abschluss eines *award* oder die vierjährliche Überprüfung eines solchen (s 616 *Fair Work Act 2009*).[352]

---

346 *Stewart et al.*, (2014) 27 AJLL 258 (275).

347 *McCallum/Riley/Stewart*, (2013) 34 Comp. Lab. L. & Pol'y J 843 (862).

348 *FWC*, Member Code of Conduct, 2018, p. 3, https://www.fwc.gov.au/documents/documents/resources/membercodeconduct.pdf [zuletzt abgerufen am 1.7.2019].

349 S 582(3) *Fair Work Act 2009*.

350 S 629(4) *Fair Work Act 2009*; s 660(3) *Fair Work Act 2009*.

351 *Catanzariti et al.*, Annotated FW Act, s 572 FW Act, [Com 75,260].

352 *Stewart et al.*, Labour Law, para [7.88].

c) Durchsetzung von Entscheidungen

Die Durchsetzung von Ansprüchen kraft Hoheitsgewalt bleibt den Gerichten vorbehalten. Die *Fair Work Commission* darf zwar verbindliche Regelungen treffen, an die die Parteien auch rechtlich gebunden sind. Sie kann die von ihr geschaffenen Regelungen jedoch nicht durchsetzen.[353] Der Verstoß gegen eine *order* stellt eine Straftat dar und kann mit Freiheitsstrafe bis zu 12 Monaten bestraft werden (s 675 *Fair Work Act 2009*).[354] Die Parteien sind deshalb auch ohne gerichtlichen Vollstreckungstitel angehalten, diese zu befolgen. Wird dennoch einer *order* zuwidergehandelt, ist zur Durchsetzung dieser ein *civil remedy proceeding* am *Federal Circuit Court* oder *Federal Court* einzuleiten.[355] Es obliegt den Gerichten zu beurteilen, ob Parteien aus einer verbindlichen Regelung (noch) ein Anspruch zusteht und einen vollstreckbaren Titel zu kreieren.

d) Rechtsnatur der Fair Work Commission in rechtsvergleichender Sicht

Die *Fair Work Commission* als *tribunal* ist ein dem deutschen System fremdes Institut.[356] Entsprechend sind auch die Bezeichnungen bzw. Übersetzungen uneinheitlich. Es wird vom „Arbeitsgericht“ Australiens berichtet[357], *Franzen/Thüsing/Waldhoff* sprechen vom „arbeitsrechtlichen Tribunal“ und übernehmen dennoch den Begriff „Schiedsgericht“ aus einem Artikel der Frankfurter Allgemeinen Zeitung[358], der auch in der juristischen Literatur verwendet wird[359]. Der uneinheitliche Sprachgebrauch lässt sich dadurch erklären, dass die reine Übersetzung der Begrifflichkeiten nicht zielführend ist. „*Tribunal*“ wird als „besondere Schlichtungsstelle“[360], „Sondergericht“, „Schiedsgerichtshof“ und teils als „Arbeitsgericht“ übersetzt.[361] Charakteristisch ist, dass die Übersetzung je nach

---

353 *Pittard/Naughton*, Labour and Employment Law, para [3.19]; *FWC*, General Protections, 2019, p. 190.

354 *FWC*, Unfair Dismissal, p. 165.

355 *Stewart*, Employment Law, para [9.16].

356 *Vranken*, Death of Labour Law, p. 119.

357 *Bähr*, FAZ vom 29.9.2015.

358 *Franzen/Thüsing/Waldhoff*, Arbeitskampf in der Daseinsvorsorge, S. 1; *Hein*, FAZ vom 21.11.2011.

359 *König*, Deregulierung des Arbeitsrechts in Australien, S. 37; *Leidig* in: Lotz et al. (Hrsg.), Zwangsschiedsspruch und Schlichtungswesen, S. 105 (133).

360 *Kilian*, NZA 1999, 1088 (1089).

361 *Dietl/Lorenz*, Wörterbuch Recht, Wirtschaft und Politik; *Romain/Byrd/Thielecke*, Wörterbuch der Rechts- und Wirtschaftssprache.

Akzentuierung der Tätigkeit der *Commission* variiert. So betont *Raupach*[362] die Tätigkeit nachdem er sich mit der Begrifflichkeit auseinandersetzt und bezeichnet die *Commission* als „besonderen Gerichtshof" mit dem Verfahren der „Schlichtung". *Desch*[363] beschreibt das Verfahren ebenso als „Schlichtung" und behält die Bezeichnung als „Kommission" bei. Vergleichbar bezeichnet *Junker* das bundesstaatliche *tribunal* in *New South Wales* als „Schlichtungs- und Spruchkörper".[364]

Die *Fair Work Commission* ist befugt, Streitigkeiten im Rahmen der *conciliation* und *arbitration* zu lösen. Geht man zunächst von einer wörtlichen Übersetzung aus, so lässt sich für den Begriff der *conciliation* als gängige Übersetzung die „Schlichtung", insbesondere von Arbeitsstreitigkeiten, finden.[365] Das Verfahren der *arbitration* wird dagegen zum einen mit „Schlichtung"[366], zum anderen mit „Schiedsverfahren"[367] übersetzt. Bis Mitte der 1980er Jahre herrschte weitestgehend Einigkeit, dass das australische System zur Beilegung arbeitsrechtlicher Streitigkeiten als System der Zwangsschlichtung zu betiteln war.[368] Nach umfassenden Reformen des australischen Systems sind die wesentlichen Merkmale der *Fair Work Commission* nunmehr mit den deutschen Institutionen Gericht, Schiedsgericht und Schlichtungsstelle in ihrer (arbeits-)rechtlichen Bedeutung zu vergleichen, um die Institution der *Commission* aus deutscher Perspektive einordnen zu können. Sollte eine deutsche Bezeichnung für die *Fair Work Commission* zu wählen sein, ist anhand des Vergleichs eine begriffliche Annäherung zu versuchen.

---

362 *Raupach*, Die Schlichtung von kollektiven Arbeitsstreitigkeiten, S. 22.

363 *Desch*, Arbeitsrecht in Australien, S. 22, 25.

364 *Junker*, EuZA 2010, 134 (135).

365 *Dietl/Lorenz*, Wörterbuch Recht, Wirtschaft und Politik; *Horstenkamp*, Wörterbuch Arbeit, Recht, Wirtschaft; *Romain/Byrd/Thielecke*, Wörterbuch der Rechts- und Wirtschaftssprache.

366 *Horstenkamp*, Wörterbuch Arbeit, Recht, Wirtschaft.

367 *Dietl/Lorenz*, Wörterbuch Recht, Wirtschaft und Politik; *Byrd*, Einführung in die Anglo-Amerikanische Rechtssprache, S. 85; *Romain/Byrd/Thielecke*, Wörterbuch der Rechts- und Wirtschaftssprache.

368 Dazu umfassend *Desch*, Arbeitsrecht in Australien; *Franzen/Thüsing/Waldhoff*, Arbeitskampf in der Daseinsvorsorge, S. 18; *König*, Deregulierung des Arbeitsrechts in Australien.

aa) Gericht

Bei der *Fair Work Commission* handelt es sich zwar um eine spezialisierte Institution, deren Verfahren in einigen Bereichen dem der ordentlichen Gerichtsbarkeit gleicht und die man deshalb als „*court-like*"[369] bezeichnen kann. Sie darf jedoch nicht Recht sprechen[370], da sie kein Gericht (*court*)[371] im Sinne des Kapitels III der Verfassung Australiens und damit kein Judikativorgan ist.

S 71 *The Constitution* sieht vor, dass die rechtsprechende Gewalt des Bundes vom *High Court* sowie von parlamentarisch gegründeten Bundesgerichten ausgeübt wird. Auch in Deutschland ist die rechtsprechende Gewalt den Richtern anvertraut (Art. 92 GG). Sie wird durch das Bundesverfassungsgericht (Art. 93 GG), durch die Bundesgerichte (Art. 95 GG) und durch die Gerichte der Länder ausgeübt. Ein „Gericht ist ein Organ, dem Rechtsprechung obliegt."[372] Ebenso sind Stellen der vollziehenden Gewalt, die Einzelfallentscheidungen in gerichtsähnlicher Weise treffen, keine Gerichte i.S.d. Art. 103 Abs. 1 GG.[373] Die Arbeitsgerichtsbarkeit ist in Deutschland eine gesonderte Fachgerichtsbarkeit (Art. 95 GG). Die Bezeichnung der *Fair Work Commission* als „Arbeitsgericht" wäre für den deutschen Leser irreführend und würde ein Rechtsprechungsorgan als Pendant zum deutschen Arbeitsgericht implizieren.

bb) Schiedsgericht

Im deutschen Arbeitsprozessrecht ersetzt das Schiedsgericht die staatliche Gerichtsbarkeit nach Maßgabe der §§ 4, 101 ff. ArbGG.[374] Auch das private Schiedsgericht (zur Besetzung § 103 ArbGG) spricht Recht[375] und trifft in der Regel keine Ermessensentscheidung.[376] Die *Fair Work Commission* ist dagegen eine staatliche Institution, die gerade nicht befugt ist, über Rechtsnormen zu urteilen, sondern nur eine Ermessensentscheidung zu treffen. Die verbindliche Wirkung des Schiedsspruchs im deutschen Recht sowie die Vollstreckung durch Gericht (§§ 108 Abs. 4, 109 Abs. 1 Satz 1 ArbGG) finden dagegen eine vergleichbare Entsprechung in der Wirkung und Vollstreckbarkeit einer *order*

---

369 *Garner*, Black's Law Dictionary, „tribunal".
370 Vgl. *Pittard/Naughton*, Labour and Employment Law, para [3.17].
371 Zur Abgrenzung *court – tribunal* § 1 VII. 2. b), S. 74.
372 *Creifelds/Weber*, Creifelds Rechtswörterbuch, „Gericht".
373 Maunz-Dürig/*Remmert*, 81. EL Sept. 2017, Art. 103 GG Rn. 54.
374 *Junker*, Grundkurs Arbeitsrecht, Rn. 847; HWK/*Kalb*, § 101 ArbGG Rn. 1.
375 GMP/*Germelmann*, § 101 ArbGG Rn. 2.
376 *Pfrogner*, Haftung von Einigungsstellenmitgliedern, S. 13.

der *Fair Work Commission.* Die *Fair Work Commission* darf rechtlich bindende Verfügungen (*orders*) erlassen. Die Durchsetzung von Ansprüchen bleibt auch im australischen System den Gerichten vorbehalten.

Das schiedsrichterliche Verfahren aufgrund Schiedsvereinbarung ist in der deutschen Arbeitsgerichtsbarkeit aber nur sehr beschränkt vorgesehen (§§ 4, 101 Abs. 1, 2 ArbGG).[377] Aus Sicht eines deutschen Juristen kann die Assoziation mit einem Ausnahmebereich und dem Sonderfall der Zuständigkeit zu einer unzutreffenden Einordnung der *Fair Work Commission* führen. Folglich wird auch die Bezeichnung als „Schiedsgericht" dem Wesen und vor allem der Bedeutung der *Fair Work Commission* nicht gerecht.

cc) Einigungs- oder Schlichtungsstelle

Auch wenn es im deutschen Recht keine allgemeingültige Definition der Schlichtung gibt, so versteht man unter Schlichtung im weiteren Sinne die Hilfeleistung in einem Regelungsstreit[378]. Regelungsstreitigkeiten sind bloße Interessenstreitigkeiten und werden nicht nach Rechtsnormen beurteilt. Ausschlaggebend ist, was in der Zukunft rechtens sein soll[379], denn Schlichtung wendet nicht bestehendes Recht an, sondern schafft neues Recht[380]. Das Verfahren vor der *Fair Work Commission* gleicht insoweit dem deutschen Verständnis eines Schlichtungsverfahrens, da es die Lösung von Regelungsstreitigkeiten durch eine Ermessensentscheidung vorsieht. Die Schlichtung von Regelungsstreitigkeiten betrifft im deutschen Arbeitsrecht vor allem das Einigungsstellenverfahren (§ 76 BetrVG) und die tarifliche Schlichtung.[381]

So ist dem deutschen Arbeitsrechtler die Differenzierung zwischen der Beilegung von Regelungsstreitigkeiten und Rechtsstreitigkeiten insbesondere im Zusammenhang mit der Einigungsstelle bekannt.[382] Auch die Art der Konfliktlösung, deren Ergebnis eine Betriebsvereinbarung ist, ähnelt dem Verfahren vor der *Fair Work Commission* mit dem Abschluss eines *enterprise agreement.* Jedoch ist die Einigungsstelle ein betriebsverfassungsrechtliches Hilfsorgan

377 *Junker,* Grundkurs Arbeitsrecht, Rn. 847.

378 *Junker,* Grundkurs Arbeitsrecht, Rn. 637; *Kamanabrou,* Arbeitsrecht, § 23 Rn. 2201.

379 Richardi/*Maschmann,* § 76 BetrVG Rn. 26; *Otto,* Arbeitskampf- und Schlichtungsrecht, § 20 Rn. 2, 4.

380 *Sinzheimer,* Grundzüge des Arbeitsrechts, S. 300 f.

381 *Junker,* Grundkurs Arbeitsrecht, Rn. 637.

382 Dazu Däubler/*Berg,* BetrVG, § 76 BetrVG Rn. 14; Richardi/*Maschmann,* § 76 BetrVG Rn. 26.

eigener Art.[383] Bei der Einigungsstelle handelt es sich um eine Institution der Betriebsverfassung, die der Konfliktlösung zwischen Arbeitgeber und Betriebsrat dient.[384] Sie ist eine privatrechtliche Einrichtung und eine Eigenheit der Betriebsverfassung.[385] Deshalb steht bei einer Gesamtbetrachtung, trotz partiell vergleichbarer Aspekte, insbesondere die Rechtsnatur der Einigungsstelle einer wertungsmäßigen Übersetzung des *tribunal* als „Einigungsstelle" entgegen. Die *Fair Work Commission* ist eine staatliche Institution. Das australische Arbeitsrecht enthält keine dem Betriebsverfassungsgesetz vergleichbare Regelung. Ein System der Mitbestimmung, auf dessen Hintergrund die deutsche Einigungsstelle basiert, existiert nicht.[386] Trotz einiger Initiativen dem europäischen Vorbild zu folgen, kennt das australische Arbeitsrecht keinen Betriebsrat.[387] Deshalb sind auch die am Verfahren beteiligten Parteien und die Verfahrensgegenstände nicht vergleichbar.

Das deutsche tarifrechtliche Schlichtungsrecht differenziert zwischen der vereinbarten bzw. verbandlichen Schlichtung und der staatlichen Schlichtung nach dem Kontrollratsgesetz Nr. 35 über „Ausgleichs- und Schiedsverfahren in Arbeitsstreitigkeiten" und den darauf basierenden Landesgesetzen und Durchführungsverordnungen.[388] Die staatliche Zwangsschlichtung ist mit der Tarifautonomie (Art. 9 Abs. 3 GG) grundsätzlich unvereinbar[389] und die Verbindlichkeit des Schlichtungsspruchs kraft Gesetzes unzulässig. Die staatliche Schlichtung ist lediglich eine Option, wenn sich die Parteien im Voraus dem Schlichtungsspruch unterwerfen.[390] Dennoch kennt jedenfalls die deutsche

---

383 BVerfG 18.10.1986 – 1 BVR 1426/83, NZA 1988, 25 (26); BAG 18.1.1994 – 1 ABR 43/93, NZA 1994, 571 (572).

384 *Junker*, Grundkurs Arbeitsrecht, Rn. 707; *Kamanabrou*, Arbeitsrecht, § 24 Rn. 2512.

385 GK-BetrVG/*Kreutz/Jacobs*, § 76 BetrVG Rn. 85; Richardi/*Maschmann*, § 76 BetrVG Rn. 7.

386 *Babeck*, Einführung in das australische Recht, § 16 Rn. 1.

387 *Stewart et al.*, Labour Law, para [7.88].

388 *Junker*, Grundkurs Arbeitsrecht, Rn. 638 f.; *Kamanabrou*, Arbeitsrecht, § 23 Rn. 2202; *Raupach*, Die Schlichtung von kollektiven Arbeitsstreitigkeiten, S. 70.

389 Ausnahmen werden zum einen für Ausnahmesituationen wie soziale Notstände oder extreme Notlagen diskutiert, vgl. *Hueck/Nipperdey*, Lehrbuch des Arbeitsrechts, S. 735; *Otto*, Arbeitskampf- und Schlichtungsrecht, § 22 Rn. 14. Zum anderen wird eine Ausnahme wegen unangemessener Beeinträchtigung von Grundrechten Dritter diskutiert, vgl. *Däubler*, Arbeitskampfrecht, § 9 Rn. 56; Schaub/*Treber*, ArbR-Hdb, § 195 Rn. 6.

390 *Junker*, Grundkurs Arbeitsrecht, Rn. 639.

Rechtswissenschaft und -geschichte die staatliche Zwangsschlichtung.[391] Die Kennzeichnung des Verfahrens vor der zwingend anzurufenden *Commission* als Zwangsschlichtung könnte somit zwar aufgrund der Unzulässigkeit in Deutschland für Verwunderung, jedoch zunächst (mangels genauerer Regelung in Deutschland) für keine falschen Assoziationen sorgen.

Probleme bereiten aber die typischen Schlichtungsfälle. Bei der nach deutschem Verständnis geläufigen Definition führt die arbeitsrechtliche Schlichtung im weiteren Sinne zum Abschluss einer (kollektiven) Gesamtvereinbarung.[392] Das mag zwar mit einigen Zuständigkeiten der *Fair Work Commission* vergleichbar sein (z.B. Abschluss, Änderung und Auslegung teils tarifvertragsähnlicher *awards*, Unterstützung beim Aushandeln und Prüfung von *enterprise agreements* sowie Genehmigung und Regulierung von Arbeitskampfmaßnahmen (*industrial actions*)). Als Fremdkörper verbleibt aber die Lösung von Individualstreitigkeiten (*unfair dismissal, general protections, anti-bullying*), insbesondere die *unfair dismissal application*. Die Behandlung eines Antrags wegen ungerechter Kündigung (*unfair dismissal application*) als Regelungs- und nicht als Rechtsstreitigkeit verwundert teils auch australische Juristen[393], wird jedoch wegen der Zukunftsorientierung der Entscheidungsmöglichkeiten als Lösung einer Regelungsstreitigkeit im weiteren Sinne gerechtfertigt.[394] Die Entscheidung, ob eine Kündigung *„harsh, unjust or unreasonable"* ist, sei eine Ermessensentscheidung und keine rechtliche Beurteilung.[395] Obgleich man deshalb die Tätigkeit der *Commission* auch bei Individualstreitigkeiten als schlichtend bezeichnen kann, so könnte der deutsche Arbeitsrechtler eine Übersetzung als „staatliche Schlichtungsstelle" nur mit kollektivrechtlichen Streitigkeiten in Verbindung bringen.

dd) Ergebnis

Die *Fair Work Commission* findet keine adäquate Entsprechung im deutschen Arbeitsrechtssystem. Soweit sie kollektive Vereinbarungen über Arbeitsbedingungen genehmigt, gibt es wegen der grundrechtlich garantierten Tarifautonomie in Deutschland kein Pendant. Handelt die *Fair Work Commission* als Streitbeilegungsinstitution, kommt die Bezeichnung als „staatliche Schlichtungsstelle"

---

391 Zur Zwangsschlichtung in der Weimarer Republik: *Höpfner*, ZfA 2018, 254 (259 ff.).

392 *Hromadka/Maschmann*, Arbeitsrecht Bd. 2, § 20 Rn. 1.

393 *Pittard/Naughton*, Labour and Employment Law, para [3.19].

394 *McCallum/Riley/Stewart*, (2013) 34 Comp. Lab. L. & Pol'y J 843 (853 et seq.); Rechtsgespräch mit *Professor McCallum*, University of Sydney, 7. März 2017.

395 *FWC*, Unfair Dismissal, p. 165.

am nächsten. Die Schlichtung impliziert aus deutscher Sicht die Lösung eines Regelungsstreits und beschreibt damit die Kernaufgabe der *Fair Work Commission*. Anders als im deutschen Recht kann die schlichtende Tätigkeit notfalls auch gegen den Willen der Beteiligten erfolgen, es handelt sich dann um eine (tarifrechtlich in Deutschland unzulässige) Zwangsschlichtung. Insbesondere aufgrund der Zuständigkeiten für die Schlichtung von Individualstreitigkeiten bleibt es aber am treffendsten, wie *Franzen/Thüsing/Waldhoff*, die Bezeichnung als „arbeitsrechtliches Tribunal“[396] beizubehalten.

2. Office of the Fair Work Ombudsman

Das *Office of the Fair Work Ombudsman* ist ein „*independent statutory office*“[397]. Es handelt sich um eine unabhängige, staatliche Behörde, die sowohl Arbeitnehmer als auch Arbeitgeber bei der Geltendmachung ihrer Rechte und Pflichten im Arbeitsverhältnis unterstützt. Sie soll über bestehende Vorschriften und Ansprüche informieren sowie erleichtern, Rechtsschutz zu erlangen. Die Behörde besteht aus dem *Fair Work Ombudsman, Fair Work Inspectors* und weiteren Mitarbeitern.

a) Zuständigkeit

Das *Office of the Fair Work Ombudsman* ist eine bundesweit zuständige Behörde mit Amtssitzen in den Hauptstädten der Bundesstaaten bzw. Territorien. Ihre sachliche Zuständigkeit (s 682(1) *Fair Work Act 2009*) lässt sich in zwei Bereiche zusammenfassen[398]:

- Förderung harmonischer, produktiver und kooperativer Arbeitsbeziehungen,
- Sicherstellung der Einhaltung der „*workplace laws*“.

Der erste Bereich umschreibt präventive Maßnahmen. Die Behörde stellt Informationen über Rechte und Pflichten im Arbeitsverhältnis, über den Geltungsbereich bestehender *awards* und *enterprise agreements*, über Mindestbedingungen wie Mindestlohn etc. zur Verfügung und erteilt Rat. Informationen können vor allem über eine Hotline und Broschüren auf der Homepage erlangt werden. Darüber hinaus bietet die Behörde Schulungen an.[399]

---

396 *Franzen/Thüsing/Waldhoff*, Arbeitskampf in der Daseinsvorsorge, S. 1.

397 *FWO*, Fact sheet, About the Fair Work Ombudsman, 2017, https://www.fairwork.gov.au/how-we-will-help/templates-and-guides/fact-sheets/about-us/about-the-fair-work-ombudsman [zuletzt abgerufen am 1.7.2019].

398 *Pittard/Naughton*, Labour and Employment Law, para [3.23].

399 *Stewart et al.*, Labour Law, para [7.48].

Der zweite Bereich bezweckt die Einhaltung und Durchsetzung der „*workplace laws*“. Diese umfassen sämtliche Vorschriften, die das Verhältnis zwischen Arbeitgeber und Arbeitnehmer regeln (s 12 *Fair Work Act 2009*).[400] Insbesondere sollen *National Employment Standards, awards, enterprise agreements* sowie *orders* der *Fair Work Commission* mit Hilfe des *Fair Work Ombudsman* durchgesetzt werden. Dabei ist der *Fair Work Ombudsman* befugt, als Partei eines Prozesses ein Verfahren einzuleiten, wenn die Angelegenheit im öffentlichen Interesse ist.[401] Alternativ kann er als rechtlicher Vertreter fungieren. Intern darf der *Fair Work Ombudsman* sämtliche Aufgaben an seine Mitarbeiter delegieren.

b) Einordnung aus deutscher Perspektive

Die Behörde des *Fair Work Ombudsman* ist mit keiner deutschen Behörde gleichzusetzen. Die Informationspolitik über Mindestbedingungen im Arbeitsverhältnis und deren Überwachung erinnern zwar an die Zuständigkeiten der Auskunftserteilung und Überwachung durch die Behörden der Zollverwaltung in Deutschland. Rechtliche Interpretationen oder Beratungen zählen jedoch ausdrücklich nicht zu den Aufgaben der Zollverwaltung.[402]

II. Ordentliche Gerichtsbarkeit

Zur ordentlichen Gerichtsbarkeit des Bundes gehören der *Federal Court of Australia*, der *Federal Circuit Court of Australia* und das oberste Bundesgericht, der *High Court of Australia*. Dabei handelt es sich um Gerichte im verfassungsrechtlichen Sinne: *courts*.

---

400 *Workplace Law* in s 12 *Fair Work Act 2009* definiert als: „*this Act; the Registered Organisations Act; or the Independent Contractors Act 2006; or any other law of the Commonwealth, a State or a Territory that regulates the relationships between employers and employees (including by dealing with occupational health and safety matters)*“.

401 *FWO*, Litigation, https://www.fairwork.gov.au/about-us/our-role/enforcing-the-legislation/litigation [zuletzt abgerufen am 1.7.2019].

402 *Generalzolldirektion*, Zuständigkeiten bei der Auskunftserteilung, https://www.zoll.de/DE/Fachthemen/Arbeit/Mindestarbeitsbedingungen/Mindestlohn-Mindestlohngesetz/Zustaendigkeiten-Auskunftserteilung/zustaendigkeiten-auskunftserteilung.html [zuletzt abgerufen am 1.7.2019].

1. Federal Court of Australia / Federal Circuit Court of Australia

Der *Federal Court of Australia* zählt zu den *superior courts*, der *Federal Circuit Court of Australia* zu den *inferior courts.*[403] Der *Federal Circuit Court* (vormals *Federal Magistrates Court of Australia*) befasst sich mit „kürzeren und einfacheren Angelegenheiten“[404] in einem informelleren Verfahren. So soll für sämtliche Bürger erleichtert werden, auf einfacherem, weniger zeitintensivem und kostengünstigerem Wege als bei einem Verfahren am *Federal Court* Rechtsschutz (*access to justice*) zu erlangen.[405] Als Bundesgerichte sind beide Gerichte im gesamten Bundesgebiet zuständig. Um die Abdeckung und Zugänglichkeit zu gewährleisten, haben beide Gerichte jeweils einen Sitz in jeder Bundesstaatshauptstadt sowie in der Hauptstadt des *Australian Capital Territory* und des *Northern Territory.* Zur Einleitung eines Verfahrens genügt die Einreichung der Klage an einem beliebigen Sitz bzw. über das Internetportal (r 2.21(1) *Federal Court Rules 2011*).[406] Die internen Gerichtsorganisationen sehen von Gesetzes wegen jeweils eine *General Division* und eine *Fair Work Division* für Streitigkeiten nach dem *Fair Work Act 2009* vor.[407]

a) Zuständigkeiten in Arbeitssachen

Der *Federal Court* (auch die *Fair Work Division*) ist für Zivil- und Strafverfahren zuständig, der *Federal Circuit Court* dagegen nur für Zivilverfahren.[408] In Zivilverfahren obliegt beiden Gerichten die Klärung von Rechtsfragen und die Rechtsdurchsetzung.[409] Der *Federal Court* ist grundsätzlich für jegliche Angelegenheit, die sich aus einem Bundesgesetz ergibt, zuständig (s 39B(1A)(c) *Judiciary Act 1903*). Diese Zuständigkeit wird in s 562 *Fair Work Act 2009* für alle Angelegenheiten, die den *Fair Work Act 2009* betreffen, bestätigt.[410] Dem *Federal*

---

403 *Colbran et al.*, Civil Procedure, para [1.1.1]. Im Weiteren wird bei der Bezeichnung der Gerichte grundsätzlich auf den Zusatz „*of Australia*“ verzichtet.

404 *Gleeson*, The State of the Judicature.

405 *FCCA*, About the Federal Circuit Court, 2016, http://www.federalcircuitcourt.gov.au/wps/wcm/connect/fccweb/about/about-fcc [zuletzt abgerufen am 1.7.2019].

406 *FCA*, Starting a matter, https://www.fedcourt.gov.au/going-to-court/i-am-a-party/court-processes/starting-a-matter#getdocuments [zuletzt abgerufen am 1.7.2019].

407 S 13(1) *Federal Court of Australia Act 1976*; s 563 *Fair Work Act 2009*; s 10A(1) *Federal Circuit Court of Australia Act 1999*; s 567 *Fair Work Act 2009*.

408 *Stewart et al.*, Labour Law, para [7.68]; *FCCA*, Jurisdiction of the Federal Circuit Court of Australia, http://www.federalcircuitcourt.gov.au/wps/wcm/connect/fccweb/about/jurisdictions/ [zuletzt abgerufen am 1.7.2019].

409 *Pittard/Naughton*, Labour and Employment Law, para [3.17].

410 *Stewart et al.*, Labour Law, para [7.59].

Circuit Court müssen hingegen Zuständigkeiten explizit zugewiesen werden, da keine vergleichbare Generalklausel existiert.[411] Wird auch dem *Federal Circuit Court* eine Zuständigkeit zugewiesen, sind der *Federal Court* und der *Federal Circuit Court* alternativ zuständig und es besteht ein Wahlrecht. Die wesentlichen Zuständigkeiten beider Gerichte sind:

- Verstöße gegen zivilrechtliche Vorschriften des *Fair Work Act 2009* (*civil remedy provisions*)[412]; hierzu zählt das Verfahren zur Durchsetzung einer *order* der *Fair Work Commission*,
- Verstöße gegen Bundesgesetze, z.B. *Independent Contractors Act 2006, Australian Human Rights Commission Act 1986, Competition and Consumer Act 2010*,
- Ansprüche aus dem *Common Law*.

Dem *Federal Court* verbleiben in Arbeitssachen nur wenige ausschließliche Zuständigkeiten, da der *Federal Circuit Court* im Rahmen des *Fair Work Act 2009* weitgehend ebenfalls für zuständig erklärt wird. So besteht beispielsweise eine ausschließliche Zuständigkeit des *Federal Court* für Angelegenheiten, die sich aus dem *Fair Work (Registered Organisations) Act 2009* ergeben, wie die Löschung einer eingetragenen Organisation aus dem Register.[413]

Zudem ist ausschließlich der *Federal Court* als *superior court* befugt, Rechtsfragen (*questions of law*) zu klären, die der Präsident der *Fair Work Commission* dem *Full Court* des *Federal Court* vorlegt (s 608(1), (2) *Fair Work Act 2009*).[414] Da die *Fair Work Commission* als Verwaltungsinstitution nicht autorisiert ist, Rechtsfragen zu klären, ist es ihr möglich, diese Fragen dem Gericht zu stellen. Dabei sind ausschließlich *questions of law* gestattet, nicht dagegen *questions of fact* oder Fragen, die sich aus einem Rechts- und Tatsachenteil zusammensetzen.[415] Es ist außerdem unzulässig, hypothetische Fragen vorzulegen.[416] Sollte bereits eine entgegenstehende Entscheidung der *Fair Work Commission* ergangen sein, ist diese abzuändern (s 608(5) *Fair Work Act 2009*).[417]

---

411 *Ranson* in: Zuckerman et al. (Ed.), Civil Procedure, para [2.14].

412 Ss 562, 563 *Fair Work Act 2009*; ss 566, 567 *Fair Work Act 2009*.

413 *Stewart et al.*, Labour Law, para [7.59, 7.68].

414 Stewart *et al.*, Labour Law, para [7.68].

415 *B & L Linings Pty Ltd & Anor v Chief Commissioner of State Revenue* (2008) 74 NSWLR 481 = [2008] NSWCA 187 para [140 et seq.]; *Catanzariti et al.*, Annotated FW Act, s 608 FW Act, [8-8930.20].

416 *Catanzariti et al.*, Annotated FW Act, s 608 FW Act, [8-8930.5], [8-8930.25].

417 *Catanzariti et al.*, Annotated FW Act, s 572 FW Act, [Com 75,330].

Ausschließlich vor dem *Federal Circuit Court* besteht die Möglichkeit ein *small claim*-Verfahren mit einem Streitwert bis zu 20.000 AU$ einzuleiten (s 548 *Fair Work Act 2009*).[418] Dabei handelt es sich um ein vereinfachtes Verfahren, das schneller und informeller verläuft.[419]

b) Aufbau und Besetzung des Federal Court

Im Folgenden wird der Fokus auf den *Federal Court* gelegt, da der *Federal Circuit Court* lediglich als Hilfsgericht zur Unterstützung des *Federal Court* etabliert wurde und der *Federal Court* als *superior court* für die Analyse des australischen Systems der Arbeitsgerichtsbarkeit von höherer Relevanz ist. Die interne Hierarchie des *Federal Court* wird vom *Chief Justice* angeführt. Die Richter werden vom Generalgouverneur Australiens auf Vorschlag der Regierung ernannt (s 6(1)(a) *Federal Court of Australia Act 1976*).

aa) Befähigung der Richter

Als Richter des *Federal Court* können Richter und ehemalige Richter eines Bundesgerichts, eines Bundesstaatsgerichts oder Richter des *Supreme Court* des *Northern Territory* und des *Australian Capital Territory* ernannt werden sowie Juristen, die seit mindestens fünf Jahren am *High Court* oder an einem bundesstaatlichen bzw. territorialen *Supreme Court* zugelassen sind (s 6(2) *Federal Court of Australia Act 1976*). Alle Richter des *Federal Court* sind zugleich Richter der *General Division* und der *Fair Work Division;* ein Richter, der in der *Fair Work Division* entscheidet, ist nicht zwangsläufig auf Arbeitsrecht spezialisiert.[420]

bb) Employment and Industrial Relations National Practice Area

Mit Wirkung zum 25. Oktober 2016 wurde der *Federal Court* umstrukturiert: Die gerichtliche Organisation und der Gerichtsverteilungsplan wurden in neun *National Practice Areas* unterteilt, wovon ein Bereich für arbeitsrechtliche Streitigkeiten geschaffen wurde, die *Employment and Industrial Relations National Practice Area.*[421] So wurde eine auf Arbeitsrecht spezialisierte Gerichtssparte geschaffen, die nicht deckungsgleich mit der *Fair Work Division* ist, sondern darüber hinaus geht. Es gilt: Streitigkeiten, die auf der Grundlage des *Fair Work Act 2009*, des *Fair Work (Registered Organisations) Act 2009* oder des *Fair Work*

418 *Stewart et al.*, Labour Law, para [7.59, 7.68].
419 *FWC*, General Protections, 2019, p. 190.
420 *Stewart et al.*, Labour Law, para [7.58].
421 *Allsop*, CPN-1, para [3.1].

(Building Industry) Act 2012 zu beurteilen sind, sind zwingend der *Fair Work Division* zuzuweisen und unterfallen zugleich der *Employment and Industrial Relations National Practice Area.*[422] Der Arbeitsrechtssparte des *Federal Court* unterstehen zudem sämtliche Fälle mit arbeitsrechtlichem Bezug, z.B. auch Klagen von Beschäftigten des öffentlichen Diensts, Anti-Diskriminierungsklagen oder arbeitsrechtliche Ansprüche aus dem *Common Law.* Die *Employment and Industrial Relations National Practice Area* lässt sich folglich als Arbeitsrechtskammer bezeichnen. Im Grunde wurde ein System der Kammer in der Kammer geschaffen: Eine allgemeine Arbeitsrechtskammer mit einer speziellen *Fair Work*-Kammer. Die interne Verteilung auf die Richter erfolgt nach der zeitlichen Kapazität und selten auch nach der Expertise der Richter und den Besonderheiten des Falls.[423] Aus Sicht eines deutschen Juristen kann eine solche Vorgehensweise der Geschäftsverteilung gegen das Recht auf den gesetzlichen Richter verstoßen (Art. 101 Abs. 1 GG).[424]

Zweck der Umstrukturierung des Gerichts und der Unterteilung in Kammern war, eine bundeseinheitliche Praxis zu schaffen, Fälle spezialisierten Richtern zuzuweisen und allgemein eine effektive und schnelle Verfahrensabwicklung zu erzielen.[425] In der Praxis werden Richter bestimmten Kammern zugewiesen, teils auch mehreren Kammern. Als Vorkenntnis wird keine Spezialisierung und keine Erfahrung in einem bestimmten Rechtsgebiet vorausgesetzt. Wie sich die Spezialisierung der einzelnen Richter entwickelt, bleibt abzuwarten. Sollten die Zielvorgaben erfüllt werden, könnte sich die Arbeitsrechtskammer als de facto Arbeitsgericht unter dem Dach des *Federal Court* entwickeln.[426]

cc) Besetzung der Richterbank

Grundsätzlich entscheidet ein Einzelrichter ohne *jury* (ss 20(1), 39 *Federal Court of Australia Act 1976*). Nur im äußerst seltenen Ausnahmefall kann das Gericht das Verfahren mit einer *jury* ansetzen, wenn es dies für zweckdienlich erachtet (s 40 *Federal Court of Australia Act 1976*). Ein Einzelrichter kann Rechtssachen oder einzelne Fragen dem *Full Court* vorlegen (s 25(6) *Federal Court of Australia*

---

422 *Allsop*, E&IR-1, para [2.2].

423 *FCA*, Allocation of Judicial Matters under the NCF, https://www.fedcourt.gov.au/about/national-court-framework/allocations [zuletzt abgerufen am 1.7.2019].

424 So auch *Babeck*, Einführung in das australische Recht, § 18 Rn. 18.

425 *Allsop*, CPN-1, para [2.1].

426 Ebenso: *Stewart et al.*, Labour Law, para [7.67]; Rechtsgespräche mit *Justice Bromberg, National Coordinating and Registry Coordinating Judge of the Employment and Industrial Relations National Practice Area of Victoria and Tasmania*, Februar 2017.

Act 1976), der in der Regel aus drei Richtern besteht (s 14(2) *Federal Court of Australia Act 1976*). Darüber hinaus kann der *Chief Justice* die Besetzung als *Full Court* anordnen, wenn ein Sachverhalt hinreichende Bedeutung hat (s 20(1A) *Federal Court of Australia Act 1976*). Zudem wird gesetzlich für Einzelfälle die Entscheidung durch den *Full Court* angeordnet, z.B. für die Entscheidung über die Löschung einer eingetragenen Organisation aus dem Register (s 340(1)(a) *Fair Work (Registered Organisation) Act 2009*). Entscheidungen des *Full Court* werden mit Stimmenmehrheit getroffen. Kann eine solche nicht erzielt werden, ist die Stimme des *Chief Justice* bzw. des dienstältesten Richters ausschlaggebend. Berufungsverfahren werden vom *Full Court* entschieden (s 25(1) *Federal Court of Australia Act 1976*). Erfolgt eine gerichtliche Überprüfung einer Entscheidung der *Fair Work Commission*, so befindet darüber ebenfalls der *Full Court* (s20(2) *Federal Court of Australia Act 1976*).

2. High Court of Australia

a) Zuständigkeit

Der *High Court of Australia* mit Sitz in Canberra ist das oberste Gericht des Bundes und der Bundesstaaten. Er ist für Verfassungsstreitigkeiten zuständig und zugleich das letztinstanzliche Revisionsgericht in Zivil- und Strafsachen.[427] Erstinstanzlich entscheidet der *High Court* über Verfassungsrecht; dabei besteht die Befugnis, Gesetze für unzulässig zu erklären (s 76 *The Constitution*). Die verfassungsrechtliche Überprüfung eines Gesetzes erfolgt ausschließlich im Zusammenhang mit einem konkreten Fall.[428] Dem *High Court* können verfassungsrechtliche Fragen durch ein Gericht vorgelegt werden (s 40 *Judiciary Act 1903*). Entscheidungen des *High Court* sind für alle Gerichte bindend.

b) Aufbau und Besetzung

Der *High Court* setzt sich aus dem *Chief Justice* und sechs *Justices* zusammen (s 5 *High Court of Australia Act 1979*). Auch die Richter des *High Court* werden vom Generalgouverneur auf Vorschlag der Regierung ernannt. Die Befähigung zum höchsten Richteramt setzt formal lediglich voraus, dass derjenige Richter eines Bundes-, Bundesstaats- oder Territoriengerichts war oder bereits fünf Jahre als

---

427 *Babeck*, Einführung in das australische Recht, § 4 Rn. 38; *Doeker*, Parlamentarische Bundesstaaten im Commonwealth of Nations, Bd. I, S. 112.

428 *Doeker*, Parlamentarische Bundesstaaten im Commonwealth of Nations, Bd. I, S. 40, 45.

Jurist am *High Court* oder einem *Supreme Court* zugelassen ist (s 7 *High Court of Australia Act 1979*). In der Regel entscheidet der *High Court* als *Full Court,* der aus mindestens zwei Richtern besteht (s 19 *Judiciary Act 1903*). Nur selten ergeht eine Einzelrichterentscheidung (s 16 *Judiciary Act 1903*). Bei Verfassungsentscheidungen, möglichen Rechtsprechungsänderungen und wenn es das Gericht für notwendig erachtet, urteilt die *Full Bench,* das heißt alle sieben Richter. Jeder Richter fällt eine zu begründende Entscheidung, wobei die Stimmenmehrheit für das Gesamturteil maßgeblich ist.[429]

3. Vergleich zur Arbeitsgerichtsbarkeit in Deutschland

a) Selbstständige Gerichtsbarkeit

In Deutschland werden die ordentliche Gerichtsbarkeit und vier Fachgerichtsbarkeiten (Arbeits-, Sozial-, Verwaltungs- und Finanzgerichtsbarkeit) differenziert. Die Arbeitsgerichtsbarkeit ist eine selbstständige Fachgerichtsbarkeit mit institutioneller Bestandsgarantie (Art. 95 Abs. 1 GG).[430] Ob der Zugang zu den Gerichten für Arbeitssachen eröffnet ist (§§ 2, 2a ArbGG), ist mittlerweile unstrittig eine Frage der Rechtswegzuständigkeit.[431] In Australien hingegen gibt es keine Gerichte für Arbeitssachen, einer Rechtswegabgrenzung bedarf es insoweit nicht. Es existieren lediglich spezialisierte Kammern innerhalb der ordentlichen Gerichtsbarkeit, die z.B. an die Kammer für Handelssachen innerhalb der deutschen Landgerichte erinnern. Verfassungsrechtliche Fragen werden in Deutschland ausschließlich vom Bundesverfassungsgericht entschieden. Im Gegensatz dazu werden in Australien die Funktionen der letzten Revisionsinstanz und des Verfassungsgerichts im *High Court* vereint.

Für den deutschen Juristen eventuell ungewohnt ist die Möglichkeit, in erster Instanz zwischen *Federal Court* und *Federal Circuit Court* wählen zu können. Obwohl es sich dabei um einen *superior court* und einen *inferior court* handelt, gibt es keine streitwertabhängige Zuordnung. Diese kumulative Zuständigkeit mag vor allem funktionell bedingt sein, da der *Federal Circuit Court* hauptsächlich zur punktuellen Entlastung des *Federal Court* gegründet wurde, diesen aber nicht ersetzen soll. Dem *Federal Circuit Court* werden hierfür lediglich in Einzelgesetzen spezielle Rechtsstreitigkeiten zugewiesen. Eine generelle Regelung für

---

429 *HCA,* Operation of the High Court, http://www.hcourt.gov.au/about/operation [zuletzt abgerufen am 1.7.2019].

430 Schwab/Weth/*Liebscher,* § 1 ArbGG Rn. 1.

431 Unstreitig seit 4. VwGO-ÄndG vom 17.12.1990; im Detail Düwell/Lipke/*Lipke,* § 1 Rn. 5.

das Verhältnis der Zuständigkeiten von *Federal Court* und *Federal Circuit Court* existiert nicht.

b) Zusammensetzung der Richterbank

Der Einstieg in das Richteramt und die dafür erforderliche Qualifikation eines Berufsarbeitsrichters in Deutschland divergieren grundlegend von den Voraussetzungen, die ein zu ernennender Richter in Australien vorweisen muss. Die Befähigung zum Richteramt in Deutschland erwirbt, wer ein rechtswissenschaftliches Studium an einer Universität mit der ersten Prüfung und einen anschließenden Vorbereitungsdienst mit der zweiten Staatsprüfung abschließt (§ 5 Abs. 1 DRiG). Dass keine Berufserfahrung oder ein Mindestalter erforderlich sind, löst unter australischen Juristen häufig Verwunderung und teils Skepsis aus.[432] Die Einstellung als Richter (zunächst auf Probe) hängt allerdings von der Note des Assessorexamens ab; je besser der Absolvent ist, desto höhere Einstellungschancen liegen vor.[433] Um Richter am Arbeitsgericht zu werden, ist formal betrachtet keine besondere Qualifizierung im Arbeitsrecht erforderlich. Aufgrund der Organisation als Fachgerichtsbarkeit entwickelt sich jedoch, begleitet von Schulungen und Fortbildungen, eine auf das Arbeitsrecht spezialisierte Richterschaft.

Die *Employment and Industrial Relations National Practice Areas* in Australien sind mit Richtern unabhängig ihrer bisherigen Erfahrung besetzt und setzen keine Spezialisierung voraus. Da die Richter teils kammerübergreifend im gesamten Feld der ordentlichen Gerichtsbarkeit eingesetzt werden, bleibt abzuwarten, ob sich im neu geschaffenen Kammersystem je nach Einsatz und Rotation eine spezialisierte Richterschaft entwickelt. Bislang unterscheidet sich der Arbeitsrichter in Deutschland von dem Richter in Australien in seiner Spezialisierung auf das Arbeitsrecht.

Die Besetzung der Richterbank divergiert maßgeblich von der Besetzung der australischen *bench*. Bei den Gerichten für Arbeitssachen in Deutschland handelt es sich um Kollegialgerichte, die mit Berufsrichtern und zwei ehrenamtlichen Richtern, jeweils einem aus Kreisen der Arbeitnehmer und einem aus Kreisen der Arbeitgeber besetzt sind (§§ 16 Abs. 2, 35 Abs. 2, 41 Abs. 2 ArbGG). Am Arbeitsgericht und Landesarbeitsgericht werden Kammern mit einem Berufsrichter gebildet, am Bundesarbeitsgericht Senate mit in der Regel drei Berufsrichtern.[434] Alleinentscheidungen des Berufsrichters bzw. Einzelrichtersitzungen am Arbeitsgericht sind beispielsweise bei der Durchführung der Güteverhandlung

432 Persönliche Gespräche mit australischen Juristen.
433 *Schmidt/Luczak*, FS Die Arbeitsgerichtsbarkeit, S. 221 (226 f.).
434 *Schmidt/Luczak*, FS Die Arbeitsgerichtsbarkeit, S. 221 (225).

oder in den in § 55 ArbGG geregelten Fällen vorgesehen. Ehrenamtliche Richter sollen Berufsrichter mit ihren praktischen Erfahrungen und ihrem Sachverstand unterstützen und als Repräsentanten der streitenden Lager das Vertrauen in den Spruchkörper fördern.[435] Sie sollen unter anderem soziale Gräben überwinden und durch Lebensnähe und Bodenhaftung zu einer transparenten und allgemein akzeptierten Entscheidung beitragen.[436] Im *Federal Circuit Court / Federal Court* agieren dagegen ausschließlich Berufsrichter. Lediglich in der *Fair Work Commission* können Nicht-Juristen als *Commissioners* fungieren. Allerdings entscheidet ein einzelner *Commissioner* und keine paritätisch besetzte „Richterbank".

III. Erforderlichkeit spezialisierter Arbeitsgerichte

Die institutionelle Ausgestaltung der staatlichen Streitbeilegung im Arbeitsrecht ist Gegenstand wiederkehrender Debatten in Australien. So werden einerseits die Vorzüge der *Fair Work Commission* angepriesen[437] und andererseits wird seit langem diskutiert, ob selbstständige Gerichte für Arbeitssachen, das heißt losgelöst von der ordentlichen Gerichtsbarkeit, eingerichtet werden sollten[438]. In Deutschland gibt es eine Arbeitsgerichtsbarkeit, es waren jedoch Bestrebungen erkennbar, die Arbeitsgerichtsbarkeit in die ordentliche Gerichtsbarkeit eingliedern zu wollen, wie z.B. der Versuch der „großen Justizreform" im Jahr 2005 zeigt.[439] Ein Vergleich der beiden Rechtsordnungen verdeutlicht, dass beiden Gestaltungen ähnliche Gedanken zugrundeliegen, die Umsetzung aber variiert und somit unterschiedliche Möglichkeiten eröffnet werden. Die Gründe für bzw. die Vorteile einer besonderen Streitbeilegung im Arbeitsrecht sind im Grunde dieselben: Es bedarf einer besonders kurzen Verfahrensdauer, einer Verfahrensordnung geprägt von Informalität, niedriger Kosten (für Arbeitnehmer) und einer besonderen Spezialisierung.[440] Die verfahrensrechtlichen

---

435 *Stöhr*, ZZP 2018, 481 (488).

436 *Stein*, BB 2007, 2681 (2682).

437 *Ross*, Future Directions.

438 *Stewart et al.*, Labour Law, para [7.67].

439 Vgl. 76. Konferenz der Justizministerinnen und Justizminister vom 29. bis 30. Juni 2005 in Dortmund: statt vieler *Weth*, NZA 2006, 182; aus der jüngeren Literatur z.B. *Brand*, ZRP 2010, 81.

440 Vgl. *Ramm* in: Hepple (Ed.), The Making of Labour Law in Europe, p. 270; *Vranken*, Death of Labour Law, p. 107; *ders.*, (1988) 9 Comp. Lab. L.J 497 (500); *Nielebock*, NZA 2004, 28 (28); Schwab/Weth/*Liebscher*, § 1 ArbGG Rn. 3; *Schrader/Staube/Schubert*, NZA 2004, 899 (899).

Möglichkeiten (z.B. kurze Fristen, (Kosten-)Begünstigung von Vergleichen), um diesen Anforderungen gerecht zu werden, sind an dieser Stelle noch nicht zu thematisieren, da es nur um die institutionelle Organisation geht. Fristen können aber losgelöst von Institutionen gesondert geregelt werden (z.B. die Frist von 21 Tagen zur Einlegung einer *unfair dismissal application* oder die materielle Präklusionsfrist gemäß § 4 Satz 1 KSchG). Eine institutionelle Veränderung beeinflusst zudem nicht die hohe Vergleichsbereitschaft im Arbeitsrecht.[441] Die arbeitsrechtliche Streitbeilegung könnte jedoch auch institutionelle Besonderheiten erfordern.

1. Sondergerichtsbarkeit für arbeitsrechtliche Streitigkeiten

Regelmäßig wird das Erfordernis einer besonderen Gerichtsbarkeit mit der Notwendigkeit bzw. den Vorteilen einer besonderen Spezialisierung der Richter begründet.[442] Eigenständige Arbeitsgerichte hätten insbesondere eine spezialisierte Richterschaft zum Vorteil, die eine höhere Entscheidungsqualität, eine zügigere und den Besonderheiten des Arbeitsrechts gerecht werdende Entscheidung erwarten lässt. Die besondere Bedeutung des Arbeitsverhältnisses für den Unterhalt der Familie[443] und die zunehmende Komplexität der Lebensverhältnisse erforderten eine weitreichendere Spezialisierung.[444] Zudem werde die Verständigung erleichtert und die Effizienz gesteigert, wenn Fachleuten aus der Anwaltschaft eine spezialisierte Richterschaft gegenüber stehe.[445] Andere Ansatzpunkte könnten sich in Australien jedoch aus der Rechtsordnung des *Common Law* ergeben. Neben Ansprüchen aus Gesetzesrecht ergeben sich nach wie vor zahlreiche Ansprüche aus dem *Case Law* selbst, mit denen ein Richter allumfassend vertraut sein muss. Allein die Kenntnis der Arbeitsgesetze reicht nicht aus. Kritisiert wird zudem, dass spezialisierte Gerichte dazu neigen würden, ihren Bezug zu Traditionen, Standards und Sitten ihres Berufsstandes und zur allgemeinen Justiz zu verlieren. Allgemeine und fundamentale Prinzipien

---

441 *Rieble* in: ders. (Hrsg.), Zukunft der Arbeitsgerichtsbarkeit, S. 9 Rn. 62.

442 U.a. MüHdb ArbR/*Jacobs*, § 387 Rn. 17; *Schrader/Staube/Schubert*, NZA 2004, 899 (900); *Weber-Grellet*, ZRP 2013, 110.

443 *Schrader/Staube/Schubert*, NZA 2004, 899 (900).

444 *Aust-Dodenhoff*, NZA 2004, 24 (24).

445 *Schrader/Staube/Schubert*, NZA 2004, 899 (900); *Vranken*, Death of Labour Law, p. 111.

seien oft auschlaggebender als Spezialwissen.[446] Es bestünde die Gefahr einer einseitigen, monopolartigen und festgefahrenen Sichtweise, die sich aktuellen Entwicklungen und Einflüssen verwehrt.[447] Im Allgemeinen gelten Erfahrungen und Weitblick in andere Rechtsgebiete als gewinnbringend.[448]

Das Gerichtssystem in Australien trägt den besonderen Anforderungen an die Streitbeilegung im Arbeitsrecht seit 2016 durch spezialisierte Arbeitsrechtskammern Rechnung. Diese Lösung steht unter der Prämisse, dass sich eine auf das Arbeitsrecht spezialisierte Richterschaft[449] entwickelt. Die Auslagerung der Arbeitsgerichtsbarkeit in Deutschland mag vielleicht historisch begründet sein, da man mit einer möglichst dezentralen Gerichtsorganisation den Einfluss der Staatsverwaltung auf Richter erschweren und somit deren Unabhängigkeit stärken kann.[450] Den besonderen Anforderungen an eine arbeitsrechtliche Streitbeilegung können jedoch beide Institutionen gleichermaßen gerecht werden.

2. Besonderheit einer Verwaltungsinstitution

Gibt es spezialisierte Richter, stellt sich die Frage, wieso es zudem noch eines *tribunal* bedarf. Durch das traditionelle Verständnis der Rolle des Richters in *Common Law*-Staaten (wie Australien) könnte ein Rollenkonflikt für Richter bestehen, würde von diesen sowohl Richten als auch Schlichten erwartet.[451] Dann könnte erst die Abtrennung von Regelungsaufgaben auf eine Verwaltungsinstitution die Möglichkeit eröffnen, gestalterisch tätig zu werden.[452] Der deutsche Zivilprozess zeichnet sich hingegen durch die Tradition richterlicher Streitschlichtung und integrierte Güteverfahren aus.[453] Jedem arbeitsrechtlichen Richten hat ein Schlichten durch den Richter vorauszugehen.[454] Zu einem modernen Justizverständnis gehört auch die Schlichtung durch den Richter.[455]

---

446 *Kirk v Industrial Relations Commission (NSW)* [2010] HCA 1 = (2010) 239 CLR 531 para [122].

447 *Weisbrot,* Reform of the civil justice system, p. 14.

448 *Wedderburn,* (1988) 16 Indus. L.J 1(6, 23).

449 Hierzu § 3 II. 1. b) bb), S. 108; *Allsop,* CPN-1, para [2.1]; vgl. *Marfording/Eyland,* Civil Litigation in NSW: Empirical and Analytical Comparison with Germany, p. 157.

450 *Weber-Grellet,* ZRP 2013, 110 (112).

451 *Stürner,* ZZP 2014, 271 (326).

452 So auch zum „Ausweichen auf nicht dem Prozeßrecht unterworfene Institutionen" im Zusammenhang mit der HREOC: *Schlachter,* Außergerichltiche Konfliktlösung, S. 96.

453 *Stürner,* ZZP 2014, 271 (326).

454 *Söllner,* ZfA 1982, 1 (5).

455 *Rieble* in: ders. (Hrsg.), Zukunft der Arbeitsgerichtsbarkeit, S. 9 Rn. 23.

Zudem ist man zwar in Deutschland[456], jedoch nicht in Australien an besonders sachverständige Laienarbeitsrichter gewöhnt. Die Beteiligung der Allgemeinheit durch eine *jury* ist lediglich ein Ausnahmefall. Die Institutionalisierung einer staatlichen Schlichtungsstelle der Verwaltung könnte deshalb eine einfachere Möglichkeit sein, in Australien juristische Laien mit besonderer Erfahrung in der Arbeitswelt in die staatliche Streitbeilegung einzubeziehen. Dies gilt insbesondere angesichts der Kritik an *Common Law*-Richtern, denen zum Teil unterstellt wird, kein Feingefühl für arbeitsrechtliche Sachverhalte zu haben.[457] Entsprechend diesem Gedanken erkennen die Vorgaben zur Besetzung der *Fair Work Commission* praktische Erfahrungen in der Arbeitswelt als Qualifikation an.

Außerdem könnte auch die Konzeption des materiellen Arbeitsrechts Australiens für die Einbeziehung einer Verwaltungsinstitution sprechen: Arbeitsrecht ist dort historisch betrachtet stark als Recht zur staatlichen Hilfe und Kontrolle bei der Regelungsfindung ausgestaltet. Das betrifft zunächst die kollektive Regelung von Arbeitsbedingungen. Da der Staat diese Regelungen mitgestaltet, bedarf es anschließend weniger Schutzrecht, dessen Einhaltung rechtlich geprüft werden müsste, sondern lediglich der Durchführungskontrolle. Gibt es aber kaum Individualschutzrecht, könnte (möglicherweise zur Überraschung des deutschen Lesers) auch ein Individualkonflikt durch staatlich moderierte bzw. kontrollierte Regelungsfindung zu lösen sein und Regelungsfindung ist grundsätzlich Verwaltungsaufgabe[458].

3. Zusammenfassung

Das Arbeitsrecht ist sowohl in Deutschland als auch in Australien durch Rechtsprechung bzw. *Case Law* geprägt. Zwar erleichtert in Australien ein „Arbeitsrechtsbuch" die Rechtsanwendung, die jedoch systemgerecht erfolgen muss.[459] Diesem Erfordernis trägt ein spezialisierter Richter Rechnung. Gemäß s 71 *The Constitution* bestünde zwar die Möglichkeit, ein Arbeitsgericht als vollwertigen *court* ins Leben zu rufen. Anstelle eines selbstständigen Arbeitsgerichts wurden in Australien jedoch *National Practice Areas,* darunter die *Employment and Industrial Relations National Practice Area,* und ein der Staatsverwaltung zuzurechnendes *tribunal* ins Leben gerufen.

Das Zusammenspiel der *Fair Work Commission* und der arbeitsrechtlichen Kammern des *Federal Court* und des *Federal Circuit Court* führen derzeit dazu,

---

456 Ausführlich *Stöhr*, ZZP 2018, 481.

457 *Howarth*, (1988) 17 Indus. L.J 11 (24).

458 *Höpfner*, ZfA 2018, 254 (297).

459 *Vranken*, (1988) 9 Comp. Lab. L.J 497 (524); *ders.*, Death of Labour Law, p. 111; *Ramm* in: Hepple (Ed.), The Making of Labour Law in Europe, p. 270.

dass ein von der ordentlichen Gerichtsbarkeit losgelöstes Arbeitsgericht entbehrlich erscheint. Eine Arbeitsrechtskammer kann alle Vorzüge eines selbstständigen Arbeitsgerichts wie in Deutschland erfüllen, wenn sich eine auf das Arbeitsrecht spezialisierte Richterschaft entwickelt. Hierfür wäre der überwiegende Einsatz der Richter innerhalb der Arbeitsrechtskammer dienlich. Die tatsächliche Entwicklung bleibt jedoch abzuwarten.

Das dem deutschen Recht fremde *tribunal* (die *Fair Work Commission*) ist als Einrichtung wohl einerseits der geschichtlichen Entwicklung des Arbeitsrechts, andererseits auch dem Rollenverständnis des Richters und der Konzeption des materiellen Arbeitsrechts in Australien geschuldet. Zwar wäre es in Deutschland möglich, auch Gerichten Verwaltungsaufgaben zuzuteilen[460], da lediglich eine einfachgesetzliche Schranke im Verwaltungsverfahrensrecht besteht (§ 39 VwGO).[461] Das sehr freiheitlich gehaltene deutsche Arbeitsrecht, das Arbeitsbedingungen grundsätzlich ohne staatliche Beteiligung privatautonom, entweder kollektiv oder individuell, vereinbaren lässt, verlangt aber nach keiner staatlichen Institution zur Regelungsfindung. Im Gegenzug regelt das deutsche Arbeitsrecht verhältnismäßig ausführlich zwingendes Recht, dessen Einhaltung gerichtlich überprüft werden muss. In Deutschland sind hauptsächlich Rechts- und nicht Regelungsstreitigkeiten zu lösen.

Eine staatliche arbeitsrechtliche Schlichtungsstelle könnte in Deutschland allenfalls angelehnt an die Verbraucherschlichtungsstelle[462] konzipiert werden, die nicht bei originärer Regelungsfindung hilft, sondern bei umständlicher Rechtsdurchsetzung eine interessenorientierte Alternativregelung ermöglichen soll[463]. Unabhängig von rechtspolitischen Einwänden[464] ist jedoch nicht ersichtlich, wieso es in Deutschland eine institutionelle Neuerung bräuchte. Ein deutscher Arbeitsrichter muss sich stets um eine einvernehmliche Lösung bemühen (§ 57 Abs. 2 ArbGG). Die sozialstaatliche Motivation, Verfahren zu erleichtern, kostengünstiger zu gestalten und für Laien verständlicher zu werden[465], ist nicht zwingend institutionell zu lösen. Schon die kaum kostendeckende Arbeitsweise der Gerichte für Arbeitssachen ist sozialpolitisch gewollt[466] und resultiert aus

---

460 BVerfG 8.2.1967 – 2 BvR 235/64, NJW 1967, 1123 (1123).

461 Maunz-Dürig/*Hillgruber*, 86. EL Januar 2019, Art. 92 Rn. 58 ff.

462 Hierzu Verbraucherstreitbeilegungsgesetz vom 19. Februar 2016 (BGBl. I S. 254, 1039).

463 *Isermann*, VuR 2018, 283 (283); *Riehm*, JZ 2016, 866 (867 ff.); *Roth*, ZZP 2016, 3 (6).

464 Hierzu *Roth*, ZZP 2016, 3 (4 f.); *Stürner*, ZZP 2014, 271 (329). Allgemein *Risse* in: Eidenmüller (Hrsg.), Alternative Streitbeilegung, S. 133 ff.

465 Dazu in der Diskussion um die Verbraucherschlichtungsstelle *Hirsch*, NJW 2013, 2088 (2094).

466 *Schrader/Staube/Schubert*, NZA 2004, 899 (900).

den Kostentragungsregeln[467]. Diese Entscheidung könnte bei Bedarf weiter verfahrensrechtlich verfolgt und ausgeweitet werden. Die Konstituierung einer speziellen Verwaltungsinstitution ist hingegen entbehrlich.

IV. Bundesinstitutionen im Überblick

Die **Übersicht 3** zeigt die wichtigsten Bundesinstitutionen zur Beilegung arbeitsrechtlicher Streitigkeiten und ihre Zuständigkeiten:

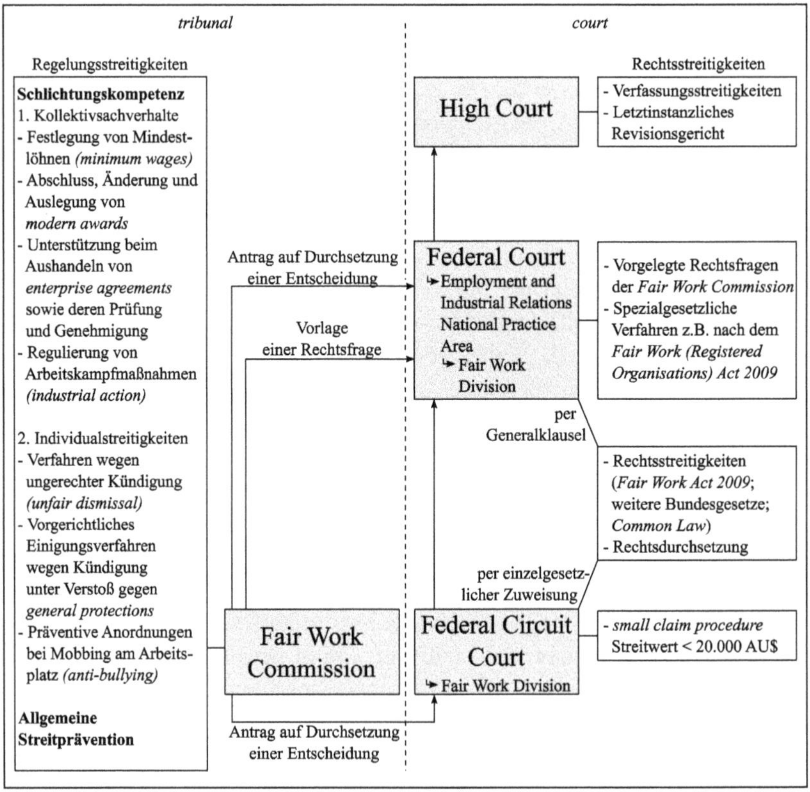

Übersicht 3: Bundesinstitutionen und ihre Zuständigkeiten

467 *Rieble* in: ders. (Hrsg.), Zukunft der Arbeitsgerichtsbarkeit, S. 9 Rn. 63.

§ 4 Bundesstaatsinstitutionen zur Beilegung arbeitsrechtlicher Streitigkeiten

Das Ziel eines Bundesarbeitsrechtssystems wurde mit dem *Fair Work Act 2009* nahezu erreicht.[468] Dennoch existieren weiter bundesstaatliche Arbeitsrechtssysteme sowie bundesstaatliche Gerichte und spezialisierte Institutionen. Der Vollständigkeit halber erfolgt ein grober Umriss des Rechts auf Bundesstaatsebene und der Institutionen sowie deren Verhältnis zum Bund. Dieser wird auf die Bundesstaaten beschränkt, denn die Territorien unterstehen gemäß s 122 *The Constitution* grundsätzlich[469] dem Bund und besitzen keine Gesetzgebungskompetenz.[470] *Victoria*, das *Australian Capital Territory* und das *Northern Territory* haben aufgrund ihrer Zugehörigkeit zum Bundesarbeitsrechtssystem keine eigenen Institutionen zur Beilegung arbeitsrechtlicher Streitigkeiten.[471]

I. Bundesstaatsrecht

1. Geltungsbereiche bundesstaatlichen Arbeitsrechts

Wie bereits aufgezeigt, übertrug der Bundesstaat *Victoria* Kompetenzen im Arbeitsrecht auf den Bund.[472] Diesem Beispiel folgten *New South Wales*, *Queensland*, *South Australia* und *Tasmania* weitestgehend, aber nicht vollständig.[473] *Western Australia* lehnte eine Kompetenzübertragung ab.[474] In den Bundesstaaten mit Ausnahme von *Victoria* existieren weiterhin bundesstaatsrechtliche

---

468 Genauer § 1 VI. 1., S. 65.

469 Eine Ausnahme hiervon bilden das *Australian Capital Territory*, *Northern Territory* und die *Norfolk Island*. Diese drei Territorien stehen unter Selbstverwaltung und haben ein eigenes Parlament. Sie können Gesetze erlassen, welche vom *Commonwealth* jedoch überstimmt werden können. Die Territorien werden dennoch außer Acht gelassen, um den Rahmen der Arbeit nicht zu sprengen.

470 *Stewart*, Employment Law, para [2.30]; *Williams*, Labour Law and the Constitution, p. 3.

471 *FWC*, General Protections, p. 52.

472 Genauer § 1 V. 3., S. 62.

473 *Stewart et al.*, Labour Law, para [3.72].

474 *Pittard/Naughton*, Labour and Employment Law, para [9.15]; *Stewart*, Employment Law, para [2.15].

Arbeitsgesetze[475], *awards* und *enterprise agreements.*[476] Der Geltungsbereich der bundesstaatlichen Arbeitsgesetze umfasst (*Western Australia* ausgenommen) vereinfacht ausgedrückt nur den öffentlichen Dienst (*public sector*), das heißt z.B. Arbeitsverhältnisse der Bundesstaatsverwaltung oder der Kommunalverwaltung. Für die Privatwirtschaft gilt in der Regel das Bundesarbeitsrecht des *Fair Work Act 2009.*[477]

Da *Western Australia* seine Gesetzgebungskompetenz nicht übertragen hat, basiert das Bundesrecht für Arbeitnehmer im Bundesstaat *Western Australia* teilweise auf der Bundeskompetenz für Gesellschaften (s 51(20) *The Constitution*) mit der Folge, dass das Bundesrecht insoweit nur *constitutional corporations*[478] erfasst. Im Umkehrschluss bedeutet das, dass der *Industrial Relations Act 1979 of Western Australia* auf Arbeitsverhältnisse der Bundesstaats- und der Kommunalverwaltung, der Einzelunternehmer (*sole traders*), Personengesellschaften (*partnerships*), sonstigen Unternehmen ohne eigene Rechtspersönlichkeit (*other unincorporated entities*) und Gesellschaften, die keine Handelsgesellschaften im verfassungsrechtlichen Sinn sind (*non-trading corporations*), anwendbar ist.[479]

2. Verhältnis von Bundes- und Bundesstaatsrecht

Bundesstaatliches Arbeitsrecht gilt grundsätzlich nur für *non-national system employers.*[480] Ob *state law* für *national system employers* gilt, hängt von zwei Faktoren ab: Erstens darf Landesrecht nicht durch Bundesrecht generell ausgeschlossen sein.[481] Der *Fair Work Act 2009* schließt für seinen Anwendungsbereich

475 *Industrial Relations Act 1996 (NSW)*; *Fair Work Act 1994 (SA)*; *Industrial Relations Act 1979 (WA)*; *Industrial Relations Act 1984 (Tas)*; *Industrial Relations Act 2016 (Qld)*.

476 Vgl. s 26(3) *Fair Work Act 2009*; *Stewart*, Employment Law, para [2.6]; *Stewart et al.*, Labour Law, para [6.30].

477 *Stewart*, Employment Law, para [2.6]; *Stewart et al.*, Labour Law, para [3.72]; im Detail: *FWO*, The Fair Work system, https://www.fairwork.gov.au/about-us/legislation/the-fair-work-system [zuletzt abgerufen am 1.7.2019].

478 Hierzu § 1 II. 3. a), S. 48.

479 *Stewart et al.*, Labour Law, para [3.72]; *FWO*, The Fair Work system, https://www.fairwork.gov.au/about-us/legislation/the-fair-work-system [zuletzt abgerufen am 1.7.2019].

480 Genauer § 1 VI. 2., S. 66.

481 *New South Wales v Commonwealth of Australia; Western Australia v Commonwealth of Australia* [2006] HCA 52 = (2006) 229 CLR 1; *Catanzariti et al.*, Annotated FW Act, s 26 FW Act, [5-1900.05].

zunächst die Anwendung von Bundesstaatsrecht aus (s 26 *Fair Work Act 2009*). Bestimmte Regelungsbereiche werden jedoch vom generellen Ausschluss ausgenommen (sog. „*non-excluded laws*", z.B. bezüglich Renten, Arbeitsschutz, Diskriminierungsrecht und Kinderarbeit (s 27(3) *Fair Work Act 2009*)). In diesen Bereichen ist das Recht der Bundesstaaten auf *national system employers* anwendbar.[482] Zweitens ist Bundesstaatsrecht unanwendbar, wenn es zwar nicht allgemein ausgeschlossen ist, aber Bundesrecht widerspricht.[483] Auch in Australien gilt der Grundsatz: Bundesrecht bricht Landesrecht bzw. Bundesstaatsrecht (s 109 *The Constitution*). Der *Fair Work Act 2009* geht bundesstaatlichem Arbeitsrecht vor, soweit es ebenfalls auf *national system employers* und *employees* anwendbar ist (s 26 *Fair Work Act 2009*).[484]

Unter Bundesrecht fällt aber nicht nur formelles Gesetzesrecht, sondern auch *awards* und *enterprise agreements* haben im Falle des Widerspruchs als bundesrechtlich erlassene Regelungen Vorrang (s 29(1) *Fair Work Act 2009*). Gesetzlich normierte Ausnahmen hiervon, mit der Folge, dass Bundesstaatsrecht einem *award* oder *enterprise agreement* vorgeht, finden sich unter anderem im Bereich des Diskriminierungsrechts (s 29(2) *Fair Work Act 2009*).[485] Zudem enthalten einzelne Bundesnormen eine Klausel, dass bundesstaatliches Recht dem Bundesrecht nicht widerspricht, sofern es für Arbeitnehmer günstiger ausfällt (z.B. ss 66, 112 *Fair Work Act 2009*).[486]

II. Spezialisierte Institutionen

Die australischen Bundesstaaten organisieren ihre Gerichts- und Verwaltungsstrukturen selbst, es gibt grundsätzlich keine Vorgaben des Bundes. Hiervon haben die Bundesstaaten (außer *Victoria*) umfassend Gebrauch gemacht und selbst spezialisierte Institutionen zur Lösung von Streitigkeiten in Form von *Commissions* und zum Teil sogar bundesstaatliche Arbeitsgerichte gegründet.[487] Die Aufgabenverteilung zwischen *Commissions* und *courts* kann von den bekannten bundesrechtlichen Regelungen abweichen.

---

482 *Stewart*, Employment Law, para [2.34]; *Stewart et al.*, Labour Law, para [6.37].

483 *Stewart*, Employment Law, para [2.31]; *Stewart et al.*, Labour Law, para [6.28].

484 *New South Wales v Commonwealth* [2006] HCA 52 = (2006) 229 CLR 1; *Catanzariti et al.*, Annotated FW Act, s 26 FW Act, [5-1900.50].

485 *Stewart*, Employment Law, para [2.30, 2.35 et seq.]; *Stewart et al.*, Labour Law, para [6.40 et seq.].

486 *Stewart*, Employment Law, para [2.35]; *Stewart et al.*, Labour Law, para [6.41].

487 *Stewart*, Employment Law, para [1.18]; *Stewart et al.*, Labour Law, para [7.77].

1. Keine Auswirkungen des „Boilermaker"-Urteils auf Bundesstaatsebene

Bundesstaatliche *tribunals* können neben ihren quasi-legislativen Aufgaben teilweise befugt sein, zugleich judikativ tätig zu werden. Da das „*Boilermaker*"-Urteil des *High Court* auf der Verfassung Australiens basiert, sind die Bundesstaaten, die über eigene Verfassungen verfügen, nicht im selben Maß daran gebunden.[488] Die strikte institutionelle Trennung in Folge des „*Boilermaker*"-Urteils ist deshalb in ihrer Strenge nicht auf die Institutionen der Bundesstaaten übertragbar.[489] Auf Bundesstaatsebene sind *Industrial Relations Commissions* und *Industrial Courts* sowohl als gesonderte Institutionen, aber auch mit verschränkten Funktionen bzw. Arbeitsweisen zulässig[490]: Personelle Überschneidungen durch eine Tätigkeit im *tribunal* und im *court* sind rechtens,[491] ebenso die Konstitution eines *tribunal* mit „*sessions in court*".[492] Die Grenze des Zulässigen ist erst überschritten, sobald das Vertrauen der Allgemeinheit in eine von der Legislative und der Exekutive unabhängige Justiz untergraben wird.[493] Zu beachten ist auch, dass eine Trennung und Anpassung an das Bundessystem notwendig werden kann, wenn bundesstaatliche Gesetze dies erfordern.[494]

---

488 *Shrubb*, The Boilermakers' case.

489 *Kable v Director of Public Prosecutions* (NSW) [1996] HCA 24 = (1996) 189 CLR 51 (78–80), (92–94), (109), (118); *Kirk v Industrial Relations Commission (NSW)* [2010] HCA 1 = (2010) 239 CLR 531 (573); *Public Service Association and Professional Officers' Association Amalgamated of NSW v Director of Public Employment* (2012) 250 CLR 343 = [2012] HCA 58 para [57]; *Stewart*, Employment Law, para [9.3]; *Stewart et al.*, Labour Law, para [7.77].

490 *Public Service Association and Professional Officers' Association Amalgamated of NSW v Director of Public Employment* (2012) 250 CLR 343 = [2012] HCA 58 para [57].

491 *Stewart*, Employment Law, para [9.3].

492 *Public Service Association and Professional Officers' Association Amalgamated of NSW v Director of Public Employment* (2012) 250 CLR 343 = [2012] HCA 58 para [50].

493 *Kable v Director of Public Prosecutions* (NSW) [1996] HCA 24 = (1996) 189 CLR 51, *Toohey J*, para [30]; *Grollo v Palmer* [1995] HCA 26 = (1995)184 CLR 348 (365).

494 *Stewart et al.*, Labour Law, para [7.77], fn. 281.

2. Die Institutionen

a) New South Wales

New South Wales hat seit Dezember 2016 nur noch eine *Industrial Relations Commission* mit Sitz neuerdings in *Parramatta.*[495] Die *Industrial Relations Commission* wurde 2016 weitestgehend entmachtet, indem ihre judikativen Kompetenzen dem *Supreme Court of New South Wales* übertragen wurden (*Industrial Relations Amendment (Industrial Court) Act 2016 (NSW)*[496]).[497] Zuvor existierten die *Industrial Relations Commission*, die als *tribunal* Verfahren der *conciliation* und *arbitration* leitete, und die judikative Sparte der *Industrial Relations Commission of New South Wales in Court Session*, welche in der Vergangenheit teils die Bezeichnung *Industrial Court of New South Wales* trug.[498] Kritik wurde laut, dass dies „still und heimlich"[499] geschehen sei[500] und die *Industrial Relations Commission* zunächst beinahe überflüssig erschien.[501] Der ehemalige Präsident der *Commission* wurde zum Richter des *Supreme Court* ernannt[502] und die Neubesetzung ließ gut drei Monate auf sich warten, wodurch die *Commission* eine Schwebephase erlebte.[503] Nunmehr dient die *Industrial Relations Commission* vorwiegend der Schlichtung arbeitsrechtlicher Streitigkeiten der Bundesstaats- und

---

495 *IRCNSW*, Contact IRC, http://www.irc.justice.nsw.gov.au/Pages/IRC_contact_us/IRC_contact_us. aspx [zuletzt abgerufen am 1.7.2019].

496 *Industrial Relations Amendment (Industrial Court) Act 2016 (NSW)* – No. 48, 2016.

497 *Upton*, Industrial Relations moves to Supreme Court.

498 *Stewart et al.*, Labour Law, para [7.77]; *IRCNSW*, Our History, http://www.irc.justice.nsw.gov.au/Pages/IRC_about_us/IRC_about_us_our_history.aspx [zuletzt abgerufen am 1.7.2019].

499 Rechtsgespräch mit *Ian Robertson*, Vertreter der Gewerkschaft depa, am 23. März 2017 in der *Industrial Relations Commission of NSW*.

500 *Robertson*, depa News of 27 Oct. 2016, Issue 97; *Robertson*, depa News of 13 Dec. 2016, Issue 99.

501 *Robertson*, depa News of 25 Aug. 2016, Issue 95.

502 Rechtsgespräch mit *Justice Walton* am 13. März 2017 am *Supreme Court of NSW*; *Robertson*, depa News of 13. Dec. 2019, Issue 99; *Supreme Court of NSW*, Swearing In Ceremony of the Honourable Justice Michael Walton as a Judge of the Supreme Court of NSW, http://www.supremecourt. justice.nsw.gov.au/Documents/Publications/Speeches/2016%20Speeches/Walton_20161208.pdf [zuletzt abgerufen am 1.7.2019].

503 Rechtsgespräche mit *Commissioner Murphy* und *Commissioner Newall* der *Industrial Relations Commission of NSW* am 15. März 2017 bzw. 21. März 2017; Rechtsgespräch mit *Ian Robertson*, Vertreter der Gewerkschaft depa, am 23. März 2017 in der *Industrial Relations Commission of NSW*.

Kommunalverwaltung. Gegen eine Entscheidung eines Einzel-*Commissioner* kann Berufung zur *Full Bench* der *Industrial Relations Commission* eingelegt werden.[504]

b) Queensland

Auch *Queensland* hat seine Organisation im Dezember 2016 weitreichend reformiert.[505] Der *Industrial Relations Act 2016* löste den *Industrial Relations Act 1999* ab und seither existieren die *Queensland Industrial Relations Commission* und der *Industrial Court of Queensland* mit gemeinsamem Sitz in *Brisbane*.[506] Der *Court* ist Berufungsinstanz, um sich wegen eines Rechtsfehlers, fehlender Zuständigkeit oder Kompetenzüberschreitung gegen eine Entscheidung der *Commission* zu wenden.[507]

c) South Australia

Das System arbeitsrechtlicher Institutionen in *South Australia* wurde zuletzt im Juli 2017 geändert. Dem erst 2015 gegründeten *South Australian Employment Tribunal* wurde die Kompetenz der ehemaligen *Industrial Relations Commission of South Australia* und des *Industrial Relations Court of South Australia* übertragen, wobei die beiden letztgenannten Institutionen aufgelöst wurden.[508] Nunmehr existiert das *South Australian Employment Tribunal* mit Sitz in *Adelaide* mit zwei Sparten: dem *Tribunal* als *Commission* und dem *Tribunal in Court Session*, das die Bezeichnung *South Australian Employment Court* trägt (s 5 *South Australian Employment Tribunal Act 2014*[509]).[510]

---

504 *IRCNSW*, http://www.irc.justice.nsw.gov.au/Pages/IRC_about_us/IRC_about_us_IRCpurpose.aspx [zuletzt abgerufen am 1.7.2019].

505 *Stewart et al.*, Labour Law, para [3.29].

506 *QIRC*, Contact us, https://www.qirc.qld.gov.au/contact-us [zuletzt abgerufen am 1.7.2019].

507 *QIRC*, About us, https://www.qirc.qld.gov.au/about-us [zuletzt abgerufen am 1.7.2019]; *The State of Queensland (Queensland Courts)*, Industrial Court, https://www.courts.qld.gov.au/courts/industrial-court [zuletzt abgerufen am 1.7.2019], Queensland Industrial Relations Commission, https://www.courts.qld.gov.au/courts/industrial-relations-commission [zuletzt abgerufen am 1.7.2019].

508 *SAET*, SAET Expansion, https://www.saet.sa.gov.au/about-saet-3/saet-expansion/ [zuletzt abgerufen am 1.7.2019]; *Stewart et al.*, Labour Law, para [7.77].

509 *South Australian Employment Tribunal Act 2014*, 13 December 2018.

510 *SAET*, About us, https://www.saet.sa.gov.au/about-saet-3/service-charter/ [zuletzt abgerufen am 1.7.2019].

d) Tasmania

Die einzige bundesstaatliche Institution in *Tasmania* ist die *Tasmanian Industrial Commission* mit Sitz in *Hobart*.[511] Ihre Zuständigkeit ist auf die Schlichtung arbeitsrechtlicher Streitigkeiten des öffentlichen Dienstes beschränkt.[512]

e) Western Australia

Western Australia hat entsprechend seiner weitreichend beibehaltenen Kompetenzen ein ausgeprägtes, eigenständiges System bundesstaatlicher Institutionen zur Beilegung arbeitsrechtlicher Streitigkeiten. Neben der *Western Australian Industrial Relations Commission* mit Sitz in *Perth*[513] als Pendant zur *Fair Work Commission* besteht ein Arbeitsgericht niederer Ordnung, der *Industrial Magistrates Court of Western Australia* mit Hauptsitz in *Perth* und Zweigstellen in *Geraldton, Kalgoorlie* und *Albany*. Der *Industrial Magistrates Court of Western Australia* entspricht hierarchisch dem *Federal Circuit Court of Australia* auf Bundesebene und spricht als Judikativorgan als *court of law* Recht (ss 81, 81A, 81AA, 81B *Industrial Relations Act 1979*).[514]

Die *Western Australian Industrial Relations Commission* ist ein unabhängiges „*quasi-judicial tribunal*"[515] und verhandelt entweder als *tribunal* (ss 8, 14(2) *Industrial Relations Act 1979*) oder als *Commission in Court Session* (s 15(2) *Industrial Relations Act 1979*). Als letztere tritt sie vor allem dann zusammen, wenn eine Angelegenheit von besonderer Bedeutung, wie beispielsweise die Festlegung von Mindestlohn, vorliegt. Zusätzlich existiert ein gesondertes Berufungsgericht, der *Western Australian Industrial Appeal Court*, der über Berufungen gegen Entscheidungen der *Full Bench* der *Western Australian Industrial Relations Commission* und der *Commission in Court Session* verhandelt. Während in den anderen Bundesstaaten die Institutionen überwiegend für den öffentlichen Dienst zuständig sind, gibt es in *Western Australia* einen spezialisierten

---

511 *TIC*, About us, https://www.tic.tas.gov.au/about_us [zuletzt abgerufen am 1.7.2019].

512 *TIC*, Industrial Coverage, https://www.tic.tas.gov.au/coverage [zuletzt abgerufen am 1.7.2019].

513 *WAIRC*, Locations, http://www.wairc.wa.gov.au/index.php/en/about-us/location [zuletzt abgerufen am 1.7.2019].

514 *Industrial Magistrates Court of Western Australia*, Industrial Magistrates Court of Western Australia, http://www.imc.wa.gov.au/ [zuletzt abgerufen am 1.7.2019].

515 *WAIRC*, Structure, http://www.wairc.wa.gov.au/index.php/en/about-us/structure [zuletzt abgerufen am 1.7.2019].

Commissioner für Streitigkeiten im öffentlichen Dienst, den *Public Service Arbitrator*, und gegebenenfalls anschließend das *Public Service Appeal Board*.[516]

III. Bundesstaatliche Gerichte als Rechtsprechungsorgane des Bundes

Ergänzend zur Ausübung bundesstaatlicher Rechtsprechungsgewalt kann das *Commonwealth* Gerichte der Bundesstaaten („*any court of a State*") ermächtigen, seine Rechtsprechungsgewalt auszuüben (s 77(3) *The Constitution*). Dabei ist darauf zu achten, dass das verfassungsrechtliche Verständnis von *court* infolge des „*Boilermaker*"-Urteils gilt, da die Verfassung nur die Übertragung auf *courts* gestattet. Zudem kann der Bund für übertragene Zuständigkeiten das dabei maßgebliche Verfahren regeln (s 51(39) *The Constitution*), soweit er nicht in die Gerichtsorganisation der Bundesstaaten eingreift.[517]

Im Allgemeinen sind *State* und *Territory courts* durch die Generalklausel s 39(2) *Judiciary Act 1903* ermächtigt, neben den Gerichten des Bundes für das *Commonwealth* Recht nach bundesstaatlichen Vorgaben zu sprechen, soweit Bundesgesetze nicht eine ausschließliche Zuständigkeit von Bundesgerichten anordnen.[518] Im Arbeitsrecht überträgt s 539 *Fair Work Act 2009* als speziellere Norm Zuständigkeiten, für die die Verfahrensregeln des *Fair Work Act 2009* gelten, sodass in Teilen bundesstaatliche Vorgaben aufgehoben werden (z.B. umfassende Zuständigkeit eines *Circuit* bzw. *Magistrates Court* trotz bundesstaatsrechtlicher streitwertabhängiger Zuständigkeit).[519] Um den verfassungsrechtlichen Vorgaben gerecht zu werden, definiert s 12 *Fair Work Act 2009* die *eligible State and Territory courts*, die mit Rechtsprechungsgewalt für den Bund betraut werden.

Zwar enthalten bestimmte Regelungen der *Fair Work* Gesetzgebung (z.B. der *Fair Work Registered Organisations Act 2009*) ausschließliche Zuständigkeiten der Bundesgerichte, in der Regel können für Streitigkeiten aus dem *Fair Work Act 2009* jedoch auch bundesstaatliche *courts* angerufen werden. Für diese Streitigkeiten gelten nach dem *Fair Work Act 2009*, soweit nicht ausdrücklich anders angeordnet, für bundesstaatliche Gerichte dieselben Zuständigkeiten

---

516 *WAIRC*, Structure, http://www.wairc.wa.gov.au/index.php/en/about-us/structure [zuletzt abgerufen am 1.7.2019].

517 *ALRC*, Report 92, para [6.9 et seqq.].

518 *Stewart et al.*, Labour Law, para [7.69].

519 *Stewart et al.*, Labour Law, para [7.69].

und Verfahrensregeln, sodass von einer genaueren Betrachtung der bundesstaatlichen Gerichte in den weiteren Teilen der Arbeit abgesehen wird.

IV. Vergleich zum deutschen System: Einheitliches Bundessystem?

In Anbetracht der (noch) vorhandenen Parallelsysteme von Bund und Bundesstaaten stellt sich die Frage, wieso es in Australien zweier Systeme bedarf. Anders als in Deutschland ist das Arbeitsrecht zwar größtenteils, aber nicht vollständig, durch Bundesrecht geregelt. Über Bundesstaatsrecht dürfen jedoch nur Bundesstaatsgerichte bzw. -institutionen entscheiden. Der Versuch des *Commonwealth* und der Bundesstaaten sich durch den *Jurisdiction of Courts (Cross-Vesting) Act 1987*[520] gegenseitig Rechtsprechungsgewalt zuzuweisen, um ein einheitliches Rechtsprechungssystem zu ermöglichen, wurde vom *High Court* für teilweise verfassungswidrig erklärt.[521] Es stehe dem Bund frei, für seine Angelegenheiten eigene Gerichte zu gründen. Darüber hinaus bedürfe es einer Verfassungsänderung[522], um dem Bund weitere Einflussmöglichkeiten zu gewähren, da lediglich die Delegation seiner Gewalt auf Bundesstaatsgerichte vorgesehen sei (s 77(3) *The Constitution*).

Das *Commonwealth* hat in Teilen hiervon Gebrauch gemacht und *State* sowie *Territory Courts* ermächtigt, über Bundesrecht zu urteilen. Die hieraus folgende Struktur ist jedoch keine hierarchische Struktur wie in Deutschland. Zwar besteht die deutsche Arbeitsgerichtsbarkeit aus Gerichten der Länder (Arbeits- und Landesarbeitsgerichte) und des Bundes (Bundesarbeitsgericht, Art. 95 Abs. 1 GG).[523] Diese bilden jedoch ein komplementäres System (Art. 92 GG), das vom Bund durch Bundesprozess- und Organisationsrecht (Arbeitsgerichtsgesetz) gesteuert wird. Dem deutschen Bundesgesetzgeber kann es deshalb größtenteils egal sein, welche Gerichte die Länder in Ausübung ihrer Landesstaatsgewalt[524] etablieren, da er durch das einheitliche Prozess- und Organisationsrecht diese

---

520 *Jurisdiction of Courts (Cross-Vesting) Act 1987* – Act No. 24, 1987 – Compilation No. 21, 2016.

521 *Re Wakim; Ex parte McNally* [1999] HCA 27 = (1999) 198 CLR 511; *Allsop*, [2007] FedJSchol 15; *Ranson* in: Zuckerman et al. (Ed.), Civil Procedure, para [2.44].

522 Eine solche Verfassungsänderung wird derzeit jedoch nicht angestrebt: *Ranson* in: Zuckerman et al. (Ed.), Civil Procedure, para [2.45].

523 Maunz-Dürig/*Hillgruber*, 86. EL Januar 2019, Art. 92 Rn. 12 ff., 80.

524 BVerfG 1.10.1968 – 2 BvL 6, 7, 8, 9/67, BVerfGE 24, 155 (157); Maunz-Dürig/*Hillgruber*, 86. EL Januar 2019, Art. 92 Rn. 77.

in sein System einbinden kann (Art. 74 Abs. 1 Nr. 12 bzw. Nr. 1 GG[525]). Er hat dadurch sogar den Vorteil, dass die notwendigen Kosten teils von den Ländern getragen werden. Eine solche Steuerungsmöglichkeit gibt es in Australien nicht. Die australische Verfassung gestattet dem Bund lediglich, das Verfahren im Rahmen seiner *jurisdiction* festzulegen (s 51(39) *The Constitution*). Soweit der Bund hiermit Prozessrecht für die von ihm delegierten Befugnisse vorgeben kann, haben Bundesstaatsgerichte je nach Streitgegenstand unterschiedliches Verfahrensrecht (Bundesstaats- oder Bundesrecht) zu beachten. Um solche Doppelstrukturen in einer Institution zu vermeiden, wird immer mehr ein einheitlich vom *Commonwealth* getragenes Bundessystem etabliert.

Die *jurisdiction* des Bundes kann mittelbar ausgeweitet werden, indem ihm Kompetenzen zum Erlass materiellen Rechts übertragen werden, da über Rechtsstreitigkeiten hierüber Bundesgerichte befinden dürfen. Die Übertragung materieller Kompetenzen erfordert jedoch weit mehr Kompromissbereitschaft als die lediglich verfahrensrechtliche Koordinierung. Dennoch werden infolge der Ausweitung von Bundesrecht die Zuständigkeiten der Bundesinstitutionen erweitert und landesrechtliche Institutionen beinahe überflüssig. Im Arbeitsrecht hat sich z.B. *Victoria* am stärksten der Bundesordnung unterworfen, indem es alle arbeitsrechtlichen Kompetenzen übertrug und deshalb keine eigenen arbeitsrechtlichen bundesstaatlichen Institutionen mehr benötigt. Die anderen Bundesstaaten, ausgenommen *Western Australia*, schlossen sich diesem Vorbild an, behielten sich aber vor allem die Regelungskompetenz für den *public sector* vor.[526] In diesen Bereichen gibt es deshalb auch weiterhin spezialisierte Bundesstaatsinstitutionen.

Diese Reform war längst überfällig, um unnötige Komplexität und vor allem Kosten, die zu Lasten der Steuerzahler gingen, zu reduzieren.[527] Ein einheitliches Bundessystem führt nicht nur zu mehr Rechtssicherheit, sondern stärkt auch das Vertrauen in das Rechtssystem. Jedoch ist die Größe Australiens im Vergleich zu Deutschland zu bedenken. Die Weitläufigkeit, die es nicht nur örtlich zu überwinden gilt, bringt ausgeprägte regionale und traditionelle Unterschiede

---

525 Umstritten ist, ob die Arbeitsgerichtsbarkeit Art. 74 Abs. 1 Nr. 12 GG (Arbeitsrecht) oder Art. 74 Abs. 1 Nr. 1 GG (gerichtliches Verfahren) unterfällt. Die h.M. zieht Art. 74 Abs. 1 Nr. 12 GG (i.V.m. Art. 95 Abs. 1 GG) als Gesetzgebungskompetenz für das Arbeitsgerichtsgesetz heran: statt aller v. Mangoldt/Klein/Stark/*Oeter*, Art. 74 GG Rn. 101 m.w.N. zum Streitstand in Fn. 594.

526 Genauer § 1 VI. 1., S. 65.

527 *Kollmorgen*, (1997) 10 AJLL 158 (158, 169); *Vic IRT*, Report & Recommendations, para [11.6.1].

mit sich. Diese in einem System zu vereinen und ihnen gerecht zu werden, erforderte Kompromissbereitschaft und es erscheint nachvollziehbar, dass Bundesstaaten die Verhältnisse zu ihren Beschäftigten weiterhin selbst regeln möchten. Die mangelnde Kompetenzübertragung des Bundesstaats *Western Australia* verursacht dagegen ein lückenhaftes System mit Rechtsunsicherheit. Hier sollte eine weitere Kompetenzübertragung angestrebt werden. Eine Verfassungsänderung zugunsten der Einführung einer Bundeskompetenz auf dem Gebiet des Arbeits- und Arbeitsprozessrechts scheint fernliegend. Der Kritik, dass die föderale Struktur generell überflüssig sei, ist nicht zuzustimmen, denn allein die Größe Australiens bedingt eine weitere Untergliederung.[528] Die bisherige Zusammenführung der föderalen Strukturen zu einem nationalen System ist trotz allem angesichts der verfassungsmäßigen Einschränkungen bemerkenswert.[529]

528 So auch *Babeck*, Einführung in das australische Recht, § 4 Rn. 46.

529 So auch bereits 2009: *Owens*, (2009) 22 AJLL 258 (283); zitiert in: *Lynch*, (2011) 24 AJLL 1 (21).

§ 5 Das Verfahren erster Instanz vor der Fair Work Commission

Das Verfahren vor der *Fair Work Commission* ist von den Verfahren vor den Gerichten zu differenzieren. Das im Vergleich zu den *courts* vereinfachte Verfahren vor dem *tribunal* spiegelt den Zweck der Verfahrensaufteilung wider. Auch wenn die *Fair Work Commission* formal nicht als Gericht bezeichnet werden kann, erfolgt bereits an dieser Stelle der Vergleich zum deutschen Arbeitsgerichtsverfahren, da beide Verfahren besonders für arbeitsrechtliche Streitigkeiten konzipiert sind. Prozesse sollen möglichst schnell, effizient und kostengünstig geführt werden. Parallelen und Unterschiede werden insbesondere im Rahmen eines *unfair dismissal*-Verfahrens deutlich, welches Ähnlichkeiten mit dem Kündigungsschutzprozess im deutschen System aufweist.

I. Allgemeine Verfahrensfragen

1. Allgemeine Verfahrensgrundsätze

Die Vorteile eines *tribunal* gegenüber einem *court* („*to resolve disputes fairly, informally, efficiently, quickly and cheaply*“[530]) bilden die wesentlichen, allgemeinen Verfahrensgrundsätze ab. Über allem steht der Gedanke, jedem Einzelnen den Zugang zu einer unabhängigen, rechtsprechenden bzw. schlichtenden Institution zu gewähren (*access to justice*) und nicht in unzumutbarer Weise zu erschweren.[531] Gerade schutzbedürftige Parteien sollen während des Verfahrens durch *Commissioners* unterstützt werden, die beispielsweise helfen, das Begehren des Antragstellers richtig darzustellen.[532]

---

530 *Downes*, [2004] ALRCRefJl 2, 7 (8); vgl. *Creyke*, (2002) 2(1) QUTLJJ 64 (68); *Stewart*, Employment Law, para [1.14].

531 S 3(e) *Fair Work Act 2009*: „*accessible and effective procedures*“; Rechtsgespräch mit *Professor McCallum*, University of Sydney, 7. März 2017.

532 *FWC*, About hearings & conferences, https://www.fwc.gov.au/disputes-at-work/how-the-commission-works/about-hearings-and-conferences [zuletzt abgerufen am 1.7.2019].

a) Grundsatz des fairen Verfahrens

Alle Regelungen des *Fair Work Act 2009* stehen unter dem Motto Fairness.[533] Dies gilt insbesondere auch für das Verfahren vor der *Fair Work Commission* (s 577(a) *Fair Work Act 2009*). Der Grundsatz der Fairness und damit auch eines fairen Verfahrens löste das ursprünglich im Vordergrund stehende Grundprinzip des Handelns im öffentlichen Interesse ab, auch wenn der Schutz des Schwächeren bereits im öffentlichen Interesse angelegt war.[534] Prozessuale Fairness durch unparteiische *Commissioners*[535] ist außerdem eine allgemeingültige Maxime, die nicht nur im arbeitsrechtlichen Verfahren vorherrscht.[536]

Die deutsche Arbeitsgerichtsbarkeit kennt ebenso den allgemeinen Grundsatz des Anspruchs auf ein faires Verfahren, den das Bundesverfassungsgericht aus einem Zusammenwirken von materiellen Grundrechten und dem Rechtsstaatsprinzip entwickelt hat.[537] Alternativ ist das Recht auf ein faires Verfahren ausdrücklich in Art. 6 EMRK verankert[538], der infolge der Ratifikation durch ein Bundesgesetz jedenfalls den Rang einfachen Bundesrechts hat.[539]

b) Grundsatz des formlosen Verfahrens

Das Verfahren vor der *Fair Work Commission* zeichnet sich durch seine Informalität gegenüber Verfahren vor den *courts* aus. Die *Fair Work Commission* soll ihre Aufgaben und Befugnisse durch informelles Handeln wahrnehmen und unnötige Formalitäten vermeiden (s 577(b) *Fair Work Act 2009*). Sie ist nicht an die gerichtlichen Regeln zur Beweiserhebung und zum Verfahren gebunden („*not bound by the rules of evidence and procedure*“, s 591 *Fair Work Act 2009*). Vor allem zu Beginn eines Verfahrens kann die *Fair Work Commission* sehr flexibel agieren: Den *Commissioners* obliegt die Entscheidung, ob sie eine Mediation, eine Art Güteverhandlung oder eine bloße Empfehlung seitens der *Commission* als primär zielführend erachten.[540]

---

533 *Mourell/Cameron*, (2009) 22 AJLL 51 (59).

534 *Naughton*, (2014) 27 AJLL 112 (127).

535 *Communications, Electrical, Electronic, Energy, Information, Postal, Plumbing and Allied Services Union v Abigroup Contractors Pty Ltd* [2013] FCAFC 148.

536 *Stewart et al.*, Labour Law, para [7.24].

537 BVerfG 6.4.1998 – 1 BvR 2194/97, NJW 1998, 2044; GMP/*Prütting*, Einleitung Rn. 228.

538 *Kamanabrou*, Arbeitsrecht, § 28 Rn. 3018; GMP/*Prütting*, Einleitung Rn. 92.

539 Genauer vgl. EuArbR/*Schubert*, Art. 1 EMRK Rn. 87 ff.; *Zehetgruber*, ZJS 2016, 52 (52 ff.).

540 *Stewart et al.*, Labour Law, para [7.22].

Kommt es zu einem Verfahren vor der *Fair Work Commission*, ist eine gewisse Formalität allerdings zwangsläufig erforderlich. Das Verfahren ist deshalb in einer eigenen Verfahrensordnung, den *Fair Work Commission Rules 2013*, normiert. Verhandlungen vor der *Fair Work Commission* laufen im Grunde förmlich ab und sind gerichtsähnlich strukturiert: Als Sitzungssaal dient ein Raum, der einem Gerichtssaal vergleichbar ist, mit einem erhöhten „Richtertisch". Zu Beginn einer Verhandlung erheben sich die Beteiligten und verbeugen sich vor dem *Commissioner*. Die Verhandlung wird formal eröffnet, den Parteien wird das Wort erteilt und eine Beweisaufnahme mit u.a. Zeugenvernehmungen dient der Sachverhaltsaufklärung.[541] Allerdings sind die einzelnen Verfahrensschritte von Informalität geprägt: *Commissioners* sollen nicht mit „*Your Honour*" angesprochen werden, sondern lediglich mit ihrem Titel („*Commissioner*", „*Deputy President*" etc.).[542] Sie tragen, ebenso wie die Anwälte im seltenen Fall einer anwaltlichen Vertretung, keine Roben und sind um eine einfache Sprache bemüht.[543]

Vor den deutschen Arbeitsgerichten gelten für das Urteilsverfahren des ersten Rechtszugs grundsätzlich die Vorschriften der Zivilprozessordnung über das Verfahren vor den Amtsgerichten entsprechend (§ 46 Abs. 2 ArbGG). Damit wird das Verfahren im Grundsatz von strenger Formalität bestimmt. Zum Schutz des typischerweise sozial schwächeren Arbeitnehmers wird das förmliche Verfahren partiell gelockert[544]: Die Güteverhandlung dient einem informellen Ausloten der Einigungsbereitschaft der Parteien. Da die Parteien auch den weiteren Rechtsstreit vor dem Arbeitsgericht selbst, ohne rechtliche Vertretung, führen können (§ 11 Abs. 1 Satz 1 ArbGG), sind Arbeitsrichter darauf bedacht, einer laienhaften Darstellung ebenso die wesentlichen Aspekte zu entnehmen.

c) Beschleunigungsgrundsatz

Die *Commission* soll Verfahren beschleunigen (s 577(b) *Fair Work Act 2009*). Eine besonders kurze Verfahrensdauer soll insbesondere bei *unfair dismissal*

---

541 Persönliche Beobachtungen bei Verhandlungen der *Fair Work Commission* in Sydney im Februar/März 2017.

542 *FWC*, Fact sheets, guides & videos, Fact sheet, About Hearings and Conferences 2014, p. 1, https://www.fwc.gov.au/resources/fact-sheets-guides-videos [zuletzt abgerufen am 1.7.2019].

543 Persönliche Beobachtungen bei Verhandlungen der *Fair Work Commission* in Sydney im Februar/März 2017.

544 *Junker*, Grundkurs Arbeitsrecht, Rn. 879.

applications gewährleistet werden, wenn es um den Bestand des Arbeitsverhältnisses geht. Dieses Ziel wird unter anderem durch verkürzte Fristen erreicht, wie durch die Antragsfrist von 21 Tagen ab Zugang der Kündigung (s 394(2)(a) *Fair Work Act 2009*). Dass diese Zielvorgabe erfüllt wird, zeigt die Statistik von 2017 bis 2018: 90% der *unfair dismissal*-Verfahren wurden innerhalb von 90 Tagen abgeschlossen.[545]

In der deutschen Arbeitsgerichtsbarkeit gelten ebenso der Beschleunigungsgrundsatz (§ 9 Abs. 1 ArbGG) sowie eine besondere Prozessförderung in Kündigungsverfahren (§ 61a ArbGG). Der Beschleunigungsgrundsatz per se rechtfertigt keine Abweichung von zivilprozessualen Vorschriften. Allerdings hat der Grundsatz gesetzlichen Eingang in zahlreichen arbeitsprozessualen Vorschriften gefunden (u.a. §§ 47 Abs. 1, 50 Abs. 1, 56, 59 Satz 1, 60 Abs. 1 ArbGG).[546] Im Vergleich zur *Commission* beendeten Arbeitsgerichte im Jahr 2017 43% der Bestandsstreitigkeiten innerhalb von drei Monaten.[547]

d) Prinzip der Kostengünstigkeit

Tribunals bestechen gegenüber *courts* mit einem kostengünstigeren Verfahren. Einen geringen Anteil der Prozesskosten bilden die Verfahrensgebühren, die Stand 1. Juli 2019 streitwertunabhängig 73,20 AU$ betrugen (u.a. reg 3.07 *Fair Work Regulations*)[548] und bei Gericht sogar partiell daran angeglichen wurden.[549] Das Prinzip der Kostengünstigkeit spielt vorwiegend wegen der Anwaltsgebühren eine Rolle, da diese in Australien außergewöhnlich hoch sind.[550] Ausschlaggebend ist deshalb, dass jede Partei ihre Kosten für rechtlichen Beistand in der Regel selbst trägt (s 611(1) *Fair Work Act 2009*) und das Verfahren von den Parteien eigenständig geführt werden soll. Ausnahmsweise kann die *Commission* einer Partei die Kosten ganz oder anteilig auferlegen, wenn der Antrag bzw. die

---

545 *FWC*, Annual Report 2017–18, p. 28.

546 MüHdb ArbR/*Jacobs*, § 390 Rn. 8; *Schaub*, ArbGVerf-Hdb, § 20 Rn. 33.

547 *BMAS*, Statistik der Arbeitsgerichtsbarkeit 2017, S. 105, Übersicht A 1.

548 *FWC*, Lodge an application, https://www.fwc.gov.au/disputes-at-work/how-the-commission-works/lodge-an-application#field-content-1-heading [zuletzt abgerufen am 1.7.2019].

549 Reg 2.10(2), (3), Schedule 1, Item 103, 104 *Federal Court and Federal Circuit Court Regulations 2012* i.V.m. *FCA*, http://www.fedcourt.gov.au/forms-and-fees/court-fees/fees, Item 103, 104 [zuletzt abgerufen am 1.7.2019].

550 *Babeck*, Einführung in das australische Recht, § 18 Rn. 29 ff.; *Community Law Australia*, Unaffordable and out of reach: The problem of access to the Australian Legal System, 2012, p.3.

Antragserwiderung rein schikanös oder ohne vernünftigen Grund gestellt wurde oder wenn keine vernünftige Aussicht auf Erfolg besteht (s 611(2) *Fair Work Act 2009*).[551] Der Ausschluss der Kostenerstattung im Falle des Obsiegens gewährt einerseits jeder finanziell schwachen Partei die Möglichkeit, Rechtsschutz zu erlangen, schreckt auf der anderen Seite aber durch die fehlende Erstattungsmöglichkeit eigener Kosten unter Umständen ab, obgleich man die Erfolgschancen als hoch erachtet.[552]

In der deutschen Arbeitsgerichtsbarkeit ist das Kostenrisiko des Klägers vergleichbar reduziert.[553] Es besteht in Urteilsverfahren des ersten Rechtszugs ebenso kein Anspruch der obsiegenden Partei auf Erstattung der Kosten für die Zuziehung eines Prozessbevollmächtigten oder Beistandes (§ 12a Abs. 1 Satz 1 ArbGG). Die Verfahrensgebühr ist im Vergleich zu zivilgerichtlichen Verfahren geringer.[554] Sie wird im Gegensatz zum australischen System streitwertabhängig bemessen und kann je nach Verfahrensverlauf entfallen, etwa bei Verfahrensbeendigung durch Vergleich.[555] Kostenvorschüsse werden nicht erhoben (§ 11 GKG), um den Zugang zu Gericht zu erleichtern. Beschlussverfahren sind gerichtskostenfrei (§ 2 Abs. 2 GKG).

e) Öffentlichkeitsgrundsatz

Im Sinne einer informellen Streitbeilegung findet die *conference*, die in etwa einer Güteverhandlung entspricht, grundsätzlich unter Ausschluss der Öffentlichkeit statt (s 592(3) *Fair Work Act 2009*). Die mündliche Verhandlung (*hearing*) ist hingegen in der Regel öffentlich (s 593(2) *Fair Work Act 2009*). Um den Besonderheiten des Arbeitsrechts gerecht zu werden, kann in der streitigen Verhandlung die Öffentlichkeit ganz oder partiell ausgeschlossen werden, wenn die Vertraulichkeit von Beweisen dies erfordert (ss 593(3), 594 *Fair Work Act 2009*), beispielsweise im Hinblick auf Geschäftsgeheimnisse.[556]

Im deutschen Arbeitsgerichtsverfahren gilt der Grundsatz der Öffentlichkeit in der Güteverhandlung und im streitigen Verfahren (§ 52 Satz 1 ArbGG). Das Güteverfahren kann unter Ausschluss der Öffentlichkeit stattfinden, wenn dies zweckmäßig ist (§ 52 Satz 3 ArbGG), um beispielsweise die Einigungsbereitschaft

---

551 *Stewart et al.*, Labour Law, para [7.39].

552 *Stewart*, Employment Law, para [9.4].

553 Vgl. *Junker*, Grundkurs Arbeitsrecht, Rn. 881.

554 ErfK/*Koch*, § 12 ArbGG Rn. 3.

555 GK-ArbGG/*Schleusener*, 101 Nov. 2016, § 12 ArbGG Rn. 14 f.

556 Hierzu *Stewart et al.*, Labour Law, para [7.22].

zu erhöhen.[557] Im streitigen Verfahren kann die Öffentlichkeit für die Verhandlung oder für einen Teil der Verhandlung ausgeschlossen werden, wenn durch die Öffentlichkeit eine Gefährdung der öffentlichen Ordnung zu besorgen ist oder wenn eine Partei den Ausschluss der Öffentlichkeit beantragt, weil z.B. Betriebsgeheimnisse zum Gegenstand der Verhandlung oder der Beweisaufnahme gemacht werden (§ 52 Satz 2 ArbGG).[558]

f) Grundsatz der Mündlichkeit

Das Verfahren vor der *Fair Work Commission* kennt keinen so ausgeprägten Grundsatz der Mündlichkeit, wie ihn das deutsche Arbeitsgerichtsverfahren vorsieht. Im deutschen Arbeitsgerichtsverfahren darf nur auf Grundlage der mündlichen Verhandlung und nur über das, worüber mündlich verhandelt wurde, entschieden werden.[559] Im Verfahren vor der *Fair Work Commission* ist nicht zwangsläufig eine mündliche Verhandlung erforderlich. In bestimmten Fällen dient ein rein schriftliches Verfahren („*on the papers*") der Konfliktlösung.[560] Der Zeugenbeweis kann regelmäßig durch eine schriftliche Zeugenaussage (*witness statement*) erbracht werden (r 18 *Fair Work Commission Rules 2013*). Bedarf es weitergehender Erläuterungen oder ist eine Befragung des Zeugen notwendig, ist dieser für eine mündliche Zeugenaussage zu laden.[561]

Vor deutschen Arbeitsgerichten gilt das Mündlichkeitsprinzip in stärkerem Maße als im Zivilprozess.[562] Ein rein schriftliches Verfahren in der ersten Instanz ist nicht vorgesehen (§ 46 Abs. 2 ArbGG, § 128 Abs. 2 ZPO).[563] Der Grundsatz schließt jedoch nicht alles Schriftliche aus. Schriftsätze dienen der Vorbereitung und Verkürzung der mündlichen Verhandlung.[564] In dieser ist eine Bezugnahme auf Dokumente zulässig, soweit keine der Parteien widerspricht und das Gericht sie für angemessen hält (§ 46 Abs. 2 ArbGG, § 137 Abs. 3 ZPO).[565] Ausnahmsweise kann der Vorsitzende vor der streitigen Verhandlung mit förmlichem

---

557 *Schaub/Künzl*, Arbeitsgerichtsverfahren, § 20 Rn. 16.

558 MüHdb ArbR/*Jacobs*, § 390 Rn. 11.

559 *Schaub*, ArbGVerf-Hdb, § 20 Rn. 16.

560 *FWC*, Unfair Dismissal, p. 154; *Stewart et al.*, Labour Law, para [7.23].

561 *FWC*, About hearings & conferences, https://www.fwc.gov.au/disputes-at-work/how-the-commission-works/about-hearings-and-conferences [zuletzt abgerufen am 1.7.2019].

562 GMP/*Germelmann/Künzl*, § 46 ArbGG Rn. 36.

563 *Schaub/Künzl*, Arbeitsgerichtsverfahren, § 20 Rn. 12.

564 *Schaub/Künzl*, Arbeitsgerichtsverfahren, § 20 Rn. 12.

565 *Kamanabrou*, Arbeitsrecht, § 28 Rn. 3018.

Beweisbeschluss die schriftliche Beantwortung einer Beweisfrage anordnen (§ 55 Abs. 4 Nr. 2 ArbGG, § 377 Abs. 3 ZPO).

g) Modifizierte Verhandlungsmaxime

Im australischen Arbeitsgerichts- und Zivilverfahren gilt generell das dem *Common Law* eigene *adversarial system*[566], der Verhandlungs- bzw. Beibringungsgrundsatz im kontradiktorischen Verfahren.[567] Die Parteien bestimmen grundsätzlich selbst den Gegenstand des Verfahrens und allein ihr Vorbringen bzw. Bestreiten ist für die Entscheidung maßgeblich.[568] Dieses Prinzip ist im Verfahren vor der *Fair Work Commission* durch Elemente des Untersuchungsgrundsatzes modifiziert (*inquisitorial elements*)[569]: Die *Commission* darf selbst zur Aufklärung des Sachverhalts beitragen, indem sie beispielsweise aus Eigeninitiative Zeugen lädt, Beweise erhebt, Dokumente anfordert[570] oder selbst Nachforschungen anstellt (s 590(2) *Fair Work Act 2009*).[571] Darüber hinaus ist sie befugt, Formfehler bei der Antragstellung außer Acht zu lassen (s 586(b) *Fair Work Act 2009*). Die Befugnis Informationen zu beschaffen ist weit auszulegen, denn die *Commission* ist nicht an die im Zivilprozess geltenden Beweis- und Verfahrensregeln gebunden (s 591 *Fair Work Act 2009*).[572] Vor allem rechtlich nicht vertretene Parteien können so mehr an die Hand genommen werden, da sie oftmals Selbstverständliches ansonsten nicht vorbringen würden.[573] Im Ergebnis ließe sich mittlerweile alternativ von einem eingeschränkten Untersuchungsgrundsatz

566 *Weisbrot,* Reform of the civil justice system, p. 7; *Colbran et al.*, Civil Procedure, para [1.6.4].

567 *Dietl/Lorenz*, Wörterbuch Recht, Wirtschaft und Politik, „*adversary system*"; zum *adversary system* (amerikanischer Ausprägung) siehe *Junker*, Discovery im deutsch-amerikanischen Rechtsverkehr, S. 78 ff.

568 *Cullen*, Civil Procedure, p. 7.

569 *Catanzariti et al.*, Annotated FW Act, s 590 FW Act, [8-8210.40]; *Rinaldi et al.*, Fair Work Legislation 2016–17, 2016, s 590 FW Act, [FWA 590.20]; *Weisbrot,* Reform of the civil justice system, p. 7; *Hor/Keats*, Fair Work FAQs, para [8-010]; vgl. *SAAP v Minister for Immigration and Multicultural and Indigenous Affairs* (2005) 215 ALR 162 = [2005] HCA 24 para [112].

570 *Australian Nursing Federation v Victorian Hospitals' Industrial Association* [2011] FWA 8756.

571 *Stewart et al.*, Labour Law, para [7.25].

572 *Australian and International Pilots Association v Fair Work Australia* (2012) 222 IR 316 = [2012] FCAFC 65 para [7].

573 *John v Rees* [1970] Ch 345 para [402] = [1969] 2 All ER 274.

sprechen.[574] Da Ausgangspunkt aber das *adversarial system* bleibt, ist die Einordnung als modifizierte Verhandlungsmaxime jedoch treffender.

Im Urteilsverfahren des deutschen Arbeitsgerichtsverfahrens gilt die Verhandlungsmaxime. Diese erfährt vergleichbare, aber enger umgrenzte Einschränkungen. Der Vorsitzende hat den Prozess zu leiten und wirkt darauf hin, dass die Parteien sich rechtzeitig und vollständig über alle erheblichen Tatsachen erklären, insbesondere ungenügende Angaben ergänzen, die Beweismittel bezeichnen und sachdienliche Anträge stellen (§ 46 Abs. 2 ArbGG, § 139 Abs. 1 ZPO). Es ist jedoch Sache der Parteien, ob sie die Ergänzungen vornehmen wollen.[575] Das Gericht darf selbst offenkundige Tatsachen, die nicht vorgetragen wurden, nicht berücksichtigen.[576] Der Zeugenbeweis wird nur auf Antrag erhoben, alle übrigen Beweise können ähnlich wie im australischen Recht von Amts wegen veranlasst werden (§ 46 Abs. 2 ArbGG, §§ 142 ff., 448 ZPO).[577] Allerdings ist dies im Gegensatz zum australischen System nur zulässig, wenn die durch die Beweismittel zu belegende Tatsache unter den Parteien streitig und entscheidungserheblich ist.[578] Im Gegensatz dazu gilt im Beschlussverfahren der Untersuchungsgrundsatz (§ 83 Abs. 1 Satz 1 ArbGG). Eingeschränkt wird die Maxime dadurch, dass die am Verfahren Beteiligten an der Aufklärung des Sachverhalts mitzuwirken haben (§ 83 Abs. 1 Satz 2 ArbGG). Das Gericht kann Beweise ohne Antrag erheben, unabhängig davon, ob die zu beweisende Tatsache streitig ist.[579]

2. Prozessvertretung

Das Verfahren vor der *Fair Work Commission* führen üblicherweise die Parteien selbst. *Lawyers* oder *paid agents* dürfen die Parteien nur mit Zulassung durch die *Fair Work Commission* vertreten (s 596(1) *Fair Work Act 2009*). Ein *lawyer* ist ein von einem bundesstaatlichen oder territorialen *Supreme Court* zugelassener Rechtsanwalt (s 12 *Fair Work Act 2009*). Ein *paid agent* ist eine Person, die eine Gebühr verlangt oder Geld erhält, um eine Partei vor der *Commission* zu

574 *Catanzariti et al.*, Annotated FW Act, s 590 FW Act, [8-8210.40]; vgl. *Weisbrot*, Reform of the civil justice system, p. 7; *Hor/Keats*, Fair Work FAQs, para [8-010].

575 O/K/S/*Künzl*, Hdb ArbVerf, Rn. 261; GK-ArbGG/*Schütz*, 93 April 2015, § 46 ArbGG Rn. 57.

576 BAG 9.12.1997 – 1 AZR 319/97, NZA 1998, 661 (663); ErfK/*Koch*, § 46 ArbGG Rn. 5.

577 Vgl. GMP/*Prütting*, Einleitung Rn. 216.

578 O/K/S/*Künzl*, Hdb ArbVerf, Rn. 261, 279; *Schaub/Künzl*, Arbeitsgerichtsverfahren, § 20 Rn. 6.

579 *Junker*, Grundkurs Arbeitsrecht, Rn. 888; ErfK/*Koch*, § 83 ArbGG Rn. 1; GMP/*Prütting*, Einleitung Rn. 217.

vertreten (s 12 *Fair Work Act 2009*), die aber nicht zwangsläufig eine juristische Ausbildung genossen hat.[580] Keiner Erlaubnis bedarf es dagegen unter anderem, wenn der *lawyer* oder *paid agent* Beschäftigter oder *officer* einer Partei ist (s 596(4)(a) *Fair Work Act 2009*). Das heißt z.B. *in-house counsels*[581] oder Mitarbeiter der Personalabteilung[582] dürfen als Vertreter ohne Zustimmung auftreten. Das gleiche gilt für verbandsangehörige Juristen bzw. Vertreter, wenn die Partei von einer eingetragenen Organisation (*registered organisation*), z.B. einer Gewerkschaft[583] bzw. einem Arbeitgeberverband[584], vertreten wird (s 596(4)(b)(i), (ii) *Fair Work Act 2009*). Jede andere Person, die kein *lawyer* oder *paid agent* ist, darf den Prozess für eine Partei ohne Vorbehalt führen. So wurde in *Cooper v Brisbane Bus Lines Pty Ltd*[585] der Schwager von *Mr Cooper* als dessen Vertreter zugelassen, obwohl dieser Jurist war. Allerdings praktizierte er nicht als zugelassener Rechtsanwalt und verlangte keine Gebühr, sodass er nicht unter die Definition des *lawyer* oder *paid agent* fiel.[586]

Der Zulassungsvorbehalt soll eine kurze Verfahrensdauer und einen informellen Ablauf ermöglichen, Kosten reduzieren und vor allem sicherstellen, dass eine finanziell schwächere Partei nicht durch eine anwaltliche Vertretung der Gegenseite benachteiligt wird.[587] Die *Fair Work Commission* kann die Erlaubnis zur Prozessvertretung erteilen, wenn die Komplexität des Verfahrens[588], Effektivitätsaspekte[589] oder Fairness[590] dies erfordern (s 596(2) *Fair Work Act 2009*). Eine Gesetzes-*note* erläutert, dass dies z.B. der Fall ist, wenn eine Partei kein englischer Muttersprachler ist, eine Schreib- und Leseschwäche hat oder wenn es sich um ein kleines Unternehmen gegen eine Partei, die von einem juristisch versierten Verband vertreten wird, handelt. Zunächst gab es die Tendenz,

---

580 *Stewart et al.*, Labour Law, para [7.26].

581 *FWC*, Unfair Dismissal, p. 156.

582 *Stewart et al.*, Labour Law, para [7.26].

583 *CDJV Construction Pty Ltd v Errol McCarthy and Gabriel McCarthy* [2014] FWCFB 5726.

584 *Steven Day v Drake Trailers Pty Ltd* [2015] FWCFB 3997.

585 *Cooper v Brisbane Bus Lines Pty Ltd* [2011] FWA 1400.

586 *Cooper v Brisbane Bus Lines Pty Ltd* [2011] FWA 1400 para [13].

587 *Stewart et al.*, Labour Law, para [7.27].

588 Beispielhaft: *Communications, Electrical, Electronic, Energy, Information, Postal, Plumbing and Allied Services Union of Australia v UGL Resources Pty Limited (Project Aurora)* [2012] FWA 2966 para [23].

589 Beispielhaft: *Venn v The Salvation Army T/A Barrington Lodge* [2010] FWA 912.

590 Beispielhaft: *Rahman v Storm International Pty Ltd T/A Storm International Property Maintenance* [2011] FWA 7583.

Anwälte als Vertreter generell zuzulassen.[591] Seit *Warrell v Walton*[592] muss die *Fair Work Commission* die Gründe für die Zulassung jedoch genau bezeichnen. Wenn eine anwaltliche Vertretung angezeigt erscheint, steht der *Fair Work Commission* allerdings nicht zu, diese Entscheidung zu spezifizieren. Darunter fällt auch die Wahl, ob die Vertretung durch einen *solicitor* oder *barrister*[593] erfolgen soll.[594] Während des Verfahrens dürfen ein bis zwei Familienangehörige oder Freunde als Beistand hinzugezogen werden.[595]

Vor den deutschen Arbeitsgerichten können die Parteien den Rechtsstreit ebenso selbst führen (§ 11 Abs. 1 Satz 1 ArbGG). Im Gegensatz zum Verfahren vor der *Fair Work Commission* müssen Vertreter, die die Voraussetzungen gemäß § 11 Abs. 2 ArbGG erfüllen, nicht durch das Gericht zugelassen werden. Die eingeschränkte Zulassung von Rechtsanwälten ist lediglich historisch bekannt: Bis zum 1. Juli 1979[596] waren Rechtsanwälte aus Gründen der Chancengleichheit wegen der geringeren Finanzkraft der Arbeitnehmer nur eingeschränkt postulationsfähig.[597] Neben Rechtsanwälten sind als Bevollmächtigte vor dem Arbeitsgericht unter anderem Beschäftigte einer Partei, volljährige Familienangehörige (§ 15 AO, § 11 LPartG), Personen mit der Befähigung zum Richteramt sowie Gewerkschaften und Vereinigungen von Arbeitgebern für ihre Mitglieder vertretungsbefugt. Das Gericht kann Bevollmächtigte, die nicht nach § 11 Abs. 2 ArbGG vertretungsbefugt sind, durch unanfechtbaren Beschluss zurückweisen (§ 11 Abs. 3 Satz 1 ArbGG). Ähnlich wie in Australien können auch in Deutschland die Parteien mit Beiständen erscheinen (§ 11 Abs. 6 Satz 1 ArbGG).

---

591 *Lawrence v Coal & Allied Mining Services Pty Ltd T/A Mt Thorley Operations/Warkworth* [2010] FWA 6750; *Field v The Returned & Services League (Mount Gambier Sub-Branch & Memorial Club) Inc T/A Mount Gambier Community RSL* [2011] FWA 5930; *Queensland Nurses' Union of Employees v Healthscope Limited T/A Allamanda Private Hospital* [2011] FWA 4121.

592 *Warrell v Walton* (2013) 233 IR 335 = [2013] FCA 291.

593 Zur Differenzierung von *solicitors* und *barristers* § 6 I. 2., S. 179; *Babeck*, Einführung in das australische Recht, § 18 Rn. 19.

594 *NSW Bar Association v Brett McAuliffe; Commonwealth of Australia represented by the Australian Taxation Office* (2014) 241 IR 177 = [2014] FWCFB 1663 para [13].

595 *FWC*, About hearings & conferences, https://www.fwc.gov.au/disputes-at-work/how-the-commission-works/about-hearings-and-conferences [zuletzt abgerufen am 1.7.2019].

596 Inkrafttreten des Gesetzes zur Bereinigung und Beschleunigung des arbeitsgerichtlichen Verfahrens vom 21.5.1979, BGBl. I, S. 545.

597 *Schaub/Künzl*, Arbeitsgerichtsverfahren, § 17 Rn. 31.

II. Einleitung des Verfahrens

Verfahren der *Fair Work Commission* werden üblicherweise mit einem Antrag eingeleitet. Die Anforderungen an den Antrag und Fristen richten sich nach der jeweiligen Verfahrensart. Als repräsentative Beispiele werden die in den Jahren 2017 bis 2018 häufigsten Antragsarten bei der *Fair Work Commission* herausgegriffen[598]: für Individualstreitigkeiten die *unfair dismissal application* und für das Kollektivrecht die Genehmigung (*approval)* von *enterprise agreements*. Dabei ist ein besonderes Augenmerk auf die *unfair dismissal application* zu legen, da diese einen Anteil von 43% aller Anträge 2017 bis 2018 ausmachte[599] und ein Vergleich zur Kündigungsschutzklage im deutschen Recht Systemunterschiede verdeutlicht.

1. Antrag

Für jeden Antrag wird online und an jedem Sitz der *Fair Work Commission* ein spezifisches Formblatt zur Verfügung gestellt. Sollte der Antrag keinem der vorgesehenen Formblätter zugeordnet werden können, ist ein „Auffangformblatt" zu verwenden (r 8(3) *Fair Work Commission Rules 2013*). Der Antrag kann über ein Onlineportal, per E-Mail ohne elektronische Signatur (r 17(2)(b) *Fair Work Commission Rules 2013*), postalisch, per Fax oder in ausgedruckter Form persönlich eingereicht werden (r 13(2) *Fair Work Commission Rules 2013*). Im Fall einer Kündigung (*dismissal*) darf der Antrag auch telefonisch gestellt werden (r 9 *Fair Work Commission Rules 2013*). Die *Commission* erstellt auf Grundlage der telefonischen Angaben einen schriftlichen Antrag, den der Antragsteller innerhalb von 14 Tagen ab Zugang vervollständigen, unterzeichnen und einreichen muss. Die Formblätter sind simpel gehalten und erfordern zunächst die Angabe der Personalien des Antragstellers und Antragsgegners; darüber hinaus ist anzugeben, ob man einen Dolmetscher benötigt und Zulassung einer Prozessvertretung beantragt.

Im Speziellen ist der Sachverhalt darzulegen: Im Falle einer *unfair dismissal application* sind unter anderem der Arbeitsort, die Dauer des Arbeitsverhältnisses, der Zeitpunkt des Zugangs der Kündigung, die gestellten Anträge und Gründe, warum man die Kündigung als ungerecht erachte, zu bezeichnen. Der Antrag auf Genehmigung eines *enterprise agreement* erfordert unter anderem Informationen zur Art des *agreement*, den Abschlusszeitpunkt, den

598 *FWC*, Annual Report 2017–18, p. 19, 21.
599 *FWC*, Annual Report 2017–18, p. 20.

Geltungsbereich und die Beteiligung von Gewerkschaften oder *bargaining representatives*[600]. Jeder Antrag muss die allgemeinen Verfahrensvorschriften, insbesondere die *Fair Work Commission Rules 2013*, wahren (s 585 *Fair Work Act 2009*). Antragsspezifische Vorschriften reglementieren weitere Voraussetzungen: Beispielsweise ist einem Antrag auf Genehmigung eines *enterprise agreement* eine unterzeichnete Kopie der Vereinbarung beizulegen (s 185(2)(a), (5) *Fair Work Act* 2009, reg 2.06A *Fair Work Regulations 2009*). Mit Einlegung einer *unfair dismissal application* sind zugleich Verfahrensgebühren einzuzahlen.[601] Sollten Fehler bei der Antragstellung unterlaufen, darf die *Fair Work Commission* die Korrektur oder Ergänzung des Antrags gestatten oder einen Formfehler außer Acht lassen (s 586 *Fair Work Act 2009*)[602], nicht jedoch eine fundamentale Änderung zulassen, die einen gänzlich neuen Antrag bedeuten würde.[603] So wurde es dem Antragsteller in *Djula v Centurion Transport Co. Pty Ltd* gestattet, bei einer *unfair dismissal application* die Bezeichnung des Arbeitgebers zu berichtigen.[604] Missverständliche Anträge dürfen weit ausgelegt werden.

Eine Klage zu Arbeitsgerichten in Deutschland wird in der Regel schriftlich eingereicht (§ 46 Abs. 2 ArbGG, § 253 Abs. 5 Satz 1 ZPO), wahlweise auch elektronisch, wobei dies an strengere Anforderungen geknüpft ist (§ 46c ArbGG). Maßgeblich ist nicht das Schriftformerfordernis des BGB[605], weshalb ein Schriftsatz, der postalisch, persönlich, per Telegramm, Telefax oder Computerfax übermittelt wird, die Anforderungen wahrt. Die Klage kann auch bei der Rechtsantragstelle zur Niederschrift erklärt werden, um Laien den Zugang zu Gericht zu erleichtern.[606] Eine telefonische Klageerhebung, wie dies in Australien partiell möglich ist, genügt jedoch nicht.[607] Die elektronische Form lässt die Einreichung per einfacher E-Mail nicht zu: Das elektronische Dokument (E-Mail) muss mit

---

600 *Bargaining representatives* sind obligatorische Vertreter beim Abschluss eines *enterprise agreement* (ss 12, 176, 177 *Fair Work Act 2009*).

601 Stand 1. Juli 2019 73,20 AU$: *FWC*, https://www.fwc.gov.au/disputes-at-work/how-the-commission-works/lodge-an-application#field-content-1-heading [zuletzt abgerufen am 1.7.2019].

602 *Etemi v Canterbury Child Care Centre* [2011] FWA 5936 para [18]; *Narayan v MW Engineers Pty Ltd* (2013) 231 IR 89 = [2013] FWCFB 2530 para [6].

603 *Ioannou v Northern Belting Services Pty Ltd* (2014) 245 IR 279 = [2014] FWCFB 6660 para [17]; *Jamie Winters, Justin Winters and Peter Jeffrey Winters v Aussie Junk Pty Ltd* [2008] AIRC 863 para [11].

604 *Djula v Centurion Transport Co. Pty Ltd* [2015] FWCFB 2371 para [28].

605 BeckOK-ZPO/*Bacher*, § 253 ZPO Rn. 35.

606 O/K/S/*Künzl*, Hdb ArbVerf, Rn. 102.

607 BFH Urteil vom 10.7.1964 – III 120/61 U, NJW 1965, 174.

einer qualifizierten elektronischen Signatur versehen werden, alternativ von der verantwortenden Person signiert und auf einem sicheren Übermittlungsweg eingereicht werden (§ 46c Abs. 3 und Abs. 4 ArbGG).[608] Die Rechtslage gilt in dieser Form erst seit 1.1.2018. Vergleichbar der Bereitstellung von Formularen in Australien auf der Homepage der *Commission* ermächtigt § 46f ArbGG zur Vereinfachung und Effizienzsteigerung des Verfahrens[609] zum Erlass einer Verordnung, durch die elektronische Formulare eingeführt werden können. Diese wurde aber bislang[610] nicht erlassen. Ab dem 1.1.2022 gilt eine elektronische Übermittlungspflicht für Anwälte, Behörden und vertretungsberechtigte Personen (§ 46g ArbGG).[611]

2. Antragsfrist

a) Allgemeines

Je nach Antragsart variiert die Antragsfrist. Wird ein Antrag nicht innerhalb dieser Frist gestellt, findet eine *conference* oder ein *hearing* statt, um die Entscheidung zu fällen, ob der Antrag dennoch akzeptiert werden kann oder als unzulässig[612] zurückzuweisen ist.[613] Der Fristbeginn richtet sich nach s 36(1) *Acts Interpretation Act 1901*[614], der gemäß s 40A *Fair Work Act 2009* anwendbar ist: Wird der Fristbeginn in der jeweiligen Norm mit „*from*" oder „*after*" bestimmt, so beginnt die Frist am darauffolgenden Tag zu laufen, vergleichbar der Ereignisfrist im deutschen Recht (§ 187 Abs. 1 BGB). Im Falle eines „*at*" oder „*on*" ist der Beginn dieses Tages der maßgebende Zeitpunkt, sodass dieser Tag vergleichbar zu § 187 Abs. 2 BGB zur Bestimmung der Frist mitgerechnet wird. Fällt das Fristende auf einen Samstag, Sonntag oder gesetzlichen Feiertag, so endet die Frist vergleichbar zu § 193 BGB mit Ablauf des nächsten Werktages (s 36(2) *Acts Interpretation Act 1901*). Zur Fristwahrung muss der Antrag der *Fair Work Commission* rechtzeitig zugehen. Wird der Antrag per E-Mail oder

---

608 GK-ArbGG/*Woitaschek*, 98 April 2016, § 46c ArbGG Rn. 34 ff.

609 Begründung des Gesetzesentwurfs BT-Drs. 17/12634, S. 27.

610 Stand 1. Juli 2019.

611 § 46g ArbGG eingeführt m.W.v. 1.1.2022 durch Gesetz vom 10.10.2013 (BGBl. I S. 3786).

612 *Stewart et al.*, Labour Law, para [23.57]; vgl. s 396 *Fair Work Act 2009*.

613 *Fair Work Commission*, Lodge an application, https://www.fwc.gov.au/disputes-at-work/how-the-commission-works/lodge-an-application [zuletzt abgerufen am 1.7.2019].

614 *Acts Interpretation Act 1901* – Act No. 2, 1901 – Compilation No. 36, 2018.

über das Onlineportal eingelegt, gilt er zum Zeitpunkt des Eingangs im elektronischen Postfach als zugegangen, wenn der Antragsteller eine Eingangsbestätigung erhalten hat (rr 14(4), 15(2) *Fair Work Commission Rules 2013*). Beim Fax dienen Datum und Uhrzeit auf dem Sendungsbericht als Nachweis (r 16(3)(a) *Fair Work Commission Rules 2013*).

b) „Unfair dismissal application“

aa) Fristbeginn und Fristdauer

Ein Antrag auf Rechtsschutz wegen einer *unfair dismissal* ist innerhalb von 21 Tagen ab Wirksamwerden der Kündigung (*dismissal took effect*) einzulegen (s 394(2)(a) *Fair Work Act 2009*).[615] Bei der Frist handelt es sich um eine Ereignisfrist (*after*) mit Fristbeginn am darauffolgenden Tag.[616] Wann eine Kündigung wirksam wird („*takes effect*“) ist gesetzlich nicht definiert. Seit *Siagian v Sanel Pty Limited*[617] steht fest, dass eine Kündigung wirksam wird, wenn das Arbeitsverhältnis endet.[618] Erfolgt eine fristlose Kündigung, wird diese grundsätzlich sofort wirksam; eine ordentliche Kündigung wird mit Ablauf der Kündigungsfrist zum Kündigungstermin wirksam.[619] Ein unbefristetes Arbeitsverhältnis endet in Folge einer ordentlichen Kündigung frühestens dann, wenn dem Arbeitnehmer der Beendigungstermin schriftlich mitgeteilt wurde (sog. „*written notice of termination*“, ss 117(1), 123 *Fair Work Act 2009*). Eine Kündigung kann nur wirksam werden, wenn sie gegenüber dem Arbeitnehmer mündlich[620] oder schriftlich erklärt wurde (*communicated*).[621] Erfolgt die Kündigung schriftlich, muss sie der Arbeitnehmer erhalten haben (*received*), das heißt, er muss Kenntnis erlangt haben bzw. die Kenntnisnahme muss möglich und zu erwarten gewesen sein.[622] Wird die Kündigung per Post versendet und befand sich der Arbeitnehmer z.B. im genehmigten Urlaub außerhalb seines Wohnortes, gilt der Brief frühestens ab dem Zeitpunkt der Rückkehr als zugestellt.[623] Erfolgt die Kündigung per

---

615 Bis 31.12.2012 betrug die Frist lediglich 14 Tage.

616 S 36(1) *Acts Interpretation Act 1901*.

617 *Siagian v Sanel Pty Limited* [1994] IRCA 1 = (1994) 122 ALR 333.

618 *Rinaldi et al.*, Fair Work Legislation 2016–17, 2016, s 394 FW Act, [FWA 394.80].

619 *Ayub v NSW Trains* [2016] FWCFB 5500 = (2016) 262 IR 60 para [17].

620 *Plaksa v Rail Corporation NSW* [2007] AIRC 333 para [8]; citing *Barolo v Centra Hotel Melbourne* Dec 1486/98 M Print Q9605, AIRC, 10 December 1998.

621 *FWC*, Unfair Dismissal, p. 61.

622 *Ayub v NSW Trains* [2016] FWCFB 5500 = (2016) 262 IR 60 para [36].

623 *Ayub v NSW Trains* [2016] FWCFB 5500 = (2016) 262 IR 60 para [42].

E-Mail, gilt sie als zugestellt, wenn sie vom Empfänger abgerufen werden kann, also in dessen Posteingang gespeichert wird (s 14A(1) *Electronic Transaction Act 1999*[624]). Die Vermutung kann widerlegt werden z.B. durch den Nachweis, dass man krankheitsbedingt nicht in der Lage war, die E-Mail zu lesen.[625]

bb) Fristverlängerung

Die *Fair Work Commission* kann eine Fristverlängerung gewähren, wenn außerordentliche Umstände (*exceptional circumstances*) vorliegen (s 394(3) *Fair Work Act 2009*).[626] Dabei hat sie insbesondere die Gründe der Fristversäumnis zu berücksichtigen sowie vorangegangene Versuche gegen die Kündigung vorzugehen, z.B. durch eine Klage an die falsche Institution[627]. In die Erwägung sind auch die Erfolgschancen des Antrags[628] und ganz generell Fairnessaspekte[629] miteinzubeziehen. Ist der Antragsteller rechtlich vertreten, kann die Frist nur verlängert werden, wenn der Grund des Versäumnisses allein in der Sphäre des Vertreters liegt.[630] Außerordentliche Umstände können beispielsweise Krankheit oder technische Schwierigkeiten sein, wenn z.B. der Antragsteller am letzten Tag der Frist seinen Antrag aufgrund technischer Probleme seitens der *Fair Work Commission* nicht einlegen konnte und der unmittelbar per Post abgesandte Antrag folglich verfristet war.[631] Krankheit führt nicht zwangsläufig zur Fristverlängerung: In *Ovenden v Fortezza Pty Ltd T/A High Country Automotive Group*[632] wurde die Frist verlängert, da der Antragsteller nachweislich zum Zeitpunkt der Kündigung arbeitsunfähig krank war, da er an Depressionen litt. Dagegen wurde der Antrag auf Fristverlängerung in *Muir McMeeken v Action Industrial Catering Pty Ltd*[633] abgelehnt, obwohl die Antragstellerin während des

---

624 *Electronic Transaction Act 1999* - Act No. 162, 1999 - Compilation 2011. Gem. s 4 *Electronic Transaction Act 1999* ist das Gesetz zur Bestimmung von Zeitpunkt und Ort unter Verwendung elektronischer Kommunikationsmittel auf alle Gesetze des *Commonwealth* anwendbar.

625 *Ayub v NSW Trains* [2016] FWCFB 5500 = (2016) 262 IR 60 para [50].

626 *Ho v Professional Services Review Committee No 295* [2007] FCA 388 para [25]; citing *R v Kelly* [2000] QB 198 para [208].

627 *Palmer v RCR Engineering Pty Ltd* [2009] FWA 1431.

628 *Brodie-Hanns v MTV Publishing Ltd* (1995) 67 IR 298 para [299-300].

629 *Whittle v Redi Milk Australia Pty Ltd* [2016] FWC 3773 para [38].

630 *Clark v Ringwood Private Hospital* (1997) 74 IR 413 para [418-420]; *McConnell v A & PM Fornataro T/A Tony's Plumbing Service* (2011) 202 IR 59 para [35].

631 *Johnson v Joy Manufacturing Co Pty Ltd t/as Joy Mining Machinery* [2010] FWA 1394.

632 *Ovenden v Fortezza Pty Ltd T/A High Country Automotive Group* [2010] FWA 3863.

633 *Muir McMeeken v Action Industrial Catering Pty Ltd* [2012] FWAFB 5933.

Fristlaufs im Krankenhaus war; dies rechtfertige keine Klage erst nach ca. fünf Wochen. Generell behandelt die *Fair Work Commission* die Fristverlängerung als streng zu beurteilenden Ausnahmefall. Um den Antragsteller nicht vor zu hohe Anforderungen zu stellen, zeigt die *Fair Work Commission* mit der Entscheidung *Ayub v NSW Trains*[634] die Tendenz, den Kündigungszugang genauer zu prüfen und gegebenenfalls den Fristbeginn hinauszuschieben, anstelle die Frist zu verlängern.[635]

cc) Vergleich mit § 4 Satz 1 KSchG

Will ein Arbeitnehmer vor einem deutschen Gericht geltend machen, dass eine Kündigung sozial ungerecht oder aus anderen Gründen rechtsunwirksam ist, so muss er innerhalb von drei Wochen nach Zugang der schriftlichen Kündigung Klage beim Arbeitsgericht erheben (§ 4 Satz 1 KSchG). Bei der Frist handelt es sich ebenso um eine Ereignisfrist, die mit dem Tag, der auf das Ereignis, nämlich den Zugang der Kündigung, folgt, beginnt (§ 187 Abs. 1 BGB). Die deutsche Fristenregelung divergiert von der australischen im Anknüpfungsmoment des Fristbeginns. Die Frist beginnt mit Zugang der Kündigung, wohingegen in Australien die Frist mit dem Kündigungstermin beginnt, den vorherigen Zugang vorausgesetzt. Zugang bedeutet im deutschen Rechtssystem, dass die Willenserklärung, das heißt die Kündigungserklärung, dergestalt in den Machtbereich des Empfängers gelangt ist, dass er sie unter normalen Umständen zur Kenntnis nehmen kann. Unerheblich ist, ob er sie tatsächlich erst später zur Kenntnis genommen hat.[636]

Das bedeutet im Gegensatz zur neueren Rechtsprechung in Australien, dass eine Kündigung an die Heimatanschrift des Arbeitnehmers grundsätzlich auch dann zugeht, wenn dem Arbeitgeber bekannt ist, dass der Arbeitnehmer während seines genehmigten Urlaubs verreist ist.[637] Um den Arbeitnehmer nicht unangemessen zu benachteiligen und seine Interessen zu wahren, kann die verspätete Klage zugelassen werden (§ 5 KSchG).[638] Generell kann, vergleichbar der Fristverlängerung im australischen Recht, eine verspätete Klage zugelassen werden, wenn der Arbeitnehmer trotz Anwendung aller ihm nach Lage

---

634 *Ayub v NSW Trains* [2016] FWCFB 5500 = (2016) 262 IR 60.

635 *Ayub v NSW Trains* [2016] FWCFB 5500 = (2016) 262 IR 60 para [36].

636 BAG 24.6.2004 – 2 AZR 461/03, AP Nr. 22 zu § 620 Kündigungserklärung = NZA 2004, 1330 (1331); *Junker*, Grundkurs Arbeitsrecht, Rn. 328.

637 BAG 16.3.1988 – 7 AZR 587/87, BAGE 58, 9 (12) = AP Nr. 16 § 130 BGB.

638 *Junker*, Grundkurs Arbeitsrecht, Rn. 328.

der Umstände zuzumutenden Sorgfalt verhindert war, die Klage rechtzeitig zu erheben (§ 5 Abs. 1 KSchG). Die Folge der Fristversäumnis unterscheidet sich vom australischen Recht: Die Klage ist nicht als unzulässig abzuweisen, sondern unbegründet. Die Kündigung gilt als von Anfang an rechtswirksam (§ 7 Hs. 1 KSchG); es handelt sich um eine Frist mit materiellrechtlicher Wirkung.[639]

c) „Approval of enterprise agreement"

Ein Antrag auf Genehmigung eines *enterprise agreement* muss innerhalb von 14 Tagen nach Abschluss der Vereinbarung bei der *Fair Work Commission* eingehen (s 185(3)(a), (4) *Fair Work Act 2009*). Die Frist beginnt am darauffolgenden Tag (*after*, s 36(1) *Acts Interpretation Act 1901*). Die Frist kann unter Berücksichtigung aller Umstände aus Fairnessaspekten verlängert werden (s 185(3)(b) *Fair Work Act 2009*)[640], wenn es sich nicht um ein *„greenfields agreement*" handelt.[641] Vergleichbare Genehmigungsverfahren sind in Deutschland nicht vorgesehen.

III. Verfahrensablauf

Der Antrag wird der Gegenseite durch die *Fair Work Commission* zugestellt, um die Möglichkeit der Stellungnahme zu gewähren, bevor eine *conference* als Vorverfahren vor der mündlichen Verhandlung (*hearing*) anberaumt wird. Basierend auf s 51(35) *The Constitution* ist die Schlichtung durch *conciliation* und *arbitration* vorgesehen: Die *conferences* werden in der Regel in Form der *conciliation*, die *hearings* in Form der *arbitration* geleitet.

1. Reaktionsmöglichkeiten auf Beklagtenseite

Bei Individualstreitigkeiten wird dem Antragsgegner mit dem Antrag ein Formblatt zur Antragserwiderung übersandt. Alternativ zur Erwiderung kann der Antragsgegner sofortige Abweisung beantragen oder die Einrede der Unzuständigkeit (*jurisdictional objection*) erheben.

---

639 *Junker*, Grundkurs Arbeitsrecht, Rn. 331; ErfK/*Kiel*, § 4 KSchG Rn. 1.

640 Keine Fristverlängerung wurde in folgenden Fällen gewährt: *Re Estate Agents Co-Operative Clerical, Pre-Press and Information Technology Employees Collective Agreement 2010* [2010] FWA 8937; *Re Watsiana Pty Ltd T/A Austin Earthmoving* [2011] FWA 1753.

641 Hierzu § 2 II. 2. a), S. 80.

a) Antragserwiderung

Zur Erwiderung des Antrags muss der Antragsgegner das übersandte Formblatt ausfüllen. Auf diesem sind Personalien zu ergänzen und ist inhaltlich Stellung zu nehmen. Das Formblatt ist zum einen an die *Fair Work Commission* per Post, Fax, E-Mail zurückzusenden oder persönlich zu übermitteln, zum anderen muss der Antragsgegner selbst dem Antragsteller eine Kopie samt möglicher Anlagen mittels E-Mail oder Einschreiben zustellen.[642] Im Falle einer *unfair dismissal application* muss die Antragserwiderung innerhalb von sieben Tagen nach Zustellung des Antrags erfolgen (r 19 *Fair Work Commission Rules 2013*). Diese kurze Frist dient dazu, das Verfahren zu beschleunigen[643], weshalb auch Fristen für Verfahren wegen anderer Beendigungstatbestände auf sieben Tage angepasst wurden.[644] Die Folge der Fristversäumnis oder einer gänzlich fehlenden Reaktion ist gesetzlich nicht ausdrücklich normiert.[645] In der Praxis wird ein Termin zur *conference* anberaumt und der Antragsgegner aufgefordert, zu erscheinen (s 592(1) *Fair Work Act 2009*).[646] Sollte er nicht reagieren bzw. nicht erscheinen, kann eine Entscheidung gegen ihn in seiner Abwesenheit ergehen (s 600 *Fair Work Act 2009*), vergleichbar dem Versäumnisurteil nach verspäteter Anzeige der Verteidigungsbereitschaft im deutschen Zivilprozessrecht (§ 276 Abs. 1 Satz 1, § 331 Abs. 3 ZPO), das im Arbeitsgerichtsverfahren jedoch ausgeschlossen ist (§ 46 Abs. 2 Satz 2 ArbGG). Hält der Antragsgegner bei einer *unfair dismissal application* die Klageerwiderungsfrist nicht ein, können ihm zudem Kosten auferlegt werden (s 400A(1) *Fair Work Act 2009*).

b) Antrag auf sofortige Abweisung („summary dismissal")

Der Antragsgegner kann die sofortige Abweisung (*summary dismissal*)[647] beantragen (s 587(3)(b) *Fair Work Act 2009*), wenn der Antrag nicht nach den Vorgaben des *Fair Work Act 2009* gestellt wurde (s 587(1)(a) *Fair Work Act 2009*).

---

642 *FWC*, Forms, Form F3: Employer Response Form unfair dismissal, p. i et seq.; *dies.*, Form F8A: Response to general protections application, p. i et seq., https://www.fwc.gov.au/resources/forms [zuletzt abgerufen am 1.7.2019].

643 *Catanzariti et al.*, Annotated FW Act, r 19 FWC Rules, [62-090].

644 Rr 21, 22 *Fair Work Commission Rules 2013.*

645 *Catanzariti et al.*, Annotated FW Act, r 19 FWC Rules, [62-090].

646 *FWC*, What is the process for unfair dismissal claims?, https://www.fwc.gov.au/termination-employment/unfair-dismissal/what-the-process-unfair-dismissal-claims#field-content-3-heading [zuletzt abgerufen am 1.7.2019].

647 *Catanzariti et al.*, Annotated FW Act, s 587 FW Act para [8-8030.30].

Eine Abweisung allein wegen Formfehlern ist nicht möglich.[648] Umstritten ist, ob auch die fehlende Zuständigkeit der *Fair Work Commission* darunter fällt.[649] Jedenfalls existiert eine allgemeine Befugnis jeder Institution, ihre Zuständigkeit vorab zu prüfen und die Sache gegebenenfalls abzuweisen, ohne sich inhaltlich weiter damit zu befassen.[650] Wird der Antrag auf Abweisung wegen Unzuständigkeit auf s 587(1)(a) *Fair Work Act 2009* gestützt, ist dies unschädlich.[651] Zudem kann in manchen Verfahren[652] Antrag auf sofortige Abweisung gestellt werden, wenn der Antrag ohne vernünftigen Grund oder rein schikanös gestellt wurde[653] oder wenn keine vernünftige Aussicht auf Erfolg besteht[654] (s 587(1)(b), (c) *Fair Work Act 2009*). Ein spezieller Antrag auf sofortige Abweisung wurde für Arbeitgeber im Fall der Konfrontation mit einer *unfair dismissal application* eingeführt (s 399A *Fair Work Act 2009*). Die Spezialvorschrift umfasst jedoch erst Abweisungsgründe nach Verfahrenseröffnung, wie die Säumnis des Antragstellers bei einer *conference* oder einem *hearing*.[655]

c) Einrede der Unzuständigkeit („jurisdictional objection") bei „unfair dismissal applications"

Speziell geregelt ist die Einrede der Unzuständigkeit (*jurisdictional objection*) vor Verfahrenseröffnung für *unfair dismissal applications* (r 20 *Fair Work Commission Rules 2013,* s 396 *Fair Work Act 2009*) und geht s 587 *Fair Work Act 2009* vor.[656] Die Einrede der Unzuständigkeit spielt in der Praxis eine wichtige Rolle: 73% aller *jurisdictional objections* wurde 2017 bis 2018 zugunsten des Arbeitgebers stattgegeben.[657] Die Einrede kann entweder auf dem Formblatt der

---

648 *Przybyszewski v Diabetes Australia Victoria* [2011] FWA 4213 para [4].

649 *Munjona v Salvation Army (NSW) Property Trust* [2013] FWC 3337 para [32].

650 *Deputy Commissioner of Patents v Board of Control of Michigan Technological University* [1979] FCA 131 = (1979) 28 ALR 551 = (1979) 43 FLR 9 para [24].

651 *Latham* in: Catanzariti et al. (Ed.), Annotated FW Act, s 587 FW Act, [8-8030.16].

652 S 587(1)(b), (c) *Fair Work Act 2009* sind ausgeschlossen für *general protections dismissal disputes* (s 365 *Fair Work Act 2009*) und *termination of employment disputes* (s 773 *Fair Work Act 2009*).

653 *Burton v Bairnsdale Shire* [1908] HCA 57 = (1908) 7 CLR 76 (92).

654 *Smith v Barwon Regional Water Authority* [2009] AIRCFB 769 para [23–24].

655 Genauer zur vorzeitigen Verfahrensbeendigung nach Verfahrenseröffnung § 5 IV. 2. b), S. 159 und § 5 IV. 5., S. 163.

656 *Rebecca Tomas v Symbion Health* [2011] FWA 5458 para [57]; *Latham* in: Catanzariti et al. (Ed.), Annotated FW Act, s 587 FW Act, [8-8030.30]; *Fair Work Bill 2008: Explanatory Memorandum*, para [2273].

657 *FWC*, Annual Report 2017–18, p. 32.

Antragserwiderung oder separat mit speziellem Formblatt eingelegt werden. Dabei macht der Arbeitgeber geltend, dass die vermeintliche *unfair dismissal application* nicht in den Zuständigkeitsbereich der *Fair Work Commission* falle. Zunächst muss der Anwendungsbereich der *unfair dismissal application* eröffnet sein, das heißt u.a., dass das Arbeitsverhältnis mit einem *national system employer*[658] bestehen muss. In den Schutzbereich fallen nur Arbeitnehmer, dagegen beispielsweise keine Selbstständigen[659] oder Praktikanten. Sie müssen eine Kündigung in Form einer *dismissal* erhalten haben, wozu keine betriebsbedingte Kündigung zählt.[660] Des Weiteren kann eine *jurisdictional objection* darauf gestützt werden, dass der Antrag verfristet ist, der Arbeitnehmer die Mindestbeschäftigungsdauer von sechs Monaten unterschreitet, es sei denn es handelt sich um einen Kleinbetrieb, oder die Einkommenshöchstgrenze (*high income employee*[661]) überschreitet.[662] Es steht im Ermessen der *Fair Work Commission*, ob sie eine mündliche Verhandlung anberaumt oder nach Aktenlage entscheidet.[663] In der Regel ergeht die Entscheidung in mündlicher Verhandlung, die nahtlos in die streitige Verhandlung übergehen kann.

2. Vorverfahren („conference")

Als schlichtende Vorverfahren dienen *conferences*, die im besten Fall eine mündliche Verhandlung in Form eines *hearing* entbehrlich werden lassen. Der Verfahrensablauf der *conference* ist wenig reglementiert, sodass die *Fair Work Commission* diesen informell handhaben kann (s 592(5) *Fair Work Act 2009*). Gesetzlich vorgesehen ist die Schlichtung in Form der *conciliation* und *mediation*; darüber hinaus ist gesetzlich verankert, dass die *Commission* auch lediglich eine Empfehlung aussprechen oder eine Stellungnahme abgeben kann (s 592(4) *Fair Work Act 2009*). Auch wenn der *Fair Work Act 2009* eine freie Verfahrensleitung

658 Genauer § 1 VI. 2., S. 66.

659 *Boyar v The House of Life* [2011] FWA 7953.

660 *McCarthy and Others v Patrick Stevedores Holdings Pty Ltd* [2016] FWC 2039.

661 *FWO*, Award & agreement free wages & conditions, https://www.fairwork.gov.au/awards-and-agreements/award-and-agreement-free-wages-and-conditions [zuletzt abgerufen am 1.7.2019]: Stand 1. Juli 2019 mit einem Jahresgehalt ab 148.700 AU$.

662 *Meffert v Paperlinx Australia Pty Ltd T/A Spicers Paper* [2010] FWA 8144; *FWC*, Unfair Dismissal, p. 150 et seq.; *Fair Work Commission*, What are jurisdictional hearings?, https://www.fwc.gov.au/disputes-at-work/how-the-commission-works/hearings-conferences/what-are-jurisdictional-hearings [zuletzt abgerufen am 1.7.2019].

663 *Rinaldi et al.*, Fair Work Legislation 2016–17, 2016, s 396 FW Act, [FWA 396.100].

der *conference* zulässt, wird in der Praxis am häufigsten die Methode der *conciliation* angewandt, wobei die Abgrenzung zur *mediation* fließend ist.

a) Abgrenzung „mediation" und „conciliation"

Mediation und *conciliation* sind zwei informelle Methoden der Streitbeilegung mit Hilfe eines unparteiischen Dritten, der nicht befugt ist, den Parteien eine zwingende Entscheidung aufzuerlegen.[664] Der *High Court* versteht seit *Australian Railways Union v Victorian Railways Commissioners*[665] mit der Definition der *Royal Commission of Inquiry* unter *conciliation* „ein Zusammentreffen der Parteien zur Diskussion von Konfliktfragen mit dem Ziel der gütlichen Streitbeilegung"[666]. Differenzierungskriterium zwischen *conciliation* und *mediation* ist primär der Einfluss des Vermittlers. Im Rahmen der *conciliation* ist der Vermittler mehr involviert: Er darf selbst Vorschläge unterbreiten und durch seinen Rat intervenieren.[667] Dies mag in der Praxis den Beweggrund darstellen, warum vorwiegend mit der Methodik der *conciliation* agiert wird. Zudem lässt sich der Begriff *conciliation* vorwiegend in Gesetzen finden[668], weshalb das Verfahren formalisierter ist und der Vermittler als weniger neutral angesehen wird, da er an zahlreiche Vorschriften gebunden ist[669]. *Mediation* wird dagegen eher mit einer alternativen und moderneren Streitbeilegung assoziiert. Private Streitschlichter agieren vorwiegend mit Hilfe der *mediation*, während *conciliation* in der Regel bei staatlichen Behörden bzw. *tribunals* Anwendung findet, sodass das Verfahren als institutionalisiert gilt.[670]

---

664 *Jumbunna Coal Mine v The Victorian Coal Miners' Association* (1908) 6 CLR 309 para [333]; *Boulle*, Mediation: Principles, Process, Practice, p. 67; *FWC*, General Protections, p. 21, 156; *Forbes-Mewett/Griffin/McKenzie*, (2003) 11(2) IJES 1 (15).

665 *Australian Railways Union v Victorian Railways Commissioners* (1930) 44 CLR 319 (358); *Desch*, Arbeitsrecht in Australien, S. 67.

666 *Australian Railways Union v Victorian Railways Commissioners* (1930) 44 CLR 319 (358): *„the coming together of the parties for the discussion of questions with a view to amicable settlement"*.

667 *Astor/Chinkin*, Dispute Resolution in Australia, p. 85 et seq.; *Boulle*, Mediation: Principles, Process, Practice, p. 67; *FWC*, General Protections, p. 21, 156; *Forbes-Mewett/Griffin/McKenzie*, (2003) 11(2) IJES 1 (16); Rechtsgespräch mit *Commissioner Johns*, Fair Work Commission Sydney, 28. Februar 2017; a.A. *Raupach*, Die Schlichtung von kollektiven Arbeitsstreitigkeiten, S. 40 f.; *Saner*, Perspektive Mediation 2005/3, 135 (136).

668 Siehe s 51(35) *The Constitution*; *Conciliation and Arbitration Act 1904*.

669 *Schlachter*, Außergerichltiche Konfliktlösung, S. 41.

670 *Astor/Chinkin*, Dispute Resolution in Australia, p. 83 et seqq; *Boulle*, Mediation: Principles, Process, Practice, p. 67 et seq.

b) Vor-Vorverfahren bei „unfair dismissal applications"

Bei *unfair dismissal applications* ist in der Praxis[671] eine verfahrensrechtliche Besonderheit zu beobachten, die gesetzlich nicht vorgesehen ist, aber mittlerweile sogar auf der Homepage der *Fair Work Commission* ausdrücklich erwähnt wird[672]: Es gibt ein Vor-Vorverfahren mit der Bezeichnung *conciliation* unter der Leitung eines *Conciliator*, der typischerweise kein *Commissioner* ist, sondern ein sonstiger, in der Schlichtung geschulter Mitarbeiter der *Fair Work Commission*.[673] Dabei handelt es sich um einen absolut informellen Versuch der Streitbeilegung, meist per Telefonkonferenz.[674] Da dieser Verfahrensschritt nicht gesetzlich vorgesehen ist, ist er freiwilliger Natur. Die Art der Verfahrensbeendigung bleibt den Parteien überlassen und eine Genehmigung zur rechtlichen Vertretung ist nicht erforderlich.[675] Der informelle Schlichtungsversuch hat sich in der Praxis bewährt: In ca. 80% der Fälle führt dieses Verfahren bereits zur Einigung.[676] Die nachfolgende, übliche *conference* wird für diese Verfahren als *„determinative conference"* bezeichnet.[677] Im Folgenden liegt der Fokus auf dem gesetzlich vorgesehenen, zweistufigen Verfahren der *conference* mit gegebenenfalls anschließendem *hearing*.

c) Ablauf der conferences

Die *conference* dient primär der Sachverhaltsaufklärung und dem Schlichtungsversuch. Sie findet unter Ausschluss der Öffentlichkeit statt, es sei denn der Vermittler beschließt, die Öffentlichkeit zuzulassen (s 592(3) *Fair Work Act 2009*). *General protections-* und *unfair dismissal*-Verfahren sind zwingend unter Ausschluss der Öffentlichkeit durchzuführen (*Note* zu s 592(3), ss 368(2), 374(2), 398(2) *Fair Work Act 2009*). Die *conference* wird von einem *Fair Work*

---

671 Rechtsgespräch mit *Commissioner Johns*, Fair Work Commission Sydney, 28. Februar 2017; persönliche Beobachtung bei *unfair dismissal*-Verfahren der *Fair Work Commission* in Sydney im Februar/März 2017.

672 *FWC*, Unfair Dismissal, p. 152 et seqq; *dies*., Conciliation, https://www.fwc.gov.au/unfair-dismissals-benchbook/conciliations-hearings-and-conferences/conciliation [zuletzt abgerufen am 1.7.2019].

673 Vergleichbar ist die Beauftragung eines Mitarbeiters für die gesetzlich vorgesehene *conference* in s 625(1)(c) *Fair Work Act 2009* geregelt.

674 *FWC*, Unfair Dismissal, p. 152 et seqq.; *Stewart et al.*, Labour Law, para [23.60].

675 *Stewart et al.*, Labour Law, para [23.60], fn. 234.

676 *FWC*, Annual Report 2017–18, p. 28; *Stewart et al.*, Labour Law, para [23.60].

677 *Humphreys v The Trustee for the Chunys Trust T/A Home Giraffe* [2017] FWC 3850 para [10 et seqq.]; *FWC*, Unfair Dismissal, p. 153 et seq.

Commission Member, also theoretisch vom *President, Vice President* oder einem *Deputy President*, in der Regel aber von einem *Commissioner* geleitet bzw. dürfte auch von einem „sonstigen“ Mitarbeiter der *Fair Work Commission*, dem die Aufgabe übertragen wurde, geleitet werden (s 592(2) *Fair Work Act 2009*). Da *conferences* informeller als *hearings* verlaufen, können diese nicht nur im Sitzungssaal, sondern auch in einem Konferenzraum, sprichwörtlich um den runden Tisch, oder per Telefon- oder Videokonferenz stattfinden.[678] Eine förmliche Beweisaufnahme ist nicht vorgesehen: Anwesende Zeugen werden zu Beginn gemeinsam belehrt und vereidigt (*sworn*), sodass der Zeuge nicht im Zeugenstand (*witness box*) aussagen muss. Zeugen dürfen von den Parteien befragt werden; es findet allerdings keine *cross-examination* statt.[679] Schriftliche Zeugenaussagen können in diesem Verfahrensstadium ebenso verwertet werden.[680]

d) Vergleich zur deutschen Güteverhandlung

Der Grundgedanke der *conferences* entspricht dem Zweck der Güteverhandlung (§ 54 Abs. 1 Satz 1 ArbGG) im deutschen Recht. Wie die Bezeichnung ausdrückt, dient die Güteverhandlung zum einen der gütlichen Erledigung des Rechtsstreits; es wird ein Schlichtungsversuch unternommen. Zum anderen wird, sollte es nicht zur Einigung kommen, die mündliche Verhandlung vorbereitet und zur Sachverhaltsaufklärung beigetragen.[681] Der Verweis im australischen Recht auf Methoden der Konfliktbeilegung erinnert an § 54 Abs. 6 ArbGG, der die Verhandlung vor dem Güterichter normiert und das Mediationsverfahren vorsieht. Für die Güteverhandlung gilt im Gegensatz zum australischen Verfahren der Grundsatz der Öffentlichkeit (§ 52 ArbGG). Allerdings kann diese auch hier aus Zweckmäßigkeitsgründen ausgeschlossen werden (§ 52 Satz 3 ArbGG).[682]

---

678 *McCallum/Riley/Stewart*, (2013) 34 Comp. Lab. L. & Pol'y J 843 (855); *FWC*, What happens at hearings & conferences?, https://www.fwc.gov.au/disputes-at-work/how-the-commission-works/what-happens-at-hearings-and-conferences#field-content-1-heading [zuletzt abgerufen am 1.7.2019]; *dies.*, About hearings & conferences, https://www.fwc.gov.au/disputes-at-work/how-the-commission-works/about-hearings-and-conferences, [zuletzt abgerufen am 1.7.2019].

679 *FWC*, What happens at hearings & conferences?, https://www.fwc.gov.au/disputes-at-work/how-the-commission-works/what-happens-at-hearings-and-conferences#field-content-1-heading [zuletzt abgerufen am 1.7.2019].

680 *Humphreys v The Trustee for the Chunys Trust T/A Home Giraffe* [2017] FWC 3850 para [11].

681 GK-ArbGG/*Schütz*, 104 Juni 2017, § 54 ArbGG Rn. 4.

682 GK-ArbGG/*Schütz*, 104 Juni 2017, § 54 ArbGG Rn. 30.

Eine förmliche Beweisaufnahme ist in der Güteverhandlung ebenso wie in der *conference* unzulässig. Auch wenn § 54 Abs. 1 Satz 3 ArbGG vorsieht, dass der Vorsitzende zur Aufklärung des Sachverhalts alle Handlungen vornehmen kann, die sofort erfolgen können, so ist damit keine förmliche Beweisaufnahme durch Vernehmung eines präsenten Zeugen oder der anwesenden Partei gemeint. Die Beweisaufnahme muss vor der Kammer erfolgen (§ 58 Abs. 1 ArbGG).[683] Der Vorsitzende darf aber nach überwiegender Ansicht präsente Zeugen, Sachverständige und Parteien informell hören.[684] Die informatorische Befragung eines Dritten (z.B. eines Sachverständigen) kann in der Güteverhandlung auch telefonisch erfolgen. § 54 Abs. 1 Satz 3 ArbGG spricht lediglich von „Handlungen", beschränkt demnach nicht auf die prozessrechtlich zugelassenen Beweismittel.[685] Dies entspricht in etwa der Befugnis eines *Commissioner* in einer *conference* im australischen System mit dem Unterschied, dass auch die nachfolgende mündliche Verhandlung (*hearing*) lediglich vor dem Einzel-*Commissioner* stattfindet. Folglich existiert keine § 58 Abs. 1 Satz 1 ArbGG entsprechende Norm, die einer Verwertung der in der *conference* erlangten Informationen entgegensteht. Diese können im nachfolgenden *hearing* verwertet werden.

Allerdings ist die Güteverhandlung per se gesetzlich nicht als Telefonkonferenz vorgesehen. Ob die Möglichkeit einer Videokonferenz besteht (§ 46 Abs. 2 ArbGG, § 128a Abs. 1 ZPO) ist umstritten. Es wird teils für sachgerecht erachtet, dass § 128a Abs. 1 ZPO nicht für die Güteverhandlung nach § 278 Abs. 2 ZPO des Zivilverfahrens gelte, da persönliche Präsenz der Parteien dort besonders wichtig sei.[686] Unabhängig davon, ob dem beizupflichten ist, ist das arbeitsgerichtliche Verfahren anders ausgestaltet: Die Güteverhandlung ist Teil der mündlichen Verhandlung[687] und ist nicht mit der zivilprozessrechtlichen Regelung des § 278 Abs. 2 ZPO vergleichbar.[688] Eine Güteverhandlung könnte somit sehr wohl bereits als Videokonferenz abgehalten werden. Außerdem könnte man überlegen, die Möglichkeit einer Telefonkonferenz im Rahmen der Güteverhandlung gesetzlich vorzusehen. Dabei würde weder gegen die Grundsätze

---

683 GMP/*Germelmann/Künzl*, § 54 ArbGG Rn. 26; ErfK/*Koch*, § 54 ArbGG Rn. 3; GK-ArbGG/*Schütz*, 104 Juni 2017, § 54 ArbGG Rn. 4.

684 GWBG/*Benecke*, § 54 ArbGG Rn. 23; GMP/*Germelmann/Künzl*, § 54 ArbGG Rn. 26; ErfK/*Koch*, § 54 ArbGG Rn. 3; GK-ArbGG/*Schütz*, 104 Juni 2017, § 54 ArbGG Rn. 38.

685 Düwell/Lipke/*Kloppenburg/Tautphäus*, § 54 ArbGG Rn. 25.

686 Zöller/*Greger*, § 128a ZPO Rn. 2; a.A. Stein/Jonas/*Kern*, § 128a ZPO Rn. 6.

687 GK-ArbGG/*Schütz*, 104 Juni 2017, § 54 ArbGG Rn. 26.

688 Zöller/*Greger*, § 278 ZPO Rn. 6; GK-ArbGG/*Schütz*, 104 Juni 2017, § 54 ArbGG Rn. 6.

der Öffentlichkeit, der Mündlichkeit noch der Unmittelbarkeit verstoßen werden.[689] Die Maxime der freien richterlichen Beweiswürdigung gemäß § 286 ZPO, die schwerlich gewahrt werden könnte, steht nicht entgegen, da keine förmliche Beweisaufnahme stattfindet.

3. Mündliche Verhandlung („hearing")

Die ursprüngliche und in der Verfassung vorgesehene Form der Konfliktlösung, die *arbitration* (s 51(35) *The Constitution*)[690], findet in der mündlichen Verhandlung, dem *hearing*, statt.[691] Ob ein *hearing* anberaumt wird, liegt im Ermessen der *Fair Work Commission* (s 593(1) *Fair Work Act 2009*).[692] Eine Sondervorschrift für *unfair dismissal applications* schränkt das Ermessen ein[693] und erlaubt der *Commission* nur ein *hearing* anzuberaumen, wenn sie angesichts des Parteivortrags überzeugt ist, dass eine mündliche Verhandlung der beste und effizienteste Weg zur Konfliktlösung ist (s 399(1) *Fair Work Act 2009*).[694] Das Verfahren der *arbitration* ist sehr formell.[695] Der Ablauf eines *hearing* entspricht hinsichtlich der Formalität einer Hauptverhandlung vor dem *Federal Court*.[696] Ein *Commissioner*, typischerweise derjenige, der bereits die *conference* geleitet hat, sitzt erhöht im Sitzungssaal hinter dem „Richtertisch". Ihm obliegt die förmliche Verhandlungsführung von der Eröffnung des Verfahrens bis hin zur Zeugenvernehmung, die als *cross-examination*[697] stattfindet.[698] Der Ablauf des Kreuzverhörs ist weniger von strikten Regeln und Zurückweisungen von Fragen geprägt, vielmehr dürfen *Commissioners* selbst Rückfragen stellen.[699] Ein *hearing*

---

689 Zu den Verfahrensgrundsätzen im Rahmen des § 128a ZPO Stein/Jonas/*Kern*, § 128a ZPO Rn. 4 f.; *Prütting*, AnwBl 2013, 330 (331 f.).

690 Hierzu § 1 II. 2., S. 43.

691 *Stewart et al.*, Labour Law, para [23.61].

692 *Rinaldi et al.*, Fair Work Legislation 2016–17, 2016, s 593 FW Act, [FWA 593.20].

693 *Rinaldi et al.*, Fair Work Legislation 2016–17, 2016, s 399 FW Act, [FWA 399.20].

694 *Ford v Vita Group Limited* [2010] FWA 4630 para [5].

695 *Stewart et al.*, Labour Law, para [5.06].

696 Genauer § 6 III. 3., S. 192.

697 Vgl. *Australasian Meat Industry Employees' Union v Dardanup Butchering Company Pty Ltd* (2011) 209 IR 1 = [2011] FWAFB 3847 para [28].

698 *Stewart et al.*, Labour Law, para [7.22]; Persönliche Beobachtungen bei *hearings* der *Fair Work Commission* in Sydney im Februar/März 2017.

699 *FWC*, About hearings & conferences, https://www.fwc.gov.au/disputes-at-work/how-the-commission-works/about-hearings-and-conferences [zuletzt abgerufen am 1.7.2019].

ist öffentlich (s 593(2) *Fair Work Act 2009*), es sei denn Vertraulichkeitsaspekte erfordern den Ausschluss der Öffentlichkeit (s 593(3) *Fair Work Act 2009*). Dieser Ausschluss kann auch lediglich einzelne Verfahrensabschnitte betreffen, es können einzelne Personen ausgeschlossen oder schlicht Namen nicht publiziert werden.[700]

Die mündliche Verhandlung vor dem deutschen Arbeitsgericht unterscheidet sich vorwiegend in der Besetzung der Richterbank und der Verhandlungsführung im Rahmen der Beweisaufnahme. Eine Befragungsweise primär durch die Parteien in Form der *cross-examination* ist nicht vorgesehen.[701] Während die mündliche Verhandlung in Australien von einem Einzel-*Commissioner* geleitet wird, findet vor dem Arbeitsgericht erster Instanz die Verhandlung vor der Kammer statt, das heißt einem Vorsitzenden (Berufsrichter) und je einem ehrenamtlichen Richter aus Kreisen der Arbeitnehmer und der Arbeitgeber (§§ 57, 16 Abs. 2 ArbGG).[702] Die Verhandlungen sind grundsätzlich ebenso öffentlich, die Öffentlichkeit kann aber unter bestimmten Voraussetzungen für die gesamte Verhandlung oder für einen Teil ausgeschlossen werden (§ 52 Satz 1 ArbGG).

4. Schriftliches Verfahren („on the papers“)

Im seltenen Fall eines unstreitigen Sachverhalts kann eine Entscheidung auf Grundlage der Akten ergehen, sog. Entscheidung „*on the papers*“.[703] Eine ausdrückliche Regelung hierzu findet sich lediglich im Abschnitt der *unfair dismissal applications* (s 397 *Fair Work Act 2009*).[704] Im Übrigen wird die Entscheidung, ein rein schriftliches Verfahren durchzuführen, auf das Ermessen gestützt, ein *hearing* anzuberaumen (s 593(1) *Fair Work Act 2009*).[705] Die *Commission* ist befugt, die Parteien zur schriftlichen Vorlage fehlender Informationen aufzufordern (s 599(2)(c) *Fair Work Act 2009*).[706]

---

700 *Re Justin Corfield* [2014] FWC 4887 para [20].

701 Ausführlicher zur *cross examination* § 6 III. 3. b), S. 193.

702 Ausführlicher siehe § 3 II. 3. b), S. 112.

703 *FWC*, Enterprise Agreements, p. 188; *dies.*, General Protections, p. 157; *dies.*, Unfair Dismissal, p. 154.

704 *Gutzeit v Liquorland (Qld) Pty Ltd T/A Spirit Hotels Liquorland (South East Queensland)* [2015] FWCFB 1257 para [22].

705 *Reeve v Ramsay Health Care Australia Pty Ltd* (2012) 213 FCR 563 = [2012] FCA 1294 para [37; 74].

706 *Stewart et al.*, Labour Law, para [7.23].

Im Arbeitsgerichtsverfahren in Deutschland ist eine Entscheidung ohne mündliche Verhandlung, im Gegensatz zum Verfahren vor den ordentlichen Gerichten, unzulässig (§ 46 Abs. 2 ArbGG, § 128 Abs. 2 ZPO).

5. Einstweiliger Rechtsschutz („injunction")

Einstweiligen Rechtsschutz *(injunction, interim injunction)* dürfen lediglich die Gerichte (*courts*) gewähren (s 545(2) *Fair Work Act 2009*). Jedoch liegt die Gewährung einstweiligen Rechtsschutzes im Ermessen der Gerichte und es wird zum Teil vertreten, dass ein Einigungsversuch gescheitert sein muss[707] bzw. das Verfahren vor den *tribunals* erschöpft sein sollte[708]. Das Erfordernis eines Schlichtungsversuchs im einstweiligen Rechtsschutz wird in der Literatur kritisch gesehen, da es im dringenden Fall den Rechtsschutz verzögert.[709]

6. Rechtsvergleichende Zusammenfassung

Das Verfahren vor der *Fair Work Commission* gliedert sich in ein Vorverfahren, die *conference*, und eine streitige mündliche Verhandlung, das *hearing*, ebenso wie beim Verfahren erster Instanz vor einem deutschen Arbeitsgericht die streitige mündliche Verhandlung erst im Anschluss an eine gescheiterte Güteverhandlung erfolgt. Die australische *conference* hat Ähnlichkeit mit der deutschen Güteverhandlung, indem ein Schlichtungsversuch unternommen wird und der Sachverhalt weiter aufgeklärt werden soll. Dazu dürfen in beiden Verfahren Zeugen informatorisch befragt werden, wohingegen keine förmliche Beweisaufnahme zulässig ist. Ein formeller Unterschied besteht darin, dass die deutsche Güteverhandlung Teil der mündlichen Verhandlung, die *conference* als separates Vorverfahren anzusehen ist. In der überwiegenden Anzahl der Fälle divergiert die Art der Durchführung: In Australien wird die *conference* üblicherweise per Telefon- oder Videokonferenz abgehalten. Auch wenn in Deutschland eine Videokonferenz gesetzlich zulässig wäre, so findet die Güteverhandlung in der Praxis überwiegend im Sitzungssaal des Gerichtsgebäudes unter persönlicher Anwesenheit beider Parteien statt. Eine Telefonkonferenz ist in Deutschland gesetzlich bisher nicht vorgesehen, könnte aber mangels entgegenstehender rechtlicher Aspekte für die Güteverhandlung eingeführt werden.

---

707 *Woolley v Dunford* (1972) 3 SASR 243.

708 *Miller Attractions Pty Ltd v Actors' and Announcers' Equity Association of Australia* (1970) 1 NSWR 614.

709 *Pittard/Naughton*, Labour and Employment Law, para [18.69].

Die mündliche Verhandlung findet in Australien vor einem Einzel-*Commissioner* statt, während in Deutschland vor der Kammer verhandelt wird. Die Beweisaufnahme in Form der *cross-examination* mit einer Befragung primär durch die Parteien ist dem deutschen System fremd. Die *cross-examination* vor der *Fair Work Commission* ist jedoch, wie das gesamte Verfahren, vom Ziel der Streitbeilegung durch Schlichtung geprägt, wohingegen bei der *cross-examination* vor dem *Federal Court* der Charakter einer streitigen und kämpferischen Auseinandersetzung überwiegt. Folglich ist trotz des Elements der *cross-examination* das Verfahren vor der *Commission* eher mit dem Verfahren vor einem deutschen Arbeitsgericht vergleichbar als das arbeitsrechtliche Verfahren vor dem *Federal Court.* Den Verfahren vor der *Fair Work Commission* und vor den deutschen Arbeitsgerichten sind das schlichtende Element und das Hinwirken auf eine gütliche Einigung gemein.

IV. Beendigung des Verfahrens

Das Verfahren kann in jedem Stadium durch Vergleich (*settlement*) oder durch die Anzeige des Antragstellers, das Verfahren nicht fortführen zu wollen (*discontinuance*), beendet werden. Die *Fair Work Commission* kann das Verfahren auch vorzeitig durch Abweisung des Antrags (*summary dismissal*) abschließen. Kommt es im *hearing* zu einer Entscheidung (*decision*) der *Fair Work Commission*, so kann basierend auf der Entscheidung eine Verfügung *(order*) ergehen, die Abhilfe (*remedy*) schafft.

1. Vergleich („settlement")

Verfahren werden überwiegend mit einem Vergleich, d.h. einvernehmlich mit einem verbindlichen Verhandlungsergebnis[710], beendet. Laut einer Statistik zu *unfair dismissal applications* haben sich die Parteien in knapp 93% der Fälle im Zeitraum 2017 bis 2018 verglichen.[711] In der Regel erfolgt eine Einigung im Rahmen der *conciliation* bzw. der *conference*, der Anteil der Vergleichsschlüsse im formellen *hearing* ist mit 0,2% zu vernachlässigen.[712] Ein Vergleich kann schriftlich, aber auch mündlich geschlossen werden. Entscheidend ist der Wille der Parteien, ob bereits eine mündliche Vereinbarung bindend sein soll oder ob erst

710 *FWC,* General Protections, 2019, p. 25; *dies.*, Unfair Dismissal, p. 23.
711 *FWC,* Annual Report 2017–18, p. 28.
712 *FWC,* Annual Report 2017–18, p. 28.

die schriftliche und unterzeichnete Fassung Bindungswirkung entfalten soll.[713] Rechtssicherheit gibt der schriftliche Vergleichsschluss, der den Parteien deshalb zu empfehlen ist.[714]

2. Vorzeitige Verfahrensbeendigung

a) Verfahrensabbruch („discontinuance")

Der Antragsteller kann sich zu jeder Zeit des Verfahrens entscheiden, das Verfahren nicht fortzuführen (*discontinuance*), unabhängig davon, ob bereits eine Einigung erzielt wurde oder nicht (s 588 *Fair Work Act 2009*, r 10 *Fair Work Commission Rules 2013*). Die Anzeige des Verfahrensabbruchs kann per Formblatt erklärt werden, aber auch mit einfachem Schreiben, per E-Mail, Fax oder mündlich per Telefon sowie in der Verhandlung (r 10(2) *Fair Work Commission Rules 2013*).

Es gibt keine Rechtsfolgenunterschiede von Antragsrücknahme, Verzicht und Erledigung. Differenziert wird lediglich in der Begründung der Anzeige, warum man das Verfahren nicht fortführen, sondern abbrechen will (r 10(2) *Fair Work Commission Rules 2013*). Nach Verfahrensabbruch kann der Antrag aufgrund entgegenstehender Rechtskraft nicht erneut gestellt werden.[715] Bereits gezahlte Gebühren können im Falle einer *discontinuance* zu erstatten sein. Z.B. wird die bereits gezahlte Verfahrensgebühr für eine *unfair dismissal application* zurückerstattet, wenn die *Fair Work Commission* sich noch nicht wesentlich mit dem Antrag beschäftigt hat (reg 3.07(8) *Fair Work Regulations 2013)* oder im Fall einer *dismissal in contravention of a general protection application*, wenn noch kein Termin für eine *conference* anberaumt wurde oder mindestens zwei Tage vor Beginn der *conference* angezeigt wird, das Verfahren nicht fortführen zu wollen (reg 3.02(8) *Fair Work Regulations 2009)*.

b) „Summary dismissal"

Die *Fair Work Commission* kann das Verfahren vorzeitig durch Abweisung des Antrags (*summary dismissal*)[716] beenden, insbesondere wenn sich im Verfahrensverlauf herausstellt, dass keine vernünftige Aussicht auf Erfolg besteht (s 587(1)(c)

---

713 *Masters v Cameron* [1954] HCA 72 = (1954) 91 CLR 353 (360–362); *FWC*, Unfair Dismissal, p. 189.

714 *FWC*, General Protections, p. 169.

715 *FWC*, Anti-bullying, p. 9; *dies.*, General Protections, p. 22; *dies.*, Unfair Dismissal, p. 19.

716 *Catanzariti et al.*, Annotated FW Act, s 587 FW Act, [8-8030.30].

Fair Work Act 2009)[717]. Eine Spezialvorschrift für *unfair dismissal applications* (s 399A(1) *Fair Work Act 2009*) regelt, dass die *Commission* den Antrag abweisen kann, wenn sie zur Überzeugung gelangt, dass der Antragsteller bei einer Verhandlung säumig war[718], einer Aufforderung der *Commission* nicht nachgekommen ist[719] oder den Antrag nach Vergleichsschluss nicht zurückgenommen hat[720]. Dem Antragsteller können dann die Kosten auferlegt werden, die dem Antragsgegner entstanden sind (s 400A(1) *Fair Work Act 2009*).

3. Entscheidungen („decisions")

Die Entscheidung (*decision*), in der Regel nach Abschluss eines *hearing*, richtet sich nach der jeweiligen Verfahrensart (s 598(1) *Fair Work Act 2009*). Das Gesetz spricht aus formalen Gründen von *decisions* und nicht von *judgments*, da die *Fair Work Commission* ein *tribunal* und kein vollwertiger *court* ist. Unter *decisions* fallen ausschließlich Resultate einer *arbitration* (s 598(1) *Fair Work Act 2009*).[721] Dazu gehören auch Zwischenentscheide (*interim decisions*, 589(2) *Fair Work Act 2009*). Die Entscheidungen sind grundsätzlich schriftlich zu erlassen (s 601(1) *Fair Work Act 2009*) und können und sollen auch schriftlich begründet werden (s 601(2) *Fair Work Act 2009*).[722] Entscheidungen und Gründe müssen in einfachem Englisch verfasst werden, sodass sie einfach zu verstehen sind (s 601(3) *Fair Work Act 2009*). Sie müssen zudem der Öffentlichkeit zugänglich gemacht werden, z.B. indem sie auf der Homepage der *Fair Work Commission* bereitgestellt werden (s 601(4)(a), (5) *Fair Work Act 2009*).

a) Abschluss von „modern awards"

In Verfahren zur Änderung, Aufhebung oder zum Abschluss von *modern awards* ist das Ergebnis des Verfahrens bzw. die *decision* im besten Fall ein *award*. Rechtstechnisch handelt es sich bei *awards* um Verträge zwischen der Arbeitgeber- und der Arbeitnehmerseite. Durch die zwingend vorgeschriebene staatliche

---

717 *Smith v Barwon Regional Water Authority* [2009] AIRCFB 769 para [23–24].

718 Zur Versäumnisentscheidung § 5 IV. 5., S. 163.

719 *Lunt v Qube Ports Pty Ltd T/A Qube Ports* [2013] FWC 9315 para [33].

720 *Curtis v Darwin City Council* (2012) 224 IR 174 = [2012] FWAFB 8021 para [61–63]; *Masters v Cameron* [1954] HCA 72 = (1954) 91 CLR 353 (360).

721 *Stewart et al.*, Labour Law, para [7.30].

722 *Stewart et al.*, Labour Law, para [7.25].

Mitwirkung und Kontrolle der *Fair Work Commission* entspricht das Resultat jedoch eher einer von der *Fair Work Commission* erlassenen Regelung.[723]

b) Genehmigung von „enterprise agreements“

Eine *decision* der *Fair Work Commission* kann auch die Genehmigung eines *enterprise agreement* sein. Da lediglich von der *Fair Work Commission* genehmigte und registrierte Vereinbarungen (*approved enterprise agreements*) zwingende Wirkung entfalten, wird in der Regel eine Genehmigung der Vereinbarung beantragt.[724] Wenn das *enterprise agreement* nicht zu beanstanden ist, bewilligt die *Fair Work Commission* die Vereinbarung (s 186(1) *Fair Work Act 2009*). Ebenso kann nach einer Überprüfung die Veränderung eines bestehenden *enterprise agreement* (s 211(1) *Fair Work Act 2009*) oder die Kündigung eines *enterprise agreement* genehmigt werden (s 223(1) *Fair Work Act 2009*). Für die Genehmigungsentscheidungen gilt eine erweiterte Veröffentlichungspflicht, da auch die jeweils genehmigte Vereinbarung selbst veröffentlicht werden muss (s 601(4)(b) *Fair Work Act 2009*); dies erfolgt in der Regel auf der Homepage der *Fair Work Commission*.

c) Feststellungsentscheidungen

In den übrigen Verfahren ergeht eine Feststellungsentscheidung. Die *Fair Work Commission* stellt zunächst beispielsweise fest, dass eine Kündigung ungerecht (*unfair*) ist, um im Anschluss per Verfügung Abhilfe anzuordnen.[725] In der *decision* selbst wird in der Regel der Sachverhalt zum Erlass der *order* aufbereitet und deren Inhalt angekündigt. Die *Fair Work Commission* ist nicht an die Anträge der Parteien gebunden (s 599 *Fair Work Act 2009*). Vor allem im Rahmen der *unfair dismissal applications* kommt es aber nur sehr selten zu einer *decision* (2017 bis 2018 endeten ca. 6% der Anträge mit einer *decision*).[726]

---

723 *Babeck*, Einführung in das australische Recht, § 16 Rn. 15; *Stewart et al.*, Labour Law, para [3.75].

724 *Pittard/Naughton*, Labour and Employment Law, para [2.11].

725 Zur Abhilfeverfügung § 5 IV. 4., S. 162.

726 *FWC*, Annual Report 2017–18, p. 28.

4. Abhilfeverfügung („order of remedy")

Auf Grundlage der Feststellungsentscheidung wird nach Ermessen der *Fair Work Commission*[727] gesondert eine Verfügung (*order*) zur Abhilfe (*remedy*) erlassen, die eine verbindliche Rechtsfolge gemäß der vorangegangenen Entscheidung anordnet. Eine *decision*, die im Gesetz als *order* vorgesehen ist, darf nur in Form einer *order* ergehen (s 598(3) *Fair Work Act 2009*). Der Verstoß gegen eine *order* stellt eine Straftat dar, die mit Freiheitsstrafe von bis zu 12 Monaten bestraft werden kann (s 675 *Fair Work Act 2009*).[728]

Die Trennung von Feststellungsentscheidung und Abhilfeverfügung veranschaulichen z.B. die *remedies* einer *unfair dismissal application*: Ist festgestellt, dass der Antragsteller dem Schutzbereich untersteht und die Kündigung ungerecht war, so kann primär Weiterbeschäftigung oder Wiedereinstellung (*reinstatement*), sekundär eine Abfindung (*compensation*) angeordnet werden (s 390 *Fair Work Act 2009*). Eine Abfindung kommt nur in Betracht, wenn die *Commission* die Weiterbeschäftigung für ungeeignet[729] und eine Ausgleichszahlung für zweckdienlich hält (s 390(3) *Fair Work Act 2009*). Die *reinstatement* umfasst die Möglichkeit, den Arbeitnehmer auf seiner alten Stelle weiterzubeschäftigen, aber auch, ihn auf einer neuen, dem vorherigen Arbeitsplatz vergleichbaren Stelle wiedereinzustellen (s 391(1) *Fair Work Act 2009*). Auch wenn die Weiterbeschäftigung nach dem Gesetzgeberwillen vorrangig angeordnet werden soll, entspricht dies nicht der Praxis, da das Vertrauensverhältnis in der Regel zerstört ist und die Parteien nicht mehr zusammenarbeiten wollen.[730] In knapp 70% der Fälle ergeht die Verfügung, den Arbeitnehmer abzufinden.[731] 2017 bis 2018 wurden nach einem *hearing* im Median 6.971 AU$ zugesprochen.[732]

---

727 *Nguyen v Vietnamese Community in Australia t/a Vietnamese Community Ethnic School South Australia Chapter* [2014] FWCFB 7198 para [9].

728 *FWC*, Unfair Dismissal, p. 165.

729 *Regional Express Holdings Ltd T/A Rex Airlines v Richards* (2010) 206 IR 17 = [2010] FWAFB 8753 para [21]; *Baker v KVD Resort Management Group P/L ATF Connolly Family Trust T/A Great Eastern Motor Inn* [2014] FWC 6374 para [72]; *Fitzpatrick v Mt Arthur Coal Pty Limited* [2015] FWC 2343 para [188].

730 *Stewart et al.*, Labour Law, para [23.79]; einschränkend: *Hammond v Australian Red Cross Blood Service - Sydney* [2011] FWA 1346 para [89].

731 *FWC*, Annual Report 2017–18, p. 34. Die Höhe der Abfindung richtet sich nach gesetzlich festgelegten Kriterien (s 392 *Fair Work Act 2009*).

732 *FWC*, Annual Report 2017–18, Appendix D: Tables and figures reference data, Table D8: Unfair dismissal – arbitration outcomes, median compensation, p. 136.

5. Versäumnisentscheidung („default decision")

Ist eine Partei säumig, kann eine Entscheidung in deren Abwesenheit ergehen, wenn ihr persönliches Erscheinen angeordnet wurde (s 600 *Fair Work Act 2009*). Die Rechtsprechung schränkt den Erlass einer Entscheidung wegen Säumnis aber ein: Aus dem allgemeinen Grundsatz der Fairness des Verfahrens resultiere das Erfordernis, der säumigen Partei Gelegenheit zur Stellungnahme zu geben, warum eine gegen sie nachteilige Entscheidung nicht ergehen sollte. Die säumige Partei soll zudem mit der Aufforderung zur Stellungnahme auf die möglichen, nachteiligen Folgen hingewiesen werden. Die *Fair Work Commission* muss sicherstellen, dass alles Erforderliche getan wurde, um den Parteien die Möglichkeit zur Äußerung bzw. zum Erscheinen zu geben.[733] Für *unfair dismissal applications* regelt eine Spezialvorschrift die Abweisung wegen Säumnis (s 399A(1)(a) *Fair Work Act 2009*).[734] Ergeht eine Entscheidung bei Säumnis, sind der säumigen Partei die allgemeinen Rechtsbehelfe[735] zugänglich. Einen gesonderten Einspruch gibt es nicht.

6. Vergleich mit der Beendigung des deutschen Arbeitsgerichtsprozesses

Auch in den deutschen Arbeitsgerichtsprozessen werden die meisten Verfahren durch Vergleich beendet; im Jahr 2017 haben sich die Parteien in 62% der Fälle geeinigt.[736]

Wenn eine Partei das Verfahren nicht fortführen will, muss zwischen Anerkenntnis oder Klageverzicht, der einseitigen oder beiderseitigen Erledigungserklärung und der Klagerücknahme differenziert werden. Die Klage kann im Gegensatz zum Antrag vor der *Fair Work Commission* ohne Einwilligung des Beklagten nur bis zum Beginn der mündlichen Verhandlung des Beklagten zur Hauptsache zurückgenommen werden (§ 46 Abs. 2 ArbGG, §§ 495 Abs. 1[737], 269

---

733 *Carter v The Hanna Group Pty Ltd* [2011] FWA 31 para [6]; *Kioa v West* [1985] HCA 81 = (1985) 159 CLR 550 (582); *Australian Railways Union; Ex parte Public Transport Corporation* (1993) 51 IR 22 = (1993) 117 ALR 17 (23–24); *Re Media, Entertainment and Arts Alliance; Ex parte Hoyts Corporation Pty Ltd* (1993) 67 ALJR 389 (390) = (1993) 112 ALR 193 (194); *Grimshaw v Dunbar* (1953) 1 All ER 350 (355); *FWC*, Unfair Dismissal, p. 189 et seq.

734 *Young v Balustrade Installations Pty Ltd* [2013] FWC 4032.

735 Hierzu § 7 I. 1., S. 211.

736 *BMAS*, Statistik der Arbeitsgerichtsbarkeit 2017, S. 105, Übersicht A 1.

737 § 46 Abs. 2 Satz 1 ArbGG verweist auf die Vorschriften der Zivilprozessordnung über das Verfahren vor den Amtsgerichten, für das wiederum gem. § 495 Abs. 1 ZPO die Vorschriften über das Verfahren vor den Landgerichten gelten. Zur besseren Lesbarkeit wird im Folgenden auf die Verweisung des § 495 Abs. 1 ZPO verzichtet.

Abs. 1 ZPO). Die Rücknahme erfolgt, wenn sie nicht bei der mündlichen Verhandlung erklärt wird, durch Einreichung eines Schriftsatzes (§ 46 Abs. 2 ArbGG, § 269 Abs. 2 Satz 2 ZPO). Eine Zurücknahme beispielsweise per E-Mail ist unzulässig. Der Kläger ist verpflichtet, die Kosten des Rechtsstreits zu tragen, soweit nicht bereits rechtskräftig über sie erkannt ist oder sie dem Beklagten aus einem anderen Grund aufzuerlegen sind. Ist der Anlass zur Einreichung der Klage vor Rechtshängigkeit weggefallen und wird die Klage daraufhin zurückgenommen, so bestimmt sich die Kostentragungspflicht unter Berücksichtigung des bisherigen Sach- und Streitstandes nach billigem Ermessen (§ 46 Abs. 2 ArbGG, § 269 Abs. 3 Satz 2, 3 ZPO).

Anders als bei der *discontinuance* vor der *Fair Work Commission* erwächst keine Rechtskraft; die Klage kann von neuem erhoben werden (§ 46 Abs. 2 ArbGG, § 269 Abs. 6 ZPO). Die Rechtsfolge in Australien erinnert eher an die Folgen eines Verzichtsurteils, das eine erneute Klageerhebung nach Rechtskraft ausschließt[738] und weniger an die Erledigung. Mit einer Erledigungserklärung wird zwar geltend gemacht, dass sich das Klagebegehren durch ein Ereignis nach Eintritt der Rechtshängigkeit erledigt hat.[739] Technisch ist die einseitige Erledigungserklärung des Klägers aber eine zulässige Klageänderung in eine Feststellungsklage (§ 264 Nr. 2 ZPO)[740] und erfordert noch eine Prüfung in der Sache. Die Parteien können die Rechtshängigkeit zudem durch übereinstimmende Erledigungserklärung beenden. Über die Kosten wird dann unter Berücksichtigung des bisherigen Sach- und Streitstandes nach billigem Ermessen entschieden (§ 91a Abs. 1 Satz 1 ZPO).[741] Eine erneute Klage wäre, anders als vor der *Fair Work Commission*, nach herrschender Meinung zulässig.[742]

Wird der Rechtsstreit nicht durch die Disposition der Parteien beendet, ergeht ein Urteil. Eine Unterscheidung in Hauptsache- und Abhilfeentscheidung kennt das deutsche System nicht. Vielmehr kann im Urteil bereits die Verpflichtung zur Vornahme einer Handlung auferlegt werden (§ 61 Abs. 2 Satz 1 ArbGG). Ist dies der Fall, ist der Beklagte auf Antrag des Klägers zugleich für den Fall, dass die Handlung nicht binnen einer bestimmten Frist vorgenommen wird, zur Zahlung einer vom Arbeitsgericht nach freiem Ermessen festzusetzenden

738 Zum Klageverzicht siehe O/K/S/*Künzl*, Hdb ArbVerf, Rn. 300.

739 O/K/S/*Künzl*, Hdb ArbVerf, Rn. 316; *Schaub*, ArbGVerf-Hdb, § 31 Rn. 1.

740 Thomas/Putzo/*Hüßtege*, § 91a ZPO Rn. 32; MüHdb ArbR/*Jacobs*, § 390 Rn. 92.

741 MüHdb ArbR/*Jacobs*, § 390 Rn. 91.

742 MüKoZPO/*Schulz*, § 91a ZPO Rn. 14.

Entschädigung zu verurteilen (§ 61 Abs. 2 Satz 1 ArbGG). Das Gericht ist anders als die *Fair Work Commission* an den Antrag der Parteien gebunden (§ 46 Abs. 2 ArbGG, § 308 Abs. 1 ZPO).[743] Der Ausgang von Kündigungsschutzprozessen vor deutschen Arbeitsgerichten ist mit den Verfahren in Australien vergleichbar: In der Praxis führt eine Kündigungsschutzklage nur selten zur Weiterbeschäftigung des Arbeitnehmers; meist wird ein Vergleich geschlossen, der eine Abfindung vorsieht.[744]

Im deutschen Arbeitsgerichtsverfahren kann ebenso ein Versäumnisurteil erlassen werden, wenn eine Partei trotz ordnungsgemäßer Ladung nicht erscheint oder nicht verhandelt (§ 46 Abs. 2 ArbGG, §§ 330 ff. ZPO). Gegen ein Versäumnisurteil kann die Partei, gegen die das Urteil ergangen ist, binnen einer Notfrist von einer Woche nach Zustellung dessen Einspruch einlegen (§ 59 Satz 1 ArbGG). Die Einspruchsschrift muss den Erfordernissen des § 340 Abs. 2 ZPO genügen, also das Urteil bezeichnen gegen das der Einspruch gerichtet wird und die Erklärung enthalten, dass gegen dieses Urteil Einspruch eingelegt wird. Ein fehlendes Vorbringen der Angriffs- und Verteidigungsmittel sowie von Zulässigkeitsrügen (§ 340 Abs. 3 ZPO) führt nicht zur Unzulässigkeit des Einspruchs; die Partei kann jedoch mit weiterem Vorbringen ausgeschlossen werden.[745] Die Säumnis selbst braucht nicht entschuldigt oder gerechtfertigt werden.[746] Das deutsche und das australische System setzen an unterschiedlichen Punkten an: Im australischen System wird vor Erlass einer Versäumnisentscheidung die Möglichkeit zur Rechtfertigung geboten bevor lediglich die allgemeinen Rechtsbehelfe zur Verfügung stehen, um das Urteil aufzuheben. Im deutschen Recht ergeht ein Versäumnisurteil, das vereinfacht durch einen Einspruch aufgehoben werden kann, ohne dass es einer Rechtfertigung oder Entschuldigung für die Säumnis bedarf.

V. Kostentragungspflicht

Das Kostenrisiko des Antragstellers vor der *Fair Work Commission* ist gering: Die Verfahrensgebühren betragen Stand 1. Juli 2019 streitwertunabhängig 73,20 AU$

743 MüHdb ArbR/*Jacobs*, § 390 Rn. 2.

744 *Junker*, Grundkurs Arbeitsrecht, Rn. 392.

745 BGH 12.7.1979 – VII ZR 284/78, NJW 1979, 1988; *Schaub*, ArbGVerf-Hdb, § 40 Rn. 17.

746 *Schaub*, ArbGVerf-Hdb, § 40 Rn. 18.

(u.a. reg 3.07 *Fair Work Regulations*).[747] Darüber hinaus trägt grundsätzlich jede Partei ihre eigenen Kosten (s 611(1) *Fair Work Act 2009*). Unter den Kostenbegriff fallen auch die Kosten, die eine Partei für rechtlichen Beistand aufwendet.[748] Das Verfahren vor der *Commission* ist so ausgestaltet, dass es von den Parteien eigenständig geführt werden kann. Eine anwaltliche Vertretung ist nicht zwingend nötig und durch den Grundsatz der Kostentragung soll vermieden werden, dass Parteien von potentiell zu tragenden Kosten abgeschreckt werden, Rechtsschutz zu suchen.[749] Die Kehrseite ist, dass selbst bei hohen Erfolgsaussichten die Chance auf Erstattung gering ist, obgleich man Geld und Zeit aufwendet.[750] In gesetzlich geregelten Ausnahmefällen ist eine Erstattung jedoch möglich.

1. Kostenentscheidung gegen die Partei

Ausnahmsweise kann die *Fair Work Commission* einer Partei die Kosten ganz oder anteilig auferlegen (*cost order*). Die *Commission* hat bei Erlass der Kostenentscheidung einen Ermessensspielraum, der in zwei Stufen ausgeübt wird: Zuerst muss ein Grundtatbestand zur Kostenauferlegung verwirklicht sein, sodann ist die Verhältnismäßigkeit zu prüfen.[751] Die *Commission* darf einer Partei die Kosten auferlegen, wenn der Antrag bzw. die Antragserwiderung der Partei rein schikanös oder ohne vernünftigen Grund gestellt wurde[752] oder wenn keine vernünftige Aussicht auf Erfolg besteht (s 611(2) *Fair Work Act 2009*). Schikanös ist ein Antrag, wenn primär der Zweck verfolgt wird, die Gegenseite zu verärgern oder bloßzustellen.[753] Ein Antrag erfolgt ohne vernünftigen Grund, wenn er offensichtlich unhaltbar, unbegründet oder fehlerhaft ist[754], nicht jedoch, wenn

---

747 *FWC*, Lodge an application, https://www.fwc.gov.au/disputes-at-work/how-the-commission-works/lodge-an-application#field-content-1-heading [zuletzt abgerufen am 1.7.2019].

748 *FWC*, General Protections, 2019, p. 173; *dies.*, Unfair Dismissal, p. 195.

749 *Stewart et al.*, Labour Law, para [7.39].

750 *Stewart*, Employment Law, para [9.4].

751 *McKenzie v Meran Rise Pty Ltd t/as Nu Force Security Services* Dec 375/00 M Print S4692, AIRCFB, 7 April 2000, para [7].

752 *Church v Eastern Health* (2014) 240 IR 377 para [29] = [2014] FWCFB 810.

753 *Nilsen v Loyal Orange Trust* (1997) 76 IR 180 (181); citing: *Attorney-General v Wentworth* (1988) 14 NSWLR 481 (491); cited in: *Holland v Nude Pty Ltd (t/as Nude Delicafe)* (2012) 224 IR 16 para [7].

754 *General Steel Industries Inc v Commissioner for Railways* (1964) 112 CLR 125 (129); cited in: *Walker v Mittagong Sands Pty Limited T/A Cowra Quartz* (2011) 210 IR 370 = [2011] FWA 2225 para [17].

es allein auf die argumentative Überzeugung ankommt.[755] Die Beurteilung, ob vernünftigerweise keine Aussicht auf Erfolg besteht, erfolgt aus objektiver Sicht eines vernünftigen Dritten.[756]

Sondervorschriften im Bereich der *general protections* im Fall einer Kündigung und der *unfair dismissal applications* erweitern die Möglichkeit, Kosten aufzuerlegen: Ist die *Fair Work Commission* überzeugt, dass eine Partei durch unangemessenes (*unreasonable*) Handeln oder Unterlassen während des Verfahrens Kosten verursacht hat, kann sie dieser Partei die Kosten auferlegen.[757] Dadurch kann auch vorwerfbares Verhalten im Laufe des Prozesses und nicht nur zu Prozessbeginn zur Kostenerstattung führen.[758] Als unangemessen wurde z.B. angesehen, dass ein Arbeitnehmer Antrag auf Kündigungsschutz stellte, obwohl erwiesenermaßen keine Kündigung vorlag[759] oder dass der Antragsgegner unentschuldigt säumig war[760]. Auf den Sondervorschriften basierende Kostenentscheidungen dürfen nur auf Antrag einer Partei hin ergehen, der innerhalb von 14 Tagen nach Verfahrensbeendigung gestellt wird (ss 377, 402 *Fair Work Act 2009*).

Welche Kosten auferlegt werden, beurteilt sich nach dem Grad des Fehlverhaltens bzw. der Schuld der Partei. Bei den primär maßgeblichen Parteikosten wird unterschieden zwischen den *party-party costs* und den *indemnity costs*, auch *solicitor-client costs* genannt, die lediglich bei schuldhaftem und verwerflichem Verhalten als Entschädigungszahlung (*indemnity*) auferlegt werden dürfen.[761] Die *party-party costs* sind die zur Führung des Rechtsstreits notwendigen und angemessenen Kosten, d.h. auch nur die notwendigen und angemessenen Anwaltskosten. Hierfür beinhalten die *Fair Work Regulations 2009* eine Kostentabelle, in der Sätze für die gängigen Rechtsdienstleistungen festgelegt sind. Die

---

755 *R v Moore; Ex Parte Federated Miscellaneous Workers' Union of Australia* (1978) 140 CLR 470 (473); cited in: *Walker v Mittagong Sands Pty Limited T/A Cowra Quartz* (2011) 210 IR 370 = [2011] FWA 2225 para [20].

756 *Baker v Salver Resources Pty Ltd* [2012] FWAFB 4014 para [10]; citing: *Wodonga Rural City Council v Lewis* (2005) 142 IR 188, (191); *FWC*, Unfair Dismissal, p. 198.

757 Ss 375B(1)(b), 400A(1) *Fair Work Act 2009*: „*the FWC is satisfied that the first party caused those costs to be incurred because of an unreasonable act or omission of the first party in connection with the conduct or continuation of the dispute*".

758 *Stewart et al.*, Labour Law, para [23.84].

759 *Mijaljica v Venture DMG Pty Ltd* [2012] FWA 2800.

760 *Cremona (formerly trading as Frooty Fresh) v Lane* (2011) 213 IR 151.

761 *Oshlack v Richmond River Council* (1998) 193 CLR 72 para [44]; cited in: *Goffett v Recruitment National Pty Ltd* (2009) 187 IR 262 para [50]; *Stanley v QBE Management Services Pty Limited T/A QBE* [2012] FWA 10164 para [24].

Fair Work Commission darf aber über die laufenden Nummern in der Kostentabelle Kostenpunkte festsetzen, jedoch normierte Sätze nicht überschreiten.[762] Diese Festsetzungen erinnern an die gemäß § 91 ZPO zu ersetzenden gesetzlichen Anwaltskosten nach dem RVG. *Indemnity costs* sind die tatsächlichen Anwaltskosten, einschließlich sämtlicher Gebühren und Auslagen, basierend auf der Honorarvereinbarung, solange diese angemessen ist.[763] Diese werden aber äußerst selten gewährt.[764]

2. Kostenentscheidung gegen den rechtlichen Vertreter

Die Kostenentscheidung kann im Verfahren des ersten Rechtszugs[765] in den Fällen der zuvor bezeichneten Sondervorschriften im Bereich der *general protections* und der *unfair dismissal application* auch gegen den rechtlichen Vertreter ergehen, sodass dieser die Kosten der gegnerischen Partei ganz oder anteilig tragen muss (ss 376, 401 *Fair Work Act 2009*). Als rechtlicher Vertreter gilt jede Person, die mit Genehmigung[766] der *Fair Work Commission* das Verfahren für die Partei nicht unentgeltlich führt (ss 376(1)(b),(c), 401(1)(b),(c) *Fair Work Act 2009*). Eine derartige Kostenentscheidung kann ergehen, wenn der rechtliche Vertreter die Partei ermuntert hat, das Verfahren einzuleiten, weiterzuführen oder zu erwidern, obwohl hinreichend offensichtlich keine Aussicht auf Erfolg bestand[767] oder wenn sein Verhalten während des Verfahrens unangemessen war (ss 376(2), 401(1A) *Fair Work Act 2009*).[768] Das Ermuntern erfordert ein aktives Einwirken des rechtlichen Vertreters, das bloße Unterlassen entgegenzuwirken

---

762 *FWC*, Unfair Dismissal, p. 195 et seq.

763 *FWC*, Unfair Dismissal, 2019, p. 195 et seq.; Schedule 1 Dictionary, „*costs as between party and party*", „*costs on an indemnity basis*", *Federal Court Rules 2011.*

764 *ParkTrent Properties Group Pty Ltd t/as Parktrent Properties v Marylou George* [2014] FWC 935 para [6 et seq.].

765 *Church v Eastern Health* (2014) 240 IR 377 = [2014] FWCFB 810 para [19]; *Selcuk v Maddison & Associates Pty Ltd* [2015] FWC 4390 para [6].

766 *Department of Education and Early Childhood Development v A Whole New Approach Pty Ltd* [2011] FWA 8040 para [72], [89].

767 *Rainshield Roofing Pty Ltd T/A Rainshield Roofing and Anor v Paerau* [2014] FWC 3777.

768 Ss 376(2), 401(1A) *Fair Work Act 2009*: „*(a) the representative encouraged the person to start, continue or respond to the dispute and it should have been reasonably apparent that the person had no reasonable prospect of success in the dispute; or (b) of an unreasonable act or omission of the representative in connection with the conduct or continuation of the dispute*".

reicht nicht aus.[769] Als unangemessenes Handeln und nicht nur hartes Verhandeln wurde beispielsweise angesehen, dass der rechtliche Vertreter in *Alexander M Pty Ltd v Lloyd; McDonald Murholme Solicitors*[770] eine Einigung verhinderte, die für beide Seiten vorteilhaft gewesen wäre. Die Entscheidung kann lediglich auf Antrag einer Partei ergehen.[771]

3. Kostentragungspflicht im deutschen Arbeitsgerichtsprozess

In der deutschen Arbeitsgerichtsbarkeit soll § 12a Abs. 1 Satz 1 ArbGG das Kostenrisiko überschaubar halten.[772] Es besteht in Urteilsverfahren des ersten Rechtszugs ebenso kein Anspruch der obsiegenden Partei auf Entschädigung wegen Zeitversäumnis und auf Erstattung der Kosten für die Zuziehung eines Prozessbevollmächtigten oder Beistandes. Eine dem australischen Recht vergleichbare Ausnahmeregelung existiert nicht.[773] Auch ist dem deutschen Prozessrecht die Erstattung von *indemnity costs* fremd. Sind die Kosten der anwaltlichen Vergütung erstattungsfähig, so bestimmt sich die Höhe nach den gesetzlichen Bestimmungen des Rechtsanwaltsvergütungsgesetzes.[774]

Eine Kostenentscheidung gegen den Verfahrensbevollmächtigten ist im deutschen Recht nicht existent. Vielmehr kommt nur die vertragliche Haftung des Rechtsanwalts zunächst gegenüber dem Mandanten in Frage, da in der Regel ein Geschäftsbesorgungsvertrag (§ 675 BGB) besteht. Überwiegend geht es hierbei um Schadensersatzansprüche gemäß §§ 280 ff. BGB.[775] Die Haftung gegenüber Dritten ist nur beschränkt möglich.[776] Jedenfalls begründet das Prozessrechtsverhältnis keine Haftung gegenüber der gegnerischen Partei.

---

769 *Khammaneechan v Nanakhon Pty Ltd ATF Nanakhon Trading Trust T/A Banana Tree Cafe* [2011] FWA 651 para [22].

770 *Alexander M Pty Ltd v Lloyd; McDonald Murholme Solicitors* [2013] FWC 8795 para [72 et seq.].

771 *FWC*, Unfair Dismissal, p. 202 et seq; *Stewart et al.*, Labour Law, para [23.85].

772 BAG 25.9.2018 – 8 AZR 26/18, NZA 2019, 121 Rn. 30.

773 Zur nicht eingeführten Erstattungspflichtigkeit kraft Billigkeit: BAG 25.9.2018 – 8 AZR 26/18, NZA 2019, 121 Rn. 31; siehe auch MüHdb ArbR/*Jacobs*, § 390 Rn. 95 ff.

774 O/K/S/*Künzl*, Hdb ArbVerf, Rn. 350.

775 Genauer und zu außervertraglichen Haftungsgrundlagen siehe *Mennemeyer* in: Fahrendorf/Mennemeyer (Hrsg.), Haftung des RA, Rn. 1 ff., 18 ff., 283 ff.

776 *Mennemeyer* in: Fahrendorf/Mennemeyer (Hrsg.), Haftung des RA, Rn. 337 ff.

VI. Durchsetzung von Entscheidungen

Die Durchsetzung bestehenden Rechts bleibt aufgrund der Gewaltenteilung den Gerichten (*courts*) vorbehalten.[777] Verbindliche Anordnungen bzw. Verfügungen (*orders*) der *Fair Work Commission* sind keine Vollstreckungstitel. Wird einer *order* zuwidergehandelt, muss man zur Durchsetzung dieser ein zivilrechtliches Verfahren (*civil remedy proceeding*) am *Federal Circuit Court* oder *Federal Court* oder auch bei einem *State* oder *Territory Court* einleiten (s 539(1) *Fair Work Act 2009*).[778] Der Antrag kann bis zu sechs Jahre ab Zuwiderhandlung gestellt werden (s 544 *Fair Work Act 2009*). Die Gerichte sind befugt durch *order* einstweilige Verfügungen, Entschädigungszahlungen oder im Falle einer vorausgegangenen Kündigung eines Arbeitnehmers Wiedereinstellung anzuordnen (s 545(2) *Fair Work Act 2009*). Dabei handelt es sich um Regelbeispiele; die Vorschrift ist nicht abschließend zu verstehen.[779] Darüber hinaus können zivilrechtliche Strafzahlungen (*pecuniary penalties*) zur Abschreckung[780] auferlegt werden (s 546 *Fair Work Act 2009*).[781] Diese sind gesetzlich je nach Verfahrensart gedeckelt: Z.B. können im Falle eines vorausgegangenen *unfair dismissal*-Verfahrens bei der *Fair Work Commission* mit anschließender Nichtbefolgung der *order* auf Wiedereinstellung der zuwiderhandelnden Individualperson maximal 60 „*penalty units*", einem Unternehmen das Fünffache, also maximal 300 „*penalty units*" auferlegt werden.[782] Eine „*penalty unit*" beträgt 210 AU$ (Stand 1. Juli 2019).[783] Die Zahlung kann entweder an den Staat, eine Organisation, wie eine Gewerkschaft, oder an eine Einzelperson verfügt werden (s 546(3) *Fair Work Act 2009*). In der Regel geht die Zahlung an die vertretende Gewerkschaft bzw. an eine nicht vertretene Partei selbst[784], damit diese

---

777 *R v Kirby; Ex parte Boilermakers' Society of Australia* (1956) 94 CLR 254 (281); *McCallum/Riley/Stewart*, (2013) 34 Comp. Lab. L. & Pol'y J 843 (854).

778 *FWC*, General Protections, p. 190; *dies.*, Unfair Dismissal, p. 213; *Stewart*, Employment Law, para [9.16].

779 *Stewart et al.*, Labour Law, para [19.31].

780 *Director of the Fair Work Building Industry Inspectorate v Bragdon (No 2)* [2015] FCA 998 para [23–27].

781 *Stewart et al.*, Labour Law, para [19.29, 19.33].

782 *Meadley v Sort Worx Pty Ltd* [2013] FCA 1012; *FWC*, Unfair Dismissal, p. 215.

783 S 4AA *Crimes Act 1914* – Act No. 12, 1914 – Compilation No. 127, 2018.

784 *Sayed v Construction, Forestry, Mining and Energy Union* [2016] FCAFC 4 = (2016) 239 FCR 336.

ihre Kosten decken kann.[785] Mittlerweile werden signifikante Strafzahlungen verhängt.[786]

Es besteht die Möglichkeit *small claim proceedings* am *Federal Circuit Court* einzuleiten, um eine *order* der *Fair Work Commission* zur Zahlung von bis zu 20.000 AU$ durchzusetzen. Der *Federal Circuit Court* ist nicht befugt eine zusätzliche Geldstrafe im Rahmen dieses Verfahrens zu verhängen. Dieses Verfahren für geringere Streitwerte verläuft schneller und informeller. Anwaltliche Vertretung muss durch den *Federal Circuit Court* zugelassen werden. Dies führt zu einem kostengünstigeren Verfahren.[787]

Die Durchsetzung von Urteilen deutscher Arbeitsgerichte divergiert zunächst darin, dass das Endurteil einen Vollstreckungstitel darstellt.[788] Urteile des Arbeitsgerichts sind von Gesetzes wegen vorläufig vollstreckbar (§ 62 Abs. 1 Satz 1 ArbGG). Das Vollstreckungsverfahren ist ein selbstständiges, vom Erkenntnisverfahren unabhängiges Verfahren.[789] Das Arbeitsgericht ist als Prozessgericht für die Erzwingung vertretbarer und unvertretbarer Handlungen, die Abgabe von Willenserklärungen und die Erzwingung einer Unterlassung oder Duldung zuständig. Vollstreckungsorgan bei der Vollstreckung wegen einer Geldforderung ist grundsätzlich das Amtsgericht.[790] Unvertretbare Handlungen, wie die Erfüllung des Weiterbeschäftigungsanspruchs, werden mittels Zwangsgeld bzw. Zwangshaft durchgesetzt (§ 888 ZPO).[791] Das Zwangsgeld dient allein der Durchsetzung des Anspruchs und hat keinen Strafcharakter[792]; Strafzahlungen zur Abschreckung im Rahmen der Zwangsvollstreckung, vergleichbar den *pecuniary penalties*, sind dem deutschen Arbeitsrecht fremd. Gemäß § 61 Abs. 2 ArbGG kann der Beklagte zur Vornahme einer Handlung verurteilt und gleichzeitig eine Entschädigung für den Fall, dass der Beklagte die Handlung nicht binnen einer angemessenen Frist erfüllt, festgesetzt werden.[793]

785 *Stewart et al.*, Labour Law, para [19.38].

786 In *Fair Work Ombudsman v Mai Pty Ltd & Anor* [2016] FCCA 1481 para [147] betrug die *Mai Pty Ltd* auferlegte *pecuniary penalty* 425.363 AU$.

787 *FWC*, General Protections, 2019, p. 190.

788 O/K/S/*Ostrowicz*, Hdb ArbVerf, Rn. 867; *Schaub*, ArbGVerf-Hdb, § 69 Rn. 17.

789 O/K/S/*Ostrowicz*, Hdb ArbVerf, Rn. 864.

790 O/K/S/*Ostrowicz*, Hdb ArbVerf, Rn. 865a; *Schaub*, ArbGVerf-Hdb, § 69 Rn. 6.

791 *Schaub*, ArbGVerf-Hdb, § 97 Rn. 1 f.

792 O/K/S/*Ostrowicz*, Hdb ArbVerf, Rn. 890.

793 MüHdb ArbR/*Jacobs*, § 390 Rn. 85.

VII. Zusammenfassung in rechtsvergleichender Sicht

Die Statistik der *Fair Work Commission* zeigt: Der kollektivrechtliche Wandel weg von der zentralisierten Zwangsschlichtung zum dezentralen System des *enterprise bargaining*[794] entlastet die *Fair Work Commission* und deren kollektivrechtlich veranlasste Tätigkeit beschränkt sich in großen Teilen auf die Genehmigung von *enterprise agreements*. Im Vordergrund stehen derzeit vor allem Kündigungsschutzstreitigkeiten (43% der Anträge an die *Fair Work Commission* im Zeitraum 2017 bis 2018 waren *unfair dismissal applications*[795]). Die tatsächliche Ausgangslage der Streitbeilegung in Kündigungsschutzverfahren ist in Australien und Deutschland ähnlich: Arbeitnehmer sind typischerweise sozial schwächer gestellt und für ihren Lebensunterhalt auf ihr Einkommen aus dem Arbeitsverhältnis angewiesen. Zudem streben normalerweise beide Parteien einen schnellen Verfahrensabschluss an. Sowohl dem Verfahren vor der *Fair Work Commission* als auch dem Verfahren vor den deutschen Arbeitsgerichten ist deshalb gemein, dass sie auf eine schnelle Erledigung des Rechtsstreits abzielen. Hierfür normieren beide Rechtsordnungen kurze Fristen und fördern durch informelle Vorverfahren die Vergleichsbereitschaft.

Das Verfahren vor der *Fair Work Commission* ist zudem vor allem dem Gedanken untergeordnet, Arbeitnehmern den Zugang zu einer unabhängigen, staatlichen, schlichtenden Institution zu erleichtern (*access to justice*).[796] Dies mag auch der ausschlaggebende Grund sein[797], dass die Bewertung einer Kündigung als *unfair*, insbesondere für den an das Kündigungsschutzgesetz gewohnten deutschen Juristen, überraschenderweise als Regelungsstreitigkeit eingestuft und somit der *Fair Work Commission* zugewiesen wird.

Dieses Kündigungsschutzverfahren erfordert dann insbesondere aus zwei Gesichtspunkten besondere Regelungen: Das Verfahren muss einerseits so ausgestaltet werden, dass der Arbeitnehmer die Risiken eines Verfahrens kontrollieren kann und nicht unkalkulierbare Risiken fürchten muss (z.B. unkalkulierbare Kosten der Gegenseite). Andererseits muss das Verfahren für den Arbeitnehmer selbst finanzierbar sein, sodass er trotz finanzieller Engpässe nach einer Kündigung Rechtsschutz erhalten kann.[798] Hierfür sollte angesichts üblicher

---

794 Ausführlich dazu *Desch*, Arbeitsrecht in Australien, u.a. S. 276.

795 *FWC*, Annual Report 2017–18, p. 28.

796 S 3(e) *Fair Work Act 2009*: *„accessible and effective procedures"*. Rechtsgespräch mit *Professor McCallum*, University of Sydney, 7. März 2017.

797 *McCallum/Riley/Stewart*, (2013) 34 Comp. Lab. L. & Pol'y J 843 (855 et seq.).

798 Vgl. *McCallum/Riley/Stewart*, (2013) 34 Comp. Lab. L. & Pol'y J 843 (855 et seq.); Rechtsgespräch mit *Professor McCallum*, University of Sydney, 7. März 2017.

australischer Anwaltsgebühren das Verfahren so ausgestaltet werden, dass ein Arbeitnehmer es ohne Beteiligung eines Anwalts führen kann. Um dieses Ziel erreichen zu können, entschied man sich in Australien gegen die Gründung eines arbeitsrechtrechtlichen *court* und gründete die *Fair Work Commission* als *tribunal*, da losgelöst von traditionellen Grundsätzen der Gerichtsbarkeit und des Prozessrechts Verfahren freier gestaltet werden können. Denn auch wenn vor Gericht zum Teil ein Parteiprozess zulässig wäre, so ist dies in der Praxis die Ausnahme[799] und das formale Gerichtsverfahren aufgrund seiner Komplexität als Anwaltsprozess vorgesehen[800]. Das deutsche Prozessrecht verfährt insoweit anders: Der Schutz bedürftiger Parteien ist eine Frage der staatlichen Prozesskostenhilfe (z.B. § 11a ArbGG), das Prozessrecht selbst (z.B. § 12a Abs. 1 Satz 1 ArbGG) regelt lediglich den umfassenden Schutz vor den unkalkulierbaren Kosten der Gegenseite.[801]

Der Zugang zur *Fair Work Commission* ist durch Formblätter für Anträge, erläuternde „*Benchbooks*" auf der Homepage der *Fair Work Commission*[802] und Unterstützung durch die *Commissioners* jedem Laien auch ohne rechtlichen Beistand möglich. Nach Antragstellung beginnt die Tätigkeit der *Commission* in Kündigungsschutzfällen mit dem Vor-Vorverfahren vor einem *Conciliator* (per Telefon- oder Videokonferenz) und dem Vorverfahren vor der *Commission* (*conference*). Erst wenn es hierbei zu keiner Einigung kommt, wird verhandelt (*hearing*). Das *hearing* ist zwar formal gestaltet, die zulassungsbedürftige anwaltliche Vertretung aber die Ausnahme. So wird das Verfahren vor einem *tribunal* beschleunigt und Kosten werden gesenkt.[803] Zudem hat zwar auch ein *Commissioner* fair und neutral zu sein, Fairness bedeutet im Verfahren der *Fair Work Commission* aber auch, die schwächere Partei gegebenenfalls an der Hand zu nehmen, z.B. die einschlägige Rechtslage zu erklären, ohne die andere Partei zu benachteiligen.[804] Der *Commissioner* wird deshalb von vielen verfahrensrechtlichen

799 *FCA*, Annual Report 2017–18, p. 39, Table 3.7: Proceedings commenced by self-represented litigants in 2017–18 by cause of action: Die Statistik umfasst allerdings lediglich die Klägerseite; eine allumfassende Statistik existiert nicht.

800 *Dos Santos*, Self represented litigants, para [1 et seqq.].

801 So zu § 12a Abs. 1 Satz 1 ArbGG: BAG 25.9.2018 – 8 AZR 26/18, NZA 2019, 121 Rn. 30 f.

802 *FWC*, Benchbooks, https://www.fwc.gov.au/resources/benchbooks [zuletzt abgerufen am 1.7.2019].

803 *Giudice*, (2008) 21 AJLL 237 (241).

804 *FWC*, About hearings & conferences, https://www.fwc.gov.au/disputes-at-work/how-the-commission-works/about-hearings-and-conferences [zuletzt abgerufen am 1.7.2019].

Vorgaben befreit, kann den Sachverhalt mitunter auch selbst ermitteln und ist nicht an die Anträge der Parteien gebunden. Vor allem weniger strenge Regeln für die Beweisaufnahme führen zu einem informelleren Prozess und damit zu einem Verfahren, das den Parteien auch ohne Anwalt leichter zugänglich ist. Das gerichtliche Verfahren in Deutschland ist, trotz der angestrebten gütlichen Erledigung (§ 57 Abs. 2 ArbGG), als streitiges Rechtsdurchsetzungsverfahren ausgestaltet, über das ein neutraler Richter befindet. Zwar nutzen Gerichte Auslegungsspielräume, der Richter muss aber vor allem das Verfügungsrecht der Parteien über das Streitverhältnis und deren alleinige Befugnis zur Beibringung des Prozessstoffs respektieren.[805] Das Gericht darf selbst offenkundige Tatsachen, die nicht vorgetragen wurden, nicht berücksichtigen[806].

Die Beendigungsmöglichkeiten der Verfahren unterscheiden sich hauptsächlich systembedingt: Die Trennung von abschließender *decision* und *order of remedy*, das heißt von Feststellungsentscheidung und Abhilfeverfügung, ist dem deutschen Recht fremd. Zudem kann die *Fair Work Commission* als Verwaltungsinstitution ihre Entscheidungen nicht selbst durchsetzen. Hierfür bedarf es eines *civil remedy proceeding* (s 539(1) *Fair Work Act 2009*) vor einem *court*. Beiden Rechtsordnungen ist jedoch gemein, dass es meist gar nicht zu einer abschließenden Entscheidung kommt. Vor allem die Kündigungsschutzverfahren vor der *Fair Work Commission* enden nahezu ausschließlich mit einer gütlichen Einigung (nur ca. 6 % der Kündigungsschutzverfahren endeten 2017 bis 2018 mit einer *decision*[807]).

---

805 BGH 26.4.2016 – VIII ZB 47/15, NJW-RR 2016, 887 Rn. 21.

806 BAG 9.12.1997 – 1 AZR 319/97, NZA 1998, 661 (663); ErfK/*Koch*, § 46 ArbGG Rn. 5.

807 *FWC*, Annual Report 2017–18, p. 28.

§ 6 Das Verfahren erster Instanz vor dem Federal Court of Australia

Die begrenzten Möglichkeiten des *tribunal* bedingen weiterhin Verfahren zur Beilegung von Rechtsstreitigkeiten. Für bundesrechtliche Rechtsstreitigkeiten etablierte das *Commonwealth* neben dem *High Court* zwei weitere *courts*: den *Federal Court* und den *Federal Circuit Court*. Der *Federal Circuit Court* wurde hauptsächlich zur Entlastung des *Federal Court* gegründet und befasst sich mit kürzeren und einfacheren Angelegenheiten[808] in einem informelleren Verfahren. Er ist nicht wie der *Federal Court* umfassend zur Rechtsprechung in Bundesangelegenheiten befugt, sondern ihm müssen Zuständigkeiten explizit zugewiesen werden.[809] Die folgenden Ausführungen beschränken sich deshalb auf die strengeren, potentiell alle bundesrechtlichen Verfahren betreffenden Vorgaben vor dem *Federal Court*. Lediglich auf das besonders relevante *small claim proceeding* vor dem *Federal Circuit Court* wird vereinzelt verwiesen.

Um den Vergleich des Verfahrens mit dem Verfahren vor der *Fair Work Commission* zu erleichtern, werden die Ausführungen ähnlich strukturiert und es wird vergleichbar auf Besonderheiten von Kündigungsschutzverfahren eingegangen. Ausführlichere Gegenüberstellungen mit dem deutschen Recht finden sich bereits in der jeweils entsprechenden Passage zum Verfahren vor der *Fair Work Commission* (§ 5), die im Folgenden lediglich ergänzt werden, wenn ein Vergleich zum gerichtlichen Verfahren näherliegt.

I. Allgemeine Verfahrensfragen

1. Allgemeine Verfahrensgrundsätze

Die allgemeinen Verfahrensgrundsätze entsprechen zu einem großen Teil den Grundsätzen des Verfahrens vor der *Fair Work Commission*, sind jedoch teils anders verortet oder anders gewichtet. Auch das Verfahren vor dem *Federal Court* ist durch den Justizgewähranspruch (*access to justice*) geprägt. Dieser hat viele Facetten und wird unterschiedlich definiert.[810] Einigkeit besteht

808 *Gleeson*, The State of the Judicature.

809 *Ranson* in: Zuckerman et al. (Ed.), Civil Procedure, para [2.14].

810 *Sackville*, [2002] FedJSchol 12.

darüber, dass das Rechtssystem jedem zugänglich, fair, effizient und effektiv sein muss.[811]

a) Übergeordnetes Verfahrensprinzip des fairen Verfahrens

Überlagert werden allgemeine Verfahrensgrundsätze von dem gesetzlich normierten übergeordneten Verfahrensprinzip („*overarching purpose*“[812]) in s 37M *Federal Court of Australia Act 1976*:

> „*(1) The overarching purpose of the civil practice and procedure provisions is to facilitate the just resolution of disputes:*
> (a) *according to law; and*
> (b) *as quickly, inexpensively and efficiently as possible.*“

Die Maxime umfasst verschiedene allgemeine Verfahrensgrundsätze: den Grundsatz der Gesetzmäßigkeit, den Beschleunigungsgrundsatz, das Prinzip der Kostengünstigkeit und die Zielvorgabe eines effizienten Verfahrens. Hauptvorgabe ist aber die Verpflichtung zu einem fairen Verfahren, die auch einen Anspruch auf rechtliches Gehör gewährt.[813] Von den Parteien und Anwälten wird nicht nur erwartet, dass sie zu einem fairen Verfahren beitragen, sondern sie sind dazu verpflichtet (s 37N *Federal Court of Australia Act 1976*).[814]

b) Öffentlichkeitsgrundsatz

Verfahren vor dem *Federal Court* sind grundsätzlich öffentlich (s 17(1) *Federal Court of Australia Act 1976*). Das Prinzip der *open justice* ist ein fundamentaler Grundsatz des *Common Law*[815], der die Qualität der Rechtsprechung erhöht und das Vertrauen und die Akzeptanz in der Bevölkerung stärkt.[816] Die richterliche Tätigkeit muss durch die Öffentlichkeit wahrgenommen werden: „*justice*

---

811 *Law Society of NSW*, Access to Justice – Final Report (December 1998), p. 11, zitiert nach: *Sackville*, [2002] FedJSchol 12.

812 *Colbran et al.*, Civil Procedure, para [2.5.1]: Das „*overriding purpose*“ wurde aus dem englischen Recht übernommen und geht auf einen Vorschlag von *Lord Woolf* zurück: *Woolf*, Access to Justice.

813 *Vial* in: Zuckerman et al. (Ed.), Civil Procedure, para [1.60].

814 *Allsop*, CPN-1, para [7.2]; *Expense Reduction Analysts Group Pty Ltd v Armstrong Strategic Management and Marketing Pty Limited* (2013) 250 CLR 303 = [2013] HCA 46 para [56].

815 *Scott v Scott* [1913] AC 417; *Dickason v Dickason* (1913) 17 CLR 50 (51).

816 *Cunliffe*, (2012) 40 FLRev 385 (386); *Moti v The Queen* (2011) 245 CLR 456 = [2011] HCA 50 para [100]; *Hogan v Hinch* (2011) 243 CLR 506 = [2011] HCA 4 para [20].

must seen to be done“[817]. Die Öffentlichkeit hat deshalb freien Zugang zu Verhandlungen, sog. „*open court*“.[818] Gerichte können diesen Zugang nicht grundlos beschränken.[819] Allerdings haben sich im *Common Law*[820] und im Gesetzesrecht Ausschlussgründe etabliert, die eine Verhandlung *in chambers* gestatten. Die Öffentlichkeit bzw. einzelne Personen können z.B. ausgeschlossen werden, wenn Gerechtigkeitsaspekte dies erfordern (s 17(4) *Federal Court of Australia Act 1976*). Dem Ausschluss der Öffentlichkeit gehen als mildere Mittel Verfügungen vor, die z.B. die Offenlegung (*disclosure*) von Informationen unterbinden (*suppression order*) oder die Veröffentlichung verhindern (*non-publication order*, Part VAA *Federal Court of Australia Act 1976*). Sie kommen in Betracht, um u.a. eine Beeinträchtigung der ordnungsgemäßen Rechtspflege zu verhindern oder wenn die nationale Sicherheit oder die Sicherheit Einzelner gefährdet ist (s 37AG(1) *Federal Court of Australia Act 1976*).

c) Grundsatz der Mündlichkeit

Auch vor dem *Federal Court* herrscht kein derart strenges Mündlichkeitsprinzip, wie es das deutsche arbeitsgerichtliche Verfahren kennt. Vielmehr ist in bestimmten Fällen eine Verhandlung entbehrlich (s 20A *Federal Court of Australia Act 1976*) oder es ist ein schriftliches Verfahren („*on the papers*“) vorgesehen (r 36.41 *Federal Court Rules 2011*). Auch der Zeugenbeweis kann regelmäßig durch eine schriftliche, eidesstattliche Zeugenaussage (*affidavit*) erbracht werden (s 47(2), (3) *Federal Court of Australia Act 1976*). Primär sollen dadurch Kosten gesenkt werden.[821]

d) Modifizierte Verhandlungsmaxime

Für das Zivilverfahren vor der Arbeitsrechtskammer des *Federal Court* gilt generell das dem *Common Law* eigene *adversarial system*[822], also der

817 *Spigelman*, (2000) 74 ALJ 290 (297).

818 *Colbran et al.*, Civil Procedure, para [1.8.1]; *Dando v Anastassiou* [1951] VLR 235 (237 et seq.).

819 *Dickason v Dickason* (1913) 17 CLR 50 (51): „*[…] there is no inherent power in a Court of justice to exclude the public, inasmuch as one of the normal attributes of a Court is publicity, that is, the admission of the public to attend the proceedings.*“; *Cunliffe*, (2012) 40 FLRev 385 (394); *Spigelman*, (2000) 74 ALJ 290 (304).

820 *Rinehart v Welker* (2011) 93 NSWLR 311 = [2011] NSWCA 403 para [34 et seqq.].

821 *Cullen*, Civil Procedure, p. 9.

822 *Weisbrot*, Reform of the civil justice system, p. 7; *Colbran et al.*, Civil Procedure, para [1.6.4].

Verhandlungs- bzw. Beibringungsgrundsatz im kontradiktorischen Verfahren.[823] Moderne Entwicklungen tragen allerdings auch hier zu einem hybriden *adversarial system* mit *inquisitorial elements* bei[824], wenn auch nicht so weitgehend wie vor der *Fair Work Commission*. Die Aspekte prozessualer Leitung, die aus dem Beibringungsgrundsatz herrühren, werden als *case management*[825] bezeichnet. Richter haben mittlerweile einen Fall aktiv zu managen, sie gelten nicht mehr nur als passive Schiedsrichter.[826] Damit werden vor allem Verzögerungen und Kosten reduziert.[827] Das zivilrechtliche *case management* vor dem *Federal Court* regeln insbesondere ss 37M et seqq. *Federal Court of Australia Act 1976*. Der Fall soll in der Hand eines Richters vom Eingang bis zum Abschluss des Verfahrens bleiben, um ein effizientes Verfahren zu gewährleisten.[828]

Zu den *case management*-Befugnissen gehört unter anderem, ein *case management hearing* abzuhalten, in dem die Verfahrensfragen abgesteckt werden und vorab geklärt wird, welche Beweisstücke offenzulegen sind und wie weiter verfahren wird. Zur Beschleunigung des Verfahrens werden elektronische Medien genutzt, vom *eLodgement*[829] bis hin zum *eCourtroom*.[830] Die Prinzipien des *case management* und des *overarching purpose* sind eng verzahnt: Die Ausmaße der *case management*-Befugnisse wurden zur Erreichung des *overarching purpose* systematisch erweitert.[831] Die prozessuale Leitung durch das Gericht hat das Konzept Fairness im Verfahren gewissermaßen neu definiert.[832] Nach der Grundsatzentscheidung *Aon Risk Services Australia Limited v Australian National University*[833] zum *case management* bedeutet eine unnötige Verfahrensverzögerung bereits eine ungerechtfertigte Beeinträchtigung im Recht auf ein

---

823 *Dietl/Lorenz*, Wörterbuch Recht, Wirtschaft und Politik, „*adversary system*".

824 *Cairns*, Australian Civil Procedure, para [2.20]; *Colbran et al.*, Civil Procedure, para [1.6.4].

825 *Colbran et al.*, Civil Procedure, para [2.3.1]: Alternative Bezeichnungen in der Literatur sind *caseflow management* und *caseload management*.

826 *Cairns*, Australian Civil Procedure, para [2.20].

827 *Cairns*, Australian Civil Procedure, para [2.30].

828 *FCA*, Allocation of Judicial Matters under the NCF, https://www.fedcourt.gov.au/about/national-court-framework/allocations [zuletzt abgerufen am 1.7.2019].

829 Genauer § 6 II. 1., S. 180.

830 *Allsop*, CPN-1, para [8.2]; *Colbran et al.*, Civil Procedure, para [2.4.2]; *ALRC*, Background Paper 3, p. 5 et seqq.

831 *Colbran et al.*, Civil Procedure, para [2.1.1].

832 *Sackville*, (2009) 18 JJA 211 (217 et seq.).

833 *Aon Risk Services Australia Limited v Australian National University* [2009] HCA 27 = (2009) 239 CLR 175.

faires Verfahren.[834] Trotz aller möglicher Einflussnahme seitens des Gerichts gilt aber im Grundsatz die Verhandlungsmaxime: Die Parteien bringen die Sache zu Gericht und begrenzen den Streitstoff.[835]

2. Prozessvertretung

Parteien steht es vor dem *Federal Court* frei, sich selbst zu vertreten (r 4.01(1) *Federal Court Rules 2011*).[836] Lediglich *corporations* müssen anwaltlich vertreten werden (r 4.01(1) *Federal Court Rules 2011*). Eine *corporation* in diesem Sinne ist jede juristische Person, bei der es sich nicht um eine (eingetragene) Organisation handelt (Schedule 1 Dictionary, *„corporation"*, *Federal Court Rules 2011*). Anwälte (*lawyers*) sind alle eingetragenen Rechtsanwälte mit Zulassung zu den Bundesgerichten bzw. bundesstaatlichen *Supreme Courts* (s 4 *Federal Court of Australia Act 1976*). Das formale Gerichtsverfahren ist aufgrund seiner Komplexität aber als Anwaltsprozess vorgesehen.[837] Auch wenn de facto eine Partei vor Gericht ohne Anwalt auftreten kann, ist dies in der Praxis die große Ausnahme. So traten in arbeitsrechtlichen Verfahren vor dem *Federal Court* 2017 bis 2018 z.B. lediglich in ca. 2% der Fälle Kläger ohne Anwalt auf.[838]

Möchte sich eine Partei vertreten lassen, gibt es grundsätzlich keinen Erlaubnisvorbehalt. Einzig die Vertretung im *small claim proceeding* vor dem *Federal Circuit Court* bedarf der Erlaubnis (s 548(5) *Fair Work Act 2009*). Wird vor der *Fair Work Division* verhandelt, darf ein Mitglied bzw. Mitarbeiter einer eingetragenen Gewerkschaft bzw. eines eingetragenen Arbeitgeberverbandes als Vertreter auftreten, wenn die Gewerkschaft bzw. der Arbeitgeberverband selbst Partei ist oder die Partei der Organisation angehört (s 353A *Fair Work (Registered Organisations) Act 2009*).[839] Üblicherweise wird eine Partei nicht durch nur einen Anwalt vertreten, sondern die Vertretungsaufgaben werden zwischen *solicitors* und *barristers* aufgeteilt. Während *solicitors* das *case management* und die Kommunikation mit den Mandanten obliegen, sind *barristers* auf

834 *Aon Risk Services Australia Limited v Australian National University* [2009] HCA 27 = (2009) 239 CLR 175 (182).

835 *Expense Reduction Analysts Group Pty Ltd v Armstrong Strategic Management and Marketing Pty Limited* (2013) 250 CLR 303 = [2013] HCA 46 para [56].

836 *Colbran et al.*, Civil Procedure, para [9.1.1].

837 *Dos Santos*, Self represented litigants, para [1 et seqq.].

838 *FCA*, Annual Report 2017–18, p. 39, Table 3.7: Proceedings commenced by self-represented litigants in 2017–18 by cause of action. Eine die Beklagten betreffende Statistik existiert nicht.

839 *Stewart et al.*, Labour Law, para [7.58].

Zeugenvernehmungen und Plädoyers spezialisiert. Dies verursacht allein schon wegen des Personalaufwandes hohe Kosten.[840]

II. Einleitung des Verfahrens

1. Klage

Um das Verfahren am *Federal Court* einzuleiten, sind Formblätter zu verwenden, die online und an jedem Standort im jeweiligen Bundesstaat bzw. Territorium verfügbar sind.[841] In der *Employment and Industrial Relations National Practice Area* des Gerichts werden Formblätter für diverse Verfahrensarten zur Verfügung gestellt, insbesondere um die Einleitung des Verfahrens direkt bei der *Fair Work Division* zu beantragen (rr 34.03 et seqq. *Federal Court Rules 2011*).[842] Sollte sich kein Formblatt als passend erweisen, ist auf das allgemeine Formblatt zur Einleitung eines Verfahrens (*Form 15: originating applications*) zurückzugreifen (r 8.01(1) *Federal Court Rules 2011*). Darauf ist neben den Personalien der erstrebte Rechtsschutz mit Gründen anzugeben. Die Formblätter sind mit einem Hinweis versehen, welche Unterlagen beizufügen sind, ob z.B. eine gesonderte Klagebegründung zur Substantiierung der Klage (*Form 17: statement of claim*), eidesstattliche Versicherungen (*Form 59: affidavits*) oder eine Erklärung über bereits erfolgte außergerichtliche Streitbeilegungsversuche (*Form 16: genuine steps statement*) erforderlich sind. Die Klage kann persönlich bei den Geschäftsstellen (*Registries*) des *Federal Court*, postalisch, per Fax oder elektronisch über ein gesichertes Onlineportal des Gerichts (*eLodging*), welches eine Registrierung erfordert (r 2.21(1) *Federal Court Rules 2011*), eingereicht werden. Im Gegensatz zur *Fair Work Commission* ist die Übermittlung per E-Mail unzulässig.[843] Mit Einreichung der Klage ist zugleich eine Verfahrensgebühr zu entrichten, die je nach Verfahrensart variiert (Schedule 1, Item 101 et seqq. *Federal Court and Federal Circuit Court Regulations 2012*).[844]

---

840 *Babeck*, Einführung in das australische Recht, § 18 Rn. 19; *Marfording/Eyland*, Civil Litigation in NSW: Empirical and Analytical Comparison with Germany, p. 48.

841 *Cullen*, Civil Procedure, p. 61; *Willis*, Civil Procedure, para [3.4.2].

842 *FCA*, Employment & Industrial Relations, http://www.fedcourt.gov.au/law-and-practice/national-practice-areas/employment/more#Forms, [zuletzt abgerufen am 1.7.2019].

843 *FCA*, Starting a Matter, http://www.fedcourt.gov.au/going-to-court/i-am-a-party/court-processes/starting-a-matter, [zuletzt abgerufen am 1.7.2019].

844 Zur Höhe der Verfahrensgebühr § 6 V., S. 207.

Zur Zustellung an den Beklagten (*service*) erstellt die Geschäftsstelle für den Kläger Kopien aller eingereichten Dokumente, die mit einem Stempel versehen werden, um deren Vollständigkeit und Echtheit nachzuweisen. Die Zustellung an den Beklagten obliegt dem Kläger selbst und nicht wie im deutschen Verfahren dem Gericht.[845] Man unterscheidet den *personal service* (r 10.1 *Federal Court Rules 2011*), die persönliche Zustellung an den Beklagten, insbesondere bei Einleitung des Verfahrens, vom *ordinary service* (r 10.3 *Federal Court Rules 2011*), der Zustellung per Post, Fax, E-Mail etc. im weiteren Verfahrensverlauf.[846] Das bedeutet, dass der Kläger dem Beklagten die Klage entweder persönlich übergeben oder von einem Boten überbringen lassen muss (r 10.01 *Federal Court Rules 2011*). Sollte der Beklagte die Annahme verweigern gilt die Klage als zugestellt, wenn der Kläger sie in Gegenwart des Beklagten niederlegt und diesem mitteilt, worum es sich handelt (r 10.12 *Federal Court Rules 2011*).[847] Ist bereits in vorheriger Korrespondenz ein Anwalt für den Beklagten bestellt und ist dieser zum Empfang autorisiert, kann an den Anwalt wirksam zugestellt werden (*ordinary service*), wenn er die Dokumente mit einem Vermerk versieht, die Klage anstelle des Beklagten angenommen zu haben (r 10.22 *Federal Court Rules 2011*).[848]

Die Klage kann zurückgewiesen werden, wenn sie unvollständig ist oder die Vorgaben der *Federal Court Rules 2011* nicht wahrt. Darüber hinaus kann ein Sachbearbeiter der Geschäftsstelle (*Judicial Registrar*) die Klage abweisen, wenn er zur Überzeugung gelangt, dass die Klage missbräuchlich, ohne vernünftigen Grund oder aus rein schikanösen Motiven gestellt wurde (r 2.26 *Federal Court Rules 2011*).[849] Der Kläger kann den Antrag jederzeit selbst zurücknehmen (r 22.12 *Federal Court Rules 2011*).

---

845 *Babeck*, Einführung in das australische Recht, § 18 Rn. 8.

846 *Colbran et al.*, Civil Procedure, para [8.1.1 et seqq.]; *Cullen*, Civil Procedure, p. 66.

847 *Ainsworth v Redd* (1990) 19 NSWLR 78 para [85 et seq.]; *Colbran et al.*, Civil Procedure, para [8.2.3C]; *Cullen*, Civil Procedure, p. 67.

848 *Colbran et al.*, Civil Procedure, para [8.2.6, 8.2.9 et seq.]; *Justice Connect, Self Representation Service,* Service in the Federal Court and the Federal Circuit Court – Fact Sheet, 2017, para [5.2.1], https://justiceconnect.org.au/wp-content/uploads/2018/08/Service.pdf [zuletzt abgerufen am 1.7.2019].

849 *Nyoni v Murphy (No 2)* [2017] FCA 1479; *FCA*, Starting a Matter, http://www.fedcourt.gov.au/going-to-court/i-am-a-party/court-processes/starting-a-matter, [zuletzt abgerufen am 1.7.2019].

2. Klagefrist

a) Allgemeines

Die Klagefristen variieren je nach Klageart. Der Fristbeginn richtet sich nach s 36(1) *Acts Interpretation Act 1901*.[850] Fällt das Fristende auf einen Samstag, Sonntag oder gesetzlichen Feiertag, so endet die Frist mit Ablauf des nächsten Werktages (s 36(2) *Acts Interpretation Act 1901*). Zur Fristwahrung muss die Klage rechtzeitig bei Gericht eingehen. Sie ist eingegangen, wenn sie in der Geschäftsstelle mit dem Eingangsstempel versehen wird (r 2.25(1) *Federal Court Rules 2011*).[851] Wenn die Klage per Fax oder elektronisch gesendet wird, gilt sie als zugegangen, sobald sie innerhalb der Geschäftszeiten (Montag bis Freitag bis 16:30 Uhr, ausgenommen gesetzliche Feiertage) am Faxgerät bzw. im Onlinespeicher eingeht. Eine außerhalb der Geschäftszeiten übermittelte Klage gilt am nächsten Geschäftstag als zugegangen (r 2.25(3) *Federal Court Rules 2011*).[852] Verzögerungen der elektronischen Übermittlung, die durch die gerichtliche Firewall entstehen, fallen in den Risikobereich des Klägers (r 2.25 Note 3 *Federal Court Rules 2011*).

b) „Kündigungsschutzklagen"

Um Klage wegen einer rechtswidrigen Beendigung des Arbeitsverhältnisses (*dismissal in contravention of a general protection*) einzulegen, ist eine Bescheinigung der *Fair Work Commission* vorzulegen, dass sämtliche Versuche außergerichtlicher Einigung erschöpft sind (ss 370(a)(i), 368(3)(a) *Fair Work Act* 2009, r 34.03 *Federal Court Rules 2011*). Das Schlichtungsverfahren vor der *Fair Work Commission* muss jeweils innerhalb von 21 Tagen ab Wirksamwerden der Kündigung[853] beantragt werden. Die *general protections court application* muss innerhalb von 14 Tagen nach Ausstellung der Bescheinigung durch die *Fair Work Commission* bei Gericht gestellt werden (s 370(a)(ii) *Fair Work Act 2009*). Es liegt im Ermessen des Gerichts, eine verfristete Klage auf Antrag hin zuzulassen. In die Entscheidung fließt insbesondere ein, warum die Frist nicht eingehalten wurde, ob eine Fristverlängerung aufgrund möglicher Erfolgsaussichten sinnvoll erscheint, ob der Kläger bereits ernsthafte Versuche unternommen hat, die

---

850 Vgl. § 5 II. 2. b) aa), S. 144.

851 *Ramsay Health Care Australia Pty Ltd v Compton (No 2)* [2016] FCA 691 para [16].

852 *Nugawela v Deputy Commissioner of Taxation* [2016] FCA 578 para [37].

853 Zum „Wirksamwerden" einer Kündigung § 5 II. 2. b) aa), S. 144.

Kündigung außergerichtlich aus der Welt zu schaffen und vor allem, ob dem Beklagten unangemessene Nachteile entstünden.[854] Durch die kurze Frist von 14 Tagen soll eine potentielle Weiterbeschäftigung nicht gänzlich unmöglich werden.[855]

Im Falle der vertragswidrigen Kündigung (*wrongful dismissal*), eines Rechtsinstituts des *Common Law*, kann eine *breach of contract claim* eingelegt werden.[856] Paradebeispiel einer *wrongful dismissal* ist die Kündigung unter Nichteinhaltung der Kündigungsfrist.[857] Da es sich dem Grunde nach um eine Klage wegen Vertragsbruchs handelt, existieren keine kündigungsspezifischen Fristen. Vielmehr unterliegt die Geltendmachung der allgemeinen Verjährungsfrist.[858]

III. Verfahrensablauf

1. Reaktionsmöglichkeiten auf Beklagtenseite

a) „Verteidigungsanzeige" („notice of address")

Um ein Versäumnisurteil zu vermeiden, muss der Beklagte seine Verteidigungsbereitschaft anzeigen. Dies erfolgte klassischerweise mit einer Verteidigungsanzeige (*appearance)*, die nunmehr am *Federal Court* von der verpflichtenden *notice of address* abgelöst wurde.[859] Diese Anzeige ist sinngemäß eine Verteidigungsanzeige verbunden mit organisatorischen Elementen. Der Beklagte muss angeben, von wem er anwaltlich vertreten wird oder an welche Adresse ihm auf welche Art, sei es postalisch oder per E-Mail, Dokumente zugestellt werden können (rr 5.02, 11.01 *Federal Court Rules 2011*). Wird der Beklagte anwaltlich vertreten, erklärt er sich mit der *notice of address* damit einverstanden, dass Zustellungen an die E-Mail-Adresse des Rechtsanwalts erfolgen können (r 11.01(4) *Federal Court Rules 2011*). Die Mitteilung muss vor einem anberaumten Verhandlungstermin erfolgen (r 11.06 *Federal Court Rules 2011*). Erst im Anschluss finden weitere Unterlagen, die der Beklagte bei Gericht einreicht, Beachtung.

---

854 *Brodie-Hanns v MTV Publishing Ltd* (1995) 67 IR 298 (299 et seq.).

855 *Clarke v Service to Youth Council Incorporated* [2013] FCA 1018 para [8].

856 *Stewart*, Employment Law, para [17.3 et seq]; *Stewart et al.*, Labour Law, para [23.2].

857 *Stewart*, Employment Law, para [17.4].

858 Zur Verjährung *Colbran et al.*, Civil Procedure, para [6.1.3].

859 *Colbran et al.*, Civil Procedure, p. 395.

b) Klageerwiderung („defence")

Auf die Klage ist per Formblatt (*Form 33: defence*) zu erwidern, wenn zur Verfahrenseröffnung neben der Klage eine gesonderte Substantiierung in Form des *statement of claim* erforderlich war oder das Gericht ein schriftliches Vorverfahren (*pleadings*) angeordnet hat (rr 16.31, 16.32 *Federal Court Rules 2011*). Nur in diesen Fällen ist eine gesonderte Klageerwiderung prozessfördernd, da der streitige Sachverhalt noch herausgefiltert werden muss.[860] Es ist keine Klageerwiderung von Nöten, wenn der Sachverhalt bereits vor der *Fair Work Commission* erörtert wurde, wie dies z.B. bei einer *dismissal in contravention of a general protection* der Fall ist. Wendet sich ein Kläger mit einer *general protections court application* an das Gericht, wird dieses in der Regel gleich einen Verhandlungstermin (*hearing*) anberaumen.[861] Ist auf die Klage mit einer *defence* zu erwidern, ist diese innerhalb von 28 Tagen nach Zugang des *statement of claim* einzureichen (r 16.32 *Federal Court Rules 2011*). Bei Überschreitung der Frist kann der Klage durch ein Versäumnisurteil (*default judgment*) stattgegeben werden.[862]

c) Anerkenntnis („submitting notice")

Will der Beklagte sich nicht zur Wehr setzen, kann er eine *submitting notice* einreichen, mit der er erklärt, dass er jede diesbezügliche Verfügung (*order*) des Gerichts anerkennen und befolgen wird (r 12.01(2)(a) *Federal Court Rules 2011*). Ergänzend kann jedoch eine Anhörung bezüglich der Kosten beantragt werden (r 12.01(2)(b) *Federal Court Rules 2011*). Eine derartige Erklärung ist bis zur mündlichen Verhandlung zulässig.

d) Antrag auf sofortige Abweisung („setting aside originating application")

Der Beklagte kann die sofortige Abweisung wegen Unzulässigkeit *(setting aside originating application)* beantragen (r 13.01 *Federal Court Rules 2011*). Dem Antrag kann beispielsweise stattgegeben werden, wenn die Klage nicht der Gerichtsbarkeit des *Federal Court* untersteht[863], der *Federal Court* nicht zuständig ist oder ein *clearly inappropriate forum*[864] zur Streitbeilegung wäre, da der

---

860 *Cullen*, Civil Procedure, p. 73.

861 *FWC*, General Protections, p. 189.

862 Zum *default judgment* § 6 IV. 4., S. 205.

863 *Suzlon Energy Ltd v Bangad (No 3)* [2012] FCA 123.

864 *Regie National des Usines Renault SA v Zhang* (2002) 210 CLR 491 = [2002] HCA 10 para [14], [78].

Prozess z.B. rein schikanös wäre.[865] Wurde in derselben Sache vor der *Fair Work Commission* bereits eine Einigung erzielt, kann zwar nicht von entgegenstehender Rechtskraft gesprochen werden, die Klage kann aber mangels streitiger Angelegenheit (*matter*), die in den Zuständigkeitsbereich des Gerichts fällt, abgewiesen werden.[866]

e) Widerklage („cross-claim")

Der Beklagte kann sich auch mit einem Gegenangriff in Form der Widerklage (*cross-claim*) zur Wehr setzen (r 15.01 *Federal Court Rules 2011*). Die Widerklage ist auch in Australien eine eigenständige Klage und nicht bloßes Verteidigungsmittel.[867] Wird die ursprüngliche Klage zurückgewiesen oder zurückgenommen, kann die Widerklage, im Gegensatz zur Aufrechnung (*set-off*), rechtshängig bleiben[868] und in einem separaten Verfahren verhandelt werden (r 15.11(b) *Federal Court Rules 2011*). Sie muss lediglich erhoben worden sein, als die ursprüngliche Klage noch rechtshängig war. Eine Widerklage ist für jeden Streitgegenstand zulässig. Konnexität zwischen Klageanspruch und Widerklageanspruch ist nicht erforderlich, wenn Parteiidentität vorliegt (r 15.01(a) *Federal Court Rules 2011*). Eine Drittwiderklage muss hingegen „*related to the subject of the proceeding*" sein (r 15.01(b) *Federal Court Rules 2011*). Solange ein sachlicher Zusammenhang besteht und es der Prozessökonomie dient, ist damit sogar eine isolierte Drittwiderklage zulässig (vgl. s 22 *Federal Court of Australia Act 1976*).[869]

Der Beklagte und Widerkläger muss per Formblatt (*Form 31*) die Widerklage mit einer *notice of cross-claim* (r 15.02(1) *Federal Court Rules 2011*) innerhalb der Frist zur Klageerwiderung einlegen (r 15.04(a) *Federal Court Rules 2011*). Eine Fristverlängerung liegt im Ermessen des Gerichts (r 15.05 *Federal Court*

---

865 *Colbran et al.*, Civil Procedure, para [8.11.1]; *Lindgren/Cremean/Cujes*, Annotated Federal Court Legislation, r 13.01 Federal Court Rules 2011 para [r 13.01.10]; weitere Beispiele siehe *Flick*, Federal Court Practice, Update: 213, 2018, r 13.01 Federal Court Rules 2011 para [FCR13.01.80].

866 *Energy Australia Yallourn Pty Ltd v Automotive, Food, Metal, Engineering, Printing and Kindred Industries Union* [2018] FCAFC 146 para [114], [117].

867 *Winterfield v Bradnum* (1878) 3 QBD 324 (326); *Aurel Forras Pty Ltd v Graham Karp Developments Pty Ltd* [1975] VR 202 para [219]; *Cullen*, Civil Procedure, p. 81.

868 *Colbran et al.*, Civil Procedure, para [12.6.9]; *McGowan v Middleton* (1883) 11 QBD 464.

869 *Martech International Pty Ltd (ACN 009 022 799) v Energy World Corporation Limited (ACN 009 124 994)* [2004] FCA 1470 para [24]; *Colbran et al.*, Civil Procedure, para [12.6.3].

Rules 2011). Die weiteren Anforderungen an die Widerklage orientieren sich am Hauptverfahren: Ist eine gesonderte Klagebegründung erforderlich, ist die Widerklage durch ein *statement of cross-claim* zu substantiieren (r 15.06 *Federal Court Rules 2011*).[870] Änderungen oder Ergänzungen der Widerklage liegen im Ermessen des Gerichts (r 15.15 *Federal Court Rules 2011*).[871]

2. Vorverfahren („pre-trial proceeding")

Das Erkenntnisverfahren lässt sich in das zeitaufwändige Vorverfahren (*pre-trial proceeding*) und die Hauptverhandlung (*trial*) unterteilen. Die Leitung des Vorverfahrens obliegt am *Federal Court* bereits einem Richter (sog. „*Docket-Judge*") und nicht Sachbearbeitern der Geschäftsstelle (*Judicial Registrars*), wie dies zum Teil bei bundesstaatlichen Gerichten der Fall ist.[872] Das Gericht kann zunächst ein schriftliches Vorverfahren (*pleadings*) anordnen (rr 16.31 et seqq. *Federal Court Rules 2011*). Zu den vorbereitenden Schriftsätzen, den *pleadings*, gehören insbesondere die bereits erwähnten Schriftsätze der Klagebegründung (*statements of claim*) und Klageerwiderung (*defence*) sowie die Replik des Klägers (*reply*).[873] Darüber hinaus ist das Vorverfahren gesetzlich äußerst spärlich normiert.

a) Verfahrensschritte

Der Ablauf wird durch *Practice Notes* des Gerichts detaillierter geregelt.[874] Neben den vorbereitenden Verhandlungen bei Gericht wird zu jedem Verfahrenszeitpunkt auf die alternative (außergerichtliche) Streitbeilegung (*Alternative Dispute Resolution [ADR]*) verwiesen.

aa) Verfahrensvorbereitung durch das Gericht („directions hearings")

Die Hauptverhandlung wird durch *directions hearings* vorbereitet. Unter diese Bezeichnung fallen sämtliche Verhandlungstermine, die der Verfahrensleitung und Vorbereitung des *trial* dienen.[875] Sie sind das Kernelement der gerichtlichen Verfahrensleitung, des *case management*.[876] Das Gericht ist befugt, in jedem

---

870 *Colbran et al.*, Civil Procedure, para [12.6.2].

871 *MTCT Services Pty Ltd v Australian Workers' Union* [2018] FCA 1648.

872 *Babeck*, Einführung in das australische Recht, § 18 Rn. 6.

873 *Colbran et al.*, Civil Procedure, p. 517. Zur Klageschrift bzw. Klagebegründung bereits § 6 II. 1., S. 180 und zur *defence* bereits § 6 III. 1. b), S. 184.

874 *Babeck*, Einführung in das australische Recht, § 18 Rn. 16.

875 Schedule 1 Dictionary, „*directions hearing*", *Federal Court Rules 2011*.

876 Zum *case management* § 6 I. 1. d), S. 177.

hearing verfahrensleitende Verfügungen (*directions*) zu erlassen (s 37P *Federal Court of Australia Act 1976*, r 5.04(1) *Federal Court Rules 2011*). Im Normalfall finden zwei Vor-Verhandlungen statt: das *case management hearing* gefolgt vom *pre-trial case management hearing*.[877]

(1) Case management hearing

Der zuständige Richter ist angehalten, ein *case management hearing* innerhalb von fünf Wochen nach Rechtshängigkeit der Klage zu terminieren. Darin wird zunächst geklärt, ob nicht eine Verweisung an den *Federal Circuit Court* zweckdienlicher wäre oder ob die Sache sogar vor dem *Full Court* des *Federal Court* zu verhandeln wäre. Kommt eine Verhandlung vor dem *Federal Court* in Betracht, wird vor allem erörtert, welche Tatsachen noch beweisbedürftig sind. Das Gericht darf Hinweise geben, welche Beweisart vorzugswürdig erscheint, z.B. eidesstattliche Erklärung (*affidavit*), schriftliche Stellungnahme (*written statement*) oder Zeugenvernehmung (*oral evidence*).[878] Sind alle organisatorischen Fragen geklärt, schätzt der Richter die gesamte Verfahrensdauer. Zielvorgabe ist, die Hauptverhandlung innerhalb von sechs Monaten anzuberaumen.[879] Trotz Verhandlungsvorbereitung soll insbesondere in diesem Verfahrensstadium noch eine alternative Streitbeilegung z.B. in Form der Mediation erwogen werden.[880]

(2) Pre-trial case management hearing

Das *pre-trial case management hearing*, die letzte verfahrensleitende Verhandlung, findet typischerweise ca. drei Wochen vor der Hauptverhandlung statt. In dieser werden alle noch offenen Fragen und zu stellende Anträge besprochen. Beabsichtigte Anträge der Parteien sollen mindestens am Werktag vor dem *pre-trial case management hearing* angekündigt werden. Im *hearing* wird von den Parteien erwartet, dass sie imstande sind zu erklären, dass sämtliche außergerichtlichen Einigungsversuche erschöpft sind, dass keine weiteren Schriftsätze mehr von Nöten sind und alle Beweismittel zusammengetragen wurden sowie alle Anträge auf Vorladung notwendiger Zeugen gestellt wurden. Sodann wird die Anzahl der erforderlichen Verhandlungstermine festgesetzt und Termine

---

877 *Allsop*, E&IR-1, para [5.4]; *Cairns*, Australian Civil Procedure, para [2.190].

878 Zur Zusammenstellung beweiserheblicher Materialien und deren Abgrenzung § 6 III. 2. b), S. 188.

879 *Allsop*, CPN-1, para [8.4 et seqq.].

880 *Allsop*, E&IR-1, para [5.3]; *ders.*, CPN-1, para [8.4 et seqq.].

werden anberaumt. Der Richter erstellt mit den Anwälten bzw. Parteien einen Zeitplan, wann und in welcher Reihenfolge Zeugen vernommen werden. In diesem Zusammenhang wird abgeklärt, ob beispielsweise die Vernehmung per Videokonferenz erfolgen kann oder ob ein Zeuge einen Dolmetscher benötigt. Dies alles soll die Hauptverhandlung bestmöglich vorbereiten, sodass sie effizient verlaufen kann und keine unnötigen Verzögerungen auftreten.[881]

bb) Alternative Streitbeilegung (ADR)

Das Gericht ist nicht nur befugt, außergerichtliche Streitbeilegung zu jedem Verfahrenszeitpunkt zu fördern, sondern auch das Verfahren an einen Mediator (*mediator*) oder eine andere Person, die sich zur Leitung der alternativen Streitbeilegung eignet („*suitable person for resolution by an alternative dispute resolution process*“[882]) zu verweisen (s 53A(1) *Federal Court of Australia Act 1976*, r 28.01 *Federal Court Rules 2011*). Die Übertragung an einen *arbitrator* kann dagegen nur mit Zustimmung der Parteien erfolgen (s 53A(1A) *Federal Court of Australia Act 1976*). Im Falle der Verweisung wird das Verfahren ausgesetzt oder das Ruhen angeordnet (r 28.02(b) *Federal Court Rules 2011*). Als Schlichter bzw. Mediator können Privatpersonen, aber auch Sachbearbeiter der Geschäftsstelle (*Registrars*) fungieren (rr 28.21(a), 28.31(a) *Federal Court Rules 2011*).[883]

b) Zusammenstellung beweiserheblicher Materialien

Das Vorverfahren dient dazu, die beweiserheblichen Materialien zusammenzustellen und die Beweisaufnahme für die Hauptverhandlung vorzubereiten. Die Beweiserhebung erfolgt im Wesentlichen in Form der *discovery*, wobei in wenigen Fällen *interrogatories* herangezogen werden. Zentrale Bedeutung hat das Beweismittel des *affidavit*. Vor Beginn der Hauptverhandlung ist abzuklären, ob sämtliche Auskünfte eingeholt und Zeugen vorgeladen (*subpoena*) wurden und die *bundles* erstellt sind.

---

881 *Allsop*, CPN-1, para [13].

882 S 53A(1)(c) *Federal Court of Australia Act 1976*.

883 *Allsop*, CPN-1, para [9.2]; *Cairns*, Australian Civil Procedure, para [2.230]; *Colbran et al.*, Civil Procedure, para [3.8.6].

aa) Offenlegung von Dokumenten („discovery“)

Beweisermittlung und -beschaffung gestalten sich oft schwierig und sind daher Gegenstand von *discovery*-Verfahren[884], die der Offenlegung von Informationen und Dokumenten dienen. So kann dem Arbeitgeber beispielsweise auferlegt werden, die Personalakte des Arbeitnehmers zu Beweiszwecken zur Verfügung zu stellen. Auch wenn den *Common Law*-Staaten die *discovery* gemein ist, kann das Verfahren in Australien nicht mit der *discovery* in den Vereinigten Staaten von Amerika[885] oder im Mutterland Großbritannien[886] gleichgesetzt werden. Während die *discovery* in den USA „zum Stützpfeiler ihres Zivilprozesses erhoben“ wurde[887], fristet dieses Institut „am Londoner High Court nur noch ein Schattendasein“[888]. Die *discovery* in England führt im Grunde zum „automatischen, obligatorischen Urkundenaustausch“.[889] In Australien ist die *discovery* nicht Stützpfeiler des Zivilprozesses und war wie in Großbritannien beinahe ein Automatismus. Die Rechtsprechung ist jedoch bestrebt, diesen Automatismus zu beenden und die Ausmaße einzudämmen, sodass am *Federal Court* kein „automatischer“ Austausch von Dokumenten mehr stattfindet, sondern nur nach und aufgrund gerichtlicher Anordnung (r 20.12 *Federal Court Rules 2011*).[890]

Die *discovery* lässt sich als Bereitstellung zunächst einer Liste an Dokumenten bezeichnen[891] (rr 20.16, 20.17 *Federal Court Rules 2011*), durch die die beweiserheblichen Dokumente dem Richter vorgelegt werden können.[892] Dabei ist der Begriff „Dokument“ weit auszulegen und umfasst auch digitale Dateien.[893] Offenlegung kann auch bedeuten, das gewünschte Dokument zu erstellen (r 20.32 *Federal Court Rules 2011*). Auch Dritte, am Prozess nicht beteiligte Personen, können in die *discovery* einbezogen werden (r 20.23 *Federal Court Rules 2011*). Die Dokumente müssen für Tatsachen, die in den *pleadings* geltend

884 Anstelle der Bezeichnung „*discovery*“ wird zum Teil synonym „*disclosure*“ verwendet: *Babeck*, Einführung in das australische Recht, § 18 Rn. 10.

885 Zur *discovery* in den Vereinigten Staaten von Amerika siehe *Junker*, Discovery im deutsch-amerikanischen Rechtsverkehr.

886 Zur *discovery* in Großbritannien siehe *Junker*, Discovery im deutsch-amerikanischen Rechtsverkehr, S. 60 ff.; *Morgenweck*, Die Arbeitsgerichtsbarkeit in England, S. 71 ff.

887 *Junker*, Discovery im deutsch-amerikanischen Rechtsverkehr, S. 60.

888 *Junker*, Discovery im deutsch-amerikanischen Rechtsverkehr, S. 60.

889 *Junker*, Discovery im deutsch-amerikanischen Rechtsverkehr, S. 61.

890 *Allsop*, CPN-1, para [10.2]; *Colbran et al.*, Civil Procedure, para [14.1.8].

891 *Allsop*, CPN-1, para [10.2].

892 *Babeck*, Einführung in das australische Recht, § 18 Rn. 10.

893 *Colbran et al.*, Civil Procedure, para [14.1.11].

gemacht wurden, relevant sein (r 20.14 *Federal Court Rules 2011*). Das Fischen nach Beweisen ist unzulässig.[894] Die *discovery* bezweckt primär ein faires Verfahren: Sie soll so schnell, kostengünstig und effizient wie möglich zu einem gerechten Verfahrensergebnis beitragen (r 20.11 *Federal Court Rules 2011*), indem die Karten auf den Tisch gelegt werden.[895] Je nach Umfang der Offenlegung wird die „*standard discovery*" (rr 20.13(2)(a), 20.14 *Federal Court Rules 2011*) von einem weitergehenden Antrag auf „*proposed scope of the discovery*" (rr 20.13(2)(b), 20.15 *Federal Court Rules 2011*) unterschieden, der gesondert zu begründen ist.

Der Antrag auf Bewilligung der *discovery* muss innerhalb von 14 Tagen nach Eingang der Klagebegründung gestellt werden (r 20.13(3) *Federal Court Rules 2011*). Bewertet das Gericht die geforderten Dokumente als prozessfördernd, gibt es dem Antrag statt.[896] Der Verpflichtete muss die entsprechenden Dokumente offenlegen, es sei denn er kann ein Verweigerungsrecht (*privilege*) geltend machen (r 20.02 *Federal Court Rules 2011*, Part 3.10 *Evidence Act 1995 (Cth)*[897]). Solche Verweigerungsrechte können sich unter anderem aus der Selbstbelastungsfreiheit (*self-incrimination privilege*), dem anwaltlichen Mandatsverhältnis (*legal professional privilege*), dem öffentlichen Interesse (*Crown privilege*) oder aber auch aus privilegierten Vergleichsverhandlungen (*without prejudice communication*[898]) ergeben.[899] Trotz der Bemühung um einen effizienten Einsatz der *discovery* gilt sie nach wie vor als ausufernd.[900] Eine mögliche Ursache könnte die digital bedingte, moderne Datenflut sein, deren Bewertung dennoch von einem Richter und nicht von einem Computer vorgenommen werden muss.[901] Um eine unnötige Datenflut zu vermeiden, fordert das Gericht deshalb von den Parteien, dass sie die *discovery* vorbesprechen und ein Protokoll darüber anfertigen.[902]

Eine besondere Form der *discovery* sind die *interrogatories*: formelle, schriftliche Befragungen einer Partei unter Eid (rr 21.03, 21.04 *Federal Court Rules 2011*). *Interrogatories* müssen durch das Gericht besonders angeordnet werden (r 21.02 *Federal Court Rules 2011*). In der Praxis werden *interrogatories*

---

894 *Allsop*, CPN-1, para [10.6]; *Maher*, (1978) 9 FLRev 399 (412).

895 *Davies v Eli Lilly & Co* [1987] 1 All ER 801 = [1987] 1 WLR 428; *Babeck*, Einführung in das australische Recht, § 18 Rn. 10.

896 *Allsop*, CPN-1, para [10.6].

897 *Evidence Act 1995 (Cth)* – Act No. 2, 1995 – Compilation No. 33, 2018.

898 *Austotel Management Pty Ltd v Jamieson* (1995) 57 FCR 411 (416 et seqq.).

899 *Colbran et al.*, Civil Procedure, para [14.5.1 et seqq.].

900 *Seven Network Limited v News Limited* [2007] FCA 1062 para [2]; *Allsop*, CPN-1, para [10.3]; *Babeck*, Einführung in das australische Recht, § 18 Rn. 10.

901 *Babeck*, Einführung in das australische Recht, § 18 Rn. 11.

902 *Allsop*, CPN-1, para [10.5].

sparsam beantragt[903], da Gerichte hohe Anforderungen an entsprechende Anträge stellen.[904]

bb) Eidesstattliche Versicherungen („affidavits")

Ohne das Beweismittel des *affidavit* lässt sich ein Prozess vor dem *Federal Court* kaum führen. Ein *affidavit* ist eine schriftliche Zeugenaussage unter Eid bzw. eidesgleicher Bekräftigung, die in Gegenwart einer autorisierten Person verfasst und von dieser gegengezeichnet wird (r 29.01 *Federal Court Rules 2011*, ss 21, 23 *Evidence Act 1995 (Cth)*).[905] Autorisierte Personen sind insbesondere Richter, Notare, *Registrars*, *Commissioners* und Rechtsanwälte, wobei in der Praxis vorwiegend Rechtsanwälte die Funktion des autorisierten Zeugen wahrnehmen (s 45 *Federal Court of Australia Act 1976*, s 186 *Evidence Act 1995 (Cth)*). *Affidavits* werden unter anderem als Belege einer Klagebegründung, einer Widerklage oder im Rahmen der *discovery* gefordert. In der Regel muss jede Tatsache, die in den Prozess eingeführt wird, durch ein *affidavit* belegt und bestätigt werden, weshalb auch *affidavits* der Parteien selbst in Frage kommen. Wer eine derartige eidesstattliche Aussage abgegeben hat, kann zum Kreuzverhör in der Hauptverhandlung vorgeladen werden (r 29.09 *Federal Court Rules 2011*). Daher werden die Parteien meist selbst der Parteivernehmung bzw. der *cross-examination* unterzogen.[906]

cc) „Subpoena"

Als ergänzendes Mittel zur Beweisermittlung dient die *subpoena* (vom Lateinischen „sub poena" für „unter Strafe"), eine strafbewährte Anordnung als Zeuge vor Gericht auszusagen und/oder Beweise vorzulegen (r 24.11(1) *Federal Court Rules 2011*).[907] Sie muss bei Gericht beantragt werden (r 24.01(1) *Federal Court Rules 2011*) mit der Begründung, warum dieser Zeuge oder dieses genau bezeichnete Dokument relevant und aufschlussreich für den Prozess ist.[908] Missachtet der Adressat die Anordnung, das heißt kommt er ihr unentschuldigt nicht nach

903 *Babeck*, Einführung in das australische Recht, § 18 Rn. 14.

904 *Australian Competition and Consumer Commission v Australia and New Zealand Banking Group Ltd* [2010] FCA 230; genauer zu *interrogatories* siehe *Colbran et al.*, Civil Procedure, para [14.3.1 et seqq.].

905 *Babeck*, Einführung in das australische Recht, § 18 Rn. 13; *Colbran et al.*, Civil Procedure, para [16.1.1]; *Cullen*, Civil Procedure, p. 90.

906 *Babeck*, Einführung in das australische Recht, § 18 Rn. 13.

907 *Allsop*, GPN-SUBP, para [2.2 et seq.]; *Colbran et al.*, Civil Procedure, para [15.5.1].

908 *Allsop*, GPN-SUBP, para [3.5].

(*contempt of court*, r 24.23(1) *Federal Court Rules 2011*), kann dies entsprechend geahndet und mit Zwangsmitteln durchgesetzt werden.[909] Wird die *subpoena* an den Arbeitgeber als Unternehmen adressiert, hat der *officer* dieser nachzukommen (r 24.13(9) *Federal Court Rules 2011*).[910] Kosten der *subpoena* können dem Antragsteller neben den notwendigen Auslagen auferlegt werden (r 24.22 *Federal Court Rules 2011*).[911]

dd) „Court book" bzw. „bundle"

Alle offengelegten Dokumente, Schriftsätze, schriftlichen Zeugenaussagen etc. müssen sortiert und beurteilt werden, ob sie beweiserheblich sind. Nur für den Prozess relevante Unterlagen werden im *court book* (oder *bundle*) gesammelt und dem Gericht vorgelegt. Das Konvolut wird durchnummeriert und bei größerem Umfang mit einem Inhaltsverzeichnis versehen, damit während der Hauptverhandlung der Richter und die Zeugen bei Nennung einer bestimmten Passage darauf zurückgreifen können. Im Idealfall einigen sich die Parteien vorab auf eine Zusammenstellung, sodass nur ein *court book* entsteht.[912]

3. Hauptverhandlung („trial")

Sollte keine Einigung erzielt werden, wird Termin zur Hauptverhandlung anberaumt (r 5.04(3) item 33 *Federal Court Rules 2011*).[913] Der Prozess kann sich über mehrere Termine erstrecken. Parteien und Zeugen haben sich im Sitzungssaal rechtzeitig einzufinden und sich zu erheben bevor der Richter bzw. das Richterkolleg nach Ankündigung durch dreimaliges Klopfen den Sitzungsraum betritt. Die Verfahrensbeteiligten und Zuhörer verbeugen sich vor dem Richter bevor sie im Anschluss Platz nehmen. In der Regel sitzen aus der Perspektive der Richterbank die Kläger auf der rechten Seite und die Beklagten links, wobei die *barristers* als Wortführer vor den gegebenenfalls zusätzlich anwesenden *solicitors* sitzen.

---

909 *Allsop*, GPN-SUBP, para [2.2]; *FCA*, Form 43A: Subpoena to give evidence, Form 43B: Subpoena to produce documents, Form 43C: Subpoena to give evidence and produce documents, http://www.fedcourt.gov.au/forms-and-fees/forms/federal-court-rules [zuletzt abgerufen am 1.7.2019].

910 *MacDonald v Australian Securities Commission (No 2)* (1994) 48 FCR 210; *Rochfort v Trade Practices Commission* [1982] HCA 66 = (1982) 153 CLR 134; *Colbran et al.*, Civil Procedure, para [15.5.4].

911 *Allsop*, GPN-SUBP, para [5.2 et seq., 9].

912 *Morgenweck*, Die Arbeitsgerichtsbarkeit in England, S. 74; *Willis*, Civil Procedure, para [9.3.3, 9.5.1].

913 *Colbran et al.*, Civil Procedure, para [19.2.1].

Wenn die Parteien persönlich anwesend sind, folgen sie dem Geschehen in der Regel aus der ersten Zuschauerreihe direkt hinter den *solicitors*. Zu Beginn des *trial* wird das Verfahren formal vom *court officer* eröffnet und die Anwesenheit der Parteien mit ihren rechtlichen Vertretern festgestellt. Bevor die Parteien bzw. *barristers* ihre Eröffnungsplädoyers halten, werden vorab zu klärende Fragen (*preliminary matters*), z.B. das Einbringen neuer *affidavits* etc., besprochen.[914]

a) Eröffnungsplädoyers („opening addresses“)

Mit den Eröffnungsplädoyers (*opening addresses* oder kurz *openings*) erfolgt der Einstieg in die streitige Hauptverhandlung. Die beweisbelastete Partei, also in der Regel der Kläger, hat das Recht zu beginnen.[915] Ein *opening* ist eine Eröffnungsansprache, in der der Sach- und Streitstand komprimiert dargestellt und ein Überblick über die beabsichtigte Beweisführung gegeben wird, insbesondere wie viele Zeugen aufgerufen werden sollen. Sie soll sachlich vorgetragen werden und sich auf das Wesentliche, die streitigen Tatsachen, beschränken.[916] Rechtsausführungen sind weitestgehend zu vermeiden.

b) Beweisaufnahme

Der Schwerpunkt der Hauptverhandlung liegt auf der Beweisaufnahme, vorwiegend der Zeugenbefragung. Die Befragung findet unter persönlicher Anwesenheit vor Gericht statt, kann aber auch per Video- oder Audiokonferenz erfolgen (s 47A *Federal Court of Australia Act 1976*). Bevor der Zeuge in den Sitzungssaal gerufen wird, klärt der Richter, ob Einwendungen (*evidentiary objections*) gegen den Zeugen oder gegen Teile seines bisher geleisteten *affidavit* vorliegen.[917] Zeugen werden grundsätzlich vor der Vernehmung vereidigt (*oath*) bzw. müssen eine eidesgleiche Bekräftigung (*affirmation*) leisten (ss 21, 23 *Evidence Act 1995 (Cth)*). Der *barrister* der Partei, die den Zeugen benannt hat, beginnt sodann

914 Persönliche Beobachtungen in der Verhandlung der *Fair Work Division* am *Federal Court of Australia* in Melbourne vom 13.2.–17.2.2017 in der Rechtssache VID 523 of 2014.

915 *Cairns*, Australian Civil Procedure, para [16.160]; *Colbran et al.*, Civil Procedure, para [19.5.2]; *Cullen*, Civil Procedure, p. 143.

916 *Cairns*, Australian Civil Procedure, para [16.170]; *Colbran et al.*, Civil Procedure, para [19.5.2]; *Cullen*, Civil Procedure, p. 144.

917 Persönliche Beobachtungen in der Verhandlung der *Fair Work Division* am *Federal Court of Australia* in Melbourne vom 13.2.–17.2.2017 in der Rechtssache VID 523 of 2014.

mit der Befragung (*examination in chief*). Diese beinhaltet in der Regel die Frage nach den Personalien und dem Verhältnis zum Beklagten bzw. Kläger, beispielsweise, ob derzeit noch ein Arbeitsverhältnis zwischen den Parteien besteht. Um ein *affidavit* oder eine schriftliche, vorgerichtliche Stellungnahme nicht verlesen zu müssen, wird dem Zeugen seine eigene schriftliche Aussage vorgelegt, damit er bestätigt, dass es sich hierbei um sein *affidavit* handele und die Unterzeichnung von ihm stamme. Sobald der Zeuge dies bestätigt, ist der Inhalt der Aussage in den Prozess eingeführt.[918] Bei der *examination in chief* sind lediglich *non-leading questions* zulässig, das heißt keine Suggestivfragen (s 37, Dictionary, Part 1 – Definitions, *„leading question"*, *Evidence Act 1995 (Cth)*).[919]

Der gegnerische *barrister* kann mit dem Kreuzverhör (*cross-examination*) des Zeugen fortfahren. Ziel ist es, die Glaubwürdigkeit des Zeugen zu testen und potentielle Widersprüche aufzudecken. Dazu dienen in diesem Fall *leading questions*, Fragen, die bestimmte Antworten und Reaktionen hervorrufen sollen. Indem sie rasch aufeinanderfolgend gestellt werden, soll der Zeuge aus dem Konzept gebracht werden und so die Wahrheit zu Tage bringen (s 42 *Evidence Act 1995 (Cth)*).[920] Dabei wird häufig die Schwelle zulässiger Fragen überschritten, sodass ein *barrister* mit einem Einspruch (*objection*) einschreitet. Der Richter entscheidet im Einzelfall, ob die Frage zugelassen wird. Unzulässig sind unter anderem bewusst irreführende, einschüchternde oder gar herabwürdigende Fragen (s 41 *Evidence Act 1995 (Cth)*).[921] Im Bestreben ein faires Verfahren zu gewährleisten, nehmen Richter jedoch zunehmend eine aktivere Rolle bei der Prozessführung ein und stellen selbst vereinzelte Fragen.[922]

Hat die Partei, die den Zeugen gestellt hat, nach der Vernehmung durch die andere Partei noch Fragen an den Zeugen oder möchte sie Aspekte der *cross-examination* klarstellen, ist sie befugt den Zeugen erneut zu befragen (*re-examination*).[923] Das Gericht entscheidet, ob der Zeuge im Anschluss entlassen wird und

---

918 *Babeck*, Einführung in das australische Recht, § 18 Rn. 22; *Cairns*, Australian Civil Procedure, para [16.150]; *FCA*, I am a Witness, http://www.fedcourt.gov.au/going-to-court/i-am-a-witness [zuletzt abgerufen am 1.7.2019].

919 *Cullen*, Civil Procedure, p. 144; *Kumar/Odgers/Peden*, Uniform Evidence Law, para [2.250].

920 *Babeck*, Einführung in das australische Recht, § 18 Rn. 22; *Owen-Conway*, How to Cross-Examine a Witness in an Australian Court, p. 2.

921 *Kumar/Odgers/Peden*, Uniform Evidence Law, para [2.310 et seqq.].

922 *Kumar/Odgers/Peden*, Uniform Evidence Law, para [2.200].

923 *Cullen*, Civil Procedure, p. 144.

seine Anwesenheit noch erforderlich ist.[924] Nach der Befragung der klägerischen Zeugen folgen die Zeugen des Beklagten. Darüber hinaus ist es zulässig und üblich, Dokumente zu Beweiszwecken vorzulegen und Objekte in Augenschein zu nehmen (ss 48, 53 *Evidence Act 1995 (Cth)*).

c) Schlussvorträge („closing addresses"/„final submissions")

Ist die Beweisaufnahme abgeschlossen, halten die Parteien bzw. *barristers* ihre Schlussvorträge (*closing addresses*) und formulieren ihre finalen Anträge (*final submissions*). Die Anträge können im Rahmen der Hauptverhandlung mündlich gestellt, bei umfangreichen Verfahren aber auch schriftsätzlich verfasst werden.[925] Darin werden die wesentlichen Gesichtspunkte in tatsächlicher und rechtlicher Hinsicht zusammengefasst und die Beweisaufnahme wird gewürdigt. Als Hilfsmittel dienen wörtliche Protokolle (*transcripts*) der mündlichen Verhandlungen, die automatisch aufgezeichnet werden und erworben werden können.[926] Die Schlussvorträge sollen das Gericht überzeugen.[927] Bietet der Beklagte Beweis an, beginnt regelmäßig er mit seinem Schlussvortrag. Es gilt als vorteilhaft, das letzte Wort zu haben, das deshalb in der Regel dem Kläger zusteht. Allerdings spielt dieser Aspekt eine wichtigere Rolle, wenn eine *jury* beteiligt ist. Von einem Einzelrichter wird erwartet, dass er sich davon nicht beeinflussen lässt.[928]

4. Schriftliches Verfahren („on the papers")

Schriftliche Verfahren („*on the papers*") ohne mündliche Verhandlung sind nur im Berufungsverfahren (r 36.41 *Federal Court Rules 2011*) oder im Rahmen des *case management* für Fragen vorab bzw. Zwischenentscheidungen vorgesehen. Unklarheiten sollen schriftlich geklärt werden, um Kosten zu sparen, indem *interlocutory hearings* vermieden werden.[929]

---

924 *FCA*, I am a Witness, http://www.fedcourt.gov.au/going-to-court/i-am-a-witness [zuletzt abgerufen am 1.7.2019].

925 *Allsop*, CPN-1, para [14.1]; *Babeck*, Einführung in das australische Recht, § 18 Rn. 22; Persönliche Beobachtungen in der Verhandlung der *Fair Work Division* am *Federal Court of Australia* in Melbourne vom 13.2.–17.2.2017 in der Rechtssache VID 523 of 2014.

926 *Babeck*, Einführung in das australische Recht, § 18 Rn. 22.

927 *Cullen*, Civil Procedure, p. 145.

928 *Colbran et al.*, Civil Procedure, para [19.5.2]; *Cullen*, Civil Procedure, p. 145.

929 *Allsop*, CPN-1, para [8.5, 12.3]; *Cullen*, Civil Procedure, p. 140.

5. Einstweiliger Rechtsschutz („injunction")

In dringenden Fällen kann allgemein einstweiliger Rechtsschutz (*injunction*) gewährt werden (r 7.01 *Federal Court Rules 2011*). Am *Federal Court* kann zudem ein Arbeitnehmer, der gegen seine Entlassung mit einer *general protections claim* vorgeht, einen speziellen Antrag auf einstweilige Weiterbeschäftigung stellen (s 545(2) *Fair Work Act 2009*).[930] Arbeitgeber können im Falle eines Streiks die einstweilige Anordnung der Fortsetzung der Arbeit beantragen (ss 417(3)(a), 422 *Fair Work Act 2009*).[931]

6. Rechtsvergleichende Zusammenfassung

Die Reaktionsmöglichkeiten auf Beklagtenseite im australischen Prozessrecht ähneln hinsichtlich der Verteidigungsanzeige und der Klageerwiderung eher dem deutschen Zivilprozess- als dem Arbeitsprozessrecht: In Deutschland ist das schriftliche Vorverfahren mit Aufforderung zur Verteidigungsanzeige im Arbeitsgerichtverfahren nicht vorgesehen (§ 46 Abs. 2 Satz 2 ArbGG, § 276 Abs. 1 Satz 1 ZPO). Mit förmlicher Zustellung der Klage wird sogleich ein Termin zur Güteverhandlung anberaumt. Eine Aufforderung an den Beklagten, sich auf die Klage schriftlich zu äußern, erfolgt in der Regel nicht (§ 47 Abs. 2 ArbGG). Dennoch kann es manchmal sinnvoll sein, auf die Klage schriftsätzlich zu erwidern.[932] Das Anerkenntnis des Klageanspruchs und die Rüge prozessualer Mängel entsprechen sich im australischen und deutschen Gerichtsverfahren weitestgehend. Das Anerkenntnis kann auch im Arbeitsgerichtsverfahren schriftsätzlich vor der mündlichen Verhandlung erklärt werden (§ 46 Abs. 2 ArbGG, § 307 Satz 2 ZPO, § 55 Abs. 2 ArbGG)[933] und erfasst grundsätzlich nicht die Kostentragung.

Die Voraussetzungen für eine Widerklage divergieren hauptsächlich in der geforderten Konnexität: Im Gegensatz zum australischen Recht ist stets ein

930 *Construction, Forestry, Mining and Energy Union v Eco Recyclers Pty Ltd* [2013] FCA 24 para [67]; *Stewart et al.*, Labour Law, para [20.97].

931 *Skilled Engineering Limited v Automotive, Food, Metals, Engineering, Printing and Kindred Industries Union* [2001] FCA 1397 = (2001) 108 IR 116; *Stewart et al.*, Labour Law, para [26.55].

932 O/K/S/*Künzl*, Hdb ArbVerf, Rn. 199 f.; *Schaub/Künzl*, Arbeitsgerichtsverfahren, § 10 Rn. 1 ff.

933 BeckOK-ArbR/*Hamacher*, § 55 ArbGG Rn. 13; Schwab/Weth/*Korinth*, § 55 ArbGG Rn. 20 ff.; GK-ArbGG/*Schütz*, 105 Sept. 2017, § 55 ArbGG Rn. 27 f.

Sachzusammenhang mit der Klage als besondere Prozessvoraussetzung nötig[934] und nicht nur bei der Drittwiderklage. Die isolierte Drittwiderklage ist zudem nur ausnahmsweise bei besonders enger tatsächlicher und rechtlicher Verknüpfung der Gegenstände von Klage und Widerklage zulässig.[935] Im Übrigen entsprechen sich die Voraussetzungen in Australien und Deutschland.[936]

Das Vorverfahren am *Federal Court* dient primär der Vorbereitung der Hauptverhandlung. Im Regelfall finden zwei Vor-Verhandlungen statt: das *case management hearing* gefolgt vom *pre-trial case management hearing*, in welchen prozessleitende Verfügungen (*directions*) erlassen werden.[937] Mündliche Verhandlungen, die vorwiegend darauf ausgelegt sind, das weitere Verfahren zu erörtern und zu strukturieren, sind im deutschen Arbeitsgerichtsverfahren nicht vorgesehen. Vielmehr ist der Arbeitsrichter in Deutschland befugt, Anordnungen zur Vorbereitung der streitigen Verhandlung zu treffen (§ 56 ArbGG). Das australische Vorverfahren lässt sich nur partiell mit dem deutschen Güteverfahren (§ 54 ArbGG) vergleichen: Teilaspekt der Güteverhandlung ist ebenfalls, die mündliche Verhandlung vorzubereiten. Wie die Verfahrensbezeichnung bereits ausdrückt, dient die Güteverhandlung im Wesentlichen aber der gütlichen Erledigung des Rechtsstreits.[938] Diese Funktion erfüllt das australische Vorverfahren lediglich als Nebeneffekt. Schlichtungsversuche werden in Australien häufig zuvor bei der *Fair Work Commission* unternommen.

Die Zusammenstellung beweiserheblicher Materialien unterscheidet sich wesentlich: Die Vorbereitung der mündlichen Verhandlung vor dem Arbeitsgericht obliegt dem Richter und nicht den Parteien. Dem deutschen Rechtssystem ist zwar die Anordnung der Urkundenvorlegung nicht fremd (§ 142 ZPO)[939], jedoch entspricht diese im Ausmaß und der Selbstverständlichkeit nicht dem üblichen *discovery*-Verfahren.[940] Im deutschen Recht sind *affidavits* zwar mit einer eidesstattlichen Versicherung vergleichbar und können auch als solche

---

934 So die Rechtsprechung: BGH 17.10.1963 – II ZR 77/61, BGHZ 40, 187 = NJW 1964, 44; Zöller/*Schultzky*, § 33 ZPO Rn. 1.

935 BGH 7.11.2013 – VII ZR 105/13, NJW 2014, 1670 Rn. 16; BAG 24.9.2015 – 6 AZR 497/14, AP ZPO § 167 Nr. 2 Rn. 35; Zöller/*Schultzky*, § 33 ZPO Rn. 26.

936 Zu den Voraussetzungen der Widerklage siehe Zöller/*Schultzky*, § 33 ZPO Rn. 15 ff.

937 *Allsop*, E&IR-1, para [5.4]; *Cairns*, Australian Civil Procedure, para [2.190].

938 GK-ArbGG/*Schütz*, 104 Juni 2017, § 54 ArbGG Rn. 4.

939 *Babeck*, Einführung in das australische Recht, § 18 Rn. 11; *Prütting*, AnwBl 2008, 153 (153).

940 Beschlussempfehlung und Bericht des Rechtsausschusses, BT-Drs. 14/6036, S. 120 f.; *Prütting*, AnwBl 2008, 153 (158).

bezeichnet werden.[941] Die Versicherung an Eides statt gehört im Zivil- und Arbeitsgerichtsprozess jedoch nicht zu den zulässigen Beweismitteln im Rahmen des Strengbeweises, sondern ist nur zur Glaubhaftmachung vorgesehen (§ 294 Abs. 1 ZPO).[942] Im arbeitsgerichtlichen Verfahren ist die Glaubhaftmachung z.B. gemäß § 67 Abs. 2 Satz 2 ArbGG, § 17 Abs. 3 Satz 3 KSchG ausreichend oder aber auch im einstweiligen Rechtsschutz.[943] Die Vorbereitung schriftlicher Zeugenaussagen (unter Eid) ist nicht üblich.[944] Der Vorsitzende kann allenfalls mit förmlichem Beweisbeschluss vor der streitigen Verhandlung die schriftliche Beantwortung einer Beweisfrage anordnen (§ 55 Abs. 4 Nr. 2 ArbGG, § 377 Abs. 3 ZPO). In diesem Fall ist die eidesstattliche Versicherung nur erforderlich, wenn dies im Hinblick auf die Bedeutung des Zeugnisses für die Entscheidung des Rechtsstreits notwendig ist (§ 58 Abs. 2 ArbGG). Der Vorsitzende soll aber Zeugen, auf die sich die Parteien bezogen haben, zur mündlichen Verhandlung laden (§ 56 Abs. 1 Satz 2 Nr. 4 ArbGG). Parteivernehmungen werden mit Zurückhaltung eingesetzt.[945]

Die Hauptverhandlungen vor dem *Federal Court* und dem deutschen Arbeitsgericht unterscheiden sich vorwiegend in der Verhandlungsmaxime und der -leitung. Während das Verfahren vor dem *Federal Court* einer kämpferischen Auseinandersetzung gleicht[946], soll vor dem deutschen Arbeitsgericht während des ganzen Verfahrens die gütliche Erledigung des Rechtsstreits angestrebt werden (§ 57 Abs. 2 ArbGG). Hauptakteure im australischen Prozess sind die Parteien bzw. deren *barristers*[947], wobei Bestrebungen erkennbar sind, den Richtern eine zunehmend aktivere Rolle zuzuschreiben, um die Fairness zu erhöhen.[948] Leitfigur des deutschen Arbeitsgerichtsprozesses ist der Vorsitzende (vgl. § 46 Abs. 2 ArbGG, § 136 ZPO).[949]

Die streitige Verhandlung wird in Deutschland durch die Stellung der Anträge eingeleitet (§ 46 Abs. 2 ArbGG, § 137 Abs. 1 ZPO), meist gefolgt von der Einführung in den Sach- und Streitstand durch den Vorsitzenden.[950] Die Parteien

---

941 *Babeck,* Einführung in das australische Recht, § 18 Rn. 13.
942 MüKoZPO/*Prütting*, § 294 ZPO Rn. 14.
943 GMP/*Prütting*, § 58 ArbGG Rn. 63 mit weiteren Beispielen.
944 O/K/S/*Künzl*, Hdb ArbVerf, Rn. 274.
945 *Babeck,* Einführung in das australische Recht, § 18 Rn. 13.
946 *Schlachter*, Außergerichltiche Konfliktlösung, S. 95.
947 *Schlachter*, Außergerichltiche Konfliktlösung, S. 95.
948 *Kumar/Odgers/Peden*, Uniform Evidence Law, para [2.200].
949 *Schaub/Künzl*, Arbeitsgerichtsverfahren, § 23 Rn. 9.
950 O/K/S/*Künzl*, Hdb ArbVerf, Rn. 242 f.; *Lansnicker* in: Lansnicker (Hrsg.), Prozesse in Arbeitssachen, § 2 Rn. 148.

ergänzen in der Regel lediglich einzelne Punkte.[951] Das Verfahren vor dem *Federal Court* beginnt hingegen mit den *opening addresses*, in denen die *barristers* den Sach- und Streitstand knapp darstellen und einen Überblick über die beabsichtigte Beweisführung geben. Eine Zeugenbefragung durch Kreuzverhör, wie dies in Australien den Prozess charakterisiert, ist dem deutschen Verfahren fremd. Zeugen sagen in Australien grundsätzlich unter Eid aus, während dies in Deutschland regelmäßig nicht der Fall ist (§ 58 Abs. 2 Satz 1 ArbGG)[952]. Die *examination in chief*, die in Australien von dem *barrister* der Partei, die den Zeugen benannt hat, erfolgt, obliegt in Deutschland dem Vorsitzenden (§ 46 Abs. 2 ArbGG, § 395 Abs. 2 ZPO). Nach der möglichst zusammenhängenden Aussage des Zeugen stellt zunächst das Gericht weitere Fragen (§ 46 Abs. 2 ArbGG, § 396 ZPO), konträr zur aggressiv anmutenden Befragung im Rahmen einer *cross-examination*. Die Befragung durch die Parteien muss vor dem deutschen Arbeitsgericht vom Vorsitzenden gestattet werden (§ 46 Abs. 2 ArbGG, § 397 ZPO). Zeugenaussagen sind im Protokoll aufzunehmen (§ 46 Abs. 2 ArbGG, § 160 Abs. 3 Nr. 4 ZPO), allerdings existiert keine wörtliche Aufzeichnung der gesamten Verhandlung[953], vergleichbar den *transcripts*.

IV. Beendigung des Verfahrens

1. Vergleich („settlement")

Ein Großteil der Verfahren endet mit einem Vergleich.[954] Anreiz bietet einerseits eine für die Partei attraktive Kostenregelung, andererseits die meist höhere Akzeptanz des Resultats und die Verkürzung des Verfahrens.[955] Seit die Regelungen für Vergleichsangebote gesetzlich erweitert wurden, spielen Institute des *Case Law* eine untergeordnete Rolle.[956] Den Parteien steht es frei, ein formales Vergleichsangebot zu unterbreiten oder außergerichtlich einen Vergleich zu schließen und diesen in den Prozess einzubringen.

---

951 *Schaub/Künzl*, Arbeitsgerichtsverfahren, § 23 Rn. 3.

952 ErfK/*Koch*, § 58 ArbGG Rn. 2.

953 Zöller/*Schultzky*, § 160 ZPO Rn. 8; BeckOK-ZPO/*Wendtland*, § 160 ZPO Rn. 15.

954 *Babeck*, Einführung in das australische Recht, § 18 Rn. 25; *Colbran et al.*, Civil Procedure, p. 875; *Cullen*, Civil Procedure, p. 131.

955 *Colbran et al.*, Civil Procedure, para [18.1.2]; *Cullen*, Civil Procedure, p. 131; *Willis*, Civil Procedure, para [14.3.4].

956 Insbesondere zu sog. „*Calderbank offers*" siehe *Calderbank v Calderbank* [1975] 3 All ER 333 = [1975] 3 WLR 586; *Colbran et al.*, Civil Procedure, para [18.2.23]; *Cullen*, Civil Procedure, p. 132.

a) „Formal offer"

Formelle Vergleichsangebote (*offers of compromise*) sind gesetzlich normiert (Part 25 *Federal Court Rules 2011*). Sie können zu jedem Zeitpunkt des Verfahrens (r 25.05(1) *Federal Court Rules 2011*) schriftlich per Formblatt unterbreitet werden (r 25.01 *Federal Court Rules 2011*). Es sind mindestens 14 Tage Bedenkzeit für die Annahme des Angebots zu gewähren (r 25.05(3) *Federal Court Rules 2011*), die in dieser Zeitspanne wiederum schriftlich eingehen muss (r 25.08 *Federal Court Rules 2011*). Sowohl das Angebot als auch die Annahme können nur ausnahmsweise widerrufen werden (rr 25.07, 25.09 *Federal Court Rules 2011*).[957] Charakteristikum der *offers of compromise* ist, dass die Verhandlungen selbst dem Gericht nicht zur Kenntnis gebracht werden dürfen und die Verhandlungen mit Ausnahme bei der Kostenentscheidung („*without prejudice, save as to costs*") nicht verwertet werden dürfen (r 25.06 *Federal Court Rules 2011*).[958] Für die Kostenentscheidung gilt: Wurde das Vergleichsangebot nicht angenommen und fällt das Urteil für die ablehnende Partei ungünstiger aus, so hat die ablehnende Partei grundsätzlich die Kosten zu tragen, die nach dem Angebot entstanden sind (r 25.14 *Federal Court Rules 2011*).[959] In der Regel sind sogar *indemnity costs* erstattungsfähig.[960]

Der formelle Vergleich ist ein Vertrag zwischen den Parteien, der das Begehren als erledigt erachten lässt, sobald die vereinbarten Punkte erfüllt sind, und damit das Verfahren beendet.[961] Nach einem Vergleich trifft das Gericht lediglich eine Kostenentscheidung. Handelt eine Partei dem Vergleich zuwider, ist zu dessen Durchsetzung eine *order* zu beantragen: Das Gericht kann eine *order* mit dem Inhalt des Vergleichs erlassen, aus der Sicht eines deutschen Juristen also einen Titel generieren. Alternativ kann bei Missachtung durch den Kläger das Verfahren ausgesetzt oder die Klage abgewiesen werden. Verstößt der Beklagte gegen den Vergleich, kann eine Entscheidung ergehen, bei der sein Vorbringen nicht berücksichtigt wird (r 25.10 *Federal Court Rules 2011*).[962]

957 *Colbran et al.*, Civil Procedure, para [18.3.27 et seqq.].
958 *Colbran et al.*, Civil Procedure, para [18.3.33]; *Cullen*, Civil Procedure, p. 132; *Willis*, Civil Procedure, para [13.7].
959 *Colbran et al.*, Civil Procedure, para [18.3.42].
960 Zur Unterscheidung der *indemnity costs* und der *party-party costs* § 5 V. 1., S. 166.
961 *Cullen*, Civil Procedure, p. 134.
962 *Colbran et al.*, Civil Procedure, para [18.3.35].

b) „Informal agreement"

Ein außergerichtlicher, informeller Vergleich zwischen den Parteien kann in unterschiedlichen Abstufungen in den Prozess einbezogen und zum Gegenstand der gerichtlichen Entscheidung gemacht werden. Gesetzlich geregelt ist der Erlass einer *consent order*, abhängig davon, wie der Vergleich zustande kam, z.B. im Rahmen einer Mediation, einer alternativen Streitbeilegung oder ohne Schlichtung eines Dritten (rr 28.25, 28.35, 39.11 *Federal Court Rules 2011*). Bei einer *consent order* wird der Vergleichsinhalt mit dem Vermerk, dass es sich um eine einvernehmliche Entscheidung handelt, in die *order* einbezogen. Die *order* und damit der Vergleichsinhalt ist grundsätzlich direkt vollstreckbar (r 39.11(3) *Federal Court Rules 2011*).[963]

Im *Case Law*[964] haben sich Abwandlungen der gesetzlich normierten *consent order* etabliert, wobei als prominentestes Beispiel der Erlass einer sog. „*Tomlin order*"[965] zu nennen ist. Dabei ergeht der Beschluss das Verfahren auszusetzen, soweit es nicht um die Durchsetzung des Vergleichs geht, und der Vergleich per se wird lediglich als Anhang der *order* beigefügt. Das hat den Vorteil, dass der vereinbarte Inhalt nicht Gegenstand des Urteils ist und daher nicht veröffentlicht wird. So können vertrauliche Aspekte geheim gehalten werden und die Inhalte der Vereinbarung müssen nicht in die Zuständigkeit des Gerichts fallen, da es selbst keine Entscheidung darüber trifft. Zur Durchsetzung des Vergleichs bedarf es einer neuen *order*. Hierbei können sich die Parteien jedoch des bereits anhängigen Verfahrens bedienen, da das Verfahren nicht vollständig ausgesetzt wurde. Umstritten ist aber, ob das Gericht so auch Vergleichsinhalte außerhalb seiner Zuständigkeit durchsetzen darf.[966]

c) Der Vergleich im deutschen Recht

Auch im Prozess vor den Arbeitsgerichten kann das Verfahren bis zur Rechtskraft einer Entscheidung durch einen Vergleich beendet werden. Die gütliche Erledigung des Rechtsstreits soll während des ganzen Verfahrens angestrebt werden (§ 57 Abs. 2 ArbGG). Dem gerichtlichen Vergleich (Prozessvergleich) kommt im Gegensatz zum außergerichtlichen Vergleich unmittelbar prozessbeendigende

---

963 *Colbran et al.*, Civil Procedure, para [22.2.1].

964 *Green v Rozen* [1955] 1 WLR 741 (743–746).

965 Benannt nach *Justice Tomlin*, der diese Form vorschlug: *Tomlin*, Practice Note [1927] WN 290.

966 *Green v Rozen* [1955] 1 WLR 741 (743–746); *Colbran et al.*, Civil Procedure, para [18.4.1 et seqq.]; *Cullen*, Civil Procedure, p. 134 et seq.

Wirkung zu. Ein gerichtlicher Vergleich kann vor Gericht geschlossen und protokolliert werden (§ 46 Abs. 2 ArbGG, § 160 Abs. 3 Nr. 1 ZPO) oder indem die Parteien dem Gericht einen schriftlichen Vergleichsvorschlag unterbreiten oder einen schriftlichen Vergleichsvorschlag des Gerichts durch Schriftsatz gegenüber dem Gericht annehmen. Das Gericht stellt das Zustandekommen und anders als beim formellen australischen Vergleich auch den Inhalt des geschlossenen Vergleichs durch Beschluss fest (§ 46 Abs. 2 ArbGG, § 278 Abs. 6 Satz 2 ZPO). Der gerichtliche Vergleich ist ein Vollstreckungstitel (§ 46 Abs. 2 ArbGG, § 794 Abs. 1 Nr. 1 ZPO). Das deutsche Recht sieht keinen Anreiz in Form einer Begünstigung der vergleichsbereiten Partei im Rahmen der außergerichtlichen Kosten vor. Vielmehr sind die Kosten eines abgeschlossenen Vergleichs als gegeneinander aufgehoben anzusehen, wenn die Parteien nichts anderes vereinbart haben (§ 46 Abs. 2 ArbGG, § 98 Satz 1 ZPO).[967] Die australische Regelung eines formellen Prozessvergleichs kann den deutschen Juristen an die Folge einer übereinstimmenden Erledigungserklärung erinnern, die einen bloßen Kostenbeschluss nach sich zieht (§ 91a Abs. 1 Satz 1 ZPO).

2. Vorzeitige Verfahrensbeendigung

a) Klagerücknahme („discontinuance")

Der Kläger kann die Klage ganz oder teilweise unter Verwendung eines Formblattes zurücknehmen (r 26.12(1) *Federal Court Rules 2011*). Einer Einwilligung des Beklagten oder einer Gestattung durch das Gericht bedarf es erst ab dem ersten *hearing* (r 26.12(2) *Federal Court Rules 2011*). Die Kosten des Rechtsstreits trägt grundsätzlich der Kläger (r 26.12(7) *Federal Court Rules 2011*). Wird die Klage zurückgenommen, ist der Rechtsstreit als nicht anhängig geworden anzusehen. Derselbe Streitgegenstand kann erneut vor Gericht geltend gemacht werden, da die Rücknahme der Klage nicht zu einem Endurteil führt, das in Rechtskraft erwachsen könnte (r 26.14 *Federal Court Rules 2011*).[968] Wird die Klage von neuem angestrengt, so kann der Beklagte beantragen, das Verfahren auszusetzen bis die Kosten beglichen sind (r 26.15 *Federal Court Rules 2011*).

b) „Summary judgment"

Eine vorzeitige Verfahrensbeendigung kann das Gericht durch Erlass eines *summary judgment* herbeiführen, indem es die Klage ohne mündliche Verhandlung

---

967 O/K/S/*Künzl*, Hdb ArbVerf, Rn. 321 ff.; *Schaub/Künzl*, Arbeitsgerichtsverfahren, § 32.
968 *Colbran et al.*, Civil Procedure, para [18.5.9]; *Cullen*, Civil Procedure, p. 94, 101 et seq.

abweist bzw. dieser stattgibt, weil der gegnerische Antrag keine Aussicht auf Erfolg hat oder das Verfahren aus rein schikanösen Motiven betrieben wird (s 31A *Federal Court of Australia Act 1976*, r 26.01(1) *Federal Court Rules 2011*).[969] Das *judgment* ist ein Endurteil, das in Rechtskraft erwächst und nur im Berufungsverfahren wieder aufgehoben werden kann.[970] Das Gericht ist befugt, aus Eigeninitiative zu handeln oder auf Antrag der gegnerischen Partei, die in der Regel tätig wird, bevor weitere Schriftsätze ausgetauscht werden und ein *discovery* Verfahren angestrebt wird.[971] Die Kosten trägt grundsätzlich die Partei, gegen die ein *summary judgment* ergeht (s 570(2) *Fair Work Act 2009*).[972]

Eine besondere Form des Urteils nach verkürztem Verfahren ist das *judgment on admissions* (r 22.07 *Federal Court Rules 2011*). Gesteht eine Partei der anderen ausdrücklich Tatsachen zu bzw. stellen die Ausführungen einer Partei die Ausführungen der anderen Partei zweifelsfrei nicht in Frage, kann ein (Teil-)Urteil aufgrund dieser Tatsachen ergehen.[973]

3. Urteil („judgment")

Nach Schluss der mündlichen Verhandlung ergeht ein Urteil (*judgment*) entweder direkt oder die Verhandlung wird bis zur Verkündung einer Entscheidung vertagt.[974] Vom *judgment* ist die *order* abzugrenzen: Das *judgment* beendet das Ausgangsverfahren endgültig; alle übrigen Entscheidungen werden als *order* bezeichnet, unabhängig davon, ob sie final oder Zwischenentscheidungen sind. Eine *order* muss nicht zwangsläufig ein Tun oder Unterlassen beinhalten.[975] Da Entscheidungen mit einer *jury*, die auf der Sachverhaltsbeurteilung der *jury*, dem *verdict*, beruhen, den äußerst seltenen Ausnahmefall bilden[976], wird im Folgenden lediglich das Urteil des Einzelrichters beschrieben.

---

969 *Kowalski v MMAL Staff Superannuation Fund Pty Ltd* [2009] FCAFC 117 = (2009)178 FCR 401.

970 *Cullen*, Civil Procedure, p. 94.

971 *Cullen*, Civil Procedure, p. 98; *Willis*, Civil Procedure, para [12.4.1].

972 *Fair Work Ombudsman v Austrend International Pty Ltd* (2018) 273 IR 439 = [2018] FCA 171 para [98 et seqq.].

973 Hierzu *Cairns*, Australian Civil Procedure, para [12.480 et seqq.]; *Cullen*, Civil Procedure, p. 101; *Lindgren/Cremean/Cujes*, Annotated Federal Court Legislation, r 22.07 Federal Court Rules 2011 para [r 22.07.10].

974 *Cairns*, Australian Civil Procedure, para [16.250]; *Cullen*, Civil Procedure, p. 145.

975 *Ho v Grigor* (2006) 151 FCR 236 = [2006] FCAFC 72 para [53]; *Cairns*, Australian Civil Procedure, para [16.250, 16.270].

976 Zu *verdicts*: *Cairns*, Australian Civil Procedure, para [16.250, 16.260].

Das Urteil kann mündlich oder schriftlich ergehen, wobei mündliche Entscheidungen in der Regel im Anschluss schriftlich niedergelegt und veröffentlicht werden.[977] Das Urteil umfasst den Sachverhalt und die Rechtslage sowie deren Beurteilung[978] und tenoriert im Mindesten die Leistungspflicht, Zinsen und Kosten[979]. Es ist zu begründen.[980] Der *Federal Court* hat sich als eigene Zielvorgabe gesetzt, innerhalb von drei Monaten nach Stellung der Schlussanträge ein Urteil zu verkünden. Sollte ein solches innerhalb von sechs Monaten nicht absehbar sein, werden die Parteien darüber informiert.[981]

Um Vollstreckung aus dem Urteil betreiben oder Berufung einlegen zu können, ist die Eintragung in ein Register erforderlich, *entry of judgment* (rr 39.31, 39.32, 39.35 *Federal Court Rules 2011*)[982], die mit zertifizierter Ausfertigung bestätigt wird und dann in etwa mit der vollstreckbaren Ausfertigung im deutschen Recht vergleichbar ist. Das Urteil erwächst in Bestandskraft sobald es eingetragen ist, sodass es grundsätzlich nur durch Berufung wieder abgeändert oder aufgehoben werden kann (rr 39.04, 39.05 *Federal Court Rules 2011*).[983] Etwas anderes gilt für die Ausbesserung von offensichtlichen Schreibfehlern, *slip rule* (r 39.05(g), (h) *Federal Court Rules 2011*). Das Urteil kann aber auch qua Gesetz abgeändert oder aufgehoben werden, wenn es beispielsweise durch Täuschung erlangt wurde (r 39.05(b) *Federal Court Rules 2011*)[984] oder nicht die wahre Intention des Gerichts widerspiegelt[985] (r 39.05(e) *Federal Court Rules 2011*).[986]

---

977 *FCA*, Judgments FAQs, http://www.fedcourt.gov.au/digital-law-library/judgments/judgments-faq [zuletzt abgerufen am 1.7.2019]; *Willis*, Civil Procedure, para [10.3.3].

978 *FCA*, Judgments and Orders, http://www.fedcourt.gov.au/going-to-court/i-am-a-party/court-processes/judgments-and-orders [zuletzt abgerufen am 1.7.2019].

979 *Babeck*, Einführung in das australische Recht, § 18 Rn. 27.

980 *Cairns*, Australian Civil Procedure, para [16.250, 16.275].

981 *Allsop*, CPN-1, para [16.1].

982 *Cairns*, Australian Civil Procedure, para [16.290]; *Colbran et al.*, Civil Procedure, para [19.7.2, 19.7.10].

983 *Colbran et al.*, Civil Procedure, para [19.7.11].

984 *Monroe Schneider Associates (Inc) v No 1 Raberem Pty Ltd* [1992] FCA 548 = (1992) 109 ALR 137.

985 *Fair Work Ombudsman v Grouped Property Services Pty Ltd (No 2)* [2017] FCA 557.

986 *Cairns*, Australian Civil Procedure, para [16.290 et seqq.]; *Colbran et al.*, Civil Procedure, para [19.7.11 et seqq.].

4. Versäumnisurteil („default judgment")

Auch vor dem *Federal Court* kann wegen Säumnis eine Entscheidung gegen den Säumigen ergehen. Hierbei ist zwischen der Säumnis des Beklagten und der des Klägers zu unterscheiden. Beim Beklagten ist zwischen der Säumnis in der Hauptverhandlung und der nicht rechtzeitigen Anzeige der Verteidigungsbereitschaft bzw. Einreichung der Klageerwiderung zu differenzieren. Erscheint der Beklagte in der Hauptverhandlung nicht, hat der Kläger die Wahl, die Fortsetzung des Verfahrens ohne den Beklagten oder Vertagung zu beantragen (r 30.21(1)(b) *Federal Court Rules 2011*). Wird das Verfahren ohne den Beklagten geführt, muss der Kläger seinen Anspruch beweisen. Ihm steht es frei, Zeugen zu befragen. Kann der Kläger das Gericht nicht von der Begründetheit seines Anspruchs überzeugen, ist die Klage abzuweisen.[987] Dies stellt im Vergleich zur Zulässigkeits- und Schlüssigkeitsprüfung vor deutschen Arbeitsgerichten eine höhere Hürde dar.

Dagegen erfordert ein Versäumnisurteil bei nicht rechtzeitiger Verteidigung lediglich eine vergleichbare Zulässigkeits- und Schlüssigkeitsprüfung. Der Klage kann durch Versäumnisurteil stattgegeben werden, wenn das Gericht zur Überzeugung gelangt, dass der Anspruch besteht (r 5.23(2)(c) *Federal Court Rules 2011*)[988] und das Gericht zuständig ist.[989] Der Prüfungsumfang entspricht in etwa der Prüfung bei Erlass eines Versäumnisurteils bei nicht rechtzeitiger Anzeige der Verteidigungsbereitschaft im deutschen Zivilprozess (§§ 276 Abs. 1 Satz 1, 331 Abs. 3 ZPO), die im arbeitsgerichtlichen Verfahren keine Anwendung findet (§ 46 Abs. 2 Satz 2 ArbGG). Hatte der säumige Beklagte zuvor Widerklage erhoben, ist diese abzuweisen.[990]

Erscheint der Kläger nicht zur Hauptverhandlung steht es dem Beklagten frei, Abweisung der Klage, Vertagung oder unter Umständen sogar Fortsetzung des Verfahrens zu beantragen (r 30.21(1)(a) *Federal Court Rules 2011*). Im Falle einer Widerklage gilt das Gleiche wie für die Klage bei Säumnis des Beklagten: Der Anspruch muss bewiesen werden.[991]

---

987 *M.Y. Distributors Pty Ltd v Omaq Pty Ltd & anor* [1992] FCA 491; *Cairns*, Australian Civil Procedure, para [16.190]; *Colbran et al.*, Civil Procedure, para [19.5.6].

988 *Yeo v Damos Earthmoving Pty Ltd, in the matter of Beachwood Developments Pty Ltd (in liq)* [2011] FCA 1129 para [9].

989 *Speedo Holdings B.V. v Evans (No 2)* [2011] FCA 1227 para [18]; *Lindgren/Cremean/Cujes*, Annotated Federal Court Legislation, r 5.23 Federal Court Rules 2011 para [r 5.23.20].

990 *Cairns*, Australian Civil Procedure, para [16.190].

991 *Cairns*, Australian Civil Procedure, para [16.200].

Säumige Parteien können Abänderung oder Aufhebung des *default judgment* beantragen. Das Vorgehen ist davon abhängig, ob das Urteil wegen Säumnis bei einer Verhandlung (*at trial*) oder wegen fehlender Verteidigung erging. In beiden Fällen gibt es jedoch kein spezielles Verfahren gegen Versäumnisentscheidungen. Erging das *default judgment* wegen fehlender Verteidigung, kann der Beklagte Abänderung oder Aufhebung des Urteils basierend auf dem allgemeinen Grundsatz, dass das Gericht eine zu Unrecht erlassene Entscheidung selbst wieder aufheben können muss, beantragen.[992] Auf dieses Recht wird in den *Federal Court Rules 2011* lediglich hingewiesen (rr 5.23 Note 2, 39.05), ohne Fristen und Formalitäten zu bezeichnen. Die Aufhebung eines *default judgment* ist eine Ermessensentscheidung, für die sich Faktoren im *Case Law* gebildet haben: Der Beklagte sollte die Aufhebung so schnell wie möglich beantragen, die Fristversäumnis ausreichend begründen und bereits unter Glaubhaftmachung auf die Klage erwidern.[993]

Das Vorgehen gegen ein Urteil wegen Säumnis *at trial* ist gesetzlich geregelt: Der Säumige kann Antrag auf Aufhebung oder Abänderung des Urteils und Fortsetzung des Verfahrens stellen (rr 30.21(2), 39.05(a) *Federal Court Rules 2011*). Die Entscheidung darüber ist eine Ermessensentscheidung anhand zweier maßgeblicher Faktoren: Die Säumnis muss gerechtfertigt werden und der Antrag auf Aufhebung oder Abänderung ist zeitnah, ohne unangemessene Verzögerung zu stellen.[994] Die *Federal Court Rules 2011* regeln im Gegensatz zu bundesstaatlichen Gesetzen keine diesbezügliche Frist. In Anlehnung an die bundesstaatlichen Fristen, die sich zwischen sieben und 14 Tagen bewegen[995], kann eine unangemessene Verzögerung aber jedenfalls ab ca. 14 Tagen nach Verkündung des Versäumnisurteils angenommen werden.

---

992 *Anlaby v Praetorius* (1888) 20 QBD 76; *Lam v Gulic* (1979) 25 ACTR 46; *Boswell v Fletcher Construction Australia Ltd* [2006] TASSC 34; *Colbran et al.*, Civil Procedure, para [13.2.7].

993 *Rosing v Ben Shemesh* [1960] VR 173; *Cook v DA Manufacturing Co Pty Ltd* [2004] QCA 52; *Cairns*, Australian Civil Procedure, para [12.280]; *Colbran et al.*, Civil Procedure, para [13.2.9]; vgl. r 10.72(2) *Federal Court Rules 2011*, die nur auf den *Service under Hague Convention* anwendbar ist, den Anspruch sowie Voraussetzungen aber normiert.

994 *Surfers Paradise International Convention Centre Pty Ltd v National Mutual Life Association of Australasia Ltd* [1984] 2 Qd R 447; *Cairns*, Australian Civil Procedure, para [16.210]; *Colbran et al.*, Civil Procedure, para [19.7.12].

995 *Colbran et al.*, Civil Procedure, para [19.7.12].

V. Kostentragungspflicht

Die Gerichtskosten für manche Verfahren nach dem *Fair Work Act 2009* sind auch vor dem *Federal Court* gegenüber zivilrechtlichen Verfahren ermäßigt. Die Verfahrensgebühren für die Einlegung bestimmter *civil remedy*-Klagen, die auf s 539 *Fair Work Act 2009* gestützt werden, wurden den Gebühren vor der *Fair Work Commission* angeglichen[996] und betragen streitwertunabhängig 73,20 AU$ (Stand 1. Juli 2019).[997] Darüber hinaus ist für außergerichtliche Kosten zwischen bestimmten arbeitsrechtlichen Verfahren und Verfahren nach zivilprozessualen Vorschriften zu differenzieren.

Im Zivilverfahren vor dem *Federal Court* trägt im Grundsatz die unterliegende Partei die Kosten.[998] In arbeitsrechtlichen Prozessen wird hiervon jedoch weitreichend abgewichen.[999] Werden Ansprüche verhandelt, die auf den *Fair Work Act 2009* gestützt werden[1000], trägt grundsätzlich jede Partei ihre außergerichtlichen Kosten selbst (s 43(1)(b) *Federal Court of Australia Act 1976*, s 570 *Fair Work Act 2009*).[1001] Dabei genügt es, wenn von verschiedenen Ansprüchen lediglich einer auf dem *Fair Work Act 2009* beruht; es folgt eine einheitliche Kostenentscheidung.[1002] Die Kosten können ausnahmsweise ganz oder teilweise auferlegt werden, wenn das Gericht zur Überzeugung gelangt, dass der Prozess rein schikanös oder ohne vernünftigen Grund geführt wird[1003], wenn unangemessenes Handeln oder Unterlassen Kosten verursacht hat[1004] oder wenn eine Partei verweigert hat, den Sachverhalt vor der *Fair Work Commission* zu verhandeln[1005]

---

996 Reg 2.10(2), (3), Schedule 1, Item 103, 104 *Federal Court and Federal Circuit Court Regulations 2012.*

997 *FCA*, Fees Payable, Item 103, 104, http://www.fedcourt.gov.au/forms-and-fees/court-fees/fees [zuletzt abgerufen am 1.7.2019].

998 *Colbran et al.*, Civil Procedure, p. 1089.

999 *FCA*, Annual Report 2017–18, p. 40.

1000 S 570(1) *Fair Work Act 2009: „in relation to a matter arising under this Act*".

1001 *Pittard/Naughton*, Labour and Employment Law, para [3.18]; *Stewart et al.*, Labour Law, para [7.64].

1002 *Melbourne Stadiums Ltd v Sautner* [2015] FCAFC 20 = (2015) 229 FCR 221; *Catanzariti et al.*, Annotated FW Act, s 570 FW Act, [8-6940.08]; *Stewart et al.*, Labour Law, para [7.65].

1003 *Australian Workers Union v Leighton Contractors Pty Limited (No 2)* (2013) 232 FCR 428 = [2013] FCAFC 23 para [7]; *Yum! Restaurants Australia Pty Ltd v Full Bench of Fair Work Australia (No 2)* [2012] FCA 419 = (2012) 203 FCR 550.

1004 *Ryan v Primesafe* (2015) 323 ALR 107 = [2015] FCA 8 para [63 et seqq.].

1005 *Catanzariti et al.*, Annotated FW Act, s 570 FW Act, [8-6940.50].

(s 570(2) *Fair Work Act 2009*).[1006] Ähnliche Kostenregelungen finden sich in s 17 *Independent Contractors Act 2006* und in s 329 *Fair Work (Registered Organisations) Act 2009*, sodass in arbeitsrechtlichen Prozessen vor dem *Federal Court* die Beteiligten regelmäßig ihre außergerichtlichen Kosten selbst tragen.[1007]

Auch am *Federal Court* können dem rechtlichen Vertreter die Kosten ganz oder anteilig auferlegt werden (s 43(3)(f) *Federal Court of Australia Act 1976*). Darüber hinaus kommt die Haftung des Rechtsanwalts für Fehlverhalten in Betracht (r 40.07 *Federal Court Rules 2011*).

VI. Zusammenfassung in rechtsvergleichender Sicht

Das Verfahren erster Instanz vor dem *Federal Court* ist typischerweise ein sehr kämpferisches Verfahren: Eine Partei möchte gegenüber einer anderen Partei mit Hilfe des Gerichts ein Recht durchsetzen. Ein zentraler Unterschied zum deutschen System ist dabei die besondere Zurückhaltung des Gerichts. Leitfigur ist nicht wie im deutschen Arbeitsgerichtsprozess der Vorsitzende (vgl. § 46 Abs. 2 ArbGG, § 136 ZPO)[1008], sondern das Gericht wahrt streng Neutralität und die Sachverhaltsaufklärung wird eher von den Parteien gesteuert. Die Befugnisse des Gerichts und das Verfahren vor dem Gericht sind im Hinblick auf die prozessuale Waffengleichheit der Parteien und die zu wahrende Neutralität des Gerichts fein abgestimmt und relativ streng formalisiert. Trotz kämpferischer Aspekte dominiert der Grundsatz des fairen Verfahrens die gesamte Verfahrensordnung und bindet auch die Parteien und deren Anwälte. Zudem gilt wie vor deutschen Gerichten der Grundsatz der Öffentlichkeit. Dennoch versucht auch die australische Rechtsordnung den Besonderheiten arbeitsrechtlicher Streitbeilegung gerecht zu werden und modifiziert zivilprozessuale Vorschriften für arbeitsrechtliche Verfahren, um diese leichter zugänglich, kostengünstiger und effizienter zu gestalten.

Dabei wird jedoch weniger die Rolle des Richters uminterpretiert, als versucht, andere Verfahren in den Prozess zu integrieren. Nicht der Richter wird zum Schlichter, der auch die gesamte Zeit die gütliche Einigung anstrebt (so aber § 57 Abs. 2 ArbGG), sondern es wird versucht Schlichter in den Prozess einzubinden. Zunächst bezieht das arbeitsgerichtliche Verfahren in manchen

1006 *Rinaldi et al.*, Fair Work Legislation 2016–17, 2016, s 570 FW Act, [FWA 570.100]: S 570(2) *Fair Work Act 2009* ist an s 611(2) *Fair Work Act 2009* angeglichen, weshalb dieselben Maßstäbe gelten; genauer § 5 V. 1., S. 166.

1007 *Stewart et al.*, Labour Law, para [7.66].

1008 *Schaub/Künzl*, Arbeitsgerichtsverfahren, § 23 Rn. 9.

Bestandsstreitigkeiten die *Fair Work Commission* in die Lösung der Streitigkeiten ein. Bevor die Parteien in diesen Verfahren klagen dürfen, müssen sie die Schlichtung durch die *Fair Work Commission* versucht haben. Dabei kann die *Fair Work Commission* all ihre verfahrensrechtlichen Freiheiten einbringen: Sie kann im Rahmen informeller Gespräche die Parteien unterstützen, die strittigen Aspekte zu erkennen und alle notwendigen Tatsachen zu ermitteln, um bereits unter Würdigung aller notwendigen Informationen auf eine gütliche Einigung hinzuwirken. Sollte dies nicht erfolgreich sein, bedarf wenigstens die anschließende gerichtliche Verhandlung einer geringeren Vorbereitung durch das Gericht und es kann regelmäßig direkt mit prozessvorbereitenden Verhandlungen begonnen werden. Außerdem darf das Gericht auch jederzeit auf eine alternative Streitbeilegung hinwirken. Vergleichsschlüsse selbst zu moderieren, sieht die Verfahrensordnung nicht als originäre Aufgabe des Richters. Der Richter hilft typischerweise lediglich per gerichtlicher *order*, außergerichtliche Vergleiche durchzusetzen.

Die Einleitung des Verfahrens vor dem *Federal Court* soll besonders leicht ermöglicht werden. Deshalb sind Anträge unter Verwendung von Formblättern zu stellen. Generell ist das Verfahren vor dem *Federal Court* wie vor der *Fair Work Commission* durch Formblätter geprägt, um den Zugang zu Gericht zu erleichtern. Jedoch verkürzt der Zwang Formblätter zu verwenden gleichzeitig die Möglichkeiten für Leute, die schriftsprachlich nicht fähig sind, sich dieser Hilfsmittel zu bedienen.[1009] In Deutschland wurde jedenfalls trotz bestehender Möglichkeit noch kein Zugangsportal mit Formularen eingeführt.

Wurde das Verfahren eingeleitet, entsprechen die Reaktionsmöglichkeiten des Beklagten großteils den Möglichkeiten im deutschen Verfahren. Unterschiede zeigen sich jedoch in der Art und Weise der Vorbereitung der Hauptverhandlung durch das Gericht im *pre-trial proceeding*. Die *discovery*, eidesstattliche Versicherungen (*affidavits*), *court books* und *case management hearings* kennt das deutsche Recht so nicht. Auch die mündliche Verhandlung wird von den Parteien dominiert. Diese geben den Rahmen des Streitgegenstandes vor und leiten die beinahe aggressiv anmutende *cross-examination*, um Beweise zu gewinnen. Der Richter ist überwiegend unbeteiligter Dritter, der lediglich sicherstellt, dass die Parteien die Spielregeln einhalten. Gerade diese Dominanz der Parteien bedingt besondere Rechtskenntnisse, um die vom Gericht benötigten Beweise bzw. Sachverhaltsangaben entsprechend den Spielregeln in den Prozess einführen zu können und ist für viele Laien die Krux des gerichtlichen Verfahrens.

1009 *Morgenweck*, Die Arbeitsgerichtsbarkeit in England, S. 56.

Das australische Recht findet bisher keine verfahrensrechtliche Lösung für diese Schwierigkeit vor Gericht, außer sich für die Verfahren anwaltlich vertreten zu lassen. Zwar ist erkennbar, dass Richter im Sinne eines fairen Verfahrens etwas mehr Initiative zeigen, anders als im deutschen Recht soll die Lösung des Problems nach bisherigem Rechtsstand aber nicht im Gericht, sondern außerhalb der Gerichte liegen: die Schaffung und Einbeziehung der *Fair Work Commission.*

§ 7 Rechtsbehelfe und das Verfahren zweiter Instanz

I. Rechtsbehelfe

Gegen Entscheidungen der *Fair Work Commission*, des *Federal Circuit Court* und des *Federal Court* ist vor allem der Rechtsbehelf des *appeal* in unterschiedlichen Ausprägungen zulässig. Grundsätzlich sind zwei Arten von *appeals* zu differenzieren: Der *strict appeal* als reine Rechtsinstanz, in der keine neuen Beweise zugelassen werden dürfen, und der *appeal by way of rehearing*, der die Überprüfung in rechtlicher und in beschränktem Maße in tatsächlicher Hinsicht zulässt.[1010] Die Rechtsbehelfe sind im Rahmen des Instanzenzugs voneinander abzugrenzen.

1. Rechtsbehelfe gegen Entscheidungen der Fair Work Commission

Gegen eine erstinstanzliche Entscheidung der *Fair Work Commission* kann sich der Beschwerte mit einem *appeal* wenden. Alternativ kann eine Entscheidung mittels *review* angegriffen oder eine gerichtliche Prüfung durch eine *judicial review* erreicht werden.[1011]

a) „Appeal"

Eine Person, die durch eine Entscheidung der *Fair Work Commission* (ausgenommen Entscheidungen der *Full Bench* oder eines *Expert Panel*) beschwert ist, kann nach Zulassung (*permission*) durch die *Fair Work Commission* den Rechtsbehelf des *appeal* einlegen (s 604 *Fair Work Act 2009*). Der *appeal* innerhalb der *Fair Work Commission* ist ein *appeal by way of rehearing*.[1012] Die vorhergehende Entscheidung wird in rechtlicher und tatsächlicher Hinsicht (*error of law and of fact*) überprüft, wobei weitere Beweise zugelassen werden können (s 607(2) *Fair Work Act 2009*).[1013] Während des *appeal*-Verfahrens kann Hemmung der

---

1010 *Cairns*, Australian Civil Procedure, para [18.30 et seqq]; *Catanzariti et al.*, Annotated FW Act, s 604 FW Act, [8-8850.30]; *Colbran et al.*, Civil Procedure, para [20.2.1].

1011 Im Folgenden wird von „Rechtsbehelfen" und nicht „Rechtsmitteln" gesprochen, da die *Fair Work Commission* eine spezialisierte Institution der Staatsverwaltung ist.

1012 *Allesch v Maunz* (2000) 203 CLR 172 = [2000] HCA 40 para [22]; *Catanzariti et al.*, Annotated FW Act, s 604 FW Act, [8-8850.30]; *Stewart et al.*, Labour Law, para [7.35].

1013 *Catanzariti et al.*, Annotated FW Act, s 572 FW Act, [Com 75,300].

Rechtskraft der vorangegangenen Entscheidung angeordnet werden (s 606(1) *Fair Work Act 2009*). Mit dem *appeal* befördert der *appellant* die Sache vom Einzel-*Commissioner* zur *Full Bench* innerhalb der *Fair Work Commission* (ss 604, 613(1) *Fair Work Act 2009*). Ein gesondertes *appeal tribunal* existiert nicht.[1014]

b) „Review"

Neben dem *appeal* des Beschwerten besteht ein Sonderrechtsbehelf des Bundesarbeitsministers[1015]: die *review* (s 605 *Fair Work Act 2009*). Widerspricht eine Entscheidung der *Fair Work Commission* nach Ansicht des Bundesarbeitsministers dem öffentlichen Interesse, ist er befugt eine Überprüfung zu beantragen. Ist die *Full Bench* der *Fair Work Commission* davon überzeugt, dass das öffentliche Interesse eine Überprüfung gebietet, muss sie die Entscheidung überprüfen (ss 605(2), 614 *Fair Work Act 2009*). Der gesonderte Rechtsbehelf ist im Grunde mit einem *appeal* der Parteien vergleichbar und das Verfahren entspricht dem des *appeal* (s 607 *Fair Work Act 2009*, r 57 *Fair Work Commission Rules 2013*). Die *review* kann deshalb auch zusammen mit dem *appeal* verhandelt werden (s 605(4) *Fair Work Act 2009*). Die besondere Regelung ist hauptsächlich Ausdruck der fehlenden Möglichkeit des Ministers, einen *appeal* einzulegen, da er in der Regel nicht beschwert ist.[1016]

c) „Judicial review"

Eine gerichtliche Überprüfung einer Entscheidung der *Fair Work Commission* durch den *High Court* (s 75(5) *The Constitution*) oder den *Federal Court* (s 39B(1) *Judiciary Act 1903*) kann durch die *judicial review* erreicht werden.[1017] Sie ist Ausdruck des Rechtsstaatsprinzips (*rule of law*) und gewährleistet, dass die Exekutive Befugnisse nicht überschreitet und Interessen des Einzelnen geschützt werden.[1018] Es handelt sich um ein Verfahren, bei dem ausschließlich *jurisdictional errors* überprüft werden, nicht aber die Entscheidung in der Sache selbst.

1014 Zur Debatte um die Erforderlichkeit eines spezialisierten *appeal tribunal* § 7 III. 3., S. 234.

1015 Seit 29. Mai 2019: *Federal Minister for Industrial Relations: Christian Porter*.

1016 *Catanzariti et al.*, Annotated FW Act, s 572 FW Act, [Com 75,340].

1017 *Kirk v Industrial Relations Commission of New South Wales* [2010] HCA 1 = (2010) 239 CLR 531; *Stewart et al.*, Labour Law, para [7.36].

1018 *Church of Scientology v Woodward* [1982] HCA 78 = (1982) 154 CLR 25 (70); *Gilmour*, [2010] FedJSchol 21, p. 8.

Ausschlaggebend ist, dass der Entscheidungsträger die Grenzen seiner Funktion und seiner Befugnisse gewahrt hat.[1019]

Primär betreffen *jurisdictional errors* die Zuständigkeit der entscheidenden Behörde (*jurisdiction*). Hält sich z.B. die *Fair Work Commission* für zuständig, eine Entscheidung über eine vermeintliche *unfair dismissal* zu treffen, obgleich der Rechtsweg zu den ordentlichen Gerichten eröffnet wäre, handelt es sich um einen *jurisdictional error*.[1020] Aufgrund der Tendenz, das Rechtsstaatsprinzip weiter zu stärken, sind Bestrebungen erkennbar, die Rechtskontrolle und den Begriff des *jurisdictional error* auszudehnen, sodass beispielsweise ein Verstoß gegen den Grundsatz des fairen Verfahrens (*procedural fairness*[1021]) ein *jurisdictional error* sein kann.[1022] In *Warrell v Fair Work Australia*[1023] wurde dem Analphabeten und hirngeschädigten (*brain damaged*) *Mr Warrell* die Vertagung der Verhandlung in zweiter Instanz verweigert, die er beantragt hatte, um sich vertreten zu lassen. Die nunmehr durchgeführte Verhandlung entsprach nicht der gesetzlich vorgesehenen Art (s 604 *Fair Work Act 2009*), wodurch das Verfahren nicht fair ablief und dem Verfahren ein *jurisdictional error* anhaftete.[1024] Ebenso kann ein *jurisdictional error* vorliegen, wenn ein *Commissioner* relevanten Materialien keine oder eine falsche Bedeutung zumisst oder seine Rolle missversteht.[1025]

2. Rechtsmittel gegen gerichtliche Entscheidungen

Auch bundesgerichtliche Entscheidungen in Arbeitssachen können durch einen *appeal* angegriffen werden. Dabei ist zu unterscheiden zwischen dem *appeal* zum *Federal Court* und dem *appeal* zum *High Court*.[1026]

1019 *Gilmour*, [2010] FedJSchol 21, p. 7; *Stewart et al.*, Labour Law, para [7.37].

1020 In *Damevski v Guidice* (2003) 133 FCR 438 = [2003] FCAFC 252 war schon streitig, ob ein Arbeitsverhältnis besteht.

1021 Das Institut der *procedural fairness* wurde früher auch als „*natural justice*" bezeichnet: *Plaintiff S157/2002 v Commonwealth* (2003) 211 CLR 476 = [2003] HCA 2 para [25].

1022 *Lindgren* (Ed.), Practice & Procedure, Feb. 2017, s 39B(1) Judiciary Act 1903 para [5195.31]; *Stewart et al.*, Labour Law, para [7.37].

1023 *Warrell v Fair Work Australia* (2012) 64 AILR 101-561 = [2012] FCA 267.

1024 *Warrell v Fair Work Australia* (2012) 64 AILR 101-561 = [2012] FCA 267 para [11].

1025 *Coal and Allied v AIRC* (2000) 203 CLR 194 = [2000] HCA 47 para [31]; *Lindgren* (Ed.), Practice & Procedure, Feb. 2017, s 39B(1) Judiciary Act 1903 para [5195.31]; *Stewart et al.*, Labour Law, para [7.37].

1026 Handeln bundesstaatliche Gerichte als Rechtsprechungsorgane des Bundes, ist ein *appeal* zum *Federal Court* zulässig (s 565 *Fair Work Act* 2009, s 24(1)(c) *Federal Court of Australia Act 1976*). Im Folgenden wird nicht weiter auf etwaige Besonderheiten eingegangen.

a) „Appeal" zum Federal Court of Australia

Gegen ein erstinstanzliches Urteil (*judgment*) eines Einzelrichters des *Federal Court* und des *Federal Circuit Court* ist der *appeal* zum *Federal Court* statthaft (s 24(1)(a), (d) *Federal Court of Australia Act 1976*). Grundsätzlich bedarf es keiner Zulassung des *appeal* (s 24(1)(a) *Federal Court of Australia Act 1976*, r 36.01(1) *Federal Court Rules 2011*; Umkehrschluss aus r 35.01 *Federal Court Rules 2011*).[1027] *Appeals* zum *Federal Court* sind nach mittlerweile überwiegender Ansicht als *appeals by way of rehearing* zu klassifizieren.[1028] Zudem besteht Einigkeit, dass selbst eine abweichende Typisierung jedenfalls keine praktischen Folgen hätte, da s 27 *Federal Court of Australia Act 1976* die Zulassung weiterer Beweise normiert[1029] und das Gericht das Urteil nicht nur auf *errors of law*, sondern auch auf *errors of fact* überprüft.[1030] Während des *appeal*-Verfahrens kann Hemmung der Rechtskraft der vorangegangenen Entscheidung angeordnet werden (s 29 *Federal Court of Australia Act 1976*). Das diesbezügliche Ermessen ist weit und erfordert keine außergewöhnlichen Umstände.[1031] Den *appeal* gegen ein erstinstanzliches Urteil des *Federal Circuit Court* verhandelt üblicherweise ein Einzelrichter am *Federal Court* (s 25(1AA)(a) *Federal Court of Australia Act 1976*). Erachtet ein Richter des *Federal Court* die Besetzung mit dem *Full Court*

1027 *Colbran* et al., Civil Procedure, para [20.6.5].

1028 *Minister for Immigration v Jia Legeng* (2001) 205 CLR 507 = [2001] HCA 17 para [75]; *MZWVH v Minister for Immigration & Multicultural & Indigenous Affairs* [2006] FCA 1016 para [14]; *SZRPT v Minister for Immigration and Border Protection* [2014] FCA 24 para [21]; *Cairns*, Australian Civil Procedure, para [18.30 et seqq]; *Colbran et al.*, Civil Procedure, para [20.2.1]; *Lindgren/Cremean/Cujes*, Annotated Federal Court Legislation, s 24 Federal Court of Australia Act 1976 para [33,005.5]. Andere Ansicht: *Petreski v Cargill* (1987) 18 FCR 68 (77); *Cullen*, Civil Procedure, p. 156.

1029 *Colbran et al.*, Civil Procedure, para [20.2.1]; *Lindgren/Cremean/Cujes*, Annotated Federal Court Legislation, s 24 Federal Court of Australia Act 1976 para [33,005.5]; *Lai-Ha v McCusker* [2000] FCA 493.

1030 *CSR Ltd v Della Maddalena* (2006) 80 ALJR 458 = [2006] HCA 1 para [16]; *SZRPT v Minister for Immigration and Border Protection* [2014] FCA 24 para [21]; *Lindgren/Cremean/Cujes*, Annotated Federal Court Legislation, s 24 Federal Court of Australia Act 1976 para [33,005.15].

1031 *Alexander v Cambridge Credit Corporation Ltd* (1985) 2 NSWLR 685; *Lindgren/Cremean/Cujes*, Annotated Federal Court Legislation, s 29 Federal Court of Australia Act 1976 para [33,030.5].

für sachgemäß (*appropriate*), steht es in seinem Ermessen dies anzuordnen (s 25(1AA)(b) *Federal Court of Australia Act 1976*). Über den *appeal* gegen eine Entscheidung eines Einzelrichters des *Federal Court* entscheidet der *Full Court* des *Federal Court* (s 25(1) *Federal Court of Australia Act 1976*).

b) „Appeal" zum High Court of Australia

Gegen Entscheidungen von Bundesgerichten sowie von bundesstaatlichen *Supreme Courts* kann der *appeal* zum *High Court* statthaft sein (s 73(2) *The Constitution*). Die Verfassungsnorm wird durch s 35 *Judiciary Act 1903* für *appeals* gegen Entscheidungen bundesstaatlicher[1032] *Supreme Courts* modifiziert und durch den *Federal Court of Australia Act 1976* für *appeals* gegen Entscheidungen des *Federal Court*. So ist der *appeal* nur gegen Entscheidungen des *Full Court* des *Federal Court* statthaft (s 33 *Federal Court of Australia Act 1976*).[1033] Ein Rechtsmittel gegen Einzelrichterentscheidungen zum *High Court* ist grundsätzlich nicht vorgesehen (s 33(2) *Federal Court of Australia Act 1976*), ebensowenig wie ein *appeal* zum *High Court* gegen Entscheidungen des *Federal Circuit Court* (s 20(1) *Federal Circuit Court of Australia Act 1999*)[1034].

Der *appeal* zum *High Court* ist eine reine Rechtsinstanz, in der keine neuen Beweise zugelassen werden (*strict appeal*).[1035] Er muss vom *High Court* selbst zugelassen werden. Um die Antragsflut zum *High Court* einzudämmen, sind erhöhte Anforderungen einer Zulassung zu erfüllen, es ist *special leave to appeal* zu beantragen (s 33(3) *Federal Court of Australia Act 1976*, s 35(2) *Judiciary Act 1903*, r 41.01 *High Court Rules 2004*[1036]). Die einfache Zulassung (*leave to appeal*) lässt den Anscheinsbeweis eines *error of law* genügen. Zur Gewährung der *special leave to appeal* ist zusätzlich darzulegen, dass das öffentliche Interesse betroffen ist, Urteile divergieren oder im Interesse der Rechtspflege die Zulassung erforderlich ist (s 35A *Judiciary Act 1903*).[1037] Die Zulassung ist innerhalb

---

1032 Der Vereinfachung halber erfolgt eine Beschränkung auf die bundesstaatlichen *Supreme Courts*. Zu den *Supreme Courts of Territory* siehe s 35AA *Judiciary Act 1903*.

1033 *Colbran et al.*, Civil Procedure, para [4.1.9].

1034 Zur verfassungsrechtlich gebotenen Ausnahme des „*special leave of the High Court*": s 20(3) *Federal Circuit Court of Australia Act 1999*.

1035 *Eastman v R* (2000) 203 CLR 1 = [2000] HCA 29; *Cairns*, Australian Civil Procedure, para [18.30, 18.590]; *Colbran et al.*, Civil Procedure, para [20.2.1]; *Cullen*, Civil Procedure, p. 156.

1036 *High Court Rules 2004* – No. 304, 2004 – Compilation No. 23, 2019.

1037 *Morris v R* [1987] HCA 50 = (1987) 163 CLR 454 (475); *Babeck*, Einführung in das australische Recht, § 4 Rn. 40; *Colbran et al.*, Civil Procedure, para [20.3.2, 20.3.4C].

von 28 Tagen nach Urteilsverkündung zu beantragen (r 41.02.1 *High Court Rules 2004*). Wird diese gewährt, muss innerhalb von 14 Tagen *notice of appeal* eingelegt werden (r 42.03 *High Court Rules 2004*). Die meisten Anträge auf Zulassung werden allerdings zurückgewiesen.[1038] Den *appeal* verhandelt ein *Full Court* mit mindestens drei Richtern (s 33(6) *Federal Court of Australia Act 1976*, s 20 *Judiciary Act 1903*). Dem *High Court* steht es frei, die Entscheidung zu bestätigen, aufzuheben, abzuändern oder zur erneuten Entscheidung zurückzuverweisen (s 37 *Judiciary Act 1903*).

II. Das Verfahren zweiter Instanz

1. „Appeal" gegen eine Entscheidung der Fair Work Commission

a) Statthaftigkeit

Eine Person, die durch eine Entscheidung (*decision*) der *Fair Work Commission* beschwert (*aggrieved*) ist, kann nach Zulassung (*permission*) durch die *Fair Work Commission appeal* einlegen (s 604(1) *Fair Work Act 2009*).

aa) Zulassung („permission")

Bevor der *appeal* eingelegt werden kann, muss seine Zulassung (*permission*) beantragt werden (s 604(1) *Fair Work Act 2009*). Der *appeal* wird eher zurückhaltend zugelassen (2017 bis 2018 in ca. 35% der Fälle[1039]). Er ist zuzulassen, wenn dies im öffentlichen Interesse (*in the public interest*) ist (s 604(2) *Fair Work Act 2009*). Darüber hinaus steht die Zulassung im Ermessen der *Fair Work Commission*. Wann etwas im öffentlichen Interesse ist und der *appeal* somit zwingend zugelassen werden muss, ist gesetzlich nicht definiert. Die Bewertung, ob das öffentliche Interesse gebietet, die Berufung zuzulassen, stellt eine Ermessensentscheidung dar. Das Verfahren muss der gesamten Gesellschaft von Nutzen sein und nicht allein ein Vorteil für den Einzelnen.[1040] Die Erreichung der Ziele des *Fair Work Act 2009* muss gefährdet sein.[1041] Das öffentliche Interesse wird deshalb beispielsweise berührt, wenn eine Angelegenheit Fragen von allgemeiner

---

1038 *High Court of Australia*, Annual Report 2016–2017, p. 22; *Willis*, Civil Procedure, para [10.8.1].

1039 *FWC*, Annual Report 2017–18, p. 90, Table 36: Appeals – permission to appeal outcomes.

1040 *FWC*, PN Appeal proceedings, para [14].

1041 *Re Kellogg Brown and Root, Bass Strait (Esso) Onshore/Offshore Facilities Certified Agreement 2000* (2005) 139 IR 34 (40).

Bedeutung aufwirft, wenn voneinander abweichende Entscheidungen zu ähnlichen Rechtsfragen existieren[1042], wenn die Entscheidung mit hinreichenden Zweifeln behaftet ist, die eine erneute Prüfung rechtfertigen oder wenn erhebliche Ungerechtigkeit[1043] fortbestehen könnte.[1044]

Für die Verfahren wegen *dismissal in contravention of a general protection* und *unfair dismissal* existieren Sondervorschriften für die Zulassung (ss 375A(1), 400(1) *Fair Work Act 2009*). Die *Fair Work Commission* ist nur befugt, den *appeal* zuzulassen, wenn dies im öffentlichen Interesse ist. Das Ermessen ist insofern im Vergleich zu s 604(2) *Fair Work Act 2009* eingeschränkt.[1045] Dadurch sollen im Kündigungsrecht Verfahrensdauer und Kosten minimiert werden.[1046]

bb) Entscheidung („decision")

Der Antragsteller muss durch eine Entscheidung (*decision*) eines Einzel-*Commissioner*, des *General Manager*, eines Delegierten des *General Manager* oder des *President* beschwert sein (s 604(1) *Fair Work Act 2009*, r 56(1) *Fair Work Commission Rules 2013*). *Decisions* sind ausschließlich Resultate einer *arbitration*, also keine Empfehlungen und Entscheidungen infolge einer *mediation* oder *conciliation* (ss 598(1), 595(2) *Fair Work Act 2009*).[1047]

cc) Beschwer („aggrieved")

Eine Person ist beschwert (*aggrieved*), wenn sie von einer Entscheidung der *Fair Work Commission* betroffen und mit dieser nicht einverstanden ist. Beschwert zu sein erfordert keine direkte Beeinträchtigung rechtlicher Interessen durch die Entscheidung, sondern ist weit zu verstehen. Es bedarf vor allem keiner Beteiligung am ursprünglichen Verfahren. Beschwert ist, wessen Interesse über das gewöhnliche öffentliche Interesse hinausgeht.[1048] Klassische Personengruppen

---

1042 *GlaxoSmithKline Australia Pty Ltd v Makin* [2010] FWAFB 5343 = (2010) 197 IR 266 para [27].

1043 *Construction, Forestry, Mining & Energy Union & Ors v The Full Bench of the Australian Industrial Relations Comm & Ors* [1998] FCA 1404 = (1998) 84 IR 314 (333).

1044 *Catanzariti et al.*, Annotated FW Act, s 400 FW Act, [7-4940.15]; *FWC*, PN Appeal proceedings, para [14 et seq.].

1045 *Coal & Allied Mining Services Pty Ltd v Lawler and others* (2011) 192 FCR 78 = [2011] FCAFC 54 para [43].

1046 *Stewart et al.*, Labour Law, para [7.32].

1047 *FWC*, General Protections, p. 184; *Stewart et al.*, Labour Law, para [7.31].

1048 *Tweed Valley Fruit Processors Pty Ltd v Ross and others* (1996) 137 ALR 70 (90–91); *Re Australian Industry Group* (2010) 196 IR 125 = [2010] FWAFB 4337 para [11].

außerhalb der Verfahrensparteien, die beschwert sein können, sind Arbeitgeberverbände und Gewerkschaften. Beispielsweise sind Gewerkschaften durch die Genehmigung von *enterprise agreements* beschwert, wenn es als wahrscheinlich anzusehen ist, dass Mitglieder der Gewerkschaft in Zukunft im betroffenen Unternehmen und dadurch unter Geltung des *enterprise agreement* beschäftigt sein werden[1049].

b) Zusammensetzung der Richterbank

Über die Zulassung und im weiteren Verfahren entscheidet die *Fair Work Commission* in Besetzung einer *Full Bench* (s 613(1) *Fair Work Act 2009*). In Ausnahmefällen, wie einer vorangegangenen Entscheidung des *Registered Organisations Commissioner*, können der *President*, der *Vice President* oder ein *Deputy President* allein entscheiden (s 613(2) *Fair Work Act 2009*). Die *Full Bench* setzt sich aus drei Mitgliedern der *Fair Work Commission* zusammen, wobei mindestens einer von ihnen der *President*, der *Vice President* oder ein *Deputy President* sein muss (s 618(1) *Fair Work Act 2009*).

c) Einlegung des „appeal“

aa) Form und Frist

Um gegen eine Entscheidung vorzugehen, muss innerhalb von 21 Tagen nach Verkündung der Entscheidung eine *notice of appeal* per Formblatt bei der *Fair Work Commission* eingereicht werden (r 56(2) *Fair Work Commission Rules 2013*). Mit dieser wird die Zulassung beantragt und zugleich werden bereits Fehler geltend gemacht.[1050] Innerhalb von sieben Tagen nach Einlegung der *notice of appeal* ist ein *appeal book* in dreifacher Ausfertigung nachzureichen, das die angegriffene Entscheidung mitsamt Entscheidungsgründen enthält sowie das Protokoll der mündlichen Verhandlung (*transcript*) bzw. den relevanten Protokollauszug und alle Beweisstücke und Schriftsätze, die die Fehler belegen

---

1049 *Communications, Electrical, Electronic, Energy, Information, Postal, Plumbing and Allied Services Union of Australia – Electrical, Energy and Services Division – Queensland Divisional Branch; „Automotive, Food, Metals, Engineering, Printing and Kindred Industries Union“ known as the Australian Manufacturing Workers' Union (AMWU)-Queensland Branch v Main People Pty Ltd* [2014] FWCFB 8429 para [7]; *Catanzariti et al.*, Annotated FW Act, s 604 FW Act, [8-8850.5]; *Stewart et al.*, Labour Law, para [7.31].

1050 *FWC*, Approved Forms, F7 Notice of Appeal, p. i, https://www.fwc.gov.au/content/rules-form/notice-appeal [zuletzt abgerufen am 1.7.2019].

(r 56(3) *Fair Work Commission Rules 2013*).[1051] Die Zustellung des *appeal book* an den Antragsgegner obliegt dem Antragsteller (r 52 *Fair Work Commission Rules 2013*). In der Regel findet innerhalb von 12 Wochen nach Einreichung der *notice of appeal* eine mündliche Verhandlung statt.[1052] Im Falle der Fristversäumnis kann Fristverlängerung beantragt und gewährt werden, wenn es einen hinreichenden Grund für die Verzögerung gibt, deren Ausmaß sich in Grenzen hält und keine unzumutbaren Nachteile für den Antragsgegner entstehen.[1053]

bb) Prozessvertretung

Auch im zweitinstanzlichen Verfahren bedarf es keiner anwaltlichen Vertretung bzw. es gilt der Grundsatz[1054] des erstinstanzlichen Verfahrens: *Lawyers* oder *paid agents* dürfen die Parteien nur mit Zulassung durch die *Fair Work Commission* vertreten (s 596(1) *Fair Work Act 2009*).[1055] Bei zunehmender Komplexität kann die juristische Vertretung aber ratsam sein.[1056]

d) Verfahren

aa) Verfahrensablauf

Im Normalfall wird angestrebt, dass der Antragsteller innerhalb von vier Wochen nach Einlegung des *appeal* schriftsätzlich vorträgt und der Antragsgegner innerhalb von weiteren drei Wochen erwidert.[1057] Sodann steht es der *Fair Work Commission* frei, ein *hearing* anzuberaumen. Sollte die *Fair Work Commission* eine mündliche Verhandlung nicht für notwendig erachten und stimmen die Parteien dem zu, kann eine Entscheidung im schriftlichen Verfahren ergehen (s 607(1) *Fair Work Act 2009*).

1051 *FWC*, PN Appeal proceedings, para [19].

1052 *FWC*, Approved Forms, F7 Notice of Appeal, p. i, https://www.fwc.gov.au/content/rules-form/notice-appeal [zuletzt abgerufen am 1.7.2019].

1053 *SPC Ardmona Operations Ltd v Esam and Organ* PR957497 = (2005) 141 IR 338; *Tokoda v Westpac Banking Corporation* (2012) 221 IR 153 = [2012] FWAFB 3995; *FWC*, PN Appeal proceedings, para [22].

1054 Zu den Ausnahmen § 5 I. 2., S. 138.

1055 *FWC*, Approved Forms, F7 Notice of Appeal, p. ii, https://www.fwc.gov.au/content/rules-form/notice-appeal [zuletzt abgerufen am 1.7.2019]; *FWC*, PN Appeal proceedings, para [25 et seqq.].

1056 *FWC*, PN Appeal proceedings, para [24].

1057 *FWC*, PN Appeal proceedings, para [50 et seqq.].

bb) Zulassung neuer Beweise

In der Regel wird auf Grundlage der Beweise verhandelt, die zur erstinstanzlichen Entscheidung geführt haben.[1058] Die *Fair Work Commission* kann jedoch weitere Beweise zulassen und gegebenenfalls andere Informationen oder Beweise berücksichtigen (s 607(2) *Fair Work Act 2009*); es handelt sich um einen *appeal by way of rehearing.*[1059] Ob neue Beweismittel zugelassen werden, steht im Ermessen der *Commission.*[1060] Auch wenn kein genereller Zulassungstest existiert, so müssen drei Voraussetzungen erfüllt sein: Der Beweis konnte in der ersten Instanz trotz Anwendung angemessener Sorgfalt nicht erbracht werden, er muss überzeugend sein und mit hoher Wahrscheinlichkeit zu einer abweichenden Entscheidung führen.[1061]

In *Abigroup Contractors Pty Ltd v Mr John Crema, Mr Paul Edwards, Ms Christine Comley and Mr Ray Allan*[1062] wurde z.B. ein weiterer Zeugenbeweis zugelassen nachdem der Zeuge in erster Instanz abgelehnt wurde, da das genannte Beweisthema nicht von Relevanz sei. Die *Full Bench* der *Fair Work Commission* war der Ansicht, dass die Aussage des besagten Zeugen zuvor getroffene Feststellungen zu vermeintlichen *unfair dismissals* ändern könne. In *Harvey v Australian Injecting & Illicit Drug Users' League*[1063] wurden dagegen weitere Beweisstücke abgelehnt, da nach Ansicht der *Full Bench* diese bei sorgfältiger Recherche bereits zum Zeitpunkt des Verfahrens erster Instanz auffindbar gewesen wären und vorgelegt werden hätten müssen. Eines der abgelehnten Beweisstücke war ein Auszug einer Webseite, die bereits zum Zeitpunkt der ersten Instanz unverändert bestand.

1058 *FWC*, PN Appeal proceedings, para [38].

1059 *Allesch v Maunz* (2000) 203 CLR 172 = [2000] HCA 40 para [22]; *Catanzariti et al.*, Annotated FW Act, s 604 FW Act, [8-8850.30]; *Stewart et al.*, Labour Law, para [7.35].

1060 *J.J. Richards & Sons Pty Ltd v Transport Workers' Union of Australia* [2010] FWAFB 9963.

1061 *Akins v National Australia Bank* (1994) 34 NSWLR 155 (160); *Reihana v Mastercare Highrise Cleaning Services Pty Ltd* [2013] FWCFB 4960 para [12]; *Catanzariti et al.*, Annotated FW Act, s 607 FW Act, [8-8910.5]; *FWC*, PN Appeal proceedings, para [39].

1062 *Abigroup Contractors Pty Ltd v Mr John Crema, Mr Paul Edwards, Ms Christine Comley and Mr Ray Allan* [2012] FWAFB 8453.

1063 *Harvey v Australian Injecting & Illicit Drug Users' League* (2007) 161 IR 362 = [2007] AIRCFB 230.

e) Begründetheit

Der *appeal* ist begründet, wenn die erstinstanzliche Entscheidung mit einem Fehler (*error*) behaftet ist[1064], unabhängig davon, ob es sich um einen Rechtsfehler (*error of law*), Tatsachenfehler (*error of fact*) oder um einen Ermessensfehler (*error of discretion*) handelt.[1065]

Ein Rechtsfehler (*error of law*) kann ein *jurisdictional error* sein, der vor allem die Befugnisse der *Fair Work Commission* betrifft (*jurisdiction*), aber auch ein *non-jurisdictional error*, der eine sonstige Rechtsfrage betrifft.[1066] Die Überprüfung von Rechtsfehlern innerhalb einer Verwaltungsinstitution (*tribunal*) erstaunt auf den ersten Blick, da die *Fair Work Commission* nicht befugt ist, Recht zu sprechen und somit nicht über Rechtsfragen entscheidet. Die Zuständigkeit in zweiter Instanz, die Entscheidung erster Instanz auf Rechtsfehler zu kontrollieren, widerspricht jedoch nicht den Grundsätzen des „*Boilermaker*"-Urteils. Bei der Rechtskontrolle der *Fair Work Commission* in zweiter Instanz geht es nicht um die Auslegung bestehender Rechte in der Sache, sondern um die Rechtmäßigkeitskontrolle des eigenen gestalterischen Handelns. Nimmt die *Fair Work Commission* ihre gestaltende Funktion wahr, dürfen die Resultate nicht gegen geltendes Recht verstoßen. Um effektiven Rechtsschutz zu gewährleisten (*access to justice*), gewährt die *Fair Work Commission* durch die Möglichkeit des *appeal* selbst Rechtsschutz gegen ihre Entscheidungen.

Bei der Überprüfung von Tatsachenfehlern (*errors of fact*) prüft die *Full Bench* lediglich, ob die erstinstanzlich gezogenen Schlussfolgerungen plausibel und nachvollziehbar sind.[1067] Ein solcher Fehler kann vorliegen, wenn die Entscheidung im klaren Widerspruch zu Beweisen steht.[1068] Für Verfahren wegen *dismissal in contravention of a general protection* und *unfair dismissal* sind wiederum Sondervorschriften zu beachten (ss 375A(2), 400(2) *Fair Work Act 2009*), um die Verfahren einzuschränken.[1069] In diesen Fällen muss ein „*significant*" *error of fact* vorliegen. Was ein erheblicher (*significant*) Fehler ist, ist schwer definierbar.

1064 *FWC*, PN Appeal proceedings, para [11].

1065 *Allesch v Maunz* (2000) 203 CLR 172 = [2000] HCA 40 para [23]; *FWC*, General Protections, p. 186; *Catanzariti et al.*, Annotated FW Act, s 604 FW Act, [8-8850.30].

1066 *FWC*, General Protections, p. 186.

1067 *Miller v Australian Industrial Relations Commission* (2001) 108 FCR 192 = [2001] FCA 486 para [51]; *Damevski v Guidice* (2003) 133 FCR 438 = [2003] FCAFC 252 para [104]; *SPC Ardmona Operations Ltd v Esam and Organ* PR957497 para [40] = (2005) 141 IR 338; *FWC*, Unfair Dismissal, p. 211.

1068 *Azzopardi v Tasman UEB Industries Ltd* (1985) 4 NSWLR 139 (155 et seq.).

1069 *Rinaldi et al.*, Fair Work Legislation 2016–17, 2016, s 400 FW Act, [FWA 400.60].

Darunter sollen Fehler erheblichen Ausmaßes oder bedeutender Wirkung fallen, jedenfalls aber keine vernachlässigbaren Fehler.[1070] Hängt eine Entscheidung im Wesentlichen von der Glaubwürdigkeit eines Zeugen ab, hat die Berufung nur Erfolg, wenn nachgewiesen werden kann, dass die Beweiswürdigung mit unbestreitbar festgestellten Tatsachen unvereinbar ist oder der Beweis offensichtlich unwahrscheinlich ist.[1071]

Ermessensentscheidungen sind nicht schon deshalb fehlerhaft, weil die *Full Bench* zu einem anderen Ergebnis gelangen würde. Mit dem *appeal* können nur Ermessensfehler (*error of discretion*) geltend gemacht werden. Darunter fällt, wenn der *Commissioner* nach einem falschen Prinzip gehandelt hat, sich von irrelevanten Tatsachen hat leiten lassen, Fakten falsch eingeschätzt hat oder wesentliche Aspekte nicht berücksichtigt hat. Im Ausnahmefall kann das Ermessen auch ersetzt werden, wenn alle notwendigen Tatsachen festgestellt sind und der *Full Bench* für den Abwägungsprozess vorliegen.[1072]

f) Entscheidungskompetenz

Die *Fair Work Commission* kann die erstinstanzliche Entscheidung bestätigen (*confirm*), aufheben (*quash*) oder abändern (*vary*, s 607(3)(a) *Fair Work Act 2009*), selbst eine weitergehende Entscheidung treffen (s 607(3)(b) *Fair Work Act 2009*) oder die Sache zurückverweisen (s 607(3)(c) *Fair Work Act 2009*). Im Rahmen der Rückverweisung kann dem *Commissioner* auferlegt werden, sich entweder erneut mit der Sache zu befassen oder unter Beachtung der Auffassung der *Full Bench* erneut zu entscheiden (s 607(3)(c)(i), (ii) *Fair Work Act 2009*). Dem *appeal* wurde 2017 bis 2018 in 36% der Fälle stattgegeben.[1073]

g) Kostentragungspflicht

Auch im Verfahren des *appeal* gilt der Grundsatz, dass jede Partei ihre eigenen Kosten unabhängig vom Obsiegen trägt (s 611(1) *Fair Work Act 2009*). Die

---

1070 *Catanzariti et al.*, Annotated FW Act, s 400 FW Act, [7-4949.29].

1071 *Curtis v Darwin City Council* (2012) 224 IR 174 = [2012] FWAFB 8021 para [84]; *Catanzariti et al.*, Annotated FW Act, s 400 FW Act, [7-4940.5].

1072 *House v The King* [1936] HCA 40 = (1936) 55 CLR 499 (505); *Minister for Immigration & Multicultural Affairs v Yusuf* [2001] HCA 30 = (2001) 206 CLR 323; *Kirk v Industrial Relations Commission (NSW)* [2010] HCA 1 = (2010) 239 CLR 531; *Rinaldi et al.*, Fair Work Legislation 2016–17, 2016, s 604 FW Act, [FWA 604.20]; *FWC*, PN Appeal proceedings, para [12].

1073 *FWC*, Annual Report 2017–18, p. 91, Table 37: Appeals – appeal outcomes.

Fair Work Commission kann auch in zweiter Instanz ausnahmsweise einer Partei die Kosten ganz oder anteilig auferlegen (*cost order*), wenn der Antrag bzw. die Antragserwiderung rein schikanös oder ohne vernünftigen Grund gestellt wurde[1074] oder wenn keine vernünftige Aussicht auf Erfolg bestand (s 611(2) *Fair Work Act 2009*) bzw. wenn in bestimmten Fällen eine Partei durch unangemessenes (*unreasonable*) Handeln oder Unterlassen bei der Durchführung oder Fortsetzung des Verfahrens Kosten verursacht hat (ss 375B(1)(b), 400A(1), 779A(1)(b) *Fair Work Act 2009*).[1075]

Keine Aussicht auf Erfolg bestand z.B. als ein Arbeitnehmer *appeal* einlegte, obwohl seine *unfair dismissal application* abgelehnt wurde, weil er die Mindestbeschäftigungsdauer noch nicht erreicht hatte. Die Berufung basierte demnach auf keiner soliden Grundlage, weshalb der Arbeitnehmer die Kosten tragen musste.[1076] Als rein schikanös bewertete die *Fair Work Commission* den *appeal* eines Arbeitnehmers, den dieser eine Stunde vor Beginn der mündlichen Verhandlung zurückgenommen hatte. Dies hatte zur Folge, dass dem Arbeitnehmer die Kosten auferlegt wurden.[1077]

2. „Appeal" gegen eine Einzelrichter-Entscheidung des Federal Court

a) Statthaftigkeit

Gegen ein Urteil (*judgment*) eines Einzelrichters des *Federal Court* ist der *appeal* zum *Federal Court* selbst statthaft (s 24(1)(a) *Federal Court of Australia Act 1976*).

aa) Zulassung („leave")

Im Regelfall ist keine Zulassung (*leave*) der Berufung erforderlich (s 24(1)(a) *Federal Court of Australia Act 1976*, r 36.01(1) *Federal Court Rules 2011*; Umkehrschluss aus r 35.01 *Federal Court Rules 2011*). Eine Ausnahme ist lediglich für die Berufung gegen ein Zwischenurteil (*interlocutory judgment*) bzw. eine *interlocutory order* normiert (s 24(1A) *Federal Court of Australia Act 1976*, r 35.01 *Federal Court Rules 2011*). Die Ausnahme der Ausnahme legt s 24(1C) *Federal Court of Australia Act 1976* wiederum fest: Es bedarf keiner Zulassung, auch wenn ein

---

1074 *Church v Eastern Health* (2014) 240 IR 377 para [29] = [2014] FWCFB 810.

1075 *FWC*, General Protections, p. 174 et seqq. Zur Kostentragungspflicht ausführlich § 5 V., S. 165.

1076 *Timmins v Compass Security t/a Compass Integrated Security Solutions* (2012) 219 IR 5 = [2012] FWAFB 1093.

1077 *Church v Eastern Health* (2014) 240 IR 377 = [2014] FWCFB 810.

appeal gegen ein Zwischenurteil eingelegt werden soll, wenn die Freiheit einer Person beeinträchtigt ist oder bei Verfahren wegen Missachtung des Gerichts.[1078]

bb) Entscheidung („judgment")

Der *appeal* ist gegen ein *judgment* statthaft. Der Umfang ist s 73 *The Constitution* angeglichen[1079], sodass nicht nur End- und Zwischenurteile (*judgments*), sondern nach Legaldefinition auch *decrees*, *orders*[1080] und *sentences* darunter fallen (s 4 *Federal Court of Australia Act 1976*).

cc) Beschwer („aggrieved")

Grundsätzlich kann jede Partei des Rechtsstreits, die ein Interesse an einer Abänderung der Entscheidung hat, den *appeal* einlegen. Darüber hinaus können aber auch Dritte durch Gerichtsentscheidungen beschwert (*aggrieved*) sein und soweit sie beschwert sind, die Zulassung des *appeal* beantragen. Ausnahmsweise kann sogar ein hinreichendes Interesse eines Dritten an einer Gerichtsentscheidung (*sufficiently interested in the orders made*) die Einlegung des *appeal* gestatten.[1081]

b) Zusammensetzung der Richterbank

Über den *appeal* gegen eine Entscheidung eines Einzelrichters des *Federal Court* soll der *Federal Court* in Besetzung eines *Full Court* entscheiden (s 25(1) *Federal Court of Australia Act 1976*).

c) Einlegung des „appeal"

aa) Form und Frist

Um gegen eine Entscheidung vorzugehen, muss innerhalb von 21 Tagen nach Verkündung der Entscheidung eine *notice of appeal* per Formblatt in der *District Registry* des *Federal Court* der erstinstanzlichen Entscheidung eingereicht

---

1078 *Colbran et al.*, Civil Procedure, para [20.6.5].

1079 *Toy, L.C.A. v. Registrar of Companies for the Northern Territory* [1985] FCA 291 = (1985) 10 FCR 280 (285); *Arrowcrest Group Pty Ltd v Gill* (1993) 46 FCR 90 (99); *Cairns*, Australian Civil Procedure, para [18.110].

1080 *Town v Austral Telecommunications and Anor* [1983] FCA 54 = (1983) 67 FLR 48.

1081 *Commonwealth of Australia v Construction, Forestry, Mining and Energy Union* (2000) 98 FCR 31 = [2000] FCA 453 para [18]; *Fortress Credit Corporation (Australia) II Pty Ltd v Fletcher* (2011) 281 ALR 38 = [2011] FCAFC 89 para [32]; *Jago* in: Zuckerman et al. (Ed.), Civil Procedure, para [25.69].

werden (rr 36.01(1)(c), 36.02(a), 36.03(a)(i) *Federal Court Rules 2011*). Mit dieser ist der *appeal* zu begründen und der erstrebte Rechtsschutz zu beantragen.[1082] Die Zustellung an den Antragsgegner obliegt dem Antragsteller (r 36.04(1) *Federal Court Rules 2011*). Der Antragsteller hat zudem ein *appeal book* in vierfacher Ausfertigung für den Antragsgegner und die drei Richter des *Full Court* zu erstellen. Die Anforderungen an das *appeal book* sind in den *Federal Court Rules 2011* detailliert aufgeführt: Es muss in Teilen innerhalb von 28 Tagen nach Zustellung der *notice of appeal* bei der Geschäftsstelle vorgelegt werden, um es nach Absegnung innerhalb weiterer 14 Tage zu vervollständigen (r 36.52(2), (4) *Federal Court Rules 2011*).

bb) Prozessvertretung

Den Parteien steht es zwar auch in zweiter Instanz frei, den Prozess selbst zu führen oder sich anwaltlich vertreten zu lassen (r 4.01(1) *Federal Court Rules 2011*). Dennoch empfiehlt der *Federal Court* wärmstens, rechtlichen Beistand hinzuzuziehen.[1083]

d) Verfahren

aa) Verfahrensablauf

Das Verfahren soll nach mündlicher Verhandlung (*hearing*) entschieden werden. Daher ist diese Verhandlung entsprechend vorzubereiten. Bestimmte Angelegenheiten, wie Fristverlängerungen oder der Antrag auf sofortige Abweisung, können im schriftlichen Verfahren erledigt werden (r 36.41 *Federal Court Rules 2011*). Mindestens 20 bzw. 15 Tage vor der mündlichen Verhandlung muss der *appellant* bzw. der *respondent* schriftsätzlich vorgetragen und eine chronologische Übersicht aller relevanten Fakten eingereicht haben (r 36.55(1)(a), (b), (2) (a), (b) *Federal Court Rules 2011*). Fünf bzw. vier Tage vor Verhandlungsbeginn ist eine Liste der maßgeblichen Gerichtsentscheidungen und Rechtsvorschriften, auf die in der mündlichen Verhandlung Bezug genommen werden soll, vorzulegen (r 36.55(1)(c), (d), (3) *Federal Court Rules 2011*).[1084]

1082 *Cairns*, Australian Civil Procedure, para [18.110].

1083 *FCA*, Appeal from Courts, https://www.fedcourt.gov.au/law-and-practice/guides/appeals/from-courts [zuletzt abgerufen am 1.7.2019].

1084 *FCA*, Appeal from Courts, https://www.fedcourt.gov.au/law-and-practice/guides/appeals/from-courts [zuletzt abgerufen am 1.7.2019].

bb) Zulassung neuer Beweise

In der Regel wird auf Grundlage der vorhandenen Beweise verhandelt[1085], es sei denn das Rechtsschutzinteresse erfordert weitere Beweise.[1086] Unabhängig davon, dass *appeals* zum *Federal Court* nach mittlerweile überwiegender Ansicht als *appeals by way of rehearing* zu klassifizieren sind[1087], normiert s 27 *Federal Court of Australia Act 1976* das Ermessen, weitere Beweise zuzulassen und r 36.57 *Federal Court Rules 2011* gestaltet dies aus. Auf Antrag einer Partei, der mindestens 21 Tage vor der mündlichen Verhandlung zu stellen ist, können weitere Beweise zugelassen werden, wenn mit einer eidesstattlichen Versicherung dargelegt wird, welche neuen Beweise vorgebracht werden sollen, was diese belegen sollen und vor allem, warum sie nicht bereits in erster Instanz vorgelegt wurden[1088] (r 36.57(2) *Federal Court Rules 2011*). Grundsätzlich sind nur solche Beweise zuzulassen, die sich nicht auf einen Sachverhalt beziehen, der erst nach dem erstinstanzlichen Urteil eingetreten ist.[1089] Die Voraussetzungen der Zulassung weiterer Beweise entsprechen den drei Voraussetzungen im Verfahren des *appeal* vor der *Fair Work Commission*: Der Beweis konnte in der ersten Instanz trotz Anwendung angemessener Sorgfalt nicht erbracht werden, er muss mit

---

1085 *Cairns*, Australian Civil Procedure, para [18.330].

1086 *Sobey v Nicol and Davies, in the Matter of Guiseppe Antonio Mercorella* (2007) 245 ALR 389 = [2007] FCAFC 136 para [71]; *Lindgren/Cremean/Cujes*, Annotated Federal Court Legislation, s 27 Federal Court of Australia Act 1976 para [33,020.5].

1087 *Minister for Immigration v Jia Legeng* (2001) 205 CLR 507 = [2001] HCA 17 para [75]; *MZWVH v Minister for Immigration & Multicultural & Indigenous Affairs* [2006] FCA 1016 para [14]; *SZRPT v Minister for Immigration and Border Protection* [2014] FCA 24 para [21]; *Cairns*, Australian Civil Procedure, para [18.30 et seqq]; *Colbran et al.*, Civil Procedure, para [20.2.1]; *Lindgren/Cremean/Cujes*, Annotated Federal Court Legislation, s 24 Federal Court of Australia Act 1976 para [33,005.5]. Andere Ansicht: *Petreski v Cargill* (1987) 18 FCR 68 (77); *Cullen*, Civil Procedure, p. 156.

1088 *Fodare Pty Limited v Official Trustee in Bankruptcy* [2000] FCA 1721; *P Dawson Nominees Pty Ltd v Australian Securities and Investments Commission (No 2)* (2009) 255 ALR 466 = [2009] FCA 413 para [46]; *Lindgren/Cremean/Cujes*, Annotated Federal Court Legislation, r 36.57 Federal Court Rules 2011 para [r 36.57.30].

1089 *Petreski v Cargill* (1987) 18 FCR 68; *Colbran et al.*, Civil Procedure, para [20.8.17]; *Lindgren/Cremean/Cujes*, Annotated Federal Court Legislation, r 36.57 Federal Court Rules 2011 para [r 36.57.25], s 27 Federal Court of Australia Act 1976 para [33,020.10].

hoher Wahrscheinlichkeit zu einer abweichenden Entscheidung führen und der Beweis muss überzeugen.[1090]

e) Begründetheit

Der *appeal* ist begründet, wenn die erstinstanzliche Entscheidung mit einem Rechtsfehler (*error of law*), Tatsachenfehler (*error of fact*) oder einem Ermessensfehler (*error of discretion*) behaftet ist.[1091] Ein Rechtsfehler liegt nicht nur bei der falschen Rechtsanwendung vor, sondern beispielsweise auch, wenn gegen den Grundsatz des fairen Verfahrens[1092] verstoßen wird.[1093] Bei der Feststellung von Tatsachenfehlern ist zu berücksichtigen, dass dem Richter erster Instanz ein gewisser Beurteilungsspielraum zuzugestehen ist, denn dieser hat die Zeugen gehört, deren Glaubwürdigkeit er zu beurteilen hatte. Die Richter zweiter Instanz werden einen diesbezüglichen Fehler nur beanstanden, wenn die getroffene Feststellung abwegig ist oder sich nicht mit unbestrittenen Tatsachen oder zwingenden Schlussfolgerungen vereinbaren lässt.[1094] Wird ein Ermessensfehler geltend gemacht, so muss dargelegt werden, dass der Richter sein Ermessen offensichtlich fehlerhaft ausgeübt hat, indem er sich z.B. von Belanglosigkeiten hat leiten lassen, Fakten falsch interpretiert oder diese falsch gewichtet hat.[1095]

f) Entscheidungskompetenz

Der *Federal Court* kann die erstinstanzliche Entscheidung bestätigen (*affirm*), aufheben (*reverse*) oder abändern (*vary*, s 28(1)(a) *Federal Court of Australia*

1090 *Wollongong Corporation v Cowan* [1955] HCA 16 = (1955) 93 CLR 435 (444); *Florance v Andrew* [1985] FCA 49 = (1985) 58 ALR 377; *Murdaca v Accounts Control Management Services Pty Ltd* [2007] FCA 577 para [6]; *Cairns*, Australian Civil Procedure, para [18.330]; *Cullen*, Civil Procedure, p. 161; *Lindgren/Cremean/Cujes*, Annotated Federal Court Legislation, r 36.57 Federal Court Rules 2011 para [r 36.57.20], s 27 Federal Court of Australia Act 1976 para [33,020.10].

1091 *Allesch v Maunz* (2000) 203 CLR 172 = [2000] HCA 40 para [23]; *Kostas v HIA Insurance Services Pty Limited* (2010) 241 CLR 390 = [2010] HCA 32 para [27]; *Colbran et al.*, Civil Procedure, para [20.8.1 et seqq.].

1092 *Stead v State Government Insurance Commission* (1986) 161 CLR 141 = [1986] HCA 54 para [11].

1093 *Colbran et al.*, Civil Procedure, para [20.8.3].

1094 *Yousif v Commonwealth Bank of Australia* (2010) 193 IR 212 = [2010] FCAFC 8 para [33]; *Lindgren/Cremean/Cujes*, Annotated Federal Court Legislation, s 27 Federal Court of Australia Act 1976 para [33,020.5].

1095 *Colbran et al.*, Civil Procedure, para [20.8.4].

Act 1976), selbst eine weitergehende Entscheidung treffen (s 28(1)(b) *Federal Court of Australia Act 1976*) oder die Sache zurückverweisen (s 28(1)(c) *Federal Court of Australia Act 1976*). Es findet eine vollumfängliche Prüfung statt, auch wenn im Berufungsschriftsatz die Entscheidung nur in Teilen angefochten wird (s 28(3) *Federal Court of Australia Act 1976*).[1096]

g) Kostentragungspflicht

Im Verfahren zweiter Instanz gelten dieselben Kostentragungsregeln wie im erstinstanzlichen Verfahren: Werden Ansprüche auf den *Fair Work Act 2009*, den *Fair Work (Registered Organisations) Act 2009* oder den *Independent Contractors Act 2006* gestützt, trägt grundsätzlich jede Partei ihre außergerichtlichen Kosten selbst (s 43(1)(b) *Federal Court of Australia Act 1976*, s 570 *Fair Work Act 2009*, s 329 *Fair Work (Registered Organisations) Act 2009*, s 17 *Independent Contractors Act 2006*). Liegt ein seltener Fall vor, in dem die Kostentragung nach zivilprozessualen Vorschriften zu beurteilen ist, sind die Kosten der unterliegenden Partei aufzuerlegen.[1097]

3. Die Berufung zum Landesarbeitsgericht im Vergleich

Der *appeal* vor der *Fair Work Commission* ist zwar ein verwaltungsinterner Rechtsbehelf, jedoch anders als das deutsche Widerspruchsverfahren (§§ 68 ff. VwGO) kein Vorverfahren vor einem Gerichtsverfahren. Der *appeal* gegen eine Entscheidung der *Fair Work Commission* ist ein Rechtsbehelf in einem dem deutschen Recht fremden, gerichtsähnlichen Verfahren, der durch seine genauen Verfahrensregelungen eher einem gerichtlichen Rechtsmittel ähnelt. Vor allem wegen der Individualstreitigkeiten vor der *Fair Work Commission* sind sowohl der *appeal* vor der *Fair Work Commission* als auch der *appeal* vor den Bundesgerichten mit dem deutschen Rechtsmittel der Berufung zu vergleichen. Systembedingt ergeben sich speziell beim Verfahren vor der *Fair Work Commission* im Bereich der kollektiven Regelungsstreitigkeiten Abweichungen. Da das australische Recht kein spezielles Verfahren für kollektive Rechtsstreitigkeiten kennt, wird auf Ausführungen zu Besonderheiten der Beschwerde im Beschlussverfahren als Rechtsstreitigkeit weitgehend verzichtet.[1098]

Gegen Urteile erster Instanz der Arbeitsgerichte findet die Berufung an die Landesarbeitsgerichte statt (§ 64 Abs. 1 ArbGG). Die Berufung muss nur bei

1096 *Cairns*, Australian Civil Procedure, para [18.110].

1097 *Colbran et al.*, Civil Procedure, para [20.13.1].

1098 Für das deutsche Beschlussverfahren gelten zudem größtenteils die Vorschriften der Berufung (§ 87 Abs. 2 ArbGG), sodass der Vergleich auch inhaltlich weitgehend entbehrlich ist.

Nichtbestandsstreitigkeiten, wenn der Beschwerdegegenstand 600 € unterschreitet, durch das Arbeitsgericht zugelassen werden (§ 64 Abs. 2 ArbGG).[1099] Die Berufung ist somit, vergleichbar dem *appeal* vor dem *Federal Court*, leicht zugänglich, anders als der zulassungsbedürftige *appeal* vor der *Fair Work Commission*. Im Gegensatz zu den zweitinstanzlichen australischen Verfahren, in denen kein Vertretungszwang besteht, müssen sich die Parteien vor dem Landesarbeitsgericht durch Prozessbevollmächtigte vertreten lassen (§ 11 Abs. 4 ArbGG).

Beschwert und damit berechtigt Berufung einzulegen, ist nach deutschem Arbeitsprozessrecht grundsätzlich lediglich der Kläger bzw. der Beklagte.[1100] In Verfahren vor dem *Federal Court* und vor der *Fair Work Commission* ist die Beschwer weiter zu verstehen. Vor dem *Federal Court* können auch Dritte ausnahmsweise durch Gerichtsentscheidungen beschwert (*aggrieved*) sein.

In Verfahren vor der *Fair Work Commission* sind zwar bei Individualstreitigkeiten üblicherweise, aber nicht zwingend, nur die Beteiligten beschwert, da der Bestand eines einzelnen Arbeitsverhältnisses selten von öffentlichem Interesse ist. Vor allem durch die *Commission* erlassene oder genehmigte kollektive Regelungen können jedoch typischerweise größere Personengruppen betreffen. Soweit sie Regelungen erlässt, die auch am Verfahren zunächst Unbeteiligte potentiell betreffen, können diese (z.B. Arbeitgeberverbände und Gewerkschaften) durch die neu getroffene Regelung beschwert sein oder der Bundesarbeitsminister könnte das öffentliche Interesse gefährdet sehen und einen quasi-*appeal* mittels *review* einleiten. Das deutsche arbeitsgerichtliche Verfahren kennt, anders als das Verwaltungsprozessrecht durch Einbindung des Vertreters des öffentlichen Interesses (§ 36 VwGO), keine vergleichbaren Rechtsmittelberechtigten im öffentlichen Interesse. Die Überprüfung des Regelungserlasses auf Veranlassung durch Dritte erscheint arbeitsrechtlich deshalb ansatzweise wie ein erstinstanzliches Verfahren im Beschlussverfahren; z.B. die abstrakte Normenkontrolle[1101] gemäß § 98 Abs. 1 ArbGG, die Gewerkschaften und Arbeitgeberverbänden zur Verfügung steht. Eine erstinstanzliche Entscheidung der *Fair Work Commission* bezüglich einer kollektiven Vereinbarung kann unbeteiligte Dritte wie die Entscheidung zur Allgemeinverbindlicherklärung betreffen. Aus Sicht der Dritten ist deren Überprüfung durch *appeal* dann mit der Überprüfung im deutschen Recht vergleichbar. Auch sind beide Verfahren nicht den

---

1099 *Lansnicker* in: Lansnicker (Hrsg.), Prozesse in Arbeitssachen, § 2 Rn. 256; *Schaub/Künzl*, Arbeitsgerichtsverfahren, § 34 Rn. 4.

1100 GMP/*Schleusener*, § 64 ArbGG Rn. 14 ff.

1101 Hierzu u.a. BAG 21.9.2016 – 10 ABR 33/15, AP TVG § 5 Nr. 35.

üblichen Eingangsinstanzen zugewiesen, da bei der *Fair Work Commission* über den *appeal* die *Full Bench* entscheidet und beim Verfahren gemäß § 98 ArbGG ausnahmsweise die erstinstanzliche Zuständigkeit der Landesarbeitsgerichte besteht (§ 98 Abs. 2 ArbGG)[1102]. Vor allem die Beschränkungen des Vorbringens in zweiter Instanz erinnern aber doch viel mehr an ein Berufungsverfahren als an eine erstinstanzliche Kontrolle.

Das australische Recht ist im Vergleich zum deutschen Arbeitsprozessrecht strenger hinsichtlich der Zulassung neuer Beweise bzw. neuer Angriffs- und Verteidigungsmittel. Die Ausgestaltung in Australien erinnert eher an die Zulässigkeit von neuem Vorbringen in Deutschland in der zweiten Instanz der ordentlichen Gerichtsbarkeit (§ 531 Abs. 2 ZPO), die im Unterschied zum arbeitsgerichtlichen Verfahren (§ 67 Abs. 2, 3 ArbGG) erheblich beschränkt wurde.[1103] Die Voraussetzungen sowohl vor der *Fair Work Commission* als auch vor dem *Federal Court*, dass der Beweis überzeugend sein und mit hoher Wahrscheinlichkeit zu einer abweichenden Entscheidung führen muss, finden aber selbst in der ZPO keine Entsprechung. Grund für die stärkere Beschränkung neuen Vorbringens ist die damit einhergehende Verfahrensbeschleunigung. Speziell vor dem *Federal Court* soll die zeitlich langwierige und kostenintensive Beweisgewinnung in Form der *discovery* weitestgehend nach der ersten Instanz abgeschlossen sein und die Parteien sollen zur vollumfänglichen Offenlegung im Ausgangsverfahren gezwungen werden.

Vergleichbar den australischen Institutionen darf das Landesarbeitsgericht die Sache, soweit ihre weitere Verhandlung erforderlich ist, unter Aufhebung des Urteils und des Verfahrens an das Gericht des ersten Rechtszuges zurückverweisen (§ 64 Abs. 6 Satz 1 ArbGG, § 538 Abs. 2 ZPO) oder in der Sache selbst entscheiden (§ 64 Abs. 6 Satz 1 ArbGG, § 538 Abs. 1 ZPO). Die Zurückverweisung wegen eines Mangels im Verfahren des Arbeitsgerichts ist unzulässig (§ 68 ArbGG).[1104] Anders als im australischen Verfahren und im erstinstanzlichen Verfahren in Deutschland trägt im Berufungsverfahren die unterliegende Partei

---

1102 GMP/*Schlewing*, § 98 ArbGG Rn. 13.
1103 BeckOK-ArbR/*Klose*, § 67 ArbGG Rn. 1; ErfK/*Koch*, § 67 ArbGG Rn. 1.
1104 *Lansnicker* in: Lansnicker (Hrsg.), Prozesse in Arbeitssachen, § 2 Rn. 332 ff.

die gerichtlichen und außergerichtlichen Kosten des Rechtsstreits (§ 46 Abs. 2 ArbGG, § 91 ZPO).

Zusammengefasst kennzeichnet die Berufung als Rechtsmittel zunächst sowohl ein Suspensiv- als auch ein Devolutiveffekt.[1105] Sie führt zur Prüfung in rechtlicher und (eingeschränkt) in tatsächlicher Hinsicht.[1106] Da sowohl im Verfahren des *appeal* vor der *Fair Work Commission* als auch des *appeal* am *Federal Court* die Rechtswirkungen vorheriger Entscheidungen suspendiert werden können und sich jeweils ein übergeordneter Spruchkörper, der zur Aufhebung oder Änderung der ersten Entscheidung befugt ist, auf Veranlassung der Parteien in rechtlicher und tatsächlicher Hinsicht mit der ursprünglichen Entscheidung befasst, können beide Formen aus Sicht der Parteien als Berufung bezeichnet werden.[1107] Größte Besonderheit ist bei kollektivrechtlichen Verfahren vor der *Fair Work Commission* die Befugnis Dritter, wie die Verfahrensbeteiligten einen Rechtsbehelf einlegen zu können. Diese Befugnis kennt keine Entsprechung im deutschen Recht. Aufgrund der Verfahrensausgestaltung sind die durch *appeal* eingeleiteten Verfahren dennoch am ehesten als Berufung zu bezeichnen.

1105 ErfK/*Koch*, § 64 ArbGG Rn. 1.

1106 O/K/S/*Künzl*, Hdb ArbVerf, Rn. 460; *Schaub/Künzl*, Arbeitsgerichtsverfahren, § 34 Rn. 1.

1107 Ebenso zum *appeal* vor dem *Federal Court*: *Babeck*, Einführung in das australische Recht, § 17 Rn. 4.

III. Die Instanzenzüge in rechtsvergleichender Sicht

1. Der Instanzenzug in Australien im Überblick

Die **Übersicht 4** zeigt den Instanzenzug zur Beilegung arbeitsrechtlicher Streitigkeiten in Australien:

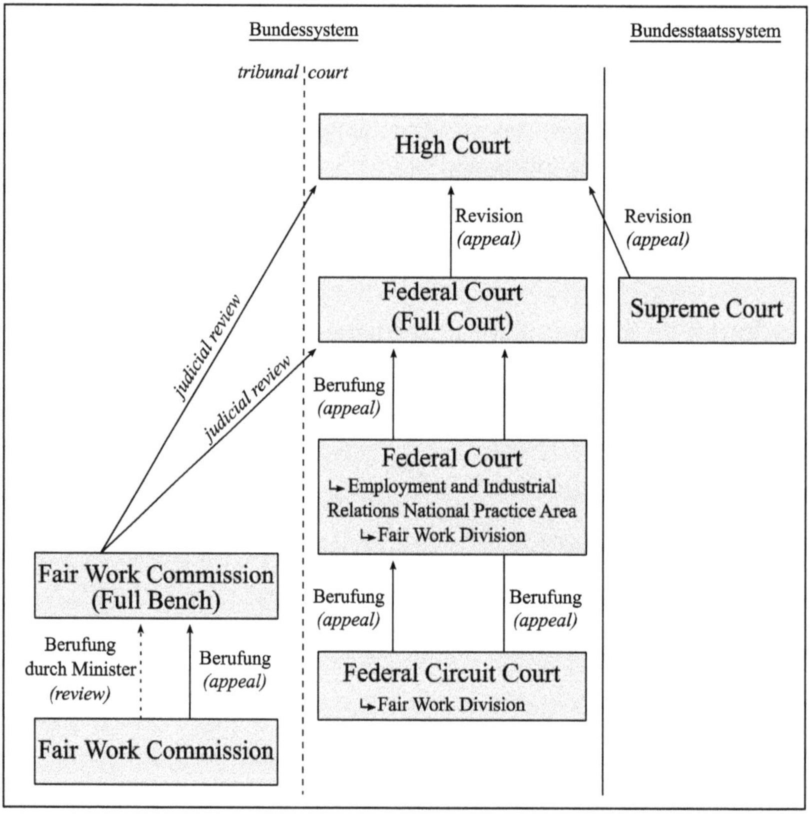

Übersicht 4: Instanzenzug in Australien

2. Der Instanzenzug der deutschen Arbeitsgerichtsbarkeit im Vergleich

Der arbeitsgerichtliche Instanzenzug in Deutschland ist von der ordentlichen Gerichtsbarkeit getrennt (Art. 95 Abs. 1 GG). Gegen Urteile erster Instanz der Arbeitsgerichte findet die Berufung an die Landesarbeitsgerichte statt (§ 64 Abs. 1 ArbGG), die erstinstanzliche Entscheidungen in rechtlicher und (eingeschränkt) in tatsächlicher Hinsicht prüfen.[1108] Im Beschlussverfahren ist gegen verfahrensbeendende Beschlüsse der Arbeitsgerichte die Beschwerde an das Landesarbeitsgericht statthaft (§ 87 Abs. 1 ArbGG). Für die Beschwerde gelten größtenteils die Vorschriften für die Einlegung der Berufung entsprechend (§ 87 Abs. 2 ArbGG). Gegen das Endurteil eines Landesarbeitsgerichts findet die Revision an das Bundesarbeitsgericht statt, wenn sie im Urteil des Landesarbeitsgerichts oder durch Beschluss des Bundesarbeitsgerichts (§ 72a Abs. 5 Satz 2 ArbGG) zugelassen wurde (§ 72 Abs. 1 Satz 1 ArbGG). Eine Ausnahme bildet die Sprungrevision zum Bundesarbeitsgericht gegen ein Urteil des Arbeitsgerichts (§ 76 Abs. 1 Satz 1 ArbGG). Die Revision dient allein der rechtlichen Prüfung und stellt auf die Tatsachen ab, wie sie im Urteil des Landesarbeitsgerichts festgestellt wurden (§ 72 Abs. 5 ArbGG, § 559 ZPO).[1109] Das Pendant im Beschlussverfahren bildet die Rechtsbeschwerde gegen den das Verfahren beendenden Beschluss des Landesarbeitsgerichts an das Bundesarbeitsgericht, wenn sie im Beschluss des Landesarbeitsgerichts oder durch Beschluss des Bundesarbeitsgerichts (§ 92a Satz 2 ArbGG) zugelassen wird (§ 92 Abs. 1 Satz 1 ArbGG).

Die australischen Verfahren kennen ebenfalls zweite Tatsacheninstanzen: Sowohl der *appeal* gegen Entscheidungen der *Fair Work Commission* als auch der *appeal* gegen Entscheidungen des Einzelrichters am *Federal Court* sind *appeals by way of rehearing*. Die neuen Spruchkörper sind wie die erste Instanz befugt, in der Sache zu entscheiden und gegebenenfalls neue Beweise zuzulassen. Zusätzlich findet eine vor allem verfahrensrechtliche Rechtskontrolle der ersten Entscheidung statt. Die Verfahrensordnung vor den Gerichten (*courts*) kennt zudem auch eine auf die Berufung folgende Rechtsinstanz. Der *High Court* ist *„final appellate court“*[1110] und kann wegen der Ausgestaltung als reine Rechtsinstanz als letztinstanzliches Revisionsgericht bezeichnet werden,[1111] der zum *High Court* eingelegte Rechtsbehelf als Revision. Abweichend vom deutschen Recht kann die Revision nur vom Revisionsgericht zugelassen werden.[1112]

Unterschiede ergeben sich systembedingt bei der weiteren Ausgestaltung von Verfahren vor der *Fair Work Commission*. Die Revisionsinstanz als reine

---

1108 O/K/S/*Künzl*, Hdb ArbVerf, Rn. 460; *Schaub/Künzl*, Arbeitsgerichtsverfahren, § 34 Rn. 1.

1109 O/K/S/*Ostrowicz*, Hdb ArbVerf, Rn. 523; *Schaub/Künzl*, Arbeitsgerichtsverfahren, § 35 Rn. 1.

1110 *Morris v R* [1987] HCA 50 = (1987) 163 CLR 454 (475); *Colbran et al.*, Civil Procedure, para [20.3.4C].

1111 *Babeck*, Einführung in das australische Recht, § 4 Rn. 38; *Doeker*, Parlamentarische Bundesstaaten im Commonwealth of Nations, Bd. I, S. 127.

1112 *Babeck*, Einführung in das australische Recht, § 4 Rn. 40.

Rechtsinstanz zur rechtlichen Klärung des Streits in der Sache kann es im Verfahren vor der *Fair Work Commission* nicht geben, da diese sich kompetenzbedingt nicht mit Rechtsfragen beschäftigt. Eine Rechtsinstanz wäre nicht Entscheidungs-, sondern reine Kontrollinstanz, die nicht die Entscheidung in der Sache, sondern nur deren Rechtmäßigkeit überprüft. Eine in diesem Sinn beschränkte „Revision" als beschränkte Rechtmäßigkeitsprüfung kann durch die *judicial review* zur *Full Bench* des *Federal Court* oder zum *High Court* erfolgen. Hierdurch werden das Verfahren vor der *Fair Work Commission* und die Gerichtsbarkeit der Bundesgerichte verbunden. Soweit die *Fair Work Commission* sich mit Rechtsfragen beschäftigen muss, um eine Aufgabe zu erfüllen, kann sie die Rechtsfrage dem *Federal Court* vorlegen. Verwunderung mag zunächst vor allem die Möglichkeit des Bundesarbeitsministers zur *review* als Sonderrechtsbehelf hervorrufen. Jedoch schlichtet die *Fair Work Commission* nicht nur Individualstreitigkeiten, sondern wird immer noch teils quasi-legislativ tätig und prägt weiterhin bundesweit Arbeitsbedingungen (z.B. durch *awards*)[1113], die im öffentlichen Interesse kontrolliert werden sollen.

3. Debatte: Einführung einer spezialisierten Berufungsinstanz für die Entscheidungen der Fair Work Commission („appeal tribunal")

Der Instanzenzug mit den Rechtsbehelfen gegen eine Entscheidung der *Fair Work Commission* erscheint aus Sicht eines deutschen Juristen lückenhaft. Sie ermöglichen eine umfassende Rechtskontrolle der Entscheidungen im Wesentlichen nur durch *appeal* innerhalb der *Commission*. Der in Deutschland gemäß Art. 19 Abs. 4 GG gewährleistete Rechtsschutz gegen Verwaltungsentscheidungen durch staatliche Gerichte[1114] kann so nicht auf Australien übertragen werden: Die Justiz kontrolliert Entscheidungen der *Fair Work Commission* beschränkt durch den Gewaltenteilungsgrundsatz nur auf *jurisdictional errors* (*judicial review*). Dabei löst die Ausgestaltung der Kontrollmöglichkeiten, d.h. vorwiegend des *appeal*, auch in Australien große Diskussionen aus. Es bestehe eine Inkonsistenz der Entscheidungen der *Fair Work Commission* („*inconsistency in decision-making by the Fair Work Commission*").[1115] *Commissioners* würden bei ähnlichen

1113 Genauer § 3 I. 1. a), S. 90.

1114 Zu den organisatorischen Anforderungen an den „Rechtsweg" Maunz-Dürig/*Schmidt-Aßmann*, 86. EL Januar 2019, Art. 19 Abs. 4 Rn. 173a ff.

1115 *Pittard/Naughton*, Labour and Employment Law, para [3.21]; *Stewart et al.*, Labour Law, para [7.38]; *Stewart et al.*, (2014) 27 AJLL 258 (278); [o.V.], Workplace Express, 4 Nov. 2013; [o.V.], Workplace Express, 21 Nov. 2013; [o.V.], Workplace Express, 21 Nov. 2013; [o.V.], Workplace Express, 14 Feb. 2014.

Sachverhalten unterschiedlich und widersprüchlich entscheiden.[1116] Verschiedene Interessengruppen wollen die Entscheidungen erster Instanz deshalb der Kontrolle einer von der *Fair Work Commission* unabhängigen Institution oder einer spezialisierten Berufungskammer unterwerfen.

Bisherige Höhepunkte der Diskussion waren der Wahlkampf 2013 und die Zeit der anschließenden Regierung.[1117] Auch wenn sich die Regierung für ein *Australian Employment Appeal Tribunal* aussprach[1118], wurde ein solches bisher nicht konstituiert.[1119] Die Regierung wurde primär vom Arbeitgeberverband *Australian Mines and Metals Association* (*AMMA*) unterstützt, während die *Fair Work Commission* selbst, die *Productivity Commission* und die anwaltliche Vereinigung *Law Council* das Vorhaben ablehnten.[1120] In der Öffentlichkeit wurde die Debatte vor allem politisch motiviert geführt.[1121] Es wurden entweder die Kompetenzen und das Machtgefüge der *Fair Work Commission* in Frage gestellt oder auf der anderen Seite zu bewahren versucht.[1122] Auch in der Literatur wurde der Vorstoß gar als Versuch gesehen, eine neue Institution zu schaffen, um sich deren Personal aussuchen und damit die *Fair Work Commission* kontrollieren zu können.[1123]

Zutreffend haben Personalentscheidungen große Auswirkungen, da die meisten Entscheidungen der *Commission* Ermessensentscheidungen sind, die aus der Natur der Sache unterschiedlicher Bewertung zugänglich sind[1124]. Um ein konsistentes System zu schaffen, müssen strittige Entscheidungen auch durch eine möglichst einheitlich denkende Kontrollinstanz überprüft werden können. Inkonsistente erstinstanzliche Entscheidungen begründen aber nicht per se die Forderung nach einer unabhängigen oder spezialisierten Berufungsinstanz,

---

1116 [o.V.], Workplace Express, 21 Nov. 2013.

1117 *Pittard/Naughton*, Labour and Employment Law, para [3.21]; *Stewart et al.*, Labour Law, para [7.38].

1118 *AMMA*, Getting Back on Track: Delivering the Workplace Relations Framework Australia Needs, 2015, p. 374 et seq.

1119 Partiell: [o.V.], Workplace Express, 15 Sept. 2014.

1120 *Pittard/Naughton*, Labour and Employment Law, para [3.21]; *Productivity Commission*, Inquiry Report Vol. 1, No. 76, p. 169; *Stewart et al.*, Labour Law, para [7.38].

1121 *Pittard/Naughton*, Labour and Employment Law, para [3.21].

1122 [o.V.], Workplace Express, 4 Nov. 2013; [o.V.], Workplace Express, 21 Nov. 2013; [o.V.], Workplace Express, 26 May 2014; [o.V.], Workplace Express, 1 Sept. 2014.

1123 *Stewart et al.*, Labour Law, para [7.38].

1124 *Pittard/Naughton*, Labour and Employment Law, para [3.21]; [o.V.], Workplace Express, 26 May 2014.

sondern nur nach der Einführung eines Kontrollverfahrens.[1125] Als Kontrollmechanismen gibt es bereits den *appeal* und die *review*. Allein dass Mitglieder derselben Institution, wohl aber in unterschiedlicher Besetzung (*Full Bench* statt *Commissioner*), die Eingangs- und Kontrollentscheidung treffen, begründet keine Zweifel an der Wirksamkeit der Überprüfung. Auch der *appeal* am *Federal Court* ermöglicht nur eine *Full Court*-Entscheidung[1126] und wird deshalb nicht annähernd so kritisiert. Käme es dennoch zu untragbaren Inkonsistenzen, könnte die Regierung eingreifen und der Bundesarbeitsminister seine besondere Möglichkeit der *review* nutzen (s 605(1) *Fair Work Act 2009*). Weder Bundesarbeitsminister *Abetz* noch sein Vorgänger hatten diesen Rechtsbehelf aber genutzt, sodass die Pläne der Regierung tatsächlich politisch motiviert wirken konnten.[1127]

Gefordert wurde jedoch nicht nur eine von der *Fair Work Commission* unabhängige, sondern auch eine spezialisierte Instanz, deren Entscheidungen vorhersehbarer sein sollten.[1128] Es wurde kritisiert, dass Mitglieder der *Fair Work Commission* zu sehr versuchten, in Einzelfallentscheidungen die Grenzen des bestehenden Systems auszutesten, anstatt ein konsistentes zu entwickeln. Es bedürfe deshalb eines spezialisierten Spruchkörpers, der ein solches System entwerfe, das die *Commissioners* wiederum auf Einzelfälle anwendeten.[1129] Wer dieser spezialisierte Spruchkörper sein solle, war wiederum umstritten. Angestrebt wurde und wird u.a. ein „*non-court appeals tribunal/body*", also eine spezialisierte Berufungsinstanz entweder innerhalb der *Fair Work Commission* oder gesondert, jedenfalls aber nicht der Judikative zugehörig.[1130] Diese Skepsis gegenüber der Judikative sollte überdacht werden. Gerade die Forderung nach unabhängigen bzw. wohl eher weniger politischen Entscheidungsträgern, die im Systemdenken geschult sind, könnte durch eine gerichtliche Institution erfüllt werden. Der einfachste Weg wäre, um der *Law Council* beizupflichten, die Zuständigkeit des *Federal Court* zu erweitern[1131] und einen zusätzlichen

---

1125 *Ross*, Future Directions, p. 15.

1126 Zum *appeal* gegen eine Einzelrichter-Entscheidung des *Federal Court* § 7 I. 2. a), S. 214.

1127 *Pittard/Naughton*, Labour and Employment Law, para [3.21]; [o.V.], Workplace Express, 26 May 2014.

1128 *Pittard/Naughton*, Labour and Employment Law, para [3.21]; [o.V.], Workplace Express, 14 Feb. 2014.

1129 *Pittard/Naughton*, Labour and Employment Law, para [3.21]; [o.V.], Workplace Express, 14 Feb. 2014.

1130 [o.V.], Workplace Express, 14 Feb. 2014.

1131 [o.V.], Workplace Express, 1 Sept. 2014.

Rechtsbehelf (*appeal*) von der *Full Bench* der *Fair Work Commission* zum *Federal Court* zuzulassen. Dies würde den Weg vom *tribunal* zum *court* eröffnen und eine gerichtliche Prüfung der Entscheidung der *Commission* ermöglichen.

Drei Aspekte sind allerdings problematisch: Erstens können anwaltliche Kosten für ein Verfahren vor Gericht den Zugang zu Rechtsschutz erschweren. Zweitens ist fraglich, ob der Grundsatz der Gewaltenteilung nach australischem Verständnis eine Kontrolle der Verwaltung solchen Ausmaßes durch Gerichte gestattet. Drittens scheint auf den ersten Blick eine zusätzliche Instanz dem Beschleunigungsgrundsatz entgegenzustehen.

Allerdings wäre der Vorschlag, einen zusätzlichen *appeal* zu Gericht zuzulassen, nur für den Ausnahmefall konzipiert, wenn eine Partei eine gerichtliche Überprüfung der Berufungsentscheidung der *Commission* anstrebt. In diesen Fällen könnte den bereits über zwei Instanzen kostengünstig Rechtsschutzsuchenden letztlich zugemutet werden, Anwaltsgebühren zu zahlen. Der Gewaltenteilungsgrundsatz könnte gewahrt werden, indem man dem Gericht lediglich kassatorische Befugnisse zuspricht, wie dies unter Wahrung des Grundsatzes bereits sehr zurückhaltend im Rahmen der *judicial review* gehandhabt wird.[1132] Zudem wäre vermutlich nicht mit wesentlich verlängerten Verfahren zu rechnen. Beiden Parteien ist im arbeitsrechtlichen Verfahren in der Regel an schneller Rechtssicherheit gelegen und ein additiver Rechtsbehelf wäre nur selten erforderlich, wie die hohe Akzeptanz der Entscheidungen, die durch das Schlichtungsverfahren durch *Commissioners* erzielt wird, zeigt: 2017 bis 2018 wurde bei 31.554 eingehenden Anträgen bei der *Fair Work Commission* und 9.717 getroffenen Entscheidungen nur in 95 Fällen Zulassung des *appeal* beantragt, also in nur knapp 1% der Fälle wurde eine erneute Überprüfung gefordert.[1133] Die Einführung eines *appeal* von der *Full Bench* der *Fair Work Commission* zum *Federal Court* erscheint somit möglich, nach deutschem Rechtsstaatsverständnis fast schon geboten. Ein solches Ausnahmeverfahren einzuführen, könnte zudem wohl einige politische Kritikpunkte an der bisherigen Struktur ausräumen und ein weitgehenderes Rechtsschutzsystem etablieren. Verstärkte politische Bestrebungen, eine solche Reform umzusetzen, sind derzeit aber nicht erkennbar.

1132 Gerichte überprüfen beispielsweise, ob *Commissioners* Materialien keine oder eine falsche Bedeutung beimessen. Hierzu bereits § 7 I. 1. c), S. 212.

1133 *FWC*, Annual Report 2017–18, p. 18, 90, Table 36: Appeals – permission to appeal outcomes.

Schlussbetrachtung

I. Die Entwicklung des australischen Bundesarbeitsrechtssystems

Das Arbeitsrecht und das System zur Beilegung arbeitsrechtlicher Streitigkeiten in Australien haben sich im föderalen Gefüge dieses Landes seit der Gründung des *Commonwealth of Australia* grundlegend gewandelt. Dabei war und ist die Ausgestaltung des Streitbeilegungssystems stark mit der Entwicklung des materiellen Arbeitsrechts verknüpft. Die im Rahmen einer bundesrechtlichen Angelegenheit inzident zu entscheidenden bundesstaatsrechtlichen Fragen ausgenommen, dürfen über Bundesstaatsrecht nur Bundesstaatsgerichte bzw. -institutionen entscheiden. Die australische Verfassung erlaubt keine Übertragung bundesstaatlicher Rechtsprechungsgewalt auf den Bund. Das *Commonwealth* darf nur die ihm durch die Verfassung eingeräumte *jurisdiction* (z.B. für bundesrechtliche Streitigkeiten) ausgestalten. Da der australische Bund originär keine umfassende Gesetzgebungskompetenz für das Arbeitsrecht hat, war einhergehend mit der materiellen Rechtslage auch die arbeitsrechtliche Streitbeilegung lange von einer Parallelität von bundes- und bundesstaatlichen Systemen geprägt.

Mit dem *Fair Work Act 2009* wurde das Arbeitsrecht weitestgehend durch Bundesrecht geregelt und damit mittelbar die *jurisdiction* des Bundes ausgeweitet. Eine derart weitreichende Bundesregelung war unter anderem möglich, weil zuerst der Bundesstaat *Victoria* arbeitsrechtliche Gesetzgebungskompetenzen auf den Bund übertragen und die anderen Bundesstaaten (ausgenommen *Western Australia*) sich diesem Vorbild größtenteils angeschlossen hatten. Obgleich sie sich die Regelungskompetenz für den öffentlichen Dienst (*public sector*) vorbehalten haben, fallen seitdem ca. 96 Prozent der Arbeitnehmer in der Privatwirtschaft Australiens unter den Geltungsbereich des Bundesarbeitsrechts[1134]. Nun gilt in Australien für die Privatwirtschaft hauptsächlich Bundesrecht. Bundesstaatsgerichte bzw. -institutionen spielen daher originär (außer in *Western Australia*) nur noch für den öffentlichen Dienst eine nennenswerte Rolle und sind in der Privatwirtschaft nur als vom Bund ermächtigte Gerichte (*eligible courts*) zuständig. Die fehlende Kompetenzübertragung des Bundesstaats *Western Australia* verursacht dagegen Lücken im System, die Rechtsunsicherheit zur Folge haben. Hier sollte eine Kompetenzübertragung an den Bund angestrebt werden.

1134 *McCallum/Moore/Edwards*, Workplaces, p. 49.

Auch dank der neuen arbeitsrechtlichen Kompetenzen änderte das *Commonwealth* im Laufe der Zeit zudem seinen Ansatz, um die Arbeitsbedingungen in Australien zu beeinflussen. Zu Beginn prägten bundesrechtlich hauptsächlich kollektive Vereinbarungen, die unter staatlicher Anleitung ausgehandelt wurden, die Arbeitsverhältnisse. Hierfür wurden bundesrechtliche Schlichtungsinstitutionen gegründet und es galt bis 1993 ein gesetzliches Streikverbot. Der Abschluss der kollektiven Vereinbarungen glich einer Zwangsschlichtung. Der Bund regelte auf diesem Weg Aspekte wie Mindestlohn und Urlaubsansprüche im Rahmen von *awards*, die hinsichtlich ihrer Wirkung am ehesten mit Tarifverträgen vergleichbar sind. Im Laufe der Zeit wurden die kollektiven Schlichtungsaufgaben aber reduziert, indem immer mehr Möglichkeiten zur autonomen Gestaltung von Arbeitsbedingungen geschaffen wurden (z.B. *enterprise agreements*). Im Gegenzug wurden neue Verfahren zur Schlichtung von Individualstreitigkeiten eingeführt, die heute den Großteil der Verfahren vor der *Fair Work Commission* ausmachen.

II. Die Trennung von „court" und „tribunal"

Die Entwicklung der Arbeitsgerichtsbarkeit auf Bundesebene führte vom ursprünglichen *Commonwealth Court of Conciliation and Arbitration* zum zweigliedrigen System von *tribunal* und *court*. Damit wird seit dem „*Boilermaker*"-Urteil aus dem Jahr 1956 der Grundsatz der Gewaltenteilung respektiert, weil die Rechtsprechung mit der Frage, was Recht ist (*court*), von der Gestaltung, was zukünftig Recht sein soll (*tribunal*), funktional getrennt wird.

Das derzeitige arbeitsrechtliche *tribunal* ist die *Fair Work Commission*. Auch wenn sie auf den ersten Blick Gerichten ähnelt, muss sie streng von den Bundesgerichten differenziert werden. Sie ist ein spezialisiertes Administrativorgan zur Schlichtung arbeitsrechtlicher Streitigkeiten und im Gegensatz zum englischen *Employment Tribunal* nicht der Judikative zuzuordnen, sondern nur zum Teil quasi-judikativ tätig. Sie darf zwar verbindliche Regelungen treffen, die Durchsetzung der daraus abgeleiteten Rechte obliegt jedoch den Gerichten.

Die *Fair Work Commission* findet keine adäquate Entsprechung im deutschen Arbeitsrechtssystem. Soweit sie kollektive Vereinbarungen über Arbeitsbedingungen prüft und genehmigt, kann es wegen der grundrechtlich garantierten Tarifautonomie in Deutschland kein Pendant geben. Handelt die *Fair Work Commission* als Streitbeilegungsinstitution, kommt die Bezeichnung als „staatliche Schlichtungsstelle" am nächsten. Die Schlichtung impliziert aus deutscher Sicht die Lösung eines Regelungsstreits und beschreibt damit die Kernaufgabe der *Commission*. Die schlichtende Tätigkeit kann aber auch gegen den Willen der Beteiligten erfolgen. Es handelt sich dann um eine tarifrechtlich in

Deutschland grundsätzlich unzulässige Zwangsschlichtung. Zudem ist die *Fair Work Commission*, trotz partiell vergleichbarer Aspekte, nicht mit der betriebsverfassungsrechtlichen Einigungsstelle vergleichbar. Das *tribunal* ist eine staatliche Institution. Die Schlichtung durch eine privatrechtliche Einigungsstelle, die zudem eine Besonderheit des deutschen Betriebsverfassungsrechts ist, ist nicht in die staatliche Lösung von Streitigkeiten eingegliedert, sondern dem staatlichen Einfluss weitgehend entzogen. Es bleibt deshalb am treffendsten, die *Fair Work Commission* als arbeitsrechtliches Tribunal zu bezeichnen.

III. Die Rolle der Fair Work Commission

Die *Fair Work Commission* spielt in der Praxis eine herausragende Rolle, weil sie allen Bürgern Rechtsschutz (*access to justice*) gewährt. Anders als ihre Vorgängerinstitutionen prägt sie nicht mehr vorwiegend kollektive Regelungen, sondern ist vor allem auch bei Individualstreitigkeiten wie *unfair dismissal applications* zuständig. Rechtsschutz soll nicht wie in Deutschland durch eine gerichtliche Kontrolle, sondern mitunter wegen der sehr hohen Anwaltskosten für gerichtliche Verfahren primär durch außergerichtliche Streitbeilegung erreicht werden. Obgleich sich in der Theorie die Parteien auch vor den ordentlichen Gerichten selbst vertreten dürfen, ist das in der Praxis unüblich. Es treten meist *solicitors* zur Aufbereitung des Falls und *barristers* zur Prozessvertretung auf, wodurch die Kosten in die Höhe getrieben werden. Das Verfahren vor dem *tribunal* ist hingegen typischerweise ein reiner Parteiprozess. Eine Vertretung ist nur mit ausdrücklicher Zulassung durch die *Commission* gestattet. Das Verfahren ist wesentlich informeller ausgestaltet und die Verhandlungsmaxime durch Elemente des Untersuchungsgrundsatzes modifiziert.

Zwar löst es bei deutschen Juristen vielleicht Verwunderung aus, wie eine „gefühlte" Kündigungsschutzklage (*unfair dismissal application*) vor einer nichtjudikativen Institution verhandelt und von dieser entschieden werden kann, jedoch ist die Lösung im australischen System konsequent. Eine sozial motivierte Abwägung von Interessen (wie in einem Kündigungsschutzverfahren) erzwingt per se weder eine Zuweisung an die Verwaltung noch an die Gerichte. Ob eine Abwägungsentscheidung als Ermessensentscheidung der Verwaltung oder als rechtliche Prüfung in Form einer Interessenabwägung einem Gericht zugewiesen wird, ist vor allem auch historisch, politisch und funktional bedingt. Die sozialpolitisch begründete Zuweisung von Kündigungsschutzverfahren an die *Fair Work Commission* mit ihren verfahrensrechtlichen Erleichterungen wird deshalb mit der Zukunftsorientierung der Entscheidung und dem Charakter als Lösung einer Regelungsstreitigkeit im weiteren Sinne gerechtfertigt: Die Beurteilung, ob eine Kündigung „*harsh, unjust or unreasonable*" (s 385(b) *Fair Work Act 2009*) ist, sei eine Ermessensentscheidung und stelle keine rechtliche Beurteilung aufgrund eindeutigen Gesetzeswortlauts dar. Den Gerichten stehe dagegen die rechtliche Bewertung von Vergangenem und die Durchsetzung von Ansprüchen zu.

Die sozialstaatliche Motivation, Verfahren bzw. Rechtsschutz (*access to justice*) zu erleichtern, kostengünstiger und für Laien verständlicher zu gestalten, ist aus deutscher Sicht nicht zwingend institutionell durch Auslagerung zu lösen. Die Umsetzung beeinflussen aber historisch gewachsene Rollenverständnisse und die Akzeptanz bestimmter Institutionen, die in Deutschland weitreichendere Funktionen der Gerichtsbarkeit erlauben. So wurde die Konstituierung des dem deutschen Recht fremden *tribunal* (*Fair Work Commission*) durch das traditionelle Verständnis der Rolle des Richters in einem *Common Law*-Staat wie Australien gefördert. Demzufolge könnte ein Rollenkonflikt bestehen, wenn vom Richter auch Schlichten erwartet würde. Die Auslagerung von Regelungsaufgaben auf eine Verwaltungsinstitution begegnet diesem potentiellen Konflikt. Der deutsche Zivil- und Arbeitsgerichtsprozess zeichnet sich hingegen gerade durch die Tradition der richterlichen Streitschlichtung, wie beispielsweise durch das integrierte Güteverfahren, aus. Der Richter soll während des ganzen Verfahrens die gütliche Erledigung des Streits anstreben (§ 57 Abs. 2 ArbGG).

Zudem ist man zwar in Deutschland, jedoch nicht in Australien an sachverständige Laienrichter gewöhnt. Die Beteiligung der Allgemeinheit durch eine *jury* ist in Arbeitsprozessen ein seltener Ausnahmefall. Die Institutionalisierung einer staatlichen Schlichtungsstelle der Verwaltung ist in Australien deshalb eine einfachere Möglichkeit, juristische Laien mit besonderer Erfahrung in der Arbeitswelt in die staatliche Streitbeilegung einzubeziehen. Diesem Gedanken entsprechend erkennen die Vorgaben zur Besetzung der *Fair Work Commission* auch praktische Erfahrungen in der Arbeitswelt als Qualifikation an, während Richter am *Federal Court* weiterhin nur Juristen mit langjähriger Berufserfahrung werden können.

Außerdem spricht auch die Konzeption des materiellen Arbeitsrechts Australiens für die Einbeziehung einer Verwaltungsinstitution: Das Arbeitsrecht ist historisch betrachtet stark als Recht zur staatlichen Hilfe und Kontrolle bei der Regelungsfindung ausgestaltet. Vor allem das traditionelle *award*-System glich einer Zwangsschlichtung nach deutschem Verständnis. Da der Staat in Australien nach wie vor Regelungen mitgestaltet, bedarf es weniger einer anschließenden Rechtskontrolle der gefundenen Regelungen. Daher kann nach diesem Konzept auch ein Individualkonflikt mittels staatlich moderierter bzw. kontrollierter Regelungsfindung statt durch die bloße Rechtsanwendung gelöst werden.

IV. Die Entscheidung gegen eine eigenständige Arbeitsgerichtsbarkeit

Auch in Australien besteht nach der Verfassung die Möglichkeit, ein selbstständiges Arbeitsgericht als vollwertigen *court* zu konstituieren. Als Judikative fungiert aber keine separate Arbeitsgerichtsbarkeit, wie dies in Deutschland der Fall ist, sondern die ordentliche Gerichtsbarkeit (*Federal Circuit Court / Federal Court*). Es wurden im Oktober 2016 allerdings *National Practice Areas* (darunter die *Employment and Industrial Relations National Practice Area* am *Federal Court*) zusätzlich zu den *Fair Work Divisions* innerhalb der ordentlichen Gerichtsbarkeit ins Leben gerufen. Im Grunde wurde ein System der Kammer in der Kammer etabliert: Eine allgemeine Arbeitsrechtskammer mit einer speziellen *Fair Work*-Kammer.

Das Zusammenspiel der *Fair Work Commission* und der Arbeitsrechtskammern der Gerichte führt dazu, dass ein von der ordentlichen Gerichtsbarkeit losgelöstes Arbeitsgericht entbehrlich ist. Eine Arbeitsrechtskammer kann alle Vorzüge eines selbstständigen Arbeitsgerichts, wie es etwa in Deutschland existiert, erfüllen, wenn sich dadurch eine auf das Arbeitsrecht spezialisierte Richterschaft entwickelt. Hierfür wäre der überwiegende Einsatz der Richter in nur einer Kammer dienlich. Die Entwicklung bleibt abzuwarten.

V. Die unterschiedlichen Verfahren zur Streitbeilegung

Dem Verfahren vor der *Fair Work Commission* und dem Verfahren vor den deutschen Arbeitsgerichten ist gemein, dass sie auf eine schnelle Erledigung des Streits abzielen. Hierfür normieren beide Rechtsordnungen kurze Fristen und fördern durch informelle Vorverfahren die Vergleichsbereitschaft. Der *Commissioner* wird sogar von vielen verfahrensrechtlichen Vorgaben befreit, darf den Sachverhalt gegebenenfalls selbst ermitteln und ist nicht an die Anträge der Parteien gebunden. Dabei hat er fair und neutral zu sein, wobei Fairness im Verfahren der *Fair Work Commission* auch bedeutet, die schwächere Partei gegebenenfalls aktiv zu unterstützen. Das gerichtliche Verfahren in Deutschland ist dagegen, trotz der angestrebten gütlichen Erledigung, als ein streitiges Rechtsdurchsetzungsverfahren ausgestaltet, über das ein Richter zu befinden hat. Zwar nutzen Gerichte Auslegungsspielräume, der Richter muss aber vor allem das Verfügungsrecht der Parteien über das Streitverhältnis und deren alleinige Befugnis zur Beibringung des Prozessstoffs respektieren.

Das Verfahren erster Instanz vor dem *Federal Court* ist ebenfalls ein streitiges, typischerweise noch kämpferischeres Verfahren. Ein zentraler

Unterschied zum deutschen System ist die besondere Zurückhaltung des Gerichts. Dennoch versucht auch die australische Rechtsordnung den Besonderheiten arbeitsrechtlicher Streitbeilegung gerecht zu werden und modifiziert zivilprozessuale Vorschriften für arbeitsrechtliche Verfahren. Dabei knüpft sie aber weniger an den Befugnissen und der Rolle des Richters an, sondern stärkt die außergerichtliche Streitbeilegung (z.B. durch verpflichtende Vorverfahren bei der *Fair Work Commission* und Privilegierung des *formal offer* für einen Vergleich).

Die Einleitung der Verfahren bei der *Fair Work Commission* und am *Federal Court* wird durch Formblätter erleichtert, die auch über ein Onlineportal eingereicht werden können. Die Vorbereitung der Hauptverhandlung, insbesondere vor dem *Federal Court*, divergiert von der Vorbereitung eines deutschen Arbeitsgerichtsprozesses. Die *discovery*, eidesstattliche Versicherungen (*affidavits*), *court books* und *case management hearings* kennt das deutsche Recht so nicht. Die mündlichen Verhandlungen vor der *Fair Work Commission* und dem *Federal Court* unterscheiden sich primär im informellen bzw. formellen Charakter, auch wenn das Verfahren vor der *Commission* ebenfalls wie ein Gerichtsverfahren aufgebaut und strukturiert ist. Die Verhandlung leitet ein *Commissioner*, der zumindest bei der *arbitration* hinter dem „Richtertisch" sitzt, die Zeugenvernehmung erfolgt durch *cross-examination* (wenn auch meist mit einer geringeren Härte als vor dem *Federal Court*) und die Verkündung von *decision* bzw. *order* erinnert trotz der Regelungsfunktion an einen Richterspruch.

Im Verfahren vor der *Commission* und den Gerichten trägt wie im deutschen arbeitsrechtlichen erstinstanzlichen Verfahren grundsätzlich jede Partei ihre eigenen Kosten. In Australien gilt diese Kostentragungsregel anders als im deutschen Arbeitsprozessrecht auch in den Verfahren zweiter Instanz. Indes kann die *Fair Work Commission* bzw. der *Federal Court* aus Billigkeitsgründen einer Partei die Kosten ganz oder anteilig auferlegen. Ungewohnt scheint dem deutschen Juristen vielleicht ebenfalls, dass australische Institutionen und Gerichte in bestimmten Fällen auch dem rechtlichen Vertreter bei Fehlverhalten die Kosten auferlegen können.

Die Verfahrensbeendigung durch die *Fair Work Commission* ist im Vergleich zum deutschen System zum Teil umständlich. Zunächst wird eine Feststellungsentscheidung getroffen (*decision*), auf deren Grundlage gesondert Abhilfe verfügt wird (*order of remedy*). Die Durchsetzung von Entscheidungen bleibt den Gerichten vorbehalten, die Missachtung einer *order* der *Fair Work Commission* ist jedoch unter Strafe gestellt.

Allen Verfahren ist wiederum gemein, dass sie selten durch Entscheidung des Richters oder *Commissioner*, sondern meist durch gütliche Einigung der

Parteien enden. Hierbei ist zu beachten, dass die australische Rechtsordnung nicht den vom Richter moderierten Vergleich, sondern den durch den Richter durchzusetzenden Vergleich fördert. Die Hilfe zum Vergleichsschluss geben außergerichtliche Stellen wie die *Fair Work Commission*.

VI. Die Verknüpfung von „court“ und „tribunal“ im Instanzenzug

Der Grundgedanke, dass eine erstinstanzliche gerichtliche Entscheidung mittels Berufung in rechtlicher und tatsächlicher Hinsicht und anschließend mittels Revision in reiner Rechtsinstanz überprüft werden kann, stimmt im australischen und deutschen Arbeitsprozessrecht überein. Allerdings gestaltet sich der Instanzenzug in Australien komplexer, da die parallelen Systeme von *tribunal* und *court* teils miteinander verknüpft sind.

Zunächst kann jeweils innerhalb der *Fair Work Commission* und des *Federal Court* Berufung (*appeal*) zur *Full Bench* bzw. zum *Full Court* eingelegt werden. Die Berufung ist als Rechts- und eingeschränkte Tatsacheninstanz ausgestaltet. Das australische Recht ist im Vergleich zum deutschen Arbeitsprozessrecht strenger hinsichtlich der Zulassung neuer Beweise bzw. Angriffs- und Verteidigungsmittel und stärkt damit die Bedeutung des Vortrags in erster Instanz. Deutlich weiter gefasst als in deutschen arbeitsrechtlichen Verfahren ist die Beschwer für eine Berufung gegen eine Entscheidung der *Fair Work Commission*. Beschwert können auch Personengruppen (beispielsweise Arbeitgeberverbände und Gewerkschaften) sein, die nicht zwangsläufig als Partei am vorherigen Verfahren beteiligt waren. Auch ist der Bundesarbeitsminister befugt, eine Überprüfung (*review*) einer Entscheidung der *Fair Work Commission* zu beantragen, wenn er durch sie das öffentliche Interesse verletzt sieht.

Durch die Möglichkeit, dem *Full Court* des *Federal Court* eine Rechtsfrage vorzulegen, werden beide Systeme verzahnt. Dieses Verfahren ist dem Aspekt geschuldet, dass die *Commission* kein Judikativorgan ist. Um als Partei von der *Fair Work Commission* zum *court* (*High Court* oder *Federal Court*) zu gelangen und eine gerichtliche Prüfung zu veranlassen, steht lediglich der Rechtsbehelf der *judicial review* zur Verfügung. Diese lässt nur die Überprüfung von *jurisdictional errors* zu: Ausschlaggebend ist, ob der Entscheidungsträger die Grenzen seiner Funktion und seiner Befugnisse überschritten hat. Eine vollumfängliche, gerichtliche Nachprüfung in der Sache ist nicht gewährleistet, auch wenn die Gerichte unter rechtsstaatlichen Gesichtspunkten den Begriff des *jurisdictional error* und damit ihre Kontrollmöglichkeiten ausdehnen. Der einfachste Weg eine solche Prüfungsmöglichkeit einzuführen, wäre, die Zuständigkeit des *Federal Court* zu erweitern und einen zusätzlichen

Rechtsbehelf (*appeal*) von der *Full Bench* der *Fair Work Commission* zum *Federal Court* zuzulassen.

Gegen Entscheidungen des *Full Court* des *Federal Court* sowie bundesstaatlicher *Supreme Courts* ist die Revision (*strict appeal*) als Rechtsinstanz zum *High Court* statthaft. Eine Sprungrevision ist grundsätzlich nicht vorgesehen. Der *High Court* ist das oberste Gericht des Bundes sowie der Bundesstaaten und entspricht im deutschen Rechtssystem einer Kombination des Bundesverfassungsgerichts mit den obersten Gerichtshöfen des Bundes und damit dem Bundesarbeitsgericht.

VII. Fazit

Abschließend ist festzuhalten, dass die Trennung von *tribunal* und *court* dem deutschen Recht fremd und die Kompetenz der *Fair Work Commission* zum Teil weit ist, insbesondere hinsichtlich *unfair dismissal applications*. Verständlich wird dieses System aber mit Blick auf die Rechtsquellen des Arbeitsrechts, die traditionelle Rolle der Gerichte und die besondere Betonung des Gewaltenteilungsgrundsatzes sowie speziell den Zweck der *Fair Work Commission*. Die außergerichtliche, staatliche Streitbeilegung durch die *Fair Work Commission* soll sämtlichen Bürgern erleichtern, Rechtsschutz zu erlangen (*access to justice*). Als Alternative zur kämpferisch ausgestalteten ordentlichen Gerichtsbarkeit wurde damit ein Verfahren eingeführt, das sich insbesondere dadurch auszeichnet, Streitigkeiten „*fairly, informally, efficiently, quickly and cheaply*“[1135] zu lösen.

Das sehr freiheitlich gehaltene deutsche Arbeitsrecht, das Arbeitsbedingungen grundsätzlich ohne staatliche Beteiligung privatautonom, entweder kollektiv oder individuell, vereinbaren lässt, verlangt hingegen nach keiner staatlichen Institution zur Regelungsfindung. Im Gegenzug ist das deutsche Arbeitsrecht weitgehend zwingend und seine Einhaltung kann gerichtlich detailliert überprüft werden. Die Konstituierung einer speziellen Schlichtungsinstitution vergleichbar zur *Fair Work Commission* ist in Deutschland entbehrlich und in kollektivrechtlicher Hinsicht in Teilen verfassungsrechtlich gar nicht möglich (Art. 9 Abs. 3 GG). Den deutschen Richtern könnte jedoch die schlichtende Tätigkeit erleichtert werden. Die Erfolgsquote und Erledigungsdauer arbeitsrechtlicher Streitbeilegung im informellen Verfahren der *Fair Work Commission* in Australien geben Anlass, über eine Lockerung der verfahrensrechtlichen

1135 *Downes*, [2004] ALRCRefJl 2, 7 (8); vgl. *Creyke*, (2002) 2(1) QUTLJJ 64 (68); *Stewart*, Employment Law, para [1.14].

Vorgaben in Deutschland jedenfalls im gerichtlichen Vorverfahren bzw. Güteverfahren nachzudenken. Vor allem technische Neuerungen können die vermittelnde Sondierung des Sach- und Streitstands vereinfachen und zu schnelleren Vergleichsabschlüssen führen, wie die Ergebnisse der *Commission* nach Telefon- und Videokonferenzen im Rahmen des Vorverfahrens (*conference*) zeigen.

Summary[1136]

I. The development of the Australian federal labour law system

Since the founding of the Commonwealth of Australia, labour law and the system for settling labour law disputes in Australia have fundamentally changed in the country's federal structure. The shaping of the dispute settlement system thereby was, and is, closely linked to the development of substantive labour law. Subject to incidental matters such as accrued federal jurisdiction, only State courts or institutions can make decisions in relation to State law. The Australian Constitution does not permit any transfer of State jurisdiction to the federal courts. The Commonwealth legislature is only permitted to enact laws within the jurisdiction granted to it by the Constitution (i.e., giving rise to disputes under federal law). Since the Constitution does not grant to the Commonwealth Parliament extensive legislative powers expressly concerning labour law, the labour law dispute resolution system was also long characterised by a parallelism between the federal and State systems, concomitant with the substantive law.

The Fair Work Act 2009 (Cth) involved an attempt to regulate labour law, as far as possible, through federal law, and the federal jurisdiction was thus expanded. Such an extensive federal regulation was possible because, inter alia, the State of Victoria had first transferred labour law-related legislative powers to the Commonwealth Parliament, and the other States (except for Western Australia) had largely followed this model. Although the States have reserved to themselves the right to exercise regulatory powers in the public sector, since then about 96 per cent of Australia's private sector employees fall under the jurisdiction of federal labour law (Fair Work Act 2009).[1137] In Australia, the private sector is now mainly regulated by federal law. Today (except in Western Australia), State courts and State institutions primarily only play any significant role in the public sector, and only have jurisdiction in the private sector so far as their courts and institutions are "eligible courts" within the meaning of the federal statute. By contrast, the missing transfer of powers by the State of Western

---

1136 Die folgende, sinngemäß ins Englische übersetzte Schlussbetrachtung wurde im Rahmen der Publikation ergänzt. Sie war nicht Bestandteil der Arbeit, die als Dissertation von der Juristischen Fakultät der Ludwig-Maximilians-Universität München angenommen wurde.

1137 *McCallum/Moore/Edwards*, Towards more productive and equitable workplaces: An evaluation of the Fair Work legislation, 2012, p. 49.

Australia creates loopholes in the system, resulting in legal uncertainty. Here, the aim should be a transfer of powers to the Commonwealth Parliament.

Also due to the new labour law powers, over time the Commonwealth changed its approach in order to influence the working conditions in Australia. Initially, labour relations were primarily shaped by collective agreements, which were negotiated under federal guidance. For this purpose, federal institutions for conciliation and arbitration were established, and up to 1993 strikes were legally prohibited. This process of making collective agreements was similar to German *Zwangsschlichtung* (compulsory arbitration). This way, the Commonwealth regulated aspects such as minimum wages and annual leave within awards – which, with regard to their effect, are most comparable to German *Tarifverträge* (collective agreements). However, over time the collective arbitration tasks were reduced, in that ever more possibilities for autonomously shaping working conditions (e.g., enterprise agreements) were created. Conversely, new procedures were introduced for conciliating and arbitrating individual disputes, which today make up most of the applications that come before the Fair Work Commission.

II. The separation of court and tribunal

The development of federal industrial jurisdiction led from the original Commonwealth Court of Conciliation and Arbitration to the two-tier system of tribunal and court. Since the "Boilermakers' Case" of 1956, the principle of the separation of powers has thus been respected, as definitive determinations of what is the law (addressed by courts) are functionally separated from creating rights for the future (tribunal).

The current national workplace relations tribunal is the Fair Work Commission. Although it appears similar to the courts at first sight, a very clear distinction must be drawn between it and the federal courts. It is a specialised administrative body for the conciliation and arbitration of workplace relations disputes. Unlike the English "Employment Tribunal", it does not fall under the category of the judiciary but operates partly in a quasi-judicial way. Although it can issue binding rulings, they are enforced in the courts.

The Fair Work Commission has no exact equivalent in the German labour law system. Insofar as it checks and approves collective agreements concerning working conditions, it can have no precise counterpart due to the autonomy of collective bargaining (*Tarifautonomie*) that is guaranteed as a fundamental right in the German Constitution (*Grundgesetz*). As far as the Fair Work Commission acts as a dispute resolution institution, the term "*staatliche Schlichtungsstelle*" (state arbitration board) comes closest to describing it. From a German point of view, arbitration implies the resolving of a *Regelungsstreit* (dispute of interest[1138]) and thus describes the core task of the Commission. However, the arbitration process can also take place against the will of those involved: it then constitutes compulsory arbitration, which is generally impermissible for collective bargaining in Germany. Furthermore, despite aspects that are in part comparable, the Fair Work Commission cannot be compared to the *Einigungsstelle* (conciliation committee) under the *Betriebsverfassungsgesetz* (Works Constitution Act). The tribunal is a state institution. Arbitration by a private conciliation committee like the *Einigungsstelle* (conciliation committee), which is moreover a special feature of the German Works Constitution Act, is not integrated into the state system of dispute resolution but is instead largely beyond the reach of state influence. "*Arbeitsrechtliches Tribunal*" (labour law tribunal) therefore remains the most-apt German description of the Fair Work Commission.

III. The role of the Fair Work Commission

The Fair Work Commission is an institution of great significance, in that it grants everyone access to justice. Unlike its predecessor institutions, its role is no longer predominantly the shaping of collective regulations; it is competent also in individual disputes, such as unfair dismissal applications. The aim is for legal protection to be achieved not through judicial control as in Germany, but instead – in part because of the extremely-high lawyers' fees for court proceedings – primarily through extrajudicial dispute resolution. Although the parties can in theory also represent themselves before the ordinary courts, this is not usual in practice. Usually, solicitors are involved in preparing the case, and barristers appear before the court to present the case – all of which increases the cost of litigation. Conversely, proceedings in a tribunal are typically between the parties in person. Legal representation is only allowed with the permission of the Commission. The proceedings are organised in a considerably more informal way, and the adversarial system is modified by inquisitorial elements.

German legal practitioners may find it astonishing that an unfair dismissal application that is similar to the German *Kündigungsschutzklage* (unfair dismissal

---

1138 The term "dispute of interest" is used as part of the distinction between disputes of interests and disputes of rights. "The former involves disagreements between the parties over the creation of rules to the employment relationship, while the latter are disagreements over the application or interpretation of existing rights.": *Bray/ Macneil*, Mediation and Conciliation in Collective Labor Conflicts in Australia, in: Euwema et al. (Ed.), Mediation in Collective Labor Conflicts, 2019, p. 247 (249).

claim) can be heard and decided by a non-judicial institution. Yet, this process provides a consistent approach in the Australian system. A socially-motivated weighing of interests (which is the nature of an unfair dismissal application) does not inherently require determination by a tribunal instead of a court, or the reverse. Whether a decision of this kind is better allocated to a tribunal as a discretionary decision, or to the courts as a legal decision in the form of a weighing of interests, is contingent on, above all, historical, political and functional considerations. The socio-politically motivated allocation of unfair dismissal proceedings to the Fair Work Commission, with its procedural simplifications, is therefore justified by reference to the future-oriented approach of the decision, and its character as the resolution of a dispute of interest in the wider sense: it is argued that the decision as to whether a dismissal is "harsh, unjust or unreasonable" (s 385(b) Fair Work Act 2009) is a discretionary decision weighing competing interests, instead of applying and interpreting existing legal entitlements. By contrast, the courts are empowered to make legal judgments on past issues and to enforce entitlements.

From the German point of view, the welfare-state-based motivation to make access to justice easier, cheaper and more comprehensible to laypersons cannot necessarily be solved institutionally by outsourcing. However, the implementation is affected by a historically developed understanding of roles and the acceptance of institutions, which allow courts with broader jurisdiction and power in Germany. Thus, the establishment of the tribunal (Fair Work Commission), which is not found in German law, was fostered by the traditional understanding of the role of the judge in a Common Law state like Australia. Consequently, a conflict of roles could arise if judges were also expected to arbitrate. The outsourcing of resolving interests disputes to an administrative institution avoids this potential conflict. By contrast, the German civil and labour court proceedings are characterised by the tradition of judicial dispute settlement – for example, through the integrated conciliation proceedings. The judge should strive for an amicable resolution of the dispute in all of the circumstances of the proceedings (§ 57 Abs. 2 *Arbeitsgerichtsgesetz* [s 57(2) German Labour Court Act]).

In addition, although in Germany one is accustomed to expert lay judges, this is not the case in Australia. Public participation through a jury is rare and an exceptional occurrence in labour relations proceedings. In Australia, therefore, the institutionalisation of a tribunal is a simpler option for integrating legal laypersons with specialist experience in the field of workplace relations into the dispute resolution system. The provisions for appointing primary Commission Members of the Fair Work Commission recognise practical work experience as a qualification, while it is still the case that only legal practitioners with many years' professional experience can become justices at the Federal Court.

Moreover, Australia's concept of substantive labour law tends again in favour of involving an administrative institution: historically, labour law has had the character of providing for the invocation of a right to state assistance and monitoring regarding the making of awards and agreements. Above all, the traditional award system resembled compulsory arbitration from the German point of view. As the executive of the Australian Government continues to influence the making of private regulations, there is less need for the subsequent judicial control of the regulations made. Therefore, according to this concept an individual conflict, too, can be resolved by means of state-moderated or state-controlled regulation-making, rather than through a judicial resolution of a legal dispute.

IV. The decision against an autonomous labour jurisdiction

As well as in Germany, in Australia, the Constitution permits the establishment of a separate federal labour court. But, unlike in Germany, there presently is no such separate court; instead, labour law matters are dealt with by the ordinary courts of federal jurisdiction (Federal Circuit Court / Federal Court). However, in October 2016 National Practice Areas (including the Employment and Industrial Relations National Practice Area at the Federal Court) in addition to the Fair Work Divisions were set up within the federal courts. Basically, a system of categories and subcategories was established: relevantly, a general labour law category with a special Fair Work subcategory.

Due to the interaction of the Fair Work Commission and the specialised divisions of the courts, it is dispensable to have a labour court that is separate from the general federal courts. A specialised division can fulfil all the advantages of an autonomous labour court such as exists (for instance) in Germany, if as a result justices specialise in labour law. Therefore, it would be advantageous to predominantly deploy the justices in only one division. How things will develop in this regard remains to be seen.

V. The different procedures for dispute resolution

The proceedings in the Fair Work Commission and those before the German labour courts have in common that they aim at a quick resolution of the dispute. To this end, both legal systems stipulate short deadlines and encourage settlement through informal preliminary proceedings. The Commissioner is even exempt from many procedural stipulations, may investigate the facts of the case himself if necessary, and is not confined to the issues as defined by the parties. The Commissioner must be fair and neutral, although in the Fair Work Commission fairness includes supporting the weaker party if need be. By contrast, despite the aspiration to achieve an amicable resolution, judicial proceedings in Germany are adversary proceedings in which a judge must reach a decision. Although courts utilise scope for interpretation, the judge must above all respect the parties' identification of the scope of the dispute, and their sole competence to provide the facts.

Proceedings of first instance before the Federal Court are likewise adversarial, and indeed are typically even more combative than their German equivalents. One key difference to the German system is the marked restraint of the justices. Nevertheless, the Australian legal system is adapted to the special aspects of labour law dispute resolution, and civil procedural provisions are modified for labour law proceedings. The modifications are not linked especially to the power and role of the justice, but rather strengthen the process of out-of-court dispute resolution (e.g., through obligatory preliminary proceedings at the Fair Work Commission and the privileging of formal offers of settlement).

The initiation of proceedings at the Fair Work Commission and at the Federal Court is made easier by forms, which can be submitted via an online portal. The preparation of the main hearing, particularly before the Federal Court, differs from the preparation of hearings in German labour courts. German law does not have a system of discovery, affidavits, court books and case management hearings. The hearings before the Fair Work Commission and the Federal Court differ primarily in their respective informal and formal characters, even though Commission proceedings are likewise structured like court proceedings. The hearing before the Fair Work Commission is led by a Commissioner who, at least during the arbitration, sits behind the bench; the evidence of witnesses includes cross-examination (though usually with less harshness than before the Federal Court), and the pronouncement of the decision or order is reminiscent of a pronouncement of a judgment.

Generally, as in German labour court proceedings of first instance, each party bears their own costs before the Commission and the courts. In Australia, unlike in German procedural labour law, this cost rule also applies in appeal proceedings. However, the Fair Work Commission and the courts can award costs in limited circumstances, broadly speaking on grounds of justice. It may likewise seem unusual to the German legal practitioner that, in certain cases, Australian institutions and courts can also impose the costs on the legal representative, again broadly in the event of misconduct.

The resolution of proceedings by the Fair Work Commission is in one aspect laborious compared to the German system. First, a decision is made, on the basis of which an order of remedy is separately issued. The enforcement remains reserved for the courts; however, contravening an order issued by the Fair Work Commission can be an offence.

All these proceedings have in common that they rarely end with a decision of the justice or Commissioner, but usually with a settlement between the parties. Here, one must bear in mind that the Australian legal system encourages not a settlement moderated by the justice, but instead a settlement that may be enforced (if necessary) by the justice. Extrajudicial authorities like the Fair Work Commission give assistance in reaching a settlement.

VI. The link between court and tribunal in the stages of appeal

The basic structure of appeal on points of fact and law against first-instance decisions, and subsequently to appeal solely on points of law, is the same in both Australian and German procedural labour law. However, the stages of appeal are structured in a more complex way in Australia, as the parallel systems of tribunal and court are partly interlinked.

First of all, in the Fair Work Commission it is possible to appeal from a single Commissioner to a Full Bench; and in the Federal Court from a single justice to a Full Court. The appeals are by way of rehearing. Compared to German procedural labour law, Australian law is stricter with regard to the admission of further evidence, and thus strengthens the importance of the presentation of the case at first instance. The basis for an appeal against a decision of the Fair Work Commission is markedly more broadly formulated than in German procedural labour law. Groups of persons (for example, employers' associations and trade unions) who were not necessarily involved as a party in the primary proceedings may be aggrieved and have standing to appeal. The Minister[1139] may apply for a review of a decision made by the Fair Work Commission if he believes that the decision is contrary to the public interest.

Through the possibility of referring a question of law arising in a matter before the Fair Work Commission for the opinion of the Full Court of the Federal Court, both systems are interlinked. This procedure owes its existence to the fact that the Commission is not a judicial body. In order to get from the Fair Work Commission to a court (High Court or Federal Court), a party can apply for a judicial review. This only permits the review of jurisdictional errors: the decisive factor is whether or not the decision-makers have exceeded the limits of their functions and powers. Judicial review does not involve review of the merits

1139 Currently the Federal Minister for Industrial Relations.

of the subject decision, though (under the rule of law) the courts have extended the concept of jurisdictional error and thus the scope of judicial oversight. The simplest way to introduce such a review option would be to expand the jurisdiction of the Federal Court and to permit an additional appeal: i.e., a right of appeal to the Federal Court from the Full Bench of the Fair Work Commission.

Decisions of the Full Court of the Federal Court as well as decisions of State supreme courts may be appealed by way of appeals in the strict sense to the High Court. There is basically no provision for a "leap-frog appeal". The High Court is the highest court in the Australian judicial system and is equivalent to a combination of the German *Bundesverfassungsgericht* (Federal Constitutional Court) and the German *oberste Gerichtshöfe des Bundes* (federal supreme courts), and thus of the *Bundesarbeitsgericht* (Federal Labour Court).

VII. Conclusion

In conclusion, it is important to note that the separation of tribunal and court is unknown in German law, and that the competence of the Fair Work Commission is very broad, particularly regarding unfair dismissal applications. However, the Australian system becomes more comprehensible in view of the legal sources of labour law, the traditional role of the courts, and the special emphasis on the separation of powers – and particularly in light of the purpose of the Fair Work Commission, which is to enable access to justice. As an alternative to combative proceedings before the ordinary courts, a procedure has thus been introduced that is particularly characterised by resolving disputes "fairly, informally, efficiently, quickly and cheaply"[1140].

Conversely, the liberal German labour law generally allows working conditions to be agreed upon on the basis of private autonomy – either collectively or individually – without the involvement of the state. Therefore, there is no need for a state institution to make agreements. In contrast to Australia, German labour law is largely compulsory and compliance with it can be judicially reviewed in detail. In Germany, the establishment of an institution like the Fair Work Commission is unnecessary and, regarding the control and approval of collective agreements, incompatible with the German Constitution (Art. 9 Abs. 3 *Grundgesetz* [s 9(3) Basic Law for the Federal Republic of Germany]). However, conciliating and arbitrating could be made easier for German judges.

1140 *Downes*, [2004] ALRCRefJl 2, 7 (8); see also *Creyke*, (2002) 2(1) QUTLJJ 64 (68); *Stewart*, Stewart's Guide to Employment Law, 5th edition 2015, para [1.14].

The success rate and duration of labour law dispute resolution in the informal proceedings of the Fair Work Commission in Australia give occasion to consider easing the procedural rules in Germany, at least in preliminary judicial proceedings like the conciliation proceedings. Above all, technical innovations can simplify the exploration of the circumstances and facts as well as the status of the dispute and lead to faster settlement agreements – as the results of the Commission's telephone and video conferences in the preliminary proceedings (conferences) show.

Literaturverzeichnis

Allsop, James Leslie Bain, An Introduction to the Jurisdiction of the Federal Court of Australia, [2007] FedJSchol 15

Allsop, James Leslie Bain, Central Practice Note: National Court Framework and Case Management (CPN-1), 2016, abrufbar unter: https://www.fedcourt.gov.au/law-and-practice/practice-documents/practice-notes [zuletzt abgerufen am 1.7.2019] [zitiert als *Allsop*, CPN-1]

Allsop, James Leslie Bain, General Practice Note: Subpoenas and Notices to Produce (GPN-SUBP), 2016, abrufbar unter: https://www.fedcourt.gov.au/law-and-practice/practice-documents/practice-notes [zuletzt abgerufen am 1.7.2019] [zitiert als *Allsop*, GPN-SUBP]

Allsop, James Leslie Bain, Employment and Industrial Relations Practice Note (E&IR-1), 2016, abrufbar unter: https://www.fedcourt.gov.au/law-and-practice/practice-documents/practice-notes [zuletzt abgerufen am 1.7.2019] [zitiert als *Allsop*, E&IR-1]

AMMA, Getting Back on Track: Delivering the Workplace Relations Framework Australia Needs, 2015, abrufbar unter: http://www.amma.org.au/wp-content/uploads/2015/03/20150317_Getting_Back_on_Track_AMMA.pdf [zuletzt abgerufen am 1.7.2019]

Arditi, Jason, Industrial Relations: The Referral of Powers, Briefing Paper No 7/09, 2009

Astor, Hilary / Chinkin, Christina, Dispute Resolution in Australia, 2nd edition 2002

Aust-Dodenhoff, Karin, Die Arbeitsgerichtsbarkeit auf dem Weg zur ordentlichen Gerichtsbarkeit?, NZA 2004, 24–26

Australian Industrial Relations Commission, Historical Overview, 2006, abrufbar unter: http://www.airc.gov.au/about/ourhistory/overview.pdf [zuletzt abgerufen am 1.7.2019]

Australian Law Reform Commission, Report 92: The Judicial Power of the Commonwealth: A Review of the Judiciary Act 1903 and Related Legislation, 2001 [zitiert als *ALRC*, Report 92]

Australian Law Reform Commission, Report 117: Family Violence and Commonwealth Laws – Improving Legal Framework, 2011 [zitiert als *ALRC*, Report 117]

Australian Law Reform Commission, Review of the Adversarial System of Litigation: Judicial and Case Management, Background Paper 3, 1996 [zitiert als ALRC, Background Paper 3]

Babeck, Wolfgang, Einführung in das australische Recht mit neuseeländischem Recht, 2. Auflage 2017
[zitiert als *Babeck*, Einführung in das australische Recht]

Bähr, Julia, Entfreunden bei Facebook kommt Mobbing gleich, FAZ vom 29.9.2015

Beck'scher Online-Kommentar Arbeitsrecht, Hrsg.: *Rolfs, Christian / Giesen, Richard / Kreikebohm, Ralf / Udsching, Peter*, 52. Edition, Stand: 1.6.2019
[zitiert als BeckOK-ArbR/*Bearbeiter*]

Beck'scher Online-Kommentar Grundgesetz, Hrsg.: *Epping, Volker / Hillgruber, Christian*, 41. Edition, Stand: 15.2.2019
[zitiert als BeckOK-GG/*Bearbeiter*]

Beck'scher Online-Kommentar Zivilprozessordnung, Hrsg.: *Vorwerk, Volkert / Wolf, Christian*, 32. Edition, Stand: 1.3.2019
[zitiert als BeckOK-ZPO/*Bearbeiter*]

Bernstorff, Christoph Graf von, Einführung in das englische Recht, 5. Auflage 2018

Born, Frederik, Die Körperschaftssteuer in Australien und Deutschland, 2017

Boulle, Laurence, Mediation: Principles, Process, Practice, 1996

Brand, Peter-Andreas, Über den Sinn und Unsinn der Arbeitsgerichtsbarkeit – Ein Beitrag zur Diskussion über die Zusammenfassung von Arbeits- und ordentlicher Gerichtsbarkeit, ZRP 2010, 81–84

Brooks, Brian, Labour Law in Australia, 2003

Bundesministerium für Arbeit und Soziales, Statistik der Arbeitsgerichtsbarkeit 2017, 2018

Byrd, B. Sharon, Einführung in die Anglo-Amerikanische Rechtssprache, Band I, 3. Auflage 2011

Cairns, Bernard Charles, Australian Civil Procedure, 11th edition 2016

Catanzariti, Joe / Byrnes, Michael, Fair Work: A user-friendly guide, 2009

Catanzariti, Joe / Byrnes, Michael / Latham, Ian / Young, Erik / Fagir, Oshie / Turnbull, Justine, Annotated Fair Work Act & Related Legislation, 2017
[zitiert als *Catanzariti et al.*, Annotated FW Act]

Colbran, Stephen / Spender, Peta / Douglas, Roger / Jackson, Sheryl / O'Brien, Molly Townes / Penovic, Tania, Civil Procedure Commentary and Materials, 6th edition 2015
[zitiert als *Colbran et al.*, Civil Procedure]

Community Law Australia, Unaffordable and out of reach: The problem of access to the Australian Legal System, 2012, abrufbar unter: http://www.communitylawaustralia.org.au/wp-content/uploads/2012/07/CLA_Report_Final.pdf [zuletzt abgerufen am 1.7.2019]

Creifelds, Carl / Weber, Klaus, Creifelds Rechtswörterbuch, 22. Auflage 2017

Creighton, Breen, The Role of the State in Regulating Employment Relations: An Australian Perspective, 2 FJLR 1997, 103–129

Creyke, Robin, Tribunals and Access to Justice, (2002) 2(1) QUTLJJ 64–82

Cullen, Bridget, Civil Procedure, 3rd edition 2013

Cunliffe, Emma, Open Justice: Concepts and Judicial Approaches, (2012) 40 FLRev 385–411

Däubler, Wolfgang, Arbeitskampfrecht, 4. Auflage 2017

Däubler, Wolfgang / Kittner, Michael / Klebe, Thomas / Wedde, Peter (Hrsg.), Betriebsverfassungsgesetz, Kommentar für die Praxis mit Wahlordnung und EBR-Gesetz, 16. Auflage 2018
[zitiert als Däubler/*Bearbeiter*, BetrVG]

Desch, Wolfram, Arbeitsrecht in Australien – Vom System der zentralisierten Zwangsschlichtung zum Enterprise Bargaining, 2005
[zitiert als *Desch*, Arbeitsrecht in Australien, 2005]

Deutscher Arbeitsgerichtsverband (Hrsg.), Die Arbeitsgerichtsbarkeit: Festschrift zum 100jährigen Bestehen des Deutschen Arbeitsgerichtsverbandes, 1994

Dietl, Clara Erika / Lorenz, Egon, Wörterbuch Recht, Wirtschaft und Politik, 7. Auflage 2016

Doeker, Günther, Parlamentarische Bundesstaaten im Commonwealth of Nations: Kanada, Australien, Indien – Ein Vergleich, Band I Grundbegriffe und Grundlagen, Strukturprinzipien des parlamentarischen Bundesstaates, 1980
[zitiert als *Doeker*, Parlamentarische Bundesstaaten im Commonwealth of Nations, Bd. I]

Doerkes-Boppard, Wilhelm, Verfassungsgeschichte der Australischen Kolonien und des „Commonwealth of Australia", 1903
[zitiert als *Doerkes-Boppard*, Verfassungsgeschichte der Australischen Kolonien]

Downes, Garry, Tribunals in Australia: Their Roles and Responsibilities, [2004] ALRCrefJl 2, 7–9

Düwell, Josef / Lipke, Gert-Albert, Arbeitsgerichtsgesetz, Kommentar zum gesamten Arbeitsverfahrensrecht, 4. Auflage 2016
[zitiert als Düwell/Lipke/*Bearbeiter*]

Edelmayer, Friedrich, Australien – Die Entdeckung eines weiten Kontinents, in: Mückler, Hermann / Weichart, Gabriele / Edelmayer, Friedrich (Hrsg.), Australien 18. bis 21. Jahrhundert Geschichte und Gesellschaft, 2013, S. 15–30
[zitiert als *Edelmayer* in: Mückler/Weichart/Edelmayer (Hrsg.), Geschichte Australiens]

Edelmayer, Friedrich, Australien im langen 19. Jahrhundert (1788–1900), in: Mückler, Hermann / Weichart, Gabriele / Edelmayer, Friedrich (Hrsg.), Australien 18. bis 21. Jahrhundert Geschichte und Gesellschaft, 2013, S. 59–86 [zitiert als Edelmayer in: Mückler/Weichart/*Edelmayer* (Hrsg.), Geschichte Australiens

Eidenmüller, Horst (Hrsg.), Alternative Streitbeilegung: Neue Entwicklungen und Strategien der frühzeitigen Konfliktbewältigung, 2011

Erfurter Kommentar zum Arbeitsrecht, Hrsg.: *Müller-Glöge, Rudi / Preis, Ulrich / Schmidt, Ingrid*, 19. Auflage 2019
[zitiert als ErfK/*Bearbeiter*]

Europäisches Arbeitsrecht Kommentar, Hrsg.: *Franzen, Martin / Gallner, Inken / Oetker, Hartmut*, Kommentar zum europäischen Arbeitsrecht, 2. Auflage 2018
[zitiert als EuArbR/*Bearbeiter*]

Fahrendorf, Klaus / Mennemeyer, Siegfried (Hrsg.), Die Haftung des Rechtsanwalts, Ein Praxishandbuch, 9. Auflage 2017
[zitiert als *Bearbeiter* in: Fahrendorf/Mennemeyer (Hrsg.), Haftung des RA]

Fair Work Commission, Annual Report 2017–18, Access to Justice, 2018

Fair Work Commission, Benchbook Anti-bullying, 2018, abrufbar unter: https://www.fwc.gov.au/resources/benchbooks/anti-bullying-benchbook [zuletzt abgerufen am 1.7.2019]
[zitiert als *FWC*, Anti-bullying]

Fair Work Commission, Benchbook Enterprise Agreements, 2019, abrufbar unter: https://www.fwc.gov.au/resources/benchbooks/enterprise-agreements-benchbook [zuletzt abgerufen am 1.7.2019]
[zitiert als *FWC*, Enterprise Agreements]

Fair Work Commission, Benchbook, General Protections, 2019, abrufbar unter: https://www.fwc.gov.au/resources/benchbooks/general-protections-benchbook [zuletzt abgerufen am 1.7.2019]
[zitiert als *FWC*, General Protections]

Fair Work Commission, Benchbook Industrial Action, 2018, abrufbar unter: https://www.fwc.gov.au/resources/benchbooks/industrial-action-benchbook [zuletzt abgerufen am 1.7.2019]
[zitiert als *FWC*, Industrial Action]

Fair Work Commission, Benchbook Unfair Dismissal, 2019, abrufbar unter: https://www.fwc.gov.au/resources/benchbooks/unfair-dismissals-benchbook [zuletzt abgerufen am 1.7.2019]
[zitiert als *FWC*, Unfair Dismissal]

Fair Work Commission, Practice Note 1/2013: Appeal proceedings, 2018, abrufbar unter: https://www.fwc.gov.au/documents/documents/practicenotes/pn2013-1-appeal.pdf [zuletzt abgerufen am 1.7.2019]
[zitiert als *FWC*, PN Appeal proceedings]

Federal Circuit Court of Australia, Annual Report 2017–2018, 2018

Federal Court of Australia, Annual Report 2017–18, 2018

Flick, Geoffrey A., Federal Court Practice, loose-leaf (status March 2019)

Forbes, J. R. S., Justice in tribunals, 4th edition 2014

Forbes-Mewett, Helen / Griffin, Gerard / McKenzie, Don, The Australian Industrial Relations Commission: Adapting or Dying?, (2003) 11(2) IJES 1–23

Ford, Bill, The Corporatisation of Australian Labour Law: Completing Howard's Unfinished Business, (2006) 19 AJLL 144–160

Ford, W. J., Reconstructing Australian Labour Law, (1997) 10 AJLL 1–30

Franzen, Martin / Thüsing, Gregor / Waldhoff, Christian, Arbeitskampf in der Daseinsvorsorge, 2012

Gamillscheg, Franz, Die Grundrechte im Arbeitsrecht, AcP 164 (1964), 385–445

Gamillscheg, Franz, Gedanken zur Rechtsfindung im Arbeitsrecht – dargestellt an Beispielen der Rechtsprechung des Bundesarbeitsgerichts, in: Mayer-Maly, Theo / Nowak, Albert / Tomandl, Theodor (Hrsg.), Festschrift für Hans Schmitz zum 70. Geburtstag, Band I, 1967, S. 68–81
[zitiert als *Gamillscheg*, FS Schmitz, 1967]

Garner, Bryan A., Black's Law Dictionary, 10th edition 2014

Gemeinschaftskommentar zum Arbeitsgerichtsgesetz, *Ahrendt, Martina / Bader, Peter / Dörner, Hans-Jürgen / Mikosch, Ernst / Schleusener, Aino / Schütz, Friedrich / Vossen, Reinhard / Woitaschek, Frank*, Band 2, Loseblattwerk (Stand 115, Juni 2019)
[zitiert als GK-ArbGG/*Bearbeiter*]

Gemeinschaftskommentar zum Betriebsverfassungsgesetz, Hrsg.: *Wiese, Günther / Kreutz, Peter / Oetker, Hartmut / Raab, Thomas / Weber, Christoph / Franzen, Martin / Gutzeit, Martin / Jacobs, Matthias*, Band II, 10. Auflage 2014
[zitiert als GK-BetrVG/*Bearbeiter*]

Germelmann, Claas-Hinrich / Matthes, Hans-Christoph / Prütting, Hanns (Hrsg.), Arbeitsgerichtsgesetz Kommentar, 9. Auflage 2017
[zitiert als GMP/*Bearbeiter*]

Gilmour, John, Kirk: Newton's apple fell, [2010] FedJSchol 21

Giudice, Geoffrey Michael, What should we expect from our Industrial Tribunals?, (2008) 21 AJLL 237–243

Gleeson, Murray, The State of the Judicature, 13th Commonwealth Law Conference, 2003, abrufbar unter: http://www.hcourt.gov.au/publications/speeches/former/speeches-by-the-hon-murray-gleeson [zuletzt abgerufen am 1.7.2019]

Grunsky, Wolfgang / Waas, Bernd / Benecke, Martina / Greiner, Stefan, Arbeitsgerichtsgesetz Kommentar, 8. Auflage 2014
[zitiert als GWBG/*Bearbeiter*]

Hein, Christoph, Qantas vor Schiedsgericht, FAZ vom 21.11.2011

Heldrich, Andreas / Prölss, Jürgen / Koller, Ingo / Langenbucher, Katja / Grigoleit, Hans Christoph / Hager, Johannes / Hey, Felix Christopher / Neuner, Jörg / Petersen, Jens / Singer, Reinhard (Hrsg.), Festschrift für Claus-Wilhelm Canaris zum 70. Geburtstag, Band II, 2007

Henssler, Martin / Willemsen, Heinz Josef / Kalb, Heinz-Jürgen (Hrsg.), Arbeitsrecht Kommentar, 7. Auflage 2016
[zitiert als HWK/*Bearbeiter*]

Hepple, Bob (Ed.), The Making of Labour Law in Europe: A Comparative Study of Nine Countries up to 1945, 1986
[zitiert als *Bearbeiter* in: Hepple (Ed.), The Making of Labour Law in Europe]

Higgins, Henry Bournes, A new province for law and order, 1922

High Court of Australia, Annual Report 2016–2017

Hirsch, Günter, Außergerichtliche Beilegung von Verbraucherstreitigkeiten – ein alternativer Zugang zum Recht entsteht, NJW 2013, 2088–2094

Horstenkamp, Christiane, Wörterbuch Arbeit, Recht, Wirtschaft, 3. Auflage 2012

Hor, Joydeep / Keats, Louise, Fair Work FAQs, 1st edition 2010

Howarth, David, The Autonomy of Labour Law: A Response to Professor Wedderburn, (1988) 17 Indus. L.J 11–25

Höpfner, Clemens, Die Schlichtung von Tarifkonflikten, ZfA 2018, 254–306

Hromadka, Wolfgang / Maschmann, Frank, Arbeitsrecht Band 2 – Kollektivarbeitsrecht und Arbeitsstreitigkeiten, 2017
[zitiert als *Hromadka/Maschmann*, Arbeitsrecht Bd. 2]

Hueck, Alfred / Nipperdey, Hans Carl, Lehrbuch des Arbeitsrechts, Band II, 1. Halbband, 7. Auflage 1976

Hurst, Daniel, Fair Work name change to cost $100,000, The Sydney Morning Herald of 13.2.2013, https://www.smh.com.au/politics/federal/fair-work-name-change-to-cost-100-000-20130213-2ec1h.html [zuletzt abgerufen am 1.7.2019]

Irving, Mark, The Contract of Employment, 2012

Isaac, Joe / Macintyre, Stuart (Ed.), The New Province For Law and Order: 100 Years of Australian Industrial Conciliation and Arbitration, 2009

Isensee, Josef / Kirchhof, Paul (Hrsg.), Handbuch des Staatsrechts der Bundesrepublik Deutschland, Band V: Rechtsquellen, Organisation, Finanzen, 3. Auflage 2007
[zitiert als *Bearbeiter* in: Isensee/Kirchhof (Hrsg.), Hdb StaatsR]

Isermann, Edgar, Rechtsgrundsätzliches und Schlichtung, VuR 2018, 283–287

Jackson, David, The Australian Judicial System: Judicial Power of The Commonwealth, (2001) 24(3) UNSWLawJl 737–746

Junker, Abbo, Discovery im deutsch-amerikanischen Rechtsverkehr, 1987

Junker, Abbo, Grund und Grenzen der Arbeitsrechtsvergleichung, in: Heldrich, Andreas / Prölss, Jürgen / Koller, Ingo / Langenbucher, Katja / Grigoleit, Hans Christoph / Hager, Johannes / Hey, Felix Christopher / Neuner, Jörg / Petersen, Jens / Singer, Reinhard (Hrsg.), Festschrift für Claus-Wilhelm Canaris zum 70. Geburtstag, Band II, 2007, S. 705–719
[zitiert als *Junker*, FS Canaris, 2007]

Junker, Abbo, Grundkurs Arbeitsrecht, 18. Auflage 2019

Junker, Abbo, Rechtsvergleichung als Grundlagenfach, JZ 1994, 921–928

Junker, Abbo, XIX. Weltkongress der Internationalen Gesellschaft für das Recht der Arbeit und der Sozialen Sicherheit vom 1. bis 4.9. 2009 in Sydney, EuZA 2010, 134–139

Kamanabrou, Sudabeh, Arbeitsrecht, 2017

Kilian, Matthias, Entwicklungen in der englischen Arbeitsgerichtsbarkeit, NZA 1999, 1088–1092

Kirby, Michael / Creighton, Breen, The Law of Conciliation and Arbitration, in: Isaac, Joe / Macintyre, Stuart (Ed.), The New Province For Law and Order: 100 Years of Australian Industrial Conciliation and Arbitration, 2009, 68–138
[zitiert als *Kirby/Creighton* in: Isaac/Macintyre (Ed.), The New Province For Law and Order]

Kirchner, Hildebert, Abkürzungsverzeichnis der Rechtssprache, 9. Auflage 2018

Kollmorgen, Stuart, Towards a Unitary National System of Industrial Relations? Commonwealth Powers (Industrial Relations) Act 1996 (Vic); Workplace Relations and Other Legislation Amendment Act (No 2) 1996 (Cth), (1997) 10 AJLL 158–169

König, Marco, Deregulierung und Flexibilisierung des Arbeitsrechts in Australien – ein Vergleich, 2001
[zitiert als *König*, Deregulierung des Arbeitsrechts in Australien]

Kumar, Miiko / Odgers, Stephen / Peden, Elisabeth, Uniform Evidence Law: Commentary and Materials, 5th edition 2015
[zitiert als *Kumar/Odgers/Peden*, Uniform Evidence Law]

Lansnicker, Frank (Hrsg.), Prozesse in Arbeitssachen, 3. Auflage 2013 [zitiert als *Bearbeiter* in: Lansnicker (Hrsg.), Prozesse in Arbeitssachen]

Law Society of New South Wales, Access to Justice – Final Report (December 1998)

Leidig, Emanuel, Das Zwangsschiedsgericht und die Lohnämter in Australien, in: Lotz, Walther / Strieder, Jakob / Weber, Adolf / von Zwiedineck, Adolf (Hrsg.), Zwangsschiedsspruch und Schlichtungswesen, 1929, S. 105–216

Leinenweber, Marcus Christian, Landesschlichtungsgesetze?, 2011

Leitner, Gerhard, Geschichte Australiens, 2016

Lindgren, Kevin Edmund (Ed.), Practice & Procedure High Court & Federal Court of Australia, loose-leaf (status February 2017)
[zitiert als *Lindgren* (Ed.), Practice & Procedure]

Lindgren, Kevin Edmund / Cremean, Damien / Cujes, Natalie, Annotated Federal Court Legislation and Rules, 2016
[zitiert als *Lindgren/Cremean/Cujes*, Annotated Federal Court Legislation]

Lotz, Walther / Strieder, Jakob / Weber, Adolf / von Zwiedineck, Adolf (Hrsg.), Zwangsschiedsspruch und Schlichtungswesen, 1929

Löwisch, Manfred (Hrsg.), Arbeitskampf- und Schlichtungsrecht, 1997
[zitiert als *Bearbeiter* in: Löwisch (Hrsg.), Arbeitskampf- und Schlichtungsrecht]

Lynch, Andrew, The Fair Work Act and the Referrals Power – Keeping the States in the Game, (2011) 24 AJLL 1–23

Maher, Laurence W., Time, Uranium and the Legislative Process, (1978) 9 FLRev 399–426

von Mangoldt / Klein / Stark, Kommentar zum Grundgesetz, Hrsg.: *Huber, Peter M. / Voßkuhle, Andreas*, Band 2, 7. Auflage 2018
[zitiert als v. Mangoldt/Klein/Stark/*Bearbeiter*]

Marfording, Annette / Eyland, Ann, Civil Litigation in NSW: Empirical and Analytical Comparison with Germany, 2010

Maunz, Theodor / Dürig, Günter / Herzog, Roman / Herdegen, Matthias / Scholz, Rupert / Klein, Hans H. (Hrsg.), Grundgesetz Kommentar, Band VI, Loseblattwerk (Stand 86, Januar 2019)
[zitiert als Maunz-Dürig/*Bearbeiter*]

Mayer-Maly, Theo / Nowak, Albert / Tomandl, Theodor (Hrsg.), Festschrift für Hans Schmitz zum 70. Geburtstag, Band I, 1967

McCallum, Ron, Australian Workplace Agreements – An Analysis, (1997) 10 AJLL 50–61

McCallum, Ron, The Australian Constitution and the Shaping of our Federal and State Labour Laws, (2005) 10(2) DeakinLawRw 460–469

McCallum, Ron, The Internationalisation of Australian Industrial Law: The Industrial Relations Reform Act 1993, [1994] SydLwRw 16, 122–135

McCallum, Ron / Moore, Michael / Edwards, John, Towards more productive and equitable workplaces: An evaluation of the Fair Work legislation, 2012
[zitiert als *McCallum/Moore/Edwards*, Workplaces]

McCallum, Ron / Riley, Joellen / Stewart, Andrew, Resolving Disputes over Employment Rights in Australia, (2013) 34 Comp. Lab. L. & Pol'y J 843–876

Melbourne University Law Review Association Inc. / Melbourne Journal of International Law In., Australian guide to legal citation, 4th edition 2018

Morgenweck, Janina, Die Arbeitsgerichtsbarkeit in England, 2012

Mourell, Mark / Cameron, Craig, Neither Simple nor Fair – Restricting Legal Representation before Fair Work Australia, (2009) 22 AJLL 51–72

Mückler, Hermann / Weichart, Gabriele / Edelmayer, Friedrich (Hrsg.), Australien 18. bis 21. Jahrhundert Geschichte und Gesellschaft, 2013

Münchener Handbuch zum Arbeitsrecht, Hrsg.: *Kiel, Heinrich / Lunk, Stefan / Oetker, Hartmut*, Band 1, 4. Auflage 2018
[zitiert als MüHdb ArbR/*Bearbeiter*]

Münchener Handbuch zum Arbeitsrecht, Hrsg.: *Kiel, Heinrich / Lunk, Stefan / Oetker, Hartmut*, Band 4, 4. Auflage 2019
[zitiert als MüHdb ArbR/*Bearbeiter*]

Münchener Kommentar zur Zivilprozessordnung mit Gerichtsverfassungsgesetz und Nebengesetzen, Hrsg.: *Rauscher, Thomas / Krüger, Wolfgang*, Band 1, 5. Auflage 2016
[zitiert als MüKoZPO/*Bearbeiter*]

Murray, Jill, Work Choices and the radical revision of the public realm, (2006) 35 Indus. L.J 343–366

Naughton, Richard, 'Public Interest' in Australian labour law – Reshaping an old concept in the enterprise bargaining era, (2014) 27 AJLL 112–136

Nielebock, Helga, „Fünf oder zwei Gerichtsbarkeiten", NZA 2004, 28–30

Ostrowicz, Alexander / Künzl, Reinhard / Scholz, Christian, Handbuch des arbeitsgerichtlichen Verfahrens, 5. Auflage 2014
[zitiert als O/K/S/*Bearbeiter*, Hdb ArbVerf]

Otto, Hansjörg, Arbeitskampf- und Schlichtungsrecht, 2006

Otto, Hansjörg, Arbeitsrecht, 4. Auflage 2008

Owen-Conway, Stephen, How to Cross-Examine a Witness in an Australian Court, 2014

Owens, Rosemary, Unfinished Constitutional Business: Building a National System to Regulate Work, (2009) 22 AJLL 258–283

Owens, Rosemary, Working Precariously: The Safety Net after Work Choices, (2006) 19 AJLL 161–182

Owens, Rosemary / Riley, Joellen / Murray, Jill, The Law of Work, 2nd edition 2011

Pfrogner, Julia, Haftung von Einigungsstellenmitgliedern, 2016

Pittard, Marilyn, Back to the Future: Unjust Termination of Employment under the Work choices Legislation, (2006) 19 AJLL 225–241

Pittard, Marilyn / Naughton, Richard, Australian Labour and Employment Law, 2015
[zitiert als *Pittard/Naughton*, Labour and Employment Law]

Productivity Commission, Workplace Relations Framework, Inquiry Report Vol. 1, No. 76, 2015

Prütting, Hanns, Auf dem Weg von der mündlichen Verhandlung zur Videokonferenz, AnwBl 5 / 2013, 330–332

Prütting, Hanns, Discovery im deutschen Zivilprozess?, AnwBl 3 / 2008, 153–159

Raupach, Hubert, Die Schlichtung von kollektiven Arbeitsstreitigkeiten und ihre Probleme unter besonderer Berücksichtigung der deutschen Entwicklung, 1964
[zitiert als *Raupach,* Die Schlichtung von kollektiven Arbeitsstreitigkeiten]

Richardi, Reinhard (Hrsg.), Betriebsverfassungsgesetz mit Wahlordnung, 16. Auflage 2018
[zitiert als Richardi/*Bearbeiter*]

Richards, Claudina / Mollica, Viviana, English Law and Terminology, 4. Auflage 2016

Rieble, Volker, Arbeitsrechtspflege und Modernitätserwartung, in: ders. (Hrsg.), 2. ZAAR-Kongreß: Zukunft der Arbeitsgerichtsbarkeit, 2005, S. 9–30
[zitiert als *Rieble* in: ders. (Hrsg.), Zukunft der Arbeitsgerichtsbarkeit]

Rieble, Volker (Hrsg.), 2. ZAAR-Kongreß: Zukunft der Arbeitsgerichtsbarkeit, 2005

Riehm, Thomas, Die Rolle des materiellen Verbraucherrechts in der neuen Verbraucherstreitbeilegung, JZ 2016, 866–873

Rinaldi, Mark / Lambropoulos Victoria / Millar, Rohan / Neal, Aaron, Fair Work Legislation 2016–17, 2016

Risse, Jörg, Against Settlement, in: Eidenmüller, Horst (Hrsg.), Alternative Streitbeilegung: Neue Entwicklungen und Strategien der frühzeitigen Konfliktbewältigung, 2011, S. 133–151
[zitiert als *Risse* in: Eidenmüller (Hrsg.), Alternative Streitbeilegung]

Robertson, Ian, Government to dismantle Industrial Relations Commission of NSW, depa News of 25 Aug. 2016, Issue 95

Robertson, Ian, The Ascension marks the death of the historic IRC, depa News of 13 Dec. 2016, Issue 99

Robertson, Ian, We stop Government's secret processes in merged councils, depa News of 27 Oct. 2016, Issue 97

Romain, Alfred / Byrd, B. Sharon / Thielecke, Carola, Wörterbuch der Rechts- und Wirtschaftssprache, Teil I, 5. Auflage 2000

Ross, Iain, Future Directions – Improving Institutional Performance and the concept of 'Public Value', 2014, abrufbar unter: https://www.aph.gov.au/~/media/Committees/eet_ctte/estimates/bud_1415/Employment/Tabled_docs/Tabled_Doc_3.pdf [zuletzt abgerufen am 1.7.2019]
[zitiert als *Ross*, Future Directions]

Roth, Herbert, Die Zukunft der Ziviljustiz, ZZP 2016, 3–24

Sackville, Ronald, Access to Justice: Assumptions and Reality Check, [2002] FedJSchol 12

Sackville, Ronald, The Future of Case Management in Litigation, (2009) 18 JJA 211

Saner, Raymond, Abgrenzung zwischen Mediation und Verhandlung, Perspektive Mediation 2005/3, 135–137

dos Santos, Raquel, Self represented litigants in the Australian civil justice system – 10 years of the Self Representation Service in Australia, 2017, abrufbar unter: https://www.probonocentre.org.au/wp-content/uploads/2017/06/Raquel-Dos-Santos-QPILCH-Self-Represented-Litigants.pdf [zuletzt abgerufen am 1.7.2019]
[zitiert als *dos Santos*, Self represented litigants]

Sappideen, Carolyn / O'Grady, Paul / Riley, Joellen / Smith, Belinda, Macken's Law of Employment, 8th edition 2016

Schaub, Günter, Arbeitsgerichtsverfahren – Handbuch, 7. Auflage 2001
[zitiert als *Schaub*, ArbGVerf-Hdb]

Schaub, Günter, Arbeitsrechtshandbuch, 17. Auflage 2017
[zitiert als Schaub/*Bearbeiter*, ArbR-Hdb]

Schaub, Günter / Künzl, Reinhard, Arbeitsgerichtsverfahren, 7. Auflage 2004

Schlachter, Monika, Außergerichtliche Konfliktlösung im Arbeitsverhältnis: Verwirklichung von Chancengleichheit auf dem Verhandlungswege in Australien und Deutschland, 2002
[zitiert als *Schlachter*, Außergerichtliche Konfliktlösung]

Schmidt, Klaus / Luczak, Stefan, Der Berufsrichter in der Arbeitsgerichtsbarkeit, in: Deutscher Arbeitsgerichtsverband (Hrsg.), Die Arbeitsgerichtsbarkeit:

Festschrift zum 100jährigen Bestehen des Deutschen Arbeitsgerichtsverbandes, 1994, S. 221–251
[zitiert als *Schmidt/Luczak*, FS Die Arbeitsgerichtsbarkeit]

Schrader, Peter / Staube, Gunnar / Schubert, Jens, Ade Arbeitsgerichtsbarkeit?, NZA 2004, 899–900

Schwab, Norbert / Weth, Stephan (Hrsg.), Arbeitsgerichtsgesetz Kommentar, 5. Auflage 2018
[zitiert als Schwab/Weth/*Bearbeiter*]

Shrubb, William, The Boilermakers' case: the separation of powers in Australia, Rule of Law, 2016, abrufbar unter: https://www.ruleoflaw.org.au/boilermakers-separation-powers/ [zuletzt abgerufen am 1.7.2019]
[zitiert als *Shrubb*, The Boilermakers' case]

Sinzheimer, Hugo, Grundzüge des Arbeitsrechts, 1927

Spigelman, James, Seen to be done: The Principle of Open Justice – Part 1, (2000) 74 ALJ 290

Stein / Jonas, Kommentar zur Zivilprozessordnung, Hrsg.: *Bork, Reinhard/ Roth, Herbert*, Band 2, 23. Auflage 2016
[zitiert als Stein/Jonas/*Bearbeiter*]

Stein, Peter, Legitimation, Praxisnähe, Transparenz – zur Rolle der ehrenamtlichen Richter in der Arbeitsgerichtsbarkeit, BB 2007, 2681–2686

Stewart, Andrew, A Question of Balance: Labor's New Vision for Workplace Regulation, (2009) 22 AJLL 3–50

Stewart, Andrew, Federal Labour Law and New Uses for the Corporations Power, (2001) 14 AJLL 145–168

Stewart, Andrew, Stewart's Guide to Employment Law, 5th edition 2015
[zitiert als *Stewart*, Employment Law]

Stewart, Andrew, Work Choices in Overview: Big Bang or Slow Burn?, (2006) 16(2) ELRRev 25

Stewart, Andrew / Bray, Mark / Macneil, Johanna / Oxenbridge, Sarah, Promoting cooperative and productive workplace relations: Exploring the Fair Work Commission's new role, (2014) 27 AJLL 258–280

Stewart, Andrew / Forsyth, Anthony / Irving, Mark / Johnstone, Richard / McCrystal, Shae, Creighton & Stewart's Labour Law, 6th edition 2016
[zitiert als *Stewart et al.*, Labour Law]

Stöhr, Alexander, Laienrichter im Zivil- und Arbeitsgerichtsprozess, ZZP 2018, 481–511

Stürner, Rolf, Die Rolle des dogmatischen Denkens im Zivilprozess, ZZP 2014, 271–331

Söllner, Alfred, Schlichten ist kein Richten, ZfA 1982, 1–17

Taylor, Stephen / Emir, Astra, Employment Law, 3rd edition 2012

Thomson, D. C., The Separation of Powers doctrine in the Commonwealth Constitution: The Boilermakers' Case, [1958] SydLawRw 5, 480–500

Thomas, Heinz / Putzo, Hans / Reichold, Klaus / Hüßtege, Rainer / Seiler, Christian, Zivilprozessordnung Kommentar, 40. Auflage 2019
[zitiert als Thomas/Putzo/*Bearbeiter*]

Upton, Gabrielle, Attorney General NSW Government, Industrial Relations moves to Supreme Court, 21 September 2016, abrufbar unter: https://www.justice.nsw.gov.au/Pages/media-news/media-releases/2016/Industrial-relations-moves-to-Supreme-Court.aspx [zuletzt abgerufen am 1.7.2019]

Victorian Industrial Relations Taskforce, Independent Report of the Victorian Industrial Relations Taskforce, Part 1: Report & Recommendations, 2000
[zitiert als *Vic IRT*, Report & Recommendations]

Vranken, Martin, Death of Labour Law? – Comparative Perspectives, 2009
[zitiert als *Vranken*, Death of Labour Law]

Vranken, Martin, Specialisation and Labour Courts: A Comparative Analysis, (1988) 9 Comp. Lab. L.J 497–525

Wallace-Bruce, Nii Lante, Outline of Employment Law, 1994

Weber-Grellet, Heinrich, Zur Notwendigkeit differenzierter Justizstrukturen, ZRP 2013, 110–113

Wedderburn, Kenneth William, From Here to Autonomy, (1988) 16 Indus. L.J 1–29

Weisbrot, David, Reform of the civil justice system and economic growth: Australian experience, 2000, abrufbar unter: https://www.alrc.gov.au/news-media/2000/reform-civil-justice-system-and-economic-growth-australian-experience [zuletzt abgerufen am 1.7.2019]
[zitiert als *Weisbrot*, Reform of the civil justice system]

Weth, Stephan, Das arbeitsgerichtliche Beschlußverfahren, 1995

Weth, Stephan, Einige prozessrechtliche Anmerkungen zur großen Justizreform, NZA 2006, 182–187

Wheelwright, Karen, Labour Law, 2nd edition 2003

Williams, George, Inquiry into options for a New National Industrial Relations System, Issues Paper, 2007

Williams, George, Labour Law and the Constitution, 1998

Willis, Sonya, Civil Procedure, 2012

Woolf, Harry, Access to Justice: Final Report to the Lord Chancellor on the Civil Justice System in England and Wales, 1996
[zitiert als *Woolf*, Access to Justice]

Workplace Express, [*ohne Verfasser*], Abetz seeks views on FWC appeals body, 4 November 2013

Workplace Express, [*ohne Verfasser*], AMMA head steps up attack on FWC, 21 November 2013

Workplace Express, [*ohne Verfasser*], Don't change FWC appeal process: Law Council, 1 September 2014

Workplace Express, [*ohne Verfasser*], "Inconsistency" no basis for new appeal mechanism: Ross, 26 May 2014

Workplace Express, [*ohne Verfasser*], New appeals body needed for consistent rulings: AMMA, 14 February 2014

Workplace Express, [*ohne Verfasser*], No formal decision yet on appeals panel: Abetz, 15 September 2014

Workplace Express, [*ohne Verfasser*], Tribunal decisions inconsistent: Abetz, 21 November 2013

Workplace Ombudsman, Annual Report 2008–09, 2009

Zehetgruber, Christoph, Die EMRK, ihre Rechtsstellung sowie die Entscheidung des EGMR im Stufenbau der deutschen Rechtsordnung, ZJS 1/2016, 52–60

Zöller, Richard (Hrsg.), Zivilprozessordnung, 32. Auflage 2018
[zitiert als Zöller/*Bearbeiter*]

Zuckerman, Adrian / Wilkins, Stefanie / Adamopoulos, Jonathan / Higgins, Andrew / Hooper, Stephanie / Vial, Alexander (Ed.), Zuckerman on Australian Civil Procedure, 2018
[zitiert als *Bearbeiter* in: Zuckerman et al. (Ed.), Civil Procedure]

Zweigert, Konrad / Kötz, Hein, Einführung in die Rechtsvergleichung auf dem Gebiete des Privatrechts, 3. Auflage 1996
[zitiert als *Zweigert/Kötz*, Einführung in die Rechtsvergleichung]

Verzeichnis der Übersichten

www.ingramcontent.com/pod-product-compliance
Ingram Content Group UK Ltd.
Pitfield, Milton Keynes, MK11 3LW, UK
UKHW021843290926
8980IPUK00005B/616